法考应试薄讲义（主客一体）民法

夏昊晗　编著
觉晓法考组　编

中国政法大学出版社
2024·北京

声　明　　1. 版权所有，侵权必究。

　　　　　　2. 如有缺页、倒装问题，由出版社负责退换。

图书在版编目（CIP）数据

法考应试薄讲义：主客一体. 民法 / 夏昊晗编著；觉晓法考组编. -- 北京：中国政法大学出版社, 2024. 11. -- ISBN 978-7-5764-1777-7

Ⅰ. D92

中国国家版本馆CIP数据核字第2024UZ2147号

出 版 者	中国政法大学出版社
地　　址	北京市海淀区西土城路 25 号
邮寄地址	北京 100088 信箱 8034 分箱　邮编 100088
网　　址	http://www.cuplpress.com（网络实名：中国政法大学出版社）
电　　话	010-58908285（总编室）58908433（编辑部）58908334（邮购部）
承　　印	重庆天旭印务有限责任公司
开　　本	787mm×1092mm　1/16
印　　张	22.5
字　　数	560 千字
版　　次	2024 年 11 月第 1 版
印　　次	2024 年 11 月第 1 次印刷
定　　价	79.00 元

CSER 高效学习模型

觉晓坚持每年组建"**名师 + 高分学霸**"教学团队，按照 Comprehend（讲考点→理解）→ System（搭体系→不散）→ Exercise（刷够题→会用）→ Review（多轮背→记住）学习模型设计教学产品，让你不断提高学习效果。

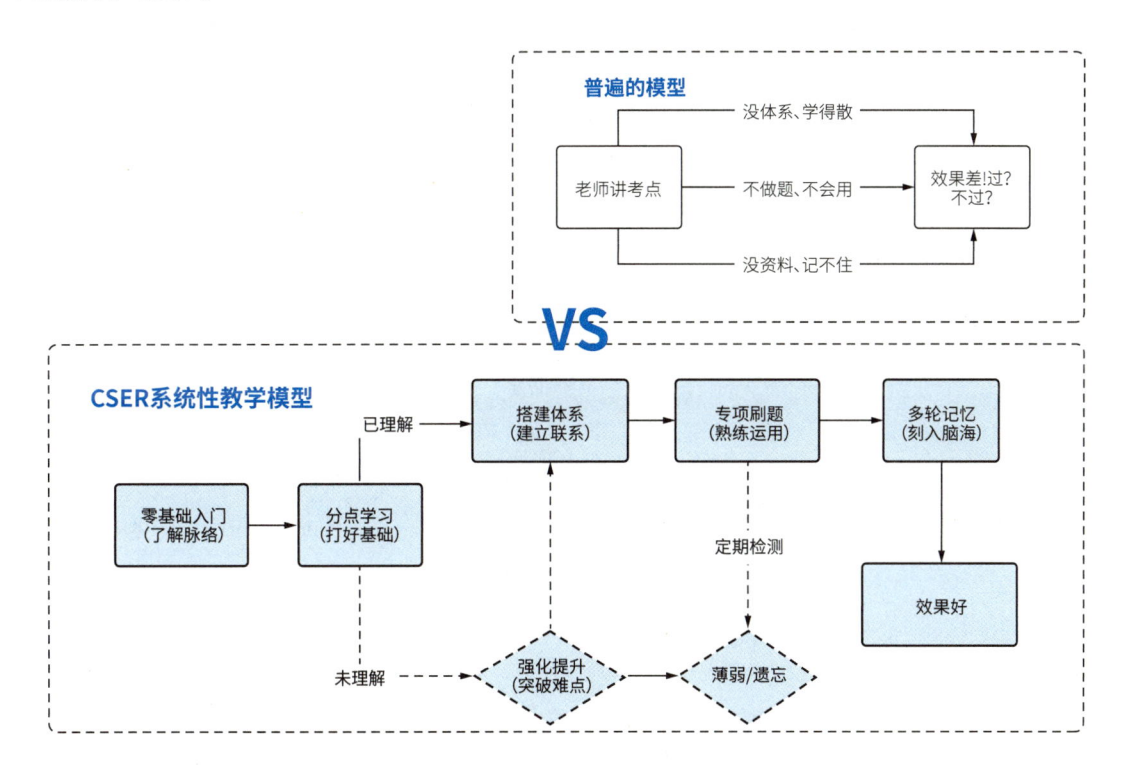

普遍的模型

老师讲考点 —没体系、学得散→ 效果差!过?不过?
老师讲考点 —不做题、不会用→ 效果差!过?不过?
老师讲考点 —没资料、记不住→ 效果差!过?不过?

VS

CSER系统性教学模型

零基础入门（了解脉络）→ 分点学习（打好基础）→ 已理解 → 搭建体系（建立联系）→ 专项刷题（熟练运用）→ 多轮记忆（刻入脑海）→ 效果好

未理解 → 强化提升（突破难点）→ 薄弱/遗忘 ← 定期检测

前面理解阶段跟名师，但后面记忆应试阶段，"高分学霸"更擅长，这样搭配既能保证理解，又能应试；时间少的在职考生可以直接跟"学霸"学习高效应试。

同时，知识要成体系性，后期才能记住，否则学完就忘！因此，觉晓有**推理背诵图（推背图）、诉讼流程图**等产品，辅助你建立知识框架体系，后期可以高效复习！

> KEEP AWAKE

坚持数据化学习

"觉晓法考"APP已经实现"学→练→测→背→评"全程线上化学习。在学习期间，觉晓会进行数据记录，自2018年APP上线，觉晓已经积累了上百万条数据，并有几十万真实考生的精准学习数据。

觉晓有来自百度、腾讯、京东等大厂的AI算法团队，建模分析过线考生与没过线考生的数据差异，建立"**过考模型**"，指导学员到底要听多少课，做多少题，正确率达到多少才能飘过或者稳过。

过考模型的应用层包括：

1. **完整的过考方案和规划**：内部班的过考规划和阶段目标，均按照过考模型稳过或过考标准制定；让学员花更少的时间，更稳得过线。

2. **精准的过考数据指标**：让你知道过线**每日**需要消耗的"热量、卡路里"，有标准，过线才稳！

3. **客观题知识图谱**：按往年180分、200分学员学习数据，细化到每个知识点的星级达标标准，并根据考频和考查难度，趋势等维度，将知识点划分为ABCDE类。还能筛选"未达标"针对提分。

知识类型	考频	难度	学习说明
A	高	简单	必须掌握
B	高	难	必须掌握（主+客）
C	中	简单	必须掌握
D	中	难	时间不够可放弃（主+客）
E	考频低或者很难、偏		直接放弃

4. **根据过考模型+知识图谱分级教学**：BD类主客观都要考，主客融合一起学，E类对过考影响不大，可直接放弃，AC性价比高，简化背诵总结更能应试拿分，一些对过线影响不大的科目就减少知识点，重要的就加强；课时控制，留够做题时间，因为中后期做题比听课更重要！

5. **AI智能推送查缺补漏包**：根据你学习的达标情况，精准且有效地推送知识点课程和题目，查漏补缺，让你的时间花得更有价值！

6. **精准预测过考概率（预估分）**：实时检测你的数据，对比往年相似考生数据模型，让你知道，你这样学下去，最后会考多少分！明确自己距离过线还差多少分，从而及时调整自己的学习状态。

注：觉晓每年都会分析当年考生数据，出具一份完整的过考模型数据分析报告，包括"客观题版""主客一体版""主观题二战版"，可以下载觉晓APP领取。

本书使用方法

本书从考生的角度出发，在全面覆盖知识点的前提下针对法考的命题特点和规律编写，尽最大可能帮助考生减轻备考负担，提高备考效率，让民法不再成为法考通关的拦路虎。关于本书的特点，说明如下：

其一，针对性强。本书定位为法考民法的辅导教材，目的在于帮助考生理解、掌握法考民法要求掌握的必要知识点。为此，本书对于内容的取舍和编排，完全以法考民法的要求为指挥棒，尤其是以历年真题体现出来的考点被考频率为依据，删繁就简，重点突出。正是因为如此，本书在同类教材中显得非常薄。帮助考生花最少的时间攻克法考民法，这是作者的初衷。当然，本书以官方的考试大纲与官方辅导用书为编写依据，实现了知识点全覆盖，考生完全不必担心知识点遗漏的问题。

其二，通俗易懂。本书力求让非法本的小白考生也能够较快地入门、较好地掌握法考民法的内容，因此在知识点的编排、呈现方式和语言表达等方面均精心设计，尽可能通俗易懂。例如，本书设计有大量例子，并在必要的时候辅之以图表、总结、说明等，帮助考生理解相关的知识点。本书配套的视频课程也力求以通俗易懂的语言将知识点讲透。

其三，注重原理。民法属于需要在理解的基础上进行记忆的学科。为此，本书一方面注重知识点的体系性，并根据内在的逻辑对知识点进行编排和阐述；另一方面尽可能讲清楚民法的基本理念与思维方式，对于一些重要的知识点则讲透其背后的原理，让考生知其然也知其所以然。这样可以大大减轻考生的记忆负担，提升记忆效率。但是，作者始终牢记本书作为法考民法辅导教材的定位，仅在与考试有关的必要范围内梳理逻辑、搭建体系、讲透原理，绝不掉书袋。

其四，主客一体。客观题通过后可以用于备考主观题的时间非常短，考生有必要采取主客一体的备考策略。为此，本书在可能考主观题的章节均标注"客＋主"，并以"法条群"的形式将重点法条逐一罗列出来，同时在重点章节设计"主观题专项训练"，让考生在备考客观题的过程中就可以熟悉主观题的核心知识点、重点法条、命题方式和答题技巧。由于主观题的考点同时也是客观题的考点，并且属于其中的核心考点，这样的设计不仅不会影响客观题的备考，反而可以帮助考生更好地理解客观题的知识点，从而有助于通过客观题。

其五，学练结合。本书在相关部分编入最有价值的典型真题以及仿真题，一方面方便考生自我检测学习效果，另一方面帮助考生更好地理解考点、把握重点，同时了解知识点的考查方式，逐步适应民法考试的命题方式，熟悉民法考试的命题套路，在备考过程中可以更加有的放矢，少做无用功。

本书是法考民法的基础教材，属于整个备考阶段最重要的辅导用书之一，强烈建议结合配套的视频课程进行学习。需要提醒考生朋友注意的是，在使用本书进行第一轮复习时一定要避免急躁，做到稳扎稳打，以理解为主，这样可以为后期的备考奠定坚实的基础，也可以避免很多的重复劳动。遇到不懂的地方不必过于焦虑，前面搞不懂的问题，到了后面往往就懂了，复习一遍还搞不懂的问题，重复几遍就会豁然开朗。

在本书的编写过程中，觉晓法考的教研团队在内容设计、编辑排版等方面提供了莫大的帮助，尤其是吉晓慧老师提供了许多富有建设性的意见，在此由衷表示感谢！

作者在编写过程中虽竭尽全力，但因水平有限，本书的错误之处在所难免。考生朋友在使用本书过程中有任何批评或建议，烦请通过新浪微博（用户名：民法夏昊晗）或电子邮件（邮箱：xiahaohan@126.com）指正，以便再版时优化，不胜感激！

唯愿本书能够助力考生朋友跨越民法考试，顺利通过2025年的法考！

夏昊晗

二〇二四年九月于武汉

目录 Contents

总 则

第一章 民法概述 ... 2
- 第一节 民法的概念与调整对象 ... 2
- 第二节 民事法律关系 ... 3
- 第三节 民法的基本原则 ... 5

第二章 自然人 ... 8
- 第一节 自然人的民事权利能力与行为能力 ... 8
- 第二节 监护 ... 10
- 第三节 宣告失踪和宣告死亡 ... 14

第三章 法人和非法人组织【客+主】 ... 17
- 第一节 法人的概念与特征 ... 17
- 第二节 法人的类型 ... 17
- 第三节 法人的设立、变更与终止【客+主】 ... 19
- 第四节 法定代表人【客+主】 ... 20
- 第五节 非法人组织 ... 21

第四章 民事法律行为【客+主】 ... 23
- 第一节 意思表示 ... 23
- 第二节 民事法律行为的分类 ... 26
- 第三节 民事法律行为的成立与生效【客+主】 ... 27
- 第四节 无效的民事法律行为【客+主】 ... 29
- 第五节 可撤销的民事法律行为【客+主】 ... 33
- 第六节 效力待定的民事法律行为【客+主】 ... 39
- 第七节 附条件、附期限的民事法律行为 ... 40
- 第八节 民事法律行为无效、被撤销的法律后果【客+主】 ... 42

第五章 代理【客+主】 ... 44

第六章 诉讼时效【客+主】 ... 53

物 权

第一章 物权法概述 ... 60
- 第一节 物与物权 ... 60
- 第二节 物权的效力 ... 62

第二章 物权变动【客+主】 ... 64
- 第一节 基于法律行为的物权变动【客+主】 ... 64
- 第二节 非基于法律行为的物权变动 ... 71

第三章 所有权【客+主】 ... 74
- 第一节 善意取得【客+主】 ... 74
- 第二节 拾得遗失物 ... 79
- 第三节 先占与添附 ... 81
- 第四节 共有 ... 82
- 第五节 建筑物区分所有权 ... 85
- 第六节 相邻关系 ... 87

第四章 用益物权【客+主】 ... 89
- 第一节 居住权【客+主】 ... 89
- 第二节 地役权 ... 90
- 第三节 土地承包经营权 ... 92
- 第四节 建设用地使用权与宅基地使用权 ... 93

第五章 占有 ... 95
- 第一节 占有概述 ... 95
- 第二节 占有的分类 ... 96
- 第三节 占有的效力 ... 97
- 第四节 无权占有人与权利人之间的权利义务关系 ... 99

债

第一章　债法概述【客+主】..................102
　第一节　债的含义与特征【客+主】.........102
　第二节　债的分类【客+主】..................106

第二章　债的移转【客+主】..................111
　第一节　债权转让【客+主】..................111
　第二节　债务承担【客+主】..................114
　第三节　债权债务的概括承受...............116

第三章　债的保全【客+主】..................118
　第一节　债权人代位权【客+主】.........118
　第二节　债权人撤销权【客+主】.........121

第四章　债的消灭....................................125
　第一节　清偿【客+主】........................125
　第二节　抵销..126
　第三节　提存..127
　第四节　免除..128
　第五节　混同..128

第五章　无因管理..................................129

第六章　不当得利..................................133

合同通则

第一章　合同的概念及其分类...............137

第二章　合同的成立与效力【客+主】...140
　第一节　合同的成立【客+主】.............140
　第二节　悬赏广告..................................144
　第三节　格式条款..................................144
　第四节　缔约过失责任【客+主】.........145

第三章　合同的履行【客+主】..............148
　第一节　合同内容的确定......................148
　第二节　合同履行的特殊情况...............149
　第三节　双务合同的履行抗辩权【客+主】...149

第四章　合同解除【客+主】..................154
　第一节　合同解除事由【客+主】.........154
　第二节　合同解除权的行使【客+主】...158
　第三节　合同解除的法律效果...............159

第五章　违约责任【客+主】..................162
　第一节　违约责任的成立【客+主】.....162
　第二节　违约责任的承担方式【客+主】...164

典型合同

第一章　买卖合同【客+主】..................172
　第一节　买卖合同的风险负担【客+主】...172
　第二节　所有权保留买卖与分期付款买卖【客+主】...175
　第三节　试用买卖与样品买卖...............178
　第四节　商品房买卖合同......................179
　第五节　买受人的检验通知义务...........180

第二章　赠与合同【客+主】..................183

第三章　借款合同【客+主】..................186

第四章　租赁合同【客+主】..................189
　第一节　租赁合同的一般规则【客+主】...189
　第二节　房屋租赁合同的特殊规则【客+主】...192

第五章　融资租赁合同【客+主】..........195

第六章　保理合同【客+主】..................199

第七章　建设工程施工合同【客+主】...202

第八章　其他有名合同【客+主】..........206
　第一节　物业服务合同..........................206
　第二节　合伙合同..................................208
　第三节　技术合同..................................209
　第四节　委托合同、中介合同与行纪合同【客+主】...211
　第五节　承揽合同与运输合同...............213
　第六节　保管合同与仓储合同...............215

担　保

第一章　担保的一般问题【客+主】......218
　第一节　担保概述..................................218
　第二节　担保的从属性【客+主】.........219
　第三节　担保合同..................................222
　第四节　担保人的追偿权与反担保.......225
　第五节　借新还旧对担保的影响...........225

第二章　担保物权的一般问题【客+主】...228
　第一节　担保物权的特性【客+主】.....228
　第二节　主债权诉讼时效对担保物权的影响...229

第三节　担保物权的代持 230

第三章　抵押权【客+主】............................ 231
　　第一节　抵押财产的范围 231
　　第二节　抵押权的设立【客+主】................ 232
　　第三节　抵押财产转让【客+主】................ 236
　　第四节　抵押权实现【客+主】.................... 239
　　第五节　最高额抵押 242

第四章　质权【客+主】................................ 245
　　第一节　动产质权【客+主】........................ 245
　　第二节　权利质权【客+主】........................ 248

第五章　留置权【客+主】............................ 251

第六章　保证【客+主】................................ 255
　　第一节　保证合同 255
　　第二节　保证方式【客+主】........................ 256
　　第三节　保证期间与保证债务诉讼时效
　　　　　　【客+主】.. 258
　　第四节　保证人的权利 261

第七章　非典型担保【客+主】.................... 264
　　第一节　物权法定原则 264
　　第二节　让与担保和后让与担保【客+主】.... 265
　　第三节　保证金账户质押 269

第八章　担保并存【客+主】........................ 271
　　第一节　共同担保【客+主】........................ 271
　　第二节　担保物权的竞合【客+主】............ 274

侵权责任与人格权

第一章　侵权责任一般理论【客+主】........ 282
　　第一节　侵权责任的归责原则【客+主】.... 282
　　第二节　一般侵权责任的构成要件【客+主】...284

　　第三节　免责事由【客+主】........................ 285
　　第四节　侵权责任的承担方式【客+主】.... 289

第二章　多数人侵权 291
　　第一节　共同侵权行为 291
　　第二节　无意思联络的数人分别侵权 292

第三章　特殊侵权责任【客+主】................ 294
　　第一节　特殊主体的侵权责任【客+主】.... 294
　　第二节　特殊类型的侵权责任【客+主】.... 300

第四章　人格权 308
　　第一节　人格权概述 308
　　第二节　具体人格权 308

婚姻家庭

第一章　结婚 316
第二章　离婚 320
第三章　夫妻财产关系【客+主】................ 326
第四章　家庭关系 329
第五章　收养 331

继　承

第一章　继承法概述 335
第二章　法定继承 337
第三章　遗嘱继承、遗赠与遗赠扶养协议.... 343
　　第一节　遗嘱继承 343
　　第二节　遗赠 345
　　第三节　遗赠扶养协议 346
第四章　遗产的处理 347

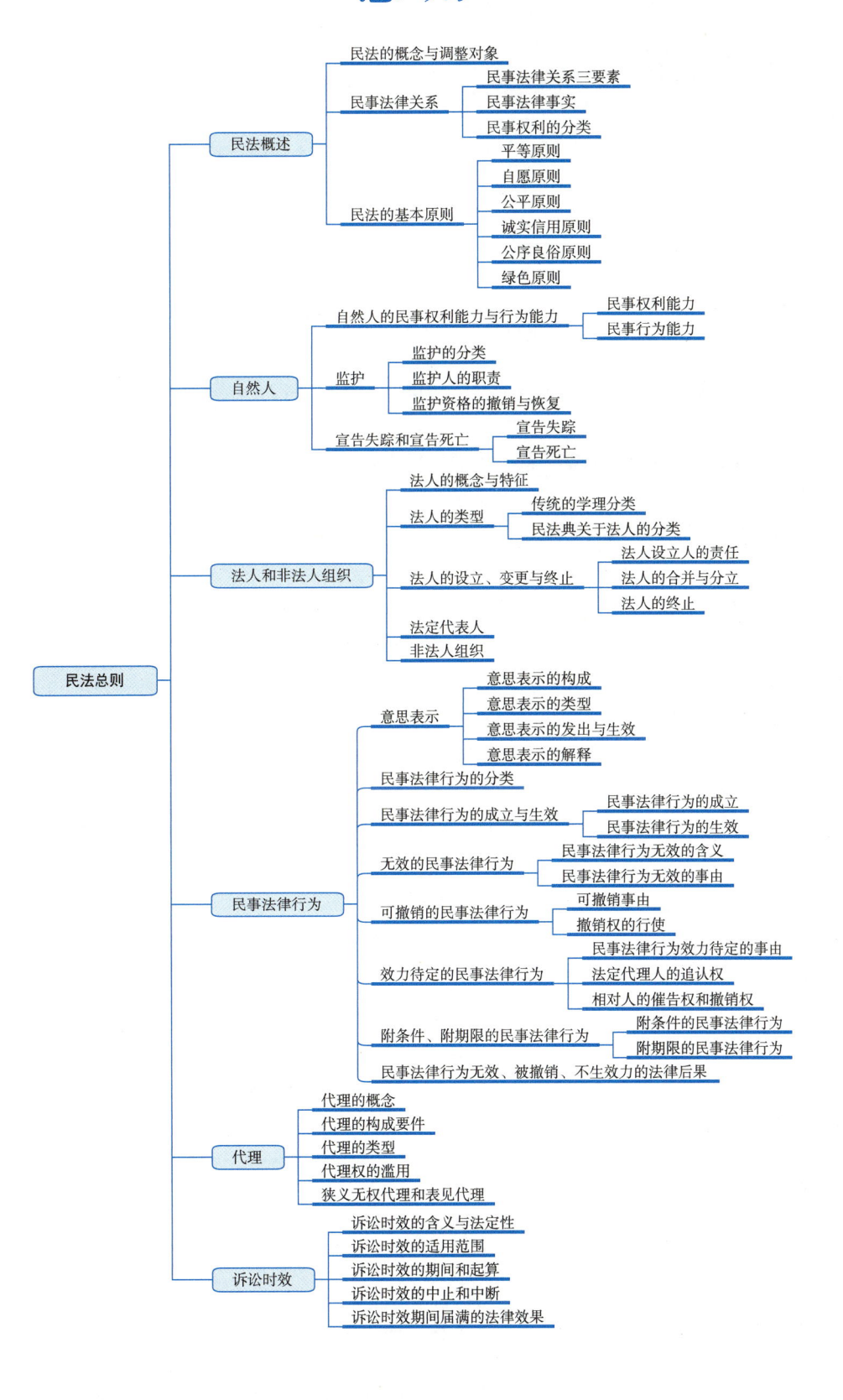

总 则

- 民法总则
  - 民法概述
    - 民法的概念与调整对象
    - 民事法律关系
      - 民事法律关系三要素
      - 民事法律事实
      - 民事权利的分类
    - 民法的基本原则
      - 平等原则
      - 自愿原则
      - 公平原则
      - 诚实信用原则
      - 公序良俗原则
      - 绿色原则
  - 自然人
    - 自然人的民事权利能力与行为能力
      - 民事权利能力
      - 民事行为能力
    - 监护
      - 监护的分类
      - 监护人的职责
      - 监护资格的撤销与恢复
    - 宣告失踪和宣告死亡
      - 宣告失踪
      - 宣告死亡
  - 法人和非法人组织
    - 法人的概念与特征
    - 法人的类型
      - 传统的学理分类
      - 民法典关于法人的分类
    - 法人的设立、变更与终止
      - 法人设立人的责任
      - 法人的合并与分立
      - 法人的终止
    - 法定代表人
    - 非法人组织
  - 民事法律行为
    - 意思表示
      - 意思表示的构成
      - 意思表示的类型
      - 意思表示的发出与生效
      - 意思表示的解释
    - 民事法律行为的分类
    - 民事法律行为的成立与生效
      - 民事法律行为的成立
      - 民事法律行为的生效
    - 无效的民事法律行为
      - 民事法律行为无效的含义
      - 民事法律行为无效的事由
    - 可撤销的民事法律行为
      - 可撤销事由
      - 撤销权的行使
    - 效力待定的民事法律行为
      - 民事法律行为效力待定的事由
      - 法定代理人的追认权
      - 相对人的催告权和撤销权
    - 附条件、附期限的民事法律行为
      - 附条件的民事法律行为
      - 附期限的民事法律行为
    - 民事法律行为无效、被撤销、不生效力的法律后果
  - 代理
    - 代理的概念
    - 代理的构成要件
    - 代理的类型
    - 代理权的滥用
    - 狭义无权代理和表见代理
  - 诉讼时效
    - 诉讼时效的含义与法定性
    - 诉讼时效的适用范围
    - 诉讼时效的期间和起算
    - 诉讼时效的中止和中断
    - 诉讼时效期间届满的法律效果

第一章 民法概述

【重点】情谊行为；事实行为；民事权利的分类；私法自治原则、诚实信用原则

第一节 民法的概念与调整对象【民事法律关系 A①】

民法，是调整平等主体（自然人、法人和非法人组织）之间财产关系和人身关系的法律规范的总称。

1. 民法调整平等主体之间的关系。

不具有命令服从关系意味着属于平等主体。国家机关作为一方主体出现时，是否属于平等主体之间的关系，关键看其是否行使国家权力。例如，城管部门处罚占道经营的水果摊贩系行使国家权力，双方之间不属于平等主体之间的关系；而城管部门向水果摊贩购买水果并非行使国家权力，双方之间属于平等主体之间的关系。

2. 民法调整的是平等主体之间的财产关系和人身关系。

（1）财产关系，是指具有财产内容、经济价值的社会关系，包括财产归属关系（如所有权）和财产流转关系（如合同、侵权）。

（2）人身关系，是指基于人格或身份而发生的，与人身不可分离，不具有直接财产内容的社会关系，包括人格关系（如肖像权、名誉权）与身份关系（如配偶权、抚养权）。

（3）民法不是万能的，平等主体之间的关系并非均由民法调整，如恋爱关系、朋友关系。这些关系由道德调整。

其中，情谊行为（好意施惠）旨在增进情谊，不具有法律意义，在民事主体之间不产生合同关系，一方无权要求另一方兑现承诺，另一方即使放鸽子，也不需要承担违约责任。例如，邀请同看演出、承诺获得奖学金后请室友吃饭、承诺火车到站叫醒。不过，情谊行为不排除侵权的成立。例如，甲邀请朋友乙到家里吃饭，乙欣然同意。即使甲爽约，乙也无权请求其承担违约责任。但是，若甲不知乙不胜酒力而极力劝酒，致乙酒精中毒住院治疗，则乙可以请求甲承担侵权责任。

判断分析

根据法律规定，下列哪一种社会关系应由民法调整？（2016年第3卷第1题）

---

① 讲义在标题、章等处标注了对应觉晓法考APP知识图谱的知识点名称和星级，方便大家听完课去对应做题。关于ABCDE星级的说明，可以详见讲义最前面"坚持数据化学习"页，让大家有重点地学！

A. 甲请求税务机关退还其多缴的个人所得税【错误。涉及纳税问题时，税务机关系行使国家权力，其与纳税人甲之间的关系不属于平等主体之间的关系】

B. 乙手机丢失后发布寻物启事称："拾得者送还手机，本人当面酬谢"【正确。乙发布的寻物启事属于悬赏广告，由民法调整，捡到手机并归还的人有权请求乙支付报酬】

C. 丙对女友书面承诺："如我在上海找到工作，则陪你去欧洲旅游"【错误。丙的承诺属于情谊行为】

D. 丁作为青年志愿者，定期去福利院做帮工【错误。做志愿者去福利院帮工不受民法调整，只有在帮工中发生侵权，才会由民法调整】

第二节　民事法律关系

平等主体之间的财产关系和人身关系经由民法的调整，即形成民事法律关系。

一、民事法律关系三要素【民事法律关系的要素E】

1.民事法律关系的主体（民事主体）

指在民事法律关系中享有权利或承担义务的人。包括自然人、法人和非法人组织。

国家也可能成为民事主体：如中国政府发行国债（政府向老百姓借钱）。

2.民事法律关系的客体

指民事权利和民事义务所指向的对象。

（1）物权法律关系的客体：物（包括动产与不动产）+权利（如权利质权）。

（2）债权法律关系的客体：给付（包括作为与不作为）。

（3）人身权法律关系的客体：人身利益（人格权客体是人格利益，身份权客体是身份利益）。

（4）知识产权法律关系的客体：智力成果（如发明创造）。

3.民事法律关系的内容

指民事主体在特定法律关系中所享有的权利或者所负担的义务，即民事权利和民事义务。

违反民事义务需要承担民事责任。

二、民事法律事实

民事法律关系的变动即发生、变更和消灭，必有一定的原因。此原因被称为民事法律事实。民事法律事实分为两大类，即事件和人的行为。

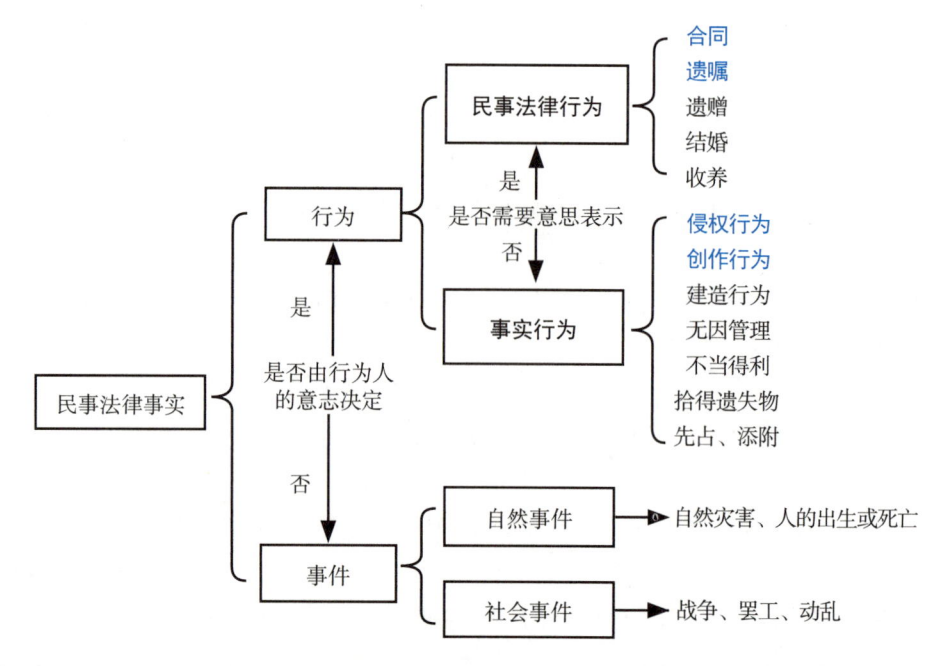

```
                              ┌─── 合同
                              │    遗嘱
                    民事法律行为 ┤    遗赠
                         ↑    │    结婚
                         │    └─── 收养
                        是
                    是否需要意思表示
                        否     ┌─── 侵权行为
                         │    │    创作行为
                         ↓    │    建造行为
                    事实行为 ──┤    无因管理
          是                  │    不当得利
     ┌──行为                  │    拾得遗失物
     │    ↑                   └─── 先占、添附
民事法律事实  是否由行为人
     │    的意志决定
     │    ↓          ┌── 自然事件 ──→ 自然灾害、人的出生或死亡
     └── 事件 ───────┤
     否              └── 社会事件 ──→ 战争、罢工、动乱
```

1. **事件**，是指**与人的意志无关**，能够引起民事法律关系发生、变更或消灭的一切客观情况。

【示例】甲与乙系夫妻，育有独生子丙。甲因交通事故意外身亡，甲与乙的婚姻关系自动消除，甲的遗产则由乙、丙继承。无论是婚姻关系的消除还是继承关系的发生，均与甲、乙、丙的意志无关，故而人的死亡属于自然事件。

2. **事实行为**，是**不以意思表示**为要素，**直接依照法律规定**产生某种法律效果的行为。事实行为的最大特征是，其法律效果是法律直接规定的，与行为人内心的想法毫无关系，行为人也没有必要将其内心想法表达出来。例如，创作、拾得遗失物。

【示例】4岁的琪琪对其完成的画作（涂鸦）享有著作权。之所以如此，不是因为琪琪想取得著作权，而是因为《中华人民共和国著作权法（2020修正）》第十一条规定，著作权属于创作作品的作者。

【示例2】甲拾得乙掉落的钱包属于事实行为，因为根据拾得遗失物的法律规定，乙可以请求甲返还，此种法律效果直接根据法律规定产生。

3. **民事法律行为**，是以**意思表示**为核心要素，旨在根据**行为人意志**发生私法上法律效果的行为。民事法律行为的最大特征是，其法律效果依行为人意志发生。例如，合同、遗嘱。（详见第四章民事法律行为部分）

【示例】甲与乙经协商一致签订手机买卖合同。其法律效果是，乙可以请求甲交付手机，甲可以请求乙支付价款。之所以产生此种法律效果，是因为甲、乙二人就此达成了一致意见。

【比较】民事法律行为 vs 事实行为

	民事法律行为	事实行为
法律效果是否由当事人决定	√	×（法定）
是否需要意思表示	√	×
是否需要行为人具有行为能力	√	×
是否存在效力问题	√	×

三、民事权利的分类【民事权利 E】

民事权利，依据作用的不同分为支配权、请求权、抗辩权和形成权。

（一）支配权

1. 支配权，是指直接支配权利客体，并排除他人干涉的权利。包括物权、人格权、身份权、知识产权。

2. 支配权的实现无需义务人的积极配合，且义务主体是不特定的，权利人以外的人均有不得侵害的不作为义务，具有绝对性。例：作为汽车的所有权人，甲享受汽车的利益，不需要其他人的配合，其他人均要对甲的所有权予以尊重。

（二）请求权

1. 请求权，是权利人请求义务人为一定行为或不为一定行为的权利。

2. 请求权的实现有赖于义务人的积极配合。例：甲乙订立汽车买卖合同，如果甲拒不交付汽车，乙只能起诉请求甲交付，而不能擅自开走汽车。请求权的义务主体是特定的，具有相对性。例：乙只能请求甲履行交付汽车的义务。

（三）抗辩权

1. 抗辩权，是对抗请求权，拒绝给付的权利。例：甲乙订立汽车买卖合同，约定乙先付款甲再交付汽车。若乙未付款即请求甲交付汽车，则甲可以行使先履行抗辩权，拒绝交付。

2. 抗辩权必须由当事人主张，法官不得依职权主动适用。

【总结】常考抗辩权：诉讼时效抗辩权、同时履行抗辩权、先履行抗辩权、不安抗辩权、一般保证人的先诉抗辩权。

（四）形成权

1. 形成权，是指依权利人单方的意思表示，即可导致民事法律关系发生、变更或者消灭的权利。

【总结】典型的形成权包括：撤销权（如合同撤销权）、追认权（如效力待定的民事法律行为中法定代理人的追认权）、解除权（如合同解除权）、抵销权、选择之债中的选择权等。

2. 形成权人可以单方面改变民事法律关系，若其长时间不行使权利，民事法律关系将一直处于悬而不决的状态，对相对人非常不利。故而，对于形成权的行使必须在时间上进行限制，这个时间被称之为除斥期间：在除斥期间届满前未行使权利，则形成权消灭。

第三节 民法的基本原则

民法的基本原则，是指对民事立法、司法和民事活动具有普遍指导意义的基本准则，体现了民法的内在价值。

【注意】民法基本原则涉及的直接考点较为简单，但是深刻体会民法基本原则，有助于更好地理解与记忆民法的知识点。

一、平等原则【平等原则 E】

平等原则，是指民事主体的法律地位一律平等。

【总结】没有特权与歧视，即意味着平等。

二、自愿原则【自愿原则 E】

自愿原则，又称意思自治或私法自治原则，是指民事主体可以根据其自主意志形成民事法律关系。

1. 自主决定：民事主体有权自主决定是否参加民事活动以及如何参加民事活动。如甲可以自己决定是否卖房、卖给谁、以多少钱卖。

（1）未经他人同意，不得为其设定义务，不得让其承受不利影响，甚至不得强迫其接受好处。例如，甲给乙发微信称："我的全新华为 Mate60 按官方定价九折卖给你，三日内未回复视为购买"。即使乙未回复，也不能认定其同意购买。因为，甲单方面为乙设定了"不购买需回复"的义务，对乙没有约束力。

（2）法无禁止即自由：只要民事主体的行为不违反法律、行政法规的强制性规定和公序良俗，国家即不得干预；民法的大部分规定均为任意性规范，允许民事主体另行约定。

2. 自己责任：民事主体要对自己的民事活动所导致的结果负责任。如甲、乙签订房屋买卖合同后，因房屋价格暴涨，甲拒绝交付房屋，则乙可以起诉至法院强制甲交付房屋。

【说明】民法上的人是平等的，且民法假定每个人均是理性的，均是自己利益的最佳判断者，每个人追求自我利益最大化，同时也会增进社会福利，促进社会发展。故而，民法奉行私法自治。学习民法，务必充分领会其私法自治精神。唯有如此，方可真正学好民法，也可以大大减轻记忆负担。

三、公平原则【公平原则 E】

民事主体从事民事活动，应当遵循公平原则，合理确定各方的权利和义务。（法乃善良与公正的艺术）

四、诚实信用原则【诚实信用原则 E】

诚实信用原则，简称诚信原则，指民事主体从事民事活动时要诚实、守信，正当行使权利并履行义务，不辜负对方的合理期待，在不损害他人利益的前提下追求自己的利益。

诚信原则的一个重要体现是，行使权利不得超过正当的界限和范围，否则构成权利滥用。

1. 典型的权利滥用行为：

（1）行为人以损害他人利益为主要目的行使权利（损人不利己）。例如，甲、乙两人同村，其宅基地毗邻。甲的宅基地倚山、地势较低，乙的宅基地在上将甲的环绕。乙因琐事与甲多次争吵而郁闷难解，便沿两人宅基地的边界线靠己方那侧，建起高 5 米围墙，使甲在自家院内却有身处监牢之感。乙的行为损人不利己，违背诚信原则，甲可以请求拆除围墙。

（2）权利人获益甚少而给他人造成极大损害，获益与损害明显不成比例。例如，甲以 20 万元从乙公司购得某小区地下停车位。乙公司经规划部门批准在该小区以 200 万元建设观光电梯。该梯入口占用了甲的停车位，乙公司同意为甲置换更好的车位。甲则要求拆除电梯，并赔偿损失。甲的获益和造成的损害相比明显不成比例，甲的要求违反诚信原则，属于权利滥用，不应得到支持。

（3）其他不当行使权利的行为。例如，楼上邻居将厨房改成卫生间，属于滥用权利，楼下住户可以请求将厨房和卫生间恢复到原位置。

2. 滥用权利行为的法律后果。

滥用权利的行为<u>不发生相应的法律效力</u>，造成损害的，可能需要承担侵权责任。

五、公序良俗原则【公序良俗原则 E】

1. 公序良俗是公共秩序和善良风俗的简称。所谓<u>公共秩序</u>，是指直接涉及公共利益而应由全体社会成员共同遵守的基本规范；所谓<u>善良风俗</u>，是指全体社会成员所公认且共同遵从的基本社会伦理道德。

2. 公序良俗原则，指民事主体的行为应当遵守公共秩序，符合善良风俗。<u>违背公序良俗的民事法律行为无效</u>。

3. 一个行为是否违背公序良俗，可以根据日常生活经验进行判断。下列行为违背公序良俗：离婚协议限制一方配偶再婚或生育；断绝父母子女关系的协议；代孕协议；包养协议；赠与第三者钱财；将遗产留给第三者；约定支付分手费；暗刷流量协议。

六、绿色原则【绿色原则 E】

绿色原则，是指民事主体从事民事活动，应当有利于节约资源，保护生态环境。

【说明】任何自由均有其边界。公平原则、诚信原则、公序良俗原则均可视为对私法自治的限制。然而，一切限制均以必要为限，须符合公法上的比例原则。而且，此种限制的存在并不足以改变私法自治系民法的根本理念这一点，否则民法将失去其灵魂。

⚖️ 判断分析

甲男与乙女双方在离婚协议中约定：为了婚生女丙的健康成长，乙女若再婚也不可再生育子女，该约定违反哪一项原则？（2019 年仿真题）

A. 公序良俗原则【正确。约定限制了乙女的生育自由，违背公序良俗】

B. 平等原则【错误。甲男与乙女地位平等，没有任何一方享有特权，也没有任何一方被歧视】

C. 自愿原则【错误。离婚协议是双方自愿签订的，没有任何一方强迫另外一方】

D. 公平原则【错误。约定涉及的并非财产关系，不存在公平与否的问题】

第二章 自然人

【重点】民事行为能力、监护、宣告死亡

第一节 自然人的民事权利能力与行为能力【自然人权利能力与行为能力 A】

一、民事权利能力

（一）民事权利能力的含义

1.民事权利能力，是指民事主体依法享有民事权利和承担民事义务的资格。

【示例】终身未嫁的赵女士临去世前留下一份遗嘱，将其名下所有财产全部留给其宠物狗。该遗嘱无效，因为狗不具有民事权利能力。

2.自然人的民事权利能力一律平等。只要是人，即有民事权利能力。民事权利能力不得转让也不得抛弃，如：卖身为奴的协议无效。

（二）民事权利能力的存续时间

1.民事权利能力始于出生，终于死亡（包括生理死亡与宣告死亡）。

2.例外情况下的胎儿保护：

（1）出生时为活体（包括出生后夭折）：在遗产继承、接受赠与等胎儿利益保护方面，从受胎时起就有民事权利能力。若出生后夭折（存活过），其所有的财产由其继承人继承。

（2）出生时为死体：自始没有民事权利能力。

【注意】父母在胎儿娩出前可以作为法定代理人主张继承遗产、赔偿损害等相应权利，而不必等到胎儿出生之后。

【示例】甲、乙系夫妻。乙40岁才怀孕，其婆婆丙激动不已，遂赠送给胎儿丁一对金手镯，甲、乙欣然接受。

①若甲在丁出生之前死亡，则在分割甲的遗产时，应当保留丁的继承份额。

②在丁出生之前，甲、乙可以作为丁的法定代理人请求丙交付金手镯。

③若丁出生时为死体，则其自始没有民事权利能力，金手镯仍归丙所有。

④若丁活着出生，但是因病旋即死亡，则金手镯作为丁的遗产，由其父母甲、乙继承。

🔨 判断分析

甲怀孕期间因身体不适就医，因医生用药错误，致甲险些流产，虽保住了胎儿，但造成了胎儿乙残疾，甲也受到了身体伤害。甲、乙均有损害赔偿请求权。（2020年仿真题）【**正确**。请求赔偿损害与遗产继承、接受赠与一样涉及胎儿利益保护，乙应当视为**具有民事权利能力**，可由其父母作为法定代理人向法院起诉】

二、民事行为能力

民事行为能力，是指民事主体能够**独立**实施民事法律行为，从而实际取得民事权利和承担民事义务的**能力**。

【比较】民事权利能力只是资格，能否实际取得民事权利和承担民事义务，取决于民事行为能力的有无。如1个月大的婴儿具有民事权利能力，但是并无民事行为能力，无法通过自己的独立行为取得权利或者负担义务。

欲实现私法自治，行为人必须能够理解其所实施行为的意义，而这取决于行为人具有何等的理性能力。由于自然人的理性能力，一般随年龄的增长而增长，因此行为能力的划分以年龄为首要标准，其次考虑辨认能力。

（一）无民事行为能力人

1. 包括：①不满 8 **周岁**的未成年人；②**不能**辨认自己行为的成年人。
2. **不能独立**实施任何民事法律行为，只能由其法定代理人代理。

（二）限制民事行为能力人

1. 包括：① 8 **周岁以上**的未成年人；②**不能完全**辨认自己行为的成年人。
2. 可以独立实施下述两种民事法律行为，其他民事法律行为只能由其法定代理人代理，或者经其法定代理人同意、追认。

（1）**纯获利益**的民事法律行为，是指限制民事行为能力人通过法律行为**仅享有权利，不负担义务，而不是从经济角度看是否获得了利益**。例如，10 岁的甲接受乙赠与的一架钢琴，此时赠与合同属于纯获利益的民事法律行为；若乙在赠与钢琴的同时要求甲必须每周练习一个小时，则赠与合同就不再属于纯获利益的民事法律行为。

（2）**与年龄、智力、精神健康状况相适应**的理解：从行为与本人生活**相关联的程度**，本人的智力、精神健康状况**能否理解其行为并预见相应的后果**，以及标的、数量、价款或者报酬等方面认定。例如，16 岁的甲用个人积蓄 1000 元购买明星表演用过的道具，属于与其年龄、智力状况相适应的民事法律行为，可以独立实施；用来请人文身则属于与其年龄、智力状况不相适应的民事法律行为，不能独立实施。

（三）完全民事行为能力人

1. 包括：① 18 **周岁以上**的正常人；② 16 **周岁以上**且**以自己劳动收入为主要生活来源**的未成年人。
2. 可以独立实施任何民事法律行为。

【说明】法律之所以不赋予部分人行为能力，或者仅赋予其部分行为能力，是考虑到这些人的认识能力完全缺失或者部分缺失，有必要让其与复杂的交易世界隔离开来，以免其遭受损害。故而，**行为能**

力制度是以限制之名行保护之实。

【注意】对于未成年人的行为能力，一概以年龄为标准，**不再考虑未成年人的个体差异**。例如，即使甲的心智较成年人更为成熟，但15岁的甲依然属于限制民事行为能力人；乙于18周岁生日当天为限制民事行为能力人，而待生日一过，乙马上成为完全民事行为能力人，尽管乙的心智不会在一天之内发生本质变化。之所以如此，是为了更好地保护未成年人，同时也是为了避免个案判断带来的高度不确定性影响交易安全。

📝 判断分析

1. 甲16周岁，一次买彩票中奖500万元，便以此作为主要生活来源，甲为完全民事行为能力人。【**错误**。甲虽年满16周岁且有生活来源，但是其生活来源不是自己的**劳动收入**，故其仍为限制民事行为能力人。】

2. 甲10岁，不幸患严重精神病，完全无法辨认自己的行为，甲为限制民事行为能力人。【**错误**。甲虽年满10岁但其患严重精神病，**完全不能辨认**自己的行为，因此其为无民事行为能力人。】

第二节　监护【监护A】

为保护和照管无民事行为能力人和限制民事行为能力人，法律特设监护制度。

一、监护人的确定

（一）法定监护

1. 未成年人的法定监护人

（1）父母是**未成年子女**的**当然监护人**。

即使离婚，父母双方也均为未成年子女的监护人，与是否直接抚养未成年子女**无关**；父母一方死亡的，另一方为监护人。

（2）父母双亡或者没有监护能力时，下列有监护能力的人按**顺序**担任监护人：**祖父母、外祖父母＞兄、姐＞其他愿意担任监护人的个人或者组织**（须经未成年人住所地的居委会、村委会或者民政部门同意）

2. 无、限制民事行为能力成年人的法定监护人

下列有监护能力的人按**顺序**担任监护人：**配偶＞父母、子女＞其他近亲属＞其他愿意担任监护人的个人或者组织**（须经被监护人住所地的居委会、村委会或者民政部门同意）

（二）协议监护

1. 具有监护资格的人之间可以协议确定监护人，且**不受法定监护顺位的限制**。

2. 父母是未成年子女的当然监护人，不适用协议监护：

（1）未成年人的父母不得通过协议确定由其中一方担任监护人。

（2）未成年人的父母不得与其他依法具有监护资格的人订立协议，约定**免除**自己的监护职责，否则协议**无效**。

（3）未成年人的父母可以与其他依法具有监护资格的人订立协议，约定在自己丧失监护能力时由该具有监护资格的人担任监护人。

【注意】监护人因患病、外出务工等原因在一定期限内不能完全履行监护职责，可以将全部或者部分监护职责委托给他人，但是监护人并不变更。

（三）指定监护

1. 前提：具有监护资格的人对监护人的确定有争议，无法协商确定监护人。例如，父母因车祸去世，爷爷奶奶和外公外婆争着当监护人，或者都不愿意当监护人。

【注意】有监护能力的父母是未成年子女的当然监护人，不适用指定监护。

2. 方式：

（1）先指定再起诉：由被监护人住所地的居委会、村委会或者民政部门指定监护人，不服则应于接到指定通知之日起30日内向法院申请指定。

（2）直接向法院申请指定监护人。

3. 擅自变更监护人的后果。

监护人被指定后，擅自变更的，不免除被指定监护人的监护责任。

4. 临时监护。

指定监护人前，被监护人处于无人保护状态的，由被监护人住所地的居委会、村委会、法律规定的有关组织或者民政部门担任临时监护人。

【注意】因发生突发事件等紧急情况，监护人暂时无法履行监护职责，被监护人的生活处于无人照料状态的，被监护人住所地的居委会、村委会或者民政部门应当为被监护人安排必要的临时生活照料措施。

（四）遗嘱指定监护

被监护人的父母担任监护人的，可以通过遗嘱指定监护人。

1. 有权通过遗嘱指定监护人的，仅限于被监护人的父母，且父母系被监护人的监护人。

【示例】甲、乙在海难中去世，两人的独生子丙交由其爷爷丁抚养。丁担心自己去世后无人照看丙，遂立下遗嘱指定丙的姑姑为其监护人。该遗嘱指定监护无效，因为有权通过遗嘱指定监护人的，仅限于被监护人的父母。

2. 未成年人由父母担任监护人，父母中的一方通过遗嘱指定监护人，另一方在遗嘱生效时有监护能力，则应当由另一方担任监护人。

【示例】甲、乙协议离婚，约定由甲抚养丙。其后，甲因病去世，留下遗嘱一份，指定自己的父母为丙的监护人。但因乙尚健在，应由乙担任丙的监护人。

3. 父母通过共同遗嘱指定监护人，一方死亡后另一方另立遗嘱指定其他监护人，或者父母各立遗嘱指定了不同监护人：原则上以后死亡一方的指定为准，不过应考虑最有利于被监护人原则和尊重被监护人真实意愿原则。

【示例】甲、乙系夫妻，育有一岁的独生子丙。甲、乙共同订立的遗嘱指定甲的父母担任丙的监护人，而乙在甲去世后立遗嘱指定自己的父母担任丙的监护人，则在乙去世后应由乙的父母担任丙的监护人。

4. 遗嘱生效时，被指定的人可以拒绝担任监护人，此时应当按照法定监护规则确定监护人。

（五）成年人意定监护

1. 具有完全民事行为能力的成年人，可以与其近亲属、其他愿意担任监护人的个人或者组织事先协商，以书面形式确定自己的监护人，在自己丧失或者部分丧失民事行为能力时，由该监护人履行监护职责。

2. 该成年人丧失或者部分丧失民事行为能力前：协议的任何一方均可请求解除协议。

3. 该成年人丧失或者部分丧失民事行为能力后：协议确定的监护人无正当理由不得请求解除协议。

（六）组织监护

没有依法具有监护资格的人时，监护人由民政部门担任，也可以由具备履行监护职责条件的被监护人住所地的居委会、村委会担任。

📝 判断分析

1. 陆某因抢劫罪被判处刑罚，其妻蒋某与之离婚，法院判决双方的未成年儿子小勇由陆某抚养，实际由陆某父母看管。陆某是小勇的唯一监护人。（2020年仿真题）【错误。父母是未成年子女的当然监护人。即使离婚，双方依然均为未成年子女的监护人】

2. 甲的父母在车祸中去世，甲的爷爷和外公都想当甲的监护人。关于甲监护人的确定有争议，甲的爷爷必须先请求相关部门指定监护。【错误。对担任监护人有争议，又不能协商确定监护人的，可以先向居委会、村委会或民政部门申请指定，不服再申请法院指定，也可以直接向法院申请指定监护人。】

3. 身患重病的甲有权与其堂兄签订协议，在其丧失行为能力的时候，由堂兄担任自己的监护人照顾自己的衣食住行。【正确。具有完全民事行为能力的成年人，可以与其近亲属事先协商，以书面形式确定自己的监护人，在自己丧失或者部分丧失民事行为能力时，由该监护人履行监护职责。】

二、监护人的职责

监护本质上为一种职责，而非权利。

1. 代理被监护人实施民事法律行为：监护人是被监护人的法定代理人。

2. 保护被监护人的人身、财产权利及其他合法权益。

3. 对被监护人有能力独立处理的事务，监护人不得干涉。

4. 监护人不履行监护职责或者侵害被监护人合法权益的，应当承担民事责任。

5. 尊重被监护人的真实意愿，按照最有利于被监护人的原则履行监护职责；非为被监护人的利益，不得处分被监护人的财产。

（1）判断是否为了维护被监护人的利益，应以一个处于与监护人同等情景下的理性人的判断为标准，不能以财产的得丧为唯一标准。

通常认为，为被监护人求学、就医处分其财产，属为其利益；以被监护人名下的房产为第三人的债务提供抵押担保、利用被监护人的财产进行高风险投资行为（炒股等），属非为其利益。

（2）监护人非为被监护人利益处分其财产，造成损失的，应当承担赔偿责任。

📝 判断分析

甲6周岁，多次在国际钢琴大赛中获奖，并获得大量奖金。甲的父母乙、丙为了甲的利益，考虑到甲的奖金存放银行增值有限，遂将奖金全部购买了股票，但恰遇股市暴跌，甲的奖金损失过半。乙、丙应对投资股票给甲造成的损失承担责任。（2016 年第 3 卷第 52 题）【正确。股票属于高风险投资行为，监护人乙、丙用被监护人甲的奖金购买股票不属于为其利益处分其财产，应当赔偿由此给甲造成的损失】

三、监护资格的撤销与恢复

（一）撤销事由

1. 实施严重损害被监护人身心健康或合法权益的行为；
2. 监护人怠于履行监护职责；
3. 无法履行监护职责并且拒绝将监护职责部分或全部委托给他人，导致被监护人处于危困状态。

（二）撤销申请人

1. 其他有监护资格的人；
2. 被监护人住所地的居委会、村委会，民政部门；
3. 学校、医疗机构、妇女联合会、残疾人联合会、未成年人保护组织、依法设立的老年人组织等。

（三）撤销机关：人民法院

（四）撤销的法律后果

1. 原监护人丧失监护权；法院应当安排必要的临时监护措施，并依法指定监护人。
2. 不免除原监护人支付抚养费、赡养费、扶养费的义务。

（五）监护资格的恢复

被监护人的父母或子女被人民法院撤销监护人资格后，确有悔改表现的，经其申请，人民法院可以在尊重被监护人真实意愿的前提下，视情况恢复其监护人资格。

【注意】监护资格的恢复规定仅适用于父母或子女，并且对被监护人实施故意犯罪的不能恢复。

判断分析

甲、乙婚后育有一子丙。甲、乙离婚后，丙由甲抚养。甲生性嗜赌，动辄无故打骂丙，手段残忍，造成丙轻伤。后甲还变卖丙的祖母赠与丙的珍贵珠宝用于赌博。请判断下列表述。

A. 乙有权申请法院撤销甲的监护资格【正确。甲实施了严重损害被监护人身心健康以及严重侵害被监护人财产权益的行为】

B. 甲被撤销监护资格后，仍然应当支付丙的抚养费用【正确】

C. 甲监护人资格被撤销后，确有悔改表现的，人民法院可以恢复其监护资格【错误。甲的虐待行为情节严重，构成虐待罪，由于故意犯罪被撤销监护资格的，不得恢复】

第三节　宣告失踪和宣告死亡【宣告失踪与宣告死亡 A】

一、宣告失踪

宣告失踪制度主要是为了保护失踪人的利益，为其确定财产代管人。

（一）宣告失踪的条件

1. 自然人下落不明达到法定时间。
（1）下落不明满 2 年。
（2）下落不明时间的起算：
①原则：自失去音讯之日起开始计算。
②例外：战争期间下落不明的，自战争结束之日或者有关机关确定的下落不明之日起计算。
2. 利害关系人申请宣告失踪。
（1）管辖机关：下落不明人住所地基层人民法院。
（2）利害关系人的范围：
①被申请人的近亲属：配偶、父母、子女、兄弟姐妹、祖父母、外祖父母、孙子女、外孙子女。
②作为第一顺序继承人的丧偶儿媳和女婿、代位继承人。
③与被申请人有民事权利义务关系的债权人、债务人、合伙人等：原则允许，不申请宣告失踪不影响其权利行使、义务履行的除外。
3. 法院宣告下落不明人失踪。
（1）法院受理宣告失踪案件后，应当发出寻人公告；公告期间为 3 个月。
（2）公告期届满仍无下落的，宣告失踪。

（二）宣告失踪的法律效果

1. 确定财产代管人：配偶、父母、成年子女或者其他愿意担任财产代管人的人，无顺序限制。
2. 财产代管人的权利：有权管理处分失踪人财产，如替失踪人纳税、偿债。在涉及失踪人财产的诉讼中，财产代管人为诉讼当事人。
3. 财产代管人的义务：妥善保管失踪人财产，失踪人归来时，及时交还。故意或重大过失造成失踪人财产损失的，应赔偿。

【注意】宣告失踪后婚姻关系仍存续，一方若起诉离婚，判离。

（三）失踪宣告的撤销

1. 失踪人重新出现，经本人或者利害关系人申请，人民法院应当撤销失踪宣告。
2. 本人有权请求财产代管人及时移交有关财产并报告财产代管情况。

二、宣告死亡

宣告死亡主要是为了维护与失踪人有利害关系者的利益。

（一）宣告死亡的条件

1. 自然人下落不明达到法定时间。

（1）原则：下落不明需满 4 年。

（2）例外：因意外事件下落不明的，需满 2 年；经有关机关证明该自然人不可能生存的，不受 2 年时间限制。

2. 利害关系人申请宣告死亡。

（1）管辖机关：下落不明人住所地基层人民法院。

（2）利害关系人的范围：

①被申请人的配偶、父母、子女。

②作为第一顺序继承人的丧偶儿媳和女婿。

③被申请人的其他近亲属、代位继承人，须满足下列条件之一：

a. 被申请人的配偶、父母、子女均已死亡或者下落不明的；

b. 不申请宣告死亡不能保护其相应合法权益的。

④被申请人的债权人、债务人、合伙人等，原则上不作为利害关系人，但不申请宣告死亡不能保护其相应合法权益的除外。

【注意】宣告失踪并非宣告死亡的前置程序；申请宣告死亡，没有顺序限制；有的申请宣告失踪，有的申请宣告死亡，应当宣告死亡。

3. 法院宣告下落不明人死亡。

（1）法院受理死亡宣告申请后，应当发出寻人公告。公告期间为一年；因意外事件下落不明且经有关机关证明不可能生存的，公告期间为 3 个月。

（2）公告期届满仍无下落的，宣告死亡。

（二）宣告死亡的法律效果

1. 被宣告死亡人在法律上死亡，如同自然死亡一般。

（1）死亡日期为判决作出之日；意外事件死亡的，死亡日期为意外发生之日。

（2）被宣告死亡人若未死亡，其实施的法律行为效力不受影响。

2. 被宣告死亡人与其配偶的婚姻关系消灭。

3. 被宣告死亡人的遗产开始由其继承人继承。

（三）死亡宣告被撤销的法律效果

被宣告死亡人重新出现，经本人或者利害关系人申请，人民法院应当撤销死亡宣告。死亡宣告一旦被撤销，将产生下列法律后果：

1. 财产关系：

（1）依继承取得财产者负有返还义务，不能返还则适当补偿；

（2）非依继承取得财产者无返还义务，不论有偿与否。例如，甲被宣告死亡后，其子乙将继承的一辆汽车赠送给了其朋友丙。死亡宣告被撤销后，丙没有返还汽车的义务，应当由乙适当补偿甲。

2. 婚姻关系：原则上自行恢复；例外情形不恢复。

（1）配偶再婚（包括再婚后又离婚或者再婚配偶死亡）。例如：甲为逃债在外躲避 5 年，其妻乙向法院申请宣告甲死亡后与丙结婚，一年后又离婚。7年后，甲回归。法院撤销甲的死亡宣告判决时，甲、乙的婚姻关系不能自行恢复。

（2）配偶向婚姻登记机关书面声明不愿意恢复。

3. 收养关系：宣告死亡期间子女被收养，不得以未经本人同意为由主张收养无效。

⚖ 判断分析

1. 甲下落不明，符合宣告死亡条件，甲父向法院申请宣告失踪，甲的债务人向法院申请宣告甲死亡，法院应当宣告甲失踪。【错误。同时申请宣告失踪和宣告死亡的，应当宣告死亡】

2. 甲被宣告死亡但实际并未死亡。甲在被宣告死亡期间从事的民事法律行为效力待定。【错误。甲在被宣告死亡期间实施的民事法律行为的效力不受宣告死亡的影响，而是依据民事法律行为有效与否的条件进行判定】

3. 甲被宣告死亡后，其妻子乙改嫁于丙，一年后丙死亡。乙得知甲并未死亡，申请撤销对甲的死亡宣告。甲、乙的婚姻关系自行恢复。【错误。宣告死亡被撤销后，婚姻关系原则上自动恢复，但是乙再婚过，哪怕再婚的婚姻关系结束，也不会自动恢复和甲的婚姻关系】

第三章

法人和非法人组织【客+主】

【重点】法人类型、法人设立人的责任、法定代表人

第一节 法人的概念与特征

法人，是指依法成立，具有民事权利能力与民事行为能力，依法独立享有民事权利和承担民事义务的团体。如有限责任公司和股份有限公司。

1. 法人的民事权利能力和民事行为能力，从法人成立时产生，到法人终止时消灭。

2. 法人是独立于出资人或者其成员的民事主体，其人格独立、财产独立，并以其全部财产对自己的债务承担无限责任，而法人成员仅以出资额为限对法人的债务承担有限责任。

3. 法人人格否认：如果营利法人的出资人滥用法人独立地位和出资人有限责任，逃避债务，严重损害法人债权人利益的，应当对法人债务承担连带责任。（结合《中华人民共和国公司法》掌握）

第二节 法人的类型【法人分类C】

一、法人的学理分类

（一）公法人与私法人：设立的法律依据

1. 公法人，是指依公法设立的法人。公法人行使国家权力、承担公共职能，如人民政府。
2. 私法人，是指依私法设立的法人，如公司。

（二）社团法人与财团法人：成立的基础（私法人的再分类）

1. 社团法人，是以人为成立基础的组织体。如公司、协会、商会、学会。

设立社团法人的人成为其成员，并由成员组成法人的权力机构。如公司的投资人成为股东，股东会为公司的权力机构。

2. 财团法人，是以财产为成立基础的组织体。如基金会。

设立财团法人的捐助人不会成为其成员，财团法人无权力机构，其目的事业由章程确定。

（三）营利法人、公益法人与中间法人：成立目的

1. 营利法人：以营利并将利润分配给成员为目的的法人，如公司。

2. 公益法人：以公益为目的的法人，如基金会。
3. 中间法人：既非以营利并将利润分配给成员为目的，也非以公益为目的的法人，如商会。

二、法人的法定分类

（一）营利法人

营利法人，是指以取得利润并分配给股东等出资人为目的成立的法人。
1. 包括有限责任公司、股份有限公司和其他企业法人（如全民所有制企业）等。
2. 登记才能取得法人资格，必须制定章程、设置权力机构和执行机构，可不设监督机构（公司必须设）。

（二）非营利法人

非营利法人，是指为公益目的或者其他非营利目的成立，不向其成员分配所取得利润的法人。包括：

（1）事业单位法人：为了公益目的，由国家机关举办或者其他组织利用国有资产举办的，从事教科文卫等活动的社会服务组织。如公立的学校、医院。

（2）社会团体法人：具备法人条件，基于会员共同意愿，为公益目的或者会员共同利益等非营利目的设立的社会团体。如中国消费者协会、中国法学会。

【注意】学理分类中的社团法人并非社会团体法人的简称。社团法人的外延大于社会团体法人，例如公司属于社团法人，但是并非社会团体法人。

（3）捐助法人：为公益目的以捐助财产设立的法人。如基金会、社会服务机构（登记为非营利法人的民办学校、医院、养老院、博物馆等）、宗教活动场所。

捐助法人登记才能取得法人资格，必须制定章程；设置决策机构、执行机构和监督机构。

【注意】事业单位法人和社会团体法人：有的登记才能取得法人资格，有的成立即取得法人资格；捐助法人：登记才能取得法人资格。

【注意】财团法人必为非营利法人，而社团法人可能为营利法人（公司），也有可能为非营利法人（中华全国律师协会）。

【比较】营利法人与非营利法人：均可以营利，只不过前者将利润分配给其成员，后者不能分配利润。为公益目的成立的非营利法人终止时，剩余财产应当按照章程的规定或者决议用于公益目的；无法处理的，由主管机关主持转给宗旨相同或者相近的法人。

（三）特别法人

1. 机关法人。如人民政府。（成立即具有法人资格）
2. 农村集体经济组织法人。如农村股份合作公司。
3. 城镇农村的合作经济组织法人。如农民专业合作社、农村信用合作社。
4. 基层群众性自治组织法人。即居委会、村委会。

判断分析

甲出资10亿元设立防治传染病基金会。关于该基金会，下列表述正确的是？（2021年仿真题）

A. 应当依法制定法人章程【正确。防治传染病基金会属于捐助法人，而设立捐助法人应当依法制定法人章程】

B. 应当设立理事会，可以不设立监督机构【错误。设立捐助法人应当设立理事会等决策机构、执行机构，且应当设立监督机构】

C. 自批准成立之日起取得法人资格，无须办理设立登记【错误。基金会法人的成立以登记为要件，登记后取得法人资格】

D. 基金会法人可以向甲分配利润；终止时，剩余财产返还给甲【错误。以公益为目的成立的基金会法人不得向出资人分配利润，终止时不得向出资人分配剩余财产】

第三节　法人的设立、变更与终止【客+主】

> **法条群**
>
> 《中华人民共和国民法典》第一编《总则》第三章《法人》第一节《一般规定》
>
> 第七十五条【法人设立中行为的法律后果】设立人为设立法人从事的民事活动，其法律后果由法人承受；法人未成立的，其法律后果由设立人承受，设立人为二人以上的，享有连带债权，承担连带债务。
>
> 设立人为设立法人以自己的名义从事民事活动产生的民事责任，第三人有权选择请求法人或者设立人承担。

一、法人设立人的责任

设立人为设立法人之目的从事民事活动的法律后果：

1. **设立人以自己名义从事设立活动：**
（1）法人成立：第三人有权选择请求法人或者设立人承担法律后果；
（2）法人未成立：法律后果由设立人承受，设立人为两人以上的，对外承担连带责任。

2. **设立人以设立中法人名义从事设立活动：**
（1）法人成立：法律后果由法人承受；
（2）法人未成立：法律后果由设立人承受，设立人为两人以上的，对外承担连带责任。

【示例】甲与乙拟设立A有限责任公司，甲以自己的名义与B公司签订办公室租赁合同，乙以筹办中公司的名义与C公司签订办公用品采购合同。（1）若A公司顺利成立，则B公司有权选择请求A公司或者甲支付租金；C公司只能请求A公司支付价款。（2）若A公司未成立，则B公司只能请求甲支付租金，乙对此承担连带责任；C公司只能请求乙支付价款，甲对此承担连带责任。

二、法人的合并与分立

1. 法人合并的，其权利和义务由合并后的法人享有和承担。
【示例】甲公司与乙公司合并为丙公司，则甲公司的债权人可以要求丙公司履行债务。
2. 法人分立的，其权利和义务由分立后的法人享有连带债权，承担连带债务，但是债权人和债务人另有约定的除外。

【注意】分立后的法人对债务分担的内部约定，未经债权人同意，对债权人不发生效力，只能作为分立的各个法人内部追偿的依据。

【示例】A公司拖欠某银行贷款1亿元。其后，A公司一分为二，成立B公司和C公司，并约定由B公司负责偿还1亿元的债务。B公司和C公司对银行的1亿元债务承担连带责任，不得以内部的债务承担约定对抗银行。C公司若向银行偿还了1亿元，则其可以向B公司全额追偿。

三、法人的终止

1. 清算结束并完成法人注销登记时，法人终止；依法不需要办理法人登记的，清算结束时，法人终止。
2. 清算期间法人存续，但是不得从事与清算无关的活动。

第四节 法定代表人【客+主】【法定代表人行为效力A】

> **法条群**
>
> 《中华人民共和国民法典》第一编《总则》第三章《法人》第一节《一般规定》
>
> 第六十一条【法定代表人】依照法律或者法人章程的规定，代表法人从事民事活动的负责人，为法人的法定代表人。
>
> 法定代表人以法人名义从事的民事活动，其法律后果由法人承受。
>
> 法人章程或者法人权力机构对法定代表人代表权的限制，不得对抗善意相对人。
>
> 第六十五条【法人登记事项的对抗效力】法人的实际情况与登记的事项不一致的，不得对抗善意相对人。
>
> 《最高人民法院关于适用〈中华人民共和国民法典〉合同编通则若干问题的解释》（三、合同的效力）
>
> 第二十条【越权代表】法律、行政法规为限制法人的法定代表人或者非法人组织的负责人的代表权，规定合同所涉事项应当由法人、非法人组织的权力机构或者决策机构决议，或者应当由法人、非法人组织的执行机构决定，法定代表人、负责人未取得授权而以法人、非法人组织的名义订立合同，未尽到合理审查义务的相对人主张该合同对法人、非法人组织发生效力并由其承担违约责任的，人民法院不予支持，但是法人、非法人组织有过错的，可以参照民法典第一百五十七条的规定判决其承担相应的赔偿责任。相对人已尽到合理审查义务，构成表见代表的，人民法院应当依据民法典第五百零四条的规定处理。
>
> 合同所涉事项未超越法律、行政法规规定的法定代表人或者负责人的代表权限，但是超越法人、非法人组织的章程或者权力机构等对代表权的限制，相对人主张该合同对法人、非法人组织发生效力并由其承担违约责任的，人民法院依法予以支持。但是，法人、非法人组织举证证明相对人知道或者应当知道该限制的除外。
>
> 法人、非法人组织承担民事责任后，向有过错的法定代表人、负责人追偿因越权代表行为造成的损失的，人民法院依法予以支持。法律、司法解释对法定代表人、负责人的民事责任另有规定的，依照其规定。

1. 法定代表人，是指依照法律或者法人章程的规定，代表法人从事民事活动的负责人。

我国实行唯一法定代表人制度，即一个法人仅有一个法定代表人。公司董事长或执行董事通常为法定代表人。

2. 法定代表人以**法人名义**所实施的行为，属于**代表行为**。（法定代表人以个人名义所实施的行为，法律后果自然由其个人承受。）

3. 法定代表人在**代表权限范围**内实施代表行为，属于**有权代表**行为，其法律后果由**法人**承受。

4. 法定代表人**超越**代表权限实施代表行为，属于**无权代表**行为。

（1）如果相对人**善意**，即不知道也不应当知道法定代表人超越权限，则成立**表见代表**，此时产生**有权代表**的法律效果。

法人章程或者法人权力机构对法定代表人代表权的**限制**，**不得对抗善意相对人**；法人的实际情况与登记的事项**不一致**的，**不得对抗善意相对人**。

【示例1】甲公司章程规定，公司对外借款需要经股东会决议。其后，甲公司法定代表人王某未经股东会决议，以甲公司名义向不知情的乙公司借款1000万元。王某超越内部权限限制，构成无权代表，但是善意的乙公司应受到保护，成立表见代表，借款合同对甲公司发生效力。

【示例2】甲公司法定代表人王某因工作重大失误被解除职务。在甲公司申请工商变更登记法定代表人期间，王某以甲公司名义向不知情的丙公司借款1000万元。王某已经被解除法定代表人职务，其行为构成无权代表，但是因为尚未办理工商变更登记，善意信赖工商登记的丙公司应当受到保护，借款合同对甲公司发生效力。

（2）如果相对人**恶意**，即知道或者应当知道法定代表人超越权限，则无权代表行为**效力待定**。法人追认，则产生有权代表的法律效果；法人未追认，则法律行为对法人不发生效力，由法定代表人自己承担责任。

【注意1】法定代表人与相对人**恶意串通**，以法人名义订立合同，损害法人利益的，**不成立表见代表**。给法人造成损失的，法人可以请求法定代表人与相对人承担**连带责任**。

【注意2】法定代表人超越法律、行政法规的限制：推定相对人**恶意**，除非**相对人证明**自己已经尽到合理审查义务；法定代表人超越章程、公司机关的限制：推定相对人**善意**，除非**法人证明**相对人知道或者应当知道存在限制。【新增】

5. 法定代表人实施侵权行为的责任承担。

（1）法定代表人因执行职务造成他人损害的，由法人承担民事责任。

（2）法人承担民事责任后，依照法律或者法人章程的规定，可以向**有过错**的法定代表人追偿。

第五节　非法人组织【非法人组织的类型与资格E；非法人组织的责任E】

非法人组织，是指**没有法人资格**，但能够**以自己的名义**进行民事活动的组织，包括个人独资企业、合伙企业、不具有法人资格的专业服务机构（律师事务所、会计师事务所）等。

【注意】非法人组织**不具有独立责任能力**：非法人组织的财产不足以清偿债务的，其出资人或者设立人承担无限责任。法律另有规定的，依照其规定（如有限合伙企业中，有限合伙人以出资额为限承担责任）。

【主观题专项训练】

案例：甲拟与乙、丙、丁共同投资设立A公司。为此，甲以自己的名义与B公司签订了写字楼租赁合同。后 A 公司顺利成立，由甲担任执行董事、法定代表人，乙担任监事。A 公司章程规定，法定代表人对外签订金额 100 万元以上的合同，应经股东会决议。1 月 1 日，未经股东会决议，甲以 A 公司名义与 C 公司签订买卖合同，约定后者以 800 万元将 X 设备出售给前者。为此，A 公司经法定程序另行选任丙为法定代表人。在申请公司变更登记期间，甲以 A 公司名义与 D 公司签订设备租赁合同，约定后者将 Y 设备出租给前者；丙以 A 公司名义与 E 公司签订买卖合同，约定后者以 40 万元将 Z 设备出售给前者。

问题 1：B 公司能否请求 A 公司支付租金？

问题 2：甲以 A 公司名义与 C 公司签订的买卖合同能否约束 A 公司？

问题 3：甲以 A 公司名义与 D 公司签订的设备租赁合同能否约束 A 公司？

问题 4：丙以 A 公司名义与 E 公司签订的买卖合同能否约束 A 公司？

问题 1：B 公司能否请求 A 公司支付租金？

答案：能。在 A 公司成立后，甲为设立 A 公司以自己的名义从事民事活动产生的民事责任，第三人 B 公司有权选择请求 A 公司或者甲承担。法条依据为《中华人民共和国民法典》第七十五条。

问题 2：甲以 A 公司名义与 C 公司签订的买卖合同能否约束 A 公司？

答案：能。甲虽然超越了内部的权限限制，但是法人章程对法定代表人代表权的限制，不得对抗善意相对人。法条依据为《中华人民共和国民法典》第六十一条第三款。

问题 3：甲以 A 公司名义与 D 公司签订的设备租赁合同能否约束 A 公司？

答案：能。甲被免除法定代表人职务后以 A 公司名义与 D 公司签订合同，属于无权代表，但是法人的实际情况与登记的事项不一致的，不得对抗善意第三人。法条依据为《中华人民共和国民法典》第六十五条。

问题 4：丙以 A 公司名义与 E 公司签订的买卖合同能否约束 A 公司？

答案：能。丙是 A 公司依法定程序任命的法定代表人，其以 A 公司名义从事的民事活动，其法律后果由 A 公司承受，尚未完成公司变更登记对此并无影响。法条依据为《中华人民共和国民法典》第六十一条第二款。

第四章 民事法律行为【客+主】

【重点】民事法律行为的有效、无效、效力待定和可撤销

民事法律行为，是民事主体通过意思表示设立、变更、终止民事法律关系的行为。民事法律行为以意思表示为核心要素，能够产生当事人预期的法律效果，是私法自治的工具。

第一节 意思表示【意思表示D】

意思表示，是指行为人（表意人）将其欲发生特定私法上法律效果的意思，表示于外部的行为。

一、意思表示的构成

1. 内心意思

内心意思，是指表意人希望通过自己的表示发生特定法律效果。

例如：甲给乙发微信称"最新款的华为Mate60，6500元优惠转让给你，要不要？"甲向乙发出了一个以6500元出售华为Mate60的意思表示，一旦乙说要，则成立买卖合同。

（1）即使表意人内心并无发生特定法律效果的意思，只要其对外的表示足以让人产生合理信赖，认为其有此种意思，也要认定意思表示成立。

【示例】在知名教授甲的新书发布会上，学生乙误将购书登记表当作签到表并签名。乙本无意购书，但是任何一个人都会将其签名行为理解为同意购书。因此，应当认为乙发出了一个购书的意思表示，甲与乙之间成立买卖合同。（当然，甲可以基于重大误解申请撤销合同。需结合后文意思表示解释、重大误解加以理解）

（2）表意人必须有实施某种行为的意识，即其外在表示是受自己的意志控制的。

梦游中的动作、条件反射引起的肢体动作、催眠状态中的言语、身体强制（被强按着在合同上签字）等，不是意思表示。

【示例】甲趁其女友乙熟睡，用乙的指纹解锁了乙的手机，然后翻开乙的眼皮，用人脸识别功能进入乙的支付宝，将1万元转账给自己。乙的身体被强制，不能认为乙向甲发出了一个赠与1万元的意思表示。

2. 表示行为：是指将内心意思以一定的方式表达于外。

（1）明示：表意人直接将内心意思明确表达于外，可以是书面形式、口头形式、肢体动作（点头、摇头）、

（2）默示：表意人以行为间接表达其意思，他人可以通过其行为合理推知其意思。例如，住客在宾馆饮用一瓶标价20元的矿泉水，表明住客同意以20元购买该瓶矿泉水。

【注意】沉默原则上不具有法律意义，仅于法律规定、当事人约定或者当事人之间的交易习惯赋予沉默以特定法律意义时，才可以将沉默视为意思表示。

【总结】沉默可视为意思表示的法定情形：

1. 视为接受：

（1）试用买卖中试用期满，买受人未表示是否购买的，视为购买。

（2）出租人知道或应当知道承租人转租，但在6个月内未提异议的，视为同意转租。

（3）继承开始后，继承人未表示是否接受继承的，视为接受继承。

2. 视为拒绝：

（1）限制民事行为能力人实施其不能独立实施的民事法律行为，法定代理人经相对人催告后在30日内未作表示的，视为拒绝追认。

（2）无权代理经相对人催告，被代理人未作表示的，视为拒绝追认。

（3）受遗赠人自知道受赠之日起60日内未作表示的，视为放弃受遗赠。

二、意思表示的类型

根据是否需要受领，意思表示分为有相对人的意思表示和无相对人的意思表示。

1. 有相对人的意思表示：需要向他人作出的意思表示，又称为需受领的意思表示。例如，行使形成权的行为、代理权授予行为、被代理人对于无权代理行为的追认。

根据能否同步受领，进一步分为对话的意思表示和非对话的意思表示。

（1）对话的意思表示：表意人与相对人面对面交谈或者以电话等方式直接为意思表示。

（2）非对话的意思表示：表意人与相对人以信函、电报、传真、电子邮件、手机短信等表示其意思。

2. 无相对人的意思表示：不需要向他人作出的意思表示，又称为无需受领的意思表示。例如，遗嘱、所有权的抛弃。

三、意思表示的发出与生效

1. 无相对人的意思表示

表意人完成表示（将其内心意思表达于外部），意思表示即发出。一经发出，立即生效。

例如，甲将旧衣服扔进垃圾桶，抛弃所有权的意思表示即发出并生效，甲丧失旧衣服的所有权。不过，遗嘱于起草完毕时发出，于遗嘱人死亡时生效。

2. 有相对人的意思表示

（1）对话的意思表示

表意人向相对人说出其内心意思，并且可期待相对人能够了解，意思表示即发出。

相对人知道其内容时生效（不要求实际知道，依照通常情形应当知道即可）。例如，甲电话通知乙解除租赁合同，乙当时正在玩游戏，根本没有听甲说话，只是一个劲地"嗯嗯"，然后结束了通话。尽管如此，租赁合同也已经被解除。

（2）非对话的意思表示

①发出：意思表示作成后向相对人送出，并在通常情况下能够期待到达相对人。例如，甲给乙写电

子邮件，表明以 1000 元购买乙的电动车的想法，点击发送时意思表示发出。

②生效：意思表示到达相对人时生效。

a. 到达，是指意思表示已经进入相对人的支配范围，且依通常情形可期待相对人了解其内容。例如，营业时间将信件送至公司办公楼并被签收，即使信件未被拆阅，也意味着已经到达；而非营业时间将信件送至公司办公楼，即使被签收，也不能算到达，因为不可合理期待相对人在此期间拆阅。

b. 数据电文形式意思表示到达的认定：有约定，从约定；没有约定，若指定特定系统：进入该系统时生效；若未指定特定系统：相对人知道或应当知道进入其系统时生效。

（3）通过使者传达意思表示

①意思表示的发出：已对使者完整表达意思表示并指示其告知相对人。

②意思表示的到达

a. 使者为表意人的使者（表示使者）：使者实际传达给相对人之时，方为到达。例如，甲吩咐自己的儿子丙将解除租赁合同的通知送交乙，丙实际送交乙时合同解除。

b. 使者为相对人的使者（受领使者）：表意人对受领使者为意思表示，能够合理期待其将意思表示传达给相对人之时，即为到达。例如，甲将解除租赁合同的通知交给乙的妻子丙（与乙同住）时，合同即解除。

【注意】原则上视为表示使者，意思表示相对人的同住近亲属、保姆、室友、秘书一般为受领使者。

（4）以公告方式作出的意思表示：公告发布时生效。

【注意】遗失的意思表示：第三人误将表意人作出的意思表示送达相对人，视为意思表示已经发出并生效，不过表意人可以主张重大误解。例如，甲将欲出售房屋给乙的信件写好后又有些犹豫，于是将信件放在办公桌，准备考虑几天再说。甲的秘书误以为甲忘记寄信，便将信件投邮，乙收到信件后回信表示愿意购买。尽管甲没有发出卖房的意思表示，但是依然认定意思表示已经发出并生效，甲乙之间的买卖合同成立。（甲可以主张重大误解撤销合同，不过需要承担赔偿责任）

【说明】表意人是否具有民事行为能力、意思表示是否存在瑕疵（重大误解、受欺诈或胁迫），判断时点是意思表示发出之时。例如，立遗嘱时为完全民事行为能力人，即使此后成为无民事行为能力人，遗嘱依然于遗嘱人死亡之时生效。

四、意思表示的解释

确定意思表示的内容，需要经由意思表示的解释。

（一）原则：表示主义

1. 以一个理性人对表意人外在表示的理解为准确定意思表示的内容。

2. 适用于有相对人的意思表示，以保护相对人的合理信赖，保护交易安全。

【示例】甲于情人节去买玫瑰花，问老板多少钱一朵，老板伸出一根手指，甲以为是一元一朵，于是说要买 99 朵。其实，老板的意思是 10 元一朵。甲具有行为意思和表示意思，缺乏法效意思。但是任何一个人处于老板的位置，都会将甲的意思理解为甲愿意以每朵 10 元的价格购买 99 朵玫瑰花。故而，一旦老板表示同意，即在甲与老板之间成立单价为 10 元的 99 朵玫瑰花买卖合同。当然，因甲表意当时存在内心意思与外在表示不一致的情形，甲可以基于重大误解申请撤销合同。

（二）例外：意思主义

1. 以 表意人的内心真意 为准确定意思表示的内容。
2. 适用于 无相对人 的意思表示，或者相对人 知道或者应当 知道表意人的内心真意的情况。

【说明】在意思表示没有相对人，或者相对人并无值得保护的合理信赖时，应当 回归 意思自治的基本立场。

【示例】甲想购买乙的 A 画，双方就价格问题商谈了数次。乙最终决定将 A 画以 100 万元出售给甲，但在给甲发微信时误写成了 B 画。甲回复"好的"。甲当然知道乙表示出售的是 A 画，所以应当认为乙发出了一个以 100 万元出售 A 画的意思表示，双方之间成立 A 画买卖合同。

判断分析

1. 甲欲出卖一批法考书籍，于是发短信给乙："我以 1000 元价格出售全套法考书籍给你，若不回复，视为同意。"收到短信的乙不予理会，乙的沉默视为同意购买的意思表示。【错误。沉默原则上不视为意思表示，只有在法律规定、当事人约定和有交易习惯的情况下，才能视作意思表示】

2. 甲打篮球时将可乐和书包扔在篮球架下面，走时拿上了书包，喝剩的可乐没有拿，乙捡走了可乐。甲的行为不构成抛弃可乐的意思表示，因为缺乏相对人。（2019 年仿真题）【错误。抛弃的意思表示是 无相对人 的意思表示，不需要向他人作出】

第二节　民事法律行为的分类【民事法律行为的分类 E】

分类标准		民事法律行为
意思表示的数量及合意方式	单方	依 一方 当事人的意思表示即可成立的法律行为，如行使形成权、代理权的授予、所有权的抛弃、捐助行为、遗嘱等。
	双方	由 双方 相对应的 意思表示的一致 而成立的法律行为，如合同、收养协议、遗赠扶养协议等。
	多方	两个以上当事人彼此的意思表示达成 同向的完全一致 才能成立的法律行为，如合伙协议、发起人协议等。
	决议	两个以上当事人的意思表示按照议事表决程序达成 同向的多数／完全一致 才能成立的法律行为，如股东会决议、董事会决议等。
成立是否需要特定形式	要式	以 特定形式 为成立要件的法律行为，如遗嘱（六种法定形式）、居住权合同（书面）。
	不要式	不以特定形式 为成立要件的法律行为，如买卖合同等。基于私法自治，法律行为以不要式为原则，以要式为例外。
	【注意】①欠缺要式的后果：法律行为 不成立。②履行治愈形式瑕疵：法律、行政法规规定或者当事人约定合同应当采用书面形式订立，当事人未采用书面形式但是 一方已经履行主要义务，对方接受时，该合同成立。	

续表

分类标准		民事法律行为
成立是否需要交付物	诺成	只要行为人意思表示达成一致即成立。绝大部分合同都是诺成行为，如买卖合同、租赁合同。
	实践	除意思表示一致外，还需要实际交付物，合同才能成立。主要有定金、自然人之间借款、借用、保管合同等。
产生何种效力	负担	负担行为：发生债权债务效力的行为（=债权行为）。 例：甲与乙签订A房买卖合同，甲可以请求乙支付价款，乙可以请求甲交付房屋并配合办理过户登记。在过户登记手续完成之前，乙即便已经支付全部价款并占有使用房屋，乙也无法取得A房的所有权。所以买卖合同是负担行为。负担行为不以行为人具有处分权为必要。即便甲并非A房的所有权人，甲、乙之间的买卖合同依然有效，只不过甲无法履行该买卖合同。
产生何种效力	处分	处分行为：发生既存权利变动效力的行为。其中，变动物权的为物权行为，变动债权的为准物权行为。 例：在甲将其废旧的书桌扔掉的那一刹那，甲即丧失对该书桌的所有权，所以所有权抛弃行为是处分行为。处分行为以行为人具有处分权为必要，无处分权将导致处分行为效力待定。因此，如果甲并非书桌的所有权人，其抛弃书桌所有权的行为效力待定。
		【注意】负担行为与处分行为被称为民法的任督二脉，极其重要。从法考来看，可对此重要而复杂的问题简化处理，牢记以下规则即可：①擅自出卖他人之物，构成无权处分，但是并不影响买卖合同的效力。②未办理不动产物权登记，不影响合同效力。（详见后文物权变动部分的区分原则）

第三节 民事法律行为的成立与生效【客+主】

法条群

《中华人民共和国民法典》第一编《总则》第六章《民事法律行为》第三节《民事法律行为的效力》

第一百四十三条【民事法律行为有效的条件】具备下列条件的民事法律行为有效：

（一）行为人具有相应的民事行为能力；

（二）意思表示真实；

（三）不违反法律、行政法规的强制性规定，不违背公序良俗。

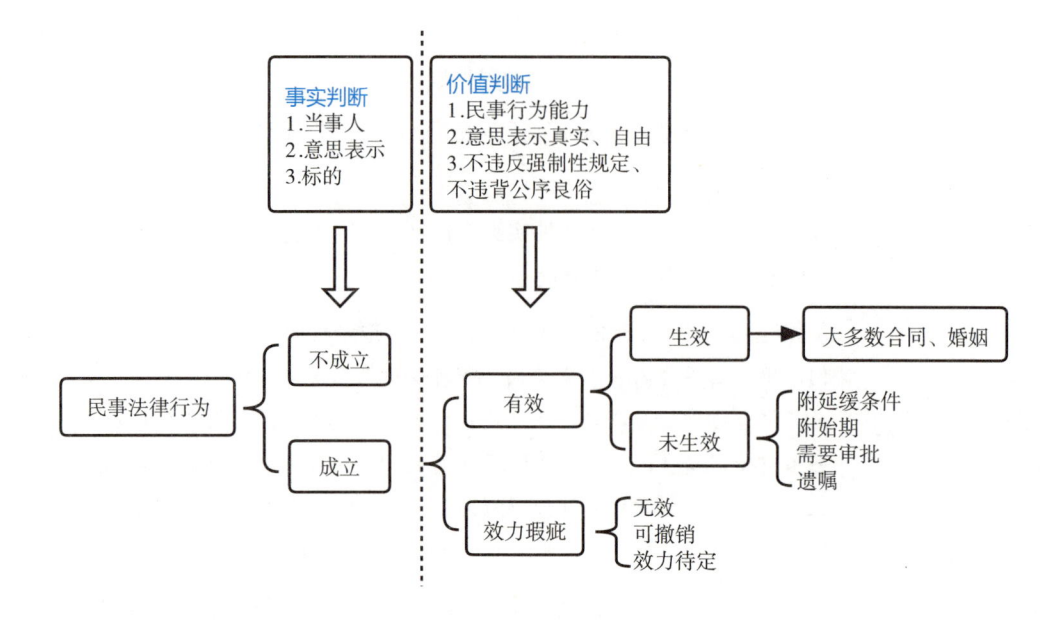

```
                    事实判断          价值判断
                    1.当事人          1.民事行为能力
                    2.意思表示        2.意思表示真实、自由
                    3.标的            3.不违反强制性规定、
                                      不违背公序良俗
                        ↓                ↓
                                                      生效 → 大多数合同、婚姻
                            不成立              有效                附延缓条件
                民事法律行为                          未生效        附始期
                            成立                                    需要审批
                                                                    遗嘱
                                                                无效
                                                    效力瑕疵    可撤销
                                                                效力待定
```

一、民事法律行为的成立【民事法律行为的成立与有效 A】

1. 一般成立要件 = 意思表示

（1）单方法律行为只需要一个意思表示即可成立。如遗嘱。

（2）双方法律行为需要两个意思表示达成一致（形成合意）才能成立。如合同。

2. 特别成立要件

（1）要式行为：须满足特定的形式。

（2）实践行为：须实际交付标的物。例如，自然人之间的借款合同自提供借款时成立。

二、民事法律行为的有效与生效【民事法律行为的成立与有效 A；附条件、附期限的法律行为 D】

（一）民事法律行为的有效

民事法律行为同时满足下列三个要件，即为有效：

1. 行为人具有相应的民事行为能力；

2. 意思表示真实；

3. 不违反法律、行政法规的强制性规定，不违背公序良俗。

【说明】民事法律行为是否成立，是一个事实判断问题；而民事法律行为是否有效，是一个价值判断问题（体现为法律是否认可）。例如：无论签订的是手机买卖合同还是毒品买卖合同，合同均已经成立，但是手机买卖合同有效，而毒品买卖合同无效。

基于私法自治，应当尽可能让民事主体实现其想法，因此法律原则上应当认可民事法律行为，只能在例外情况下才予以否定。故而，民事法律行为原则上成立即有效，除非存在无效、可撤销、效力待定等效力瑕疵。

（二）民事法律行为的生效

民事法律行为有效，原则上同时生效，即当事人可以行使权利、必须履行义务；例外需要满足特定的生效要件才能生效，在此之前，民事法律行为被称之为未生效的民事法律行为。

1. 民事法律行为未生效的主要情形

（1）需经批准生效的民事法律行为：批准后生效。如向外国人转让专利的合同。

（2）遗嘱：遗嘱人死亡之时生效。

（3）附生效条件/附始期的民事法律行为。（详见后文附条件附期限的民事法律行为）

2. 未生效民事法律行为的法律效力

（1）民事法律行为有效，并非无效，对双方具有一定的拘束力，任何一方不得擅自解除、变更。

（2）需经批准生效合同的具体规则【新增】：

①合同获得批准前，一方不能请求对方履行合同约定的主要义务。

当事人一方起诉请求对方履行合同约定的主要义务，经释明后拒绝变更诉讼请求的，法院应当判决驳回其诉讼请求，但是不影响其另行提起诉讼。

②负有报批义务的一方不履行报批义务的，对方可以选择：

A. 请求继续履行报批义务。

负有报批义务的一方不履行生效判决确定的报批义务的，对方可以主张解除合同并参照违反合同的违约责任请求其承担赔偿责任。

B. 主张解除合同并请求承担违反报批义务的赔偿责任。

合同未生效不影响合同中履行报批义务等条款的效力。如果合同约定了违反报批义务的违约责任，对方可以请求按照该约定承担责任。

③负有报批义务的一方已经履行报批义务，但是批准机关决定不予批准的，对方不得请求其承担赔偿责任。

因迟延履行报批义务等可归责于当事人的原因导致合同未获批准的，对方可以请求其承担赔偿责任。

【示例】甲公司与乙公司签订股权转让合同，约定甲公司应于合同签订后一个月内向其母公司报批，合同自批准之日起生效；甲公司未及时履行报批义务，则应向乙公司支付违约金500万元。其后，甲公司迟迟未向其母公司报批。

①合同尚未经过批准，处于已成立未生效状态，乙公司无权请求甲公司办理股权变更手续。

②违约金条款独立生效，乙公司可以请求甲公司支付违约金。

第四节　无效的民事法律行为【客+主】【无效的民事法律行为A】

📎**法条群**

《中华人民共和国民法典》第一编《总则》第六章《民事法律行为》第三节《民事法律行为的效力》

第一百四十四条【无民事行为能力人实施的民事法律行为的效力】无民事行为能力人实施的民事法律行为无效。

第一百四十六条【通谋虚伪表示】行为人与相对人以虚假的意思表示实施的民事法律行为无效。以虚假的意思表示隐藏的民事法律行为的效力，依照有关法律规定处理。

第一百五十三条【违反强制性规定与违背公序良俗的民事法律行为的效力】违反法律、行政法规的强制性规定的民事法律行为无效。但是，该强制性规定不导致该民事法律行为无效的除外。

> 违背公序良俗的民事法律行为无效。
> 第一百五十四条【恶意串通的民事法律行为的效力】行为人与相对人恶意串通，损害他人合法权益的民事法律行为无效。
> 第一百五十五条【无效、被撤销的民事法律行为自始无效】无效的或者被撤销的民事法律行为自始没有法律约束力。
> 第一百五十六条【民事法律行为部分无效】民事法律行为部分无效，不影响其他部分效力的，其他部分仍然有效。

一、民事法律行为无效的含义

无效的民事法律行为，是指该行为缺少有效要件，自始、当然、确定、绝对、全部无效，当事人所追求的法律效果无法实现。

1. **自始无效**：民事法律行为自成立时即无效，而非等法院确认其无效之时才无效。

2. **当然无效**：民事法律行为的无效不需要任何人主张，也不必经过法院的无效确认程序。

一方依无效法律行为向对方主张权利时，即使对方未以无效进行抗辩，法院也应当依照职权直接认定法律行为无效，判决驳回诉讼请求。

3. **确定无效**：民事法律行为终局无效，不因任何事由转变为有效。

故而无民事行为能力人实施的民事法律行为无效，不因其法定代理人同意而有效。

【注意】合同存在无效或可撤销的情形，即使已经在有关部门办理备案、登记或者已经有关机关批准，合同依然属于无效、可撤销。【新增】

4. **绝对无效**：民事法律行为无效，对任何人而言均为无效。

5. **全部无效**：只要存在无效事由，法律行为整体无效。

部分无效作为例外：基于私法自治，法律应尽可能尊重当事人的意志，让法律行为按照当事人内心所追求的发生效力。故而，民事法律行为部分无效，不影响其他部分效力的，其他部分仍然有效。例如，超过 20 年的租赁合同，仅超过部分无效。

【说明】无效民事法律行为往往有损公益，故而法律对于此种法律行为给予最严厉的否定评价，直接规定行为无效，让当事人无法得逞。

二、民事法律行为无效的事由

1. **违反法律、行政法规的强制性规定。**

（1）只有全国人大及其常委会制定的法律和国务院制定的行政法规才可以作为认定法律行为无效的依据，不得以规章和地方性法规为依据。

（2）违反法律、行政法规的强制性规定，并不必然导致法律行为无效，需在个案中具体判断。

【示例】为购买心仪已久的 LV 挎包，公司职员甲将自己的一个肾卖给急需更换肾脏的尿毒症患者乙。因《民法典》第 1007 条禁止买卖人体器官，甲与乙之间的买卖合同无效。

【说明】在个案中判断违反法律、行政法规强制性规定的法律行为是否有效，虽然在实务上具有重大意义，但是特别复杂。就法考而言，可以对此问题简化处理，记住明文规定法律行为无效和法律行为不会因某种因素而无效的相关条文即可。例如，《中华人民共和国民法典》第一千零七条规定："禁止以任何形式买卖人体细胞、人体组织、人体器官、遗体。违反前款规定的买卖行为无效。"第七百零六条规定："当事人未依照法律、行政法规规定办理租赁合同登记备案手续的，不影响合同的效力。"

2. 违背公序良俗。

参见民法基本原则部分所说的公序良俗。

【注意】违反法律、行政法规之外的部门规章、地方性法规等，如果影响社会公共利益，将因违背公序良俗而无效。例如，保监会出台的《保险公司股权管理办法》第四十九条禁止代持保险公司股权，该办法虽然属于部门规章，但是代持保险公司股权损害社会公共利益，因此股权代持协议因违背公序良俗而无效。

3. 欠缺行为能力。

无民事行为能力人实施的民事法律行为无效。

（1）无民事行为能力人实施的纯获利益的民事法律行为也无效。例如，6岁的甲接受乙赠与的一架钢琴。赠与合同无效。

（2）即使法定代理人同意也无效。

4. 通谋虚伪表示。

（1）构成要件：

①当事人双方的意思表示虚伪，即当事人双方的表示行为与其内心真意不一致。

②当事人知道彼此的意思表示虚伪。

③当事人就虚伪表示达成合意。

（2）法律效果：

①通谋虚伪表示无效，因为当事人双方均无意使之发生效力。

【注意】为了户口、拆迁等利益假结婚，只要双方符合法定结婚条件并办理了结婚登记手续，婚姻关系有效，不适用通谋虚伪表示无效规则。

②如果存在隐藏行为，隐藏行为的效力另行判断。例如，甲、乙签订房屋买卖合同，约定价款800万元。为避税，双方另外签订一份房屋买卖合同，约定价款500万元。价款500万元的合同只是表面行为（俗称"阳合同"），系通谋虚伪表示，无效；价款800万元的合同作为隐藏行为（俗称"阴合同"），系双方的真实意思表示，并无其他无效事由，有效。

【比较】单方虚伪表示

1. 真意保留

真意保留，是指一方故意作出与其内心真意不符的意思表示。

（1）原则：有效。因为相对人通常无从得知表意人内心的真意为何，为保护相对人的合理信赖进而保护交易安全，应认定意思表示有效。

（2）例外：无效。相对人知道表意人为虚伪表示，意思表示无效。

【示例】为安慰生命垂危的未婚妻乙，甲假意赠与其一枚昂贵的结婚钻戒。若乙不知甲根本无意赠与，欣然接受，则甲、乙之间的赠与合同成立并生效；若乙知道甲只是为了安慰自己，即便乙表示接受，甲、乙之间的赠与合同也无效。

2. 戏谑行为

戏谑行为，是指表意人作出意思表示时并无诚意，并且可以合理期待相对人不至于对此产生误会。此时相对人并无值得保护的合理信赖，故而意思表示无效。

【示例】开玩笑："你喜欢这枚戒指的话，送给你好了"；嘲讽："你既然这么爱钱，这些钱都归你了"；吹牛："谁能够找出我书中的一个错别字，我把房子送给他"。

5. 恶意串通。

（1）构成要件：
①法律行为客观上损害了他人的合法权益。
②当事人实施法律行为时存在损害他人合法权益的共同主观故意（通谋）。

（2）法律效果：
恶意串通损害他人合法权益的行为，显然违背公序良俗，无效。

【示例】甲欠乙500万元，被乙起诉至法院。为规避后续可能发生的强制执行，经与好友丙商议，甲将房屋以市价出售给丙，并过户，丙将价款汇付给甲在美国读书的儿子丁。甲与丙之间的房屋买卖合同因恶意串通而无效。

【注意】知情不等于恶意串通。民法上的"恶意"，通常是指知道或者应当知道某种事实的存在，而恶意串通的"恶意"特指主观上存在损害他人利益的故意。

【示例】甲欲将其珍藏的一幅名画以50万元的价格出售给乙，但尚未付款交画。丙闻讯后向甲表示愿以80万元的价格购入。甲当即表示同意。丙虽对甲、乙的买卖合同知情，但丙并未与甲恶意串通损害乙的权益，甲将名画出售给丙也符合价高者得的市场规律，因此甲、丙的合同有效。

【说明】基于私法自治，法律应尽可能让当事人实现其追求的法律效果。故而，认定民事法律行为无效必须非常慎重；对合同条款有两种以上解释的，应当选择有利于该条款有效的解释。【新增】

判断分析

1. 有妇之夫甲委托未婚女乙代孕，约定事成后甲补偿乙50万元，因双方自愿，故该约定有效。【错误。代孕因违背公序良俗而无效】

2. 甲和乙之间订有买卖协议，约定由甲长期供应乙枪支销售，双方的协议有效。【错误。双方协议违反法律强制性规定，无效】

3. 甲将一套别墅出卖给乙，已经交付，但尚未办理过户登记。此后，甲又与知情的丙串通，将该房屋低价出卖给了丙，并为丙办理了过户登记，甲与丙之间的合同无效。【正确。甲丙属于恶意串通损害他人合法权益，合同无效】

4. 甲、乙签订租赁合同约定："甲以100万元购买乙的A房屋后，甲将A房屋出租给乙，租期一年，月租金10万元。"丙与甲订立保证合同约定："乙对甲负担的合同义务，由丙承担连带责任保证。"经查，A房屋根本不存在，甲、乙均知情，丙完全不知情。该租赁合同名为租赁合同实为借款合同，且保证合同有效。（2021年仿真题）【正确。因A房屋根本不存在，且甲、乙均知情，说明双方当事人的内心真意是签订借款合同，租赁合同属于通谋虚伪表示，无效，隐藏的借款合同并没有效力瑕疵，应当有效。虽然丙不知道房屋不存在，但从房价100万、月租金10万可以知道甲、乙之间签订的其实是借款合同，故而保证合同并不因租赁合同无效而无效】

第五节　可撤销的民事法律行为【客＋主】【可撤销的民事法律行为B】

> **法条群**
>
> 《中华人民共和国民法典》第一编《总则》第六章《民事法律行为》第三节《民事法律行为的效力》
>
> 第一百四十七条【基于重大误解实施的民事法律行为的效力】基于重大误解实施的民事法律行为，行为人有权请求人民法院或者仲裁机构予以撤销。
>
> 第一百四十八条【以欺诈手段实施的民事法律行为的效力】一方以欺诈手段，使对方在违背真实意思的情况下实施的民事法律行为，受欺诈方有权请求人民法院或者仲裁机构予以撤销。
>
> 第一百四十九条【受第三人欺诈的民事法律行为的效力】第三人实施欺诈行为，使一方在违背真实意思的情况下实施的民事法律行为，对方知道或者应当知道该欺诈行为的，受欺诈方有权请求人民法院或者仲裁机构予以撤销。
>
> 第一百五十条【以胁迫手段实施的民事法律行为的效力】一方或者第三人以胁迫手段，使对方在违背真实意思的情况下实施的民事法律行为，受胁迫方有权请求人民法院或者仲裁机构予以撤销。
>
> 第一百五十一条【显失公平的民事法律行为的效力】一方利用对方处于危困状态、缺乏判断能力等情形，致使民事法律行为成立时显失公平的，受损害方有权请求人民法院或者仲裁机构予以撤销。
>
> 《最高人民法院关于适用〈中华人民共和国民法典〉总则编若干问题的解释》（五、民事法律行为）
>
> 第十九条【重大误解的认定】行为人对行为的性质、对方当事人或者标的物的品种、质量、规格、价格、数量等产生错误认识，按照通常理解如果不发生该错误认识行为人就不会作出相应意思表示的，人民法院可以认定为民法典第一百四十七条规定的重大误解。
>
> 行为人能够证明自己实施民事法律行为时存在重大误解，并请求撤销该民事法律行为的，人民法院依法予以支持；但是，根据交易习惯等认定行为人无权请求撤销的除外。
>
> 第二十条【传达错误】行为人以其意思表示存在第三人转达错误为由请求撤销民事法律行为的，适用本解释第十九条的规定。
>
> 第二十一条【欺诈的认定】故意告知虚假情况，或者负有告知义务的人故意隐瞒真实情况，致使当事人基于错误认识作出意思表示的，人民法院可以认定为民法典第一百四十八条、第一百四十九条规定的欺诈。
>
> 第二十二条【胁迫的认定】以给自然人及其近亲属等的人身权利、财产权利以及其他合法权益造成损害或者以给法人、非法人组织的名誉、荣誉、财产权益等造成损害为要挟，迫使其基于恐惧心理作出意思表示的，人民法院可以认定为民法典第一百五十条规定的胁迫。

可撤销的民事法律行为，是指因意思表示不真实或者不自由而允许当事人撤销的民事法律行为。

【说明】民事法律行为可撤销的根本原因在于表意人的意思表示不真实或者不自由，又因仅涉及该表意人的私益，法律将该民事法律行为的命运交由该表意人来决定，即赋予其撤销权：表意人行使撤销权，则民事法律行为自始无效；表意人不行使撤销权，则民事法律行为自始有效。

一、可撤销事由

（一）重大误解

重大误解，是指行为人在作出意思表示时，因自身的原因对意思表示的内容产生了错误认识，按照通常理解，如果不发生该错误认识，行为人就不会作出该意思表示。

1. 成立重大误解的主要情形

（1）对行为性质的错误认识。例如：误把买卖当赠与；误把租赁当借用。

【示例】甲欲将小狗卖给其邻居乙，问："我家狗狗生了好几只小狗，给你1只要不要？"不明就里的乙以为是赠与，遂欣然接受。

（2）对当事人的错误认识：包括对当事人同一性和当事人性质的错误认识。

【示例1】当事人同一性错误：甲误将前来借钱的人乙当成丙，遂借给其100万元。若其知道是乙，根本就不可能出借，因为乙信用极差。

【示例2】当事人性质错误：甲误以为乙是自己的私生子，遂以一套住房相赠。

（3）对标的物的错误认识，包括对标的物同一性和标的物性质的错误认识。

标的物的性质包括标的物的品种、质量、规格、产地、材质、真伪等。

【示例1】标的物同一性错误：误将301号房当成302号房买下；误将A画当作B画予以出售。

【示例2】标的物性质错误：误将古董花瓶当成普通花瓶出售；误以为赛马A曾赢得过比赛，以重金买下。

（4）表达错误（说错、写错、拿错）。例如，欲以2000元出售电动自行车，误说成1000元。

（5）第三人传达错误。例如，甲欲以2000元出售二手电动自行车给乙并请丙代为转告，结果丙在转达时误说成甲欲以1000元出售。

【说明】当事人一方主张成立重大误解，需要举证证明自己存在错误认识；允许一方以自己存在重大误解为由主张撤销合同，可以维护其意志自由，贯彻私法自治；若其有过错，另一方可以请求赔偿，从而实现利益平衡。

2. 不成立重大误解的主要情形

（1）误载不害真意。若双方当事人已经达成合意，只是合同文本出现了错误记载，此时不成立重大误解。例如：甲与乙就A手表的买卖达成口头协议，即使甲在草拟的合同中误将A手表写成B手表，双方均不能主张成立重大误解。

（2）动机错误。动机并非意思表示的内容，且动机存在于当事人内心，外人无从得知。如果允许以动机错误为由主张成立重大误解，则交易安全将荡然无存。例如，甲听说单位要分房，于是趁建材市场搞促销购买了一批装修材料，结果单位并没有分房。甲不得以重大误解为由撤销买卖合同。

（3）对标的物价值本身的错误认识。例如，甲误以为乙的二手车价值60万元，遂以45万元购入，其实该车市值仅30万元，不成立重大误解。

【比较】标错价格成立重大误解。例如，淘宝店主误将脐橙的价格26元/4500克标为26元/4500斤。顾客下单后，店主可以主张重大误解撤销合同。

（4）对民事行为能力的错误认识。民事行为能力的制度旨在保护无、限制民事行为能力人，此种保护恒优先于交易安全。故而，应根据实际民事行为能力来确定民事法律行为的效力。例如，17岁的甲少年老成，看上去像30岁。乙误以为其系成年人，将二手摩托车出售给甲。乙不得主张成立重大误解，甲、乙之间的买卖合同因甲属于限制民事行为能力人而效力待定。

（5）基于交易习惯不得主张成立重大误解。例如，在买卖双方明知进行的是古玩、艺术品、宝石等高风险交易时，"买卖全凭眼力，真假各安天命"：买方误判（买亏）了，买方不得主张重大误解，卖方误判（买方"捡漏"）了，卖方不得主张重大误解。不过，如果卖方就古玩的年代、材质等对买方进行了误导性说明，对买方的决定产生了实质性影响，买方可以主张重大误解撤销买卖合同。

（6）基于诚信原则不得主张成立重大误解。例如，甲本来打算将A画以100万元出售给乙，但是误说成要将B画以100万元出售给乙，乙当即同意。交画的时候才发现搞错了。如果乙愿意接受A画，则甲不得主张成立重大误解。

判断分析

1. 甲误以为初中学历的乙是清华在读的学生，于是委托乙为其子补习高考。甲发现真相后可以撤销与乙之间的协议。【正确。对当事人性质的错误认识构成重大误解】

2. 某商店工作人员在销售电脑时，错把甲型号的电脑当成另一种型号的电脑销售，对此可认定存在重大误解。【正确。对标的物同一性的错误认识构成重大误解】

3. 郑某和夏某口头约定，郑某将汽车以10万元的价格出卖给夏某，但双方在签署书面合同时不慎将价款错写成100万元。郑某和夏某均未发现此处错误，在不知情的情况下签名，构成重大误解。【错误。误载不害真意】

（二）欺诈

欺诈，是指一方当事人故意告知对方虚假情况，或者故意隐瞒真实情况，诱使对方当事人作出与其内心真意不符的意思表示。

1. 构成要件。

（1）欺诈行为：包括积极欺诈（故意告知虚假情况）和消极欺诈（故意隐瞒真实情况）。

消极欺诈的成立以当事人负有告知义务为前提。例如，二手车的卖方对汽车是否发生过重大事故负有告知义务，未告知则成立欺诈；劳动者在应聘时对自己的婚姻状况并无告知义务，即使撒谎，也不成立欺诈。

（2）因果关系：相对人因欺诈而陷入错误＋因错误而作出与其内心真意不符的意思表示（双重因果关系）。

（3）故意：实施欺诈行为的故意＋使相对人因此陷入错误并基于错误作出意思表示的故意（双重故意）。

【比较】重大误解与欺诈：当事人均存在错误认识，但是重大误解是自发形成的，欺诈是外力造成的；在欺诈成立的情形，表意人产生错误的原因在于欺诈行为，此时不成立重大误解。

【注意】民事行为能力制度旨在保护无、限制民事行为能力人，此种保护恒优于交易安全。故而，即使无、限制民事行为能力人采取欺诈手段，使相对人误以为其系完全民事行为能力人，进而与其签订合同，不应以欺诈为由认定民事法律行为可撤销，而应根据实际民事行为能力来确定民事法律行为的效力。

2. 第三人欺诈：第三人实施欺诈行为，相对方知道或者应当知道该欺诈行为的，受欺诈方有权请求法院或仲裁机构撤销。

【示例】蒋某在古董市场上以假充真。受骗的李某去找蒋某退货时发现自己的仇人杨某也在蒋某处购买玉石，便主动上前表明玉石是真品，蒋某未置可否，杨某信以为真，便购买了一块玉石。蒋某知道李某在骗杨某，故被骗的杨某有权请求法院或者仲裁机构撤销合同。

【注意】一方当事人的代理人、履行辅助人欺诈，直接视为该方当事人欺诈，与其是否知情无关。

判断分析

1. 张某从李某处购买一辆汽车，李某明知该车刹车有问题而没有告诉张某。10天后，张某在驾驶该车时发生交通事故。李某的行为是否构成欺诈？【构成。故意隐瞒真相，构成消极的欺诈。】

2. 赵某有一幅祖传名画，市值百万，周某欲以低价购入。在周某的利诱之下，鉴定专家余某欺骗赵某说该画是赝品，价值不超过10万元，赵某信以为真，将画以10万元卖给周某。赵某是否可以欺诈为由请求撤销合同？【可以。周某知道余某欺诈，赵某可以第三人欺诈为由请求撤销合同。】

（三）胁迫

胁迫，是指行为人以给另一方当事人或者第三人造成损害为要挟，使另一方当事人因陷于恐惧而违背内心真意作出意思表示的行为。

1. 构成要件。

（1）胁迫行为：以造成损害相威胁。

①威胁损害的对象不限于受胁迫人本人和其近亲属，只要足以使受胁迫人因该人将受损害而陷入恐惧即可。

②胁迫人可以是当事人一方，也可以是第三人。在第三人胁迫的情形，无论当事人一方是否知道或者应当知道，另一方均可以主张撤销。

（2）因果关系：相对人因胁迫而陷于恐惧 + 相对人因恐惧而作出意思表示（双重因果关系）。

（3）胁迫行为具有不法性。

①目的合法、手段不法。例如，甲开车撞伤了乙，乙威胁甲，若不赔偿医药费就绑架甲的儿子。

②目的不法、手段合法。例如，甲威胁乙，若乙不为甲运输毒品，便向公安机关举报乙的故意杀人罪。

③手段与目的均合法，但是手段与目的之间的关联不法。例如，甲威胁乙，若乙不将房子卖给自己，便向公安机关举报乙的故意杀人罪。

（4）故意：实施胁迫行为的故意 + 使相对人因此陷于恐惧并基于恐惧作出意思表示的故意（双重故意）

【示例】甲威胁乙，若乙不借钱给自己，甲就将乙偷税的证据交给税务部门，乙只好借钱给甲。其实，甲并无乙偷税的证据。甲既欺诈了乙，又胁迫了乙，但是乙是出于恐惧作出了借钱的意思表示，而非因被骗陷入错误认识才借钱的。因此，甲的行为构成胁迫而非欺诈。

【注意】第三人欺诈、胁迫，受损失的当事人可以请求第三人赔偿。当事人本身也有错的，按过错分担。【新增】

例：丙胁迫乙低价卖给甲货物，甲不知情。后乙撤销甲乙的合同，乙受到的损失可以请求第三人丙赔偿。

判断分析

1. 某电站站长的弟弟吴某拉来一车西瓜，要求电影院老板陈某买下，陈某拒绝。当晚电影院停电。次日，吴某告诉陈某只要买下西瓜就会来电。陈某只得买下全部西瓜。陈某可以胁迫为由主张撤销买卖

合同。【正确。吴某以给陈某带来不能用电的经济损害为要挟，使得陈某陷入受损的恐惧作出了买西瓜的意思表示。】

2. 姜某发现弟弟小姜的老板夏某偷税漏税，以此为要挟，要求夏某将一套价值80万元的学区房以40万元价格出售给小姜，夏某无奈只得答应。小姜并不知情，夏某不可以胁迫为由撤销合同。【错误。姜某构成第三人胁迫，无论合同当事人是否知情，受胁迫方夏某都可以胁迫为由撤销合同。】

（四）显失公平

显失公平，指一方利用对方处于危困状态、缺乏判断能力等情形，致使法律行为成立时双方权利义务严重失衡，明显违反公平、等价有偿原则。

1. 客观要件：法律行为成立时当事人双方权利义务严重失衡。

显失公平的判断时点，是法律行为成立时。法律行为成立后发生的变化导致双方的权利义务严重失衡，不构成显失公平，有可能成立情势变更。

【示例】甲与乙签订股权转让合同，约定甲以1.5亿元将其持有的A公司股权转让给乙。合同履行完毕后，因A公司成功上市，甲转让给乙的股权市值高达10亿元。甲不得以显失公平为由主张撤销。

2. 主观要件：显失公平的原因，是因为一方利用对方处于危困状态、缺乏判断能力等情形。

（1）利用对方处于危困状态。例如，甲在人迹罕至的野外被毒蛇咬伤，被乙无意中发现。甲央求乙送其至最近的医院治疗，乙表示同意，但是要求甲支付10万元的报酬，甲无奈之下只好同意。乙利用甲处于危困状态索要过高的报酬，成立显失公平。

（2）利用对方缺乏判断能力。例如，甲公司法定代表人李某被乙公司代表极力劝酒灌醉（医院病历证明李某当时处于严重醉酒状态，但尚未丧失知觉），乙公司趁机与李某签订明显不利于甲公司的合作协议。乙公司利用了甲公司法定代表人缺乏判断能力签订了明显不利于甲公司的合作协议，成立显失公平。

【注意】不能单纯着眼于双方权利义务是否严重失衡，还必须注意其原因。例如，某明星的粉丝小美花5万元购买了该明星拍戏时用过的一条价值5元的丝巾。从结果上看似乎很不公平，但是明星并未利用小美处于危困状态、缺乏判断能力等情形，不构成显失公平。

判断分析

1. 甲将一辆价值1000万元的豪车以10万元的价格转卖给女友乙（乙自尊心强，赠送不要）。由于权利义务极不对等，买卖合同显失公平。【错误。判定显失公平一定要注意权利义务失衡的原因，乙并未利用甲处于危困状态、缺乏判断能力等情形，不构成显失公平。】

2. 张某出国时将一齐白石的真迹交给老李保管。老李死亡后，老李儿子小李以为画是父亲所有。王某在李某家看到这幅画时，看出此画为齐白石真迹，有意以市场价3000万元购买，但没有直说；小李知李不可能买得起真品，估计画的价值在3000元左右，遂以3000元的价格出卖给王某并交付。两年后，张某回国后请求李某返回该画，小李才知实情。对此，下列表述正确的是？（2021年仿真题）

A. 小李有权以重大误解为由诉请法院撤销与王某的买卖合同【正确。小李误将真迹当赝品出售，对标的物的性质产生了错误认识，属于重大误解】

B. 小李有权以显失公平为由诉请法院撤销与王某的买卖合同【错误。显失公平要求一方利用对方处于危困状态等情形，而小李并不存在此种情形】

C. 小李有权以遭受欺诈为由诉请法院撤销与王某的买卖合同【错误。王某虽然知画为真迹，但是

其作为买方对此并没有告知义务，不属于隐瞒真实情况，不构成欺诈】

二、撤销权的行使

🔗 法条群

《中华人民共和国民法典》第一编《总则》第六章《民事法律行为》第三节《民事法律行为的效力》

第一百五十二条【撤销权的消灭】有下列情形之一的，撤销权消灭：

（一）当事人自知道或者应当知道撤销事由之日起一年内、重大误解的当事人自知道或者应当知道撤销事由之日起九十日内没有行使撤销权；

（二）当事人受胁迫，自胁迫行为终止之日起一年内没有行使撤销权；

（三）当事人知道撤销事由后明确表示或者以自己的行为表明放弃撤销权。

当事人自民事法律行为发生之日起五年内没有行使撤销权的，撤销权消灭。

1. 撤销权人与除斥期间

撤销事由	撤销权人	除斥期间	
重大误解	误解方	当事人自知道或者应当知道撤销事由之日起 90 日内	自民事法律行为发生之日起 5 年内
欺诈	受欺诈方	当事人自知道或者应当知道撤销事由之日起一年内	
胁迫	受胁迫方	自胁迫行为终止之日起一年内	
显失公平	受损害方	当事人自知道或者应当知道撤销事由之日起一年内	

2. 撤销权的行使方式

撤销权在性质上属于形成诉权，只能通过诉讼或仲裁方式行使。

3. 撤销权行使的法律效果

可撤销民事法律行为在被撤销后自始无效，法律后果与民事法律行为无效一样。

【注意】民事法律行为可撤销是未决的有效：被撤销前有效；被撤销后才自始无效。

【示例】甲与乙于 2016 年 10 月 1 日签订合同。直到 2021 年 5 月 1 日，甲方知自己被乙欺诈。如果甲要以欺诈为由申请撤销合同，则其应在 2021 年 10 月 1 日之前向法院提出。

⚖️ 判断分析

2018 年 3 月 1 日，张某以举报李某偷税漏税为由要挟李某将家中古董低价卖于自己，李某被迫同意。4 月 1 日，税务机关查获李某偷漏税行为。2019 年 3 月 20 日，李某要求张某返还古董，张某未理会，同年 4 月 20 日，李某诉至法院，主张撤销该买卖合同。李某的主张可以得到法院支持。【错误。①李某以受胁迫为由撤销合同，应当自胁迫行为终止之日（2018 年 4 月 1 日）一年内行使撤销权；②只能通过诉讼或者仲裁方式行使，李某（2019 年 3 月 20 日）要求张某返还古董，行使权利方式不当；③李某起诉时（2019 年 4 月 20 日）已经经过一年的除斥期间，撤销权消灭。】

第六节　效力待定的民事法律行为【客 + 主】【效力待定的民事法律行为B】

> **法条群**
>
> 《中华人民共和国民法典》第一编《总则》第六章《民事法律行为》第三节《民事法律行为的效力》
>
> 第一百四十五条【限制民事行为能力人实施的民事法律行为的效力】限制民事行为能力人实施的纯获利益的民事法律行为或者与其年龄、智力、精神健康状况相适应的民事法律行为有效；实施的其他民事法律行为经法定代理人同意或者追认后有效。
>
> 相对人可以催告法定代理人自收到通知之日起三十日内予以追认。法定代理人未作表示的，视为拒绝追认。民事法律行为被追认前，善意相对人有撤销的权利。撤销应当以通知的方式作出。
>
> 《中华人民共和国民法典》第一编《总则》第七章《代理》第二节《委托代理》
>
> 第一百七十一条【无权代理】行为人没有代理权、超越代理权或者代理权终止后，仍然实施代理行为，未经被代理人追认的，对被代理人不发生效力。
>
> 相对人可以催告被代理人自收到通知之日起三十日内予以追认。被代理人未作表示的，视为拒绝追认。行为人实施的行为被追认前，善意相对人有撤销的权利。撤销应当以通知的方式作出。
>
> 行为人实施的行为未被追认的，善意相对人有权请求行为人履行债务或者就其受到的损害请求行为人赔偿。但是，赔偿的范围不得超过被代理人追认时相对人所能获得的利益。
>
> 相对人知道或者应当知道行为人无权代理的，相对人和行为人按照各自的过错承担责任。

民事法律行为效力待定，是指在未被追认之前，法律行为既非有效，也非无效，处于不确定状态；若被追认，法律行为确定生效；若被拒绝追认，法律行为确定无效。故而，效力待定是未决的无效。

【说明】民事法律行为效力待定的原因是当事人一方欠缺行为能力或代理权，又因仅涉及当事人的私益，故而法律将决定该民事法律行为命运的权利交给欠缺行为能力者的法定代理人或者被代理人，即赋予其追认权。

一、民事法律行为效力待定的事由

1. 限制民事行为能力人实施的依法不能独立实施的民事法律行为。例如，年仅14岁的甲花费10万元打赏主播。

限制民事行为能力人可以独立实施纯获利益的以及与其年龄、智力、精神健康状况相适应的民事法律行为。限制民事行为能力人实施的依法可以独立实施的法律行为有效，不因法定代理人反对而无效。

2. 狭义无权代理：行为人并无代理权，却以他人名义实施民事法律行为。例如，甲擅自以乙公司名义与丙公司签订食用油买卖合同。

【注意】此处仅涉及限制民事行为能力导致民事法律行为效力待定，狭义无权代理详见第五章。

二、法定代理人的追认权

1. 法定代理人享有追认权。
2. 追认权的性质为形成权，以通知方式行使，追认的意思表示到达相对人时生效。

3. 法定代理人的追认将使法律行为自成立之时有效；拒绝追认则使法律行为自始无效。

三、相对人的催告权和撤销权

1. 相对人的催告权：相对人可以催告法定代理人自收到通知之日起30日内予以追认。法定代理人未作表示的，视为拒绝追认。

2. 善意相对人的撤销权。

（1）善意，是指相对人不知道也不应当知道行为人为限制民事行为能力人。

（2）善意相对人可以在法定代理人追认之前撤销法律行为，化被动为主动。

（3）撤销权性质为形成权，以通知方式行使，与可撤销民事法律行为的撤销不同。

（4）一经撤销，法律行为自始无效，法定代理人不能再追认。

【示例】15岁的小甲花3万元在海港城买了一块劳力士。由于小甲长得成熟，海港城不知其是限制民事行为能力人。海港城可以行使催告权或撤销权。海港城选择向小甲的父母催告后，小甲的父母在30日内未作表示，此时应视为拒绝追认。

判断分析

某社会慈善家甲赠与乙（9岁）10万元，并约定该款项只能用于乙的学习，乙表示接受，但乙的父母不同意。赠与合同无效。（2021年仿真题）【正确。甲赠与限制民事行为能力人乙10万元，但是要求只能用于乙的学习，属于附义务赠与，不是乙能独立实施的纯获利益的法律行为，因此赠与合同效力待定。乙的父母拒绝追认，合同确定无效】

第七节　附条件、附期限的民事法律行为【附条件、附期限的法律行为 D】

私法自治不仅体现在民事主体可以自主决定民事法律行为的内容，还体现在民事主体可以自主决定民事法律行为何时生效何时失效，方式则是给民事法律行为附条件或附期限。

一、附条件的民事法律行为

附条件的法律行为，是指当事人约定以一定条件是否成就来决定法律行为的生效或者失效的法律行为。

【比较】附条件法律行为与附义务法律行为：附条件法律行为所附条件用于控制法律行为效力；而附义务法律行为所附义务是给一方当事人设定的义务，并不决定法律行为的效力。例如，父亲向儿子承诺："你顺利通过法考，我就送给你一辆车。"儿子若接受，则在父子之间成立附条件赠与合同：儿子通过法考是赠与合同的生效条件，父亲在儿子通过法考之后才有义务送车。相反，父亲的承诺如果是"我送给你1辆车，条件是你每周回家一趟"，则在父子之间成立附义务赠与合同："每周回家一趟"并非赠与合同生效的条件，而是儿子接受赠与之后应当履行的义务。

1. 条件的类型

（1）生效条件（停止条件、延缓条件）：条件成就时法律行为生效。例如，甲与乙签订房屋租赁合同，约定：甲的儿子丙赴国外留学之日，租赁合同生效，甲立即将房屋交付乙使用。

（2）解除条件（失效条件）：条件成就时法律行为失效。例如，甲与乙签订房屋租赁合同，约定：甲的儿子丙留学归国之日，租赁合同立即终止。

2. 可以作为条件的事实

（1）须为约定的事实。若所附条件为法律规定的条件，视为未附条件。

（2）须为将来发生与否不确定的事实。以已经发生的事实作为生效条件的，视为未附条件；以已经发生的事实作为失效条件的，法律行为不生效。

（3）须为可能发生的事实。以不可能发生的事实作为生效条件的，法律行为不发生效力；以不可能发生的事实作为失效条件的，视为未附条件。

（4）须为合法的事实。所附条件不法的，法律行为无效。例如，甲与乙约定：若乙将丙的左腿打断，则甲赠与乙50万元。甲乙之间的赠与合同无效。

3. 不利于不诚信者的推定

（1）为自己的利益不正当地阻止条件成就的，视为条件已经成就。

（2）为自己的利益不正当地促成条件成就的，视为条件不成就。

【示例】甲欲出售古董花瓶，但是买家的出价一直不理想。某日，乙出高价购买。甲对乙说："如果未来一周内无人竞价，我就将花瓶卖给你。"乙同意。后乙安排人手威胁潜在的购买者，导致一周之内再也无人问津。甲与乙之间的买卖合同附生效条件，乙为自己的利益不正当地促成条件成就，视为条件未成就，甲与乙之间的买卖合同不生效。

二、附期限的民事法律行为

附期限的法律行为，是指当事人约定以将来确定发生的事实来决定法律行为的生效或者失效的法律行为。

1. 期限的类型

（1）须为将来确定发生的事实。例如，甲、乙约定，甲将房屋出租给乙，直至乙去世。乙去世是必然到来的事实，故该租赁合同为附期限的合同。

（2）须为约定的事实。

2. 可以作为期限的事实：

（1）始期：期限届至，则法律行为生效。

【示例】甲与乙于2020年1月1日签订房屋租赁合同，约定合同自2020年2月1日生效。

（2）终期：期限届满，则法律行为失效。

【示例】甲与乙于2020年1月1日签订居住权合同，约定：甲将其A房无偿提供给乙居住，直至乙死亡为止。

【注意】形成权的行使不得附条件或期限。因为，形成权依单方意思表示即可导致法律关系变动，如果附条件或者期限，将导致法律关系处于不确定的状态，对相对人过于不利。例外允许的情形是，条件成就与否取决于相对人，或者期限明确。例：承租人经催告后在合理期限内依然不支付拖欠的租金，出租人有权解除合同，出租人可以在7月15日发送的解除通知中表示"若在7月30日之前不支付拖欠的租金，则合同自动解除"。

第八节　民事法律行为无效、被撤销的法律后果【客+主】

> 📎 **法条群**
>
> 《中华人民共和国民法典》第一编《总则》第六章《民事法律行为》第三节《民事法律行为的效力》
>
> 第一百五十五条【无效、被撤销的民事法律行为自始无效】无效的或者被撤销的民事法律行为自始没有法律约束力。
>
> 第一百五十七条【民事法律行为无效、被撤销及确定不发生效力的后果】民事法律行为无效、被撤销或者确定不发生效力后，行为人因该行为取得的财产，应当予以返还；不能返还或者没有必要返还的，应当折价补偿。有过错的一方应当赔偿对方由此所受到的损失；各方都有过错的，应当各自承担相应的责任。法律另有规定的，依照其规定。

民事法律行为不成立、无效、被撤销或者确定不发生效力后，无法产生当事人所追求的法律效果，双方当事人的利益状况应恢复至法律行为实施之前的状态。

1. **返还财产**：行为人因民事法律行为取得的财产，应当予以返还。

（1）有权请求返还价款或者报酬的一方可以请求对方支付资金占用费。

（2）占有标的物的一方对标的物存在使用或者依法可以使用的情形，对方可以请求支付标的物使用费。【新增】

2. **折价补偿**：不能返还或者没有必要返还的，应当折价补偿。折价补偿的价值测算基准：认定该合同不成立、无效、被撤销或者确定不发生效力之日该财产的市场价值。【新增】

3. **赔偿损失**：有过错的一方应当赔偿对方由此所受到的损失；各方都有过错的，应当各自承担相应的责任。

【主观题专项训练】

案情：甲公司拟与其他公司合资设立小贷公司。为确保自己对小贷公司拥有控制权，同时符合S省人民政府发布的《S省小额贷款公司管理暂行办法》"单一自然人、企业法人、其他社会组织及其关联方持有的股份，原则上不得超过小额贷款公司注册资本总额的30%"的要求，甲公司自己持股30%，同时与乙公司签订"股权代持协议"，约定由乙公司代持小贷公司21%的股权。王某系甲公司的董事长，其妻子因身体原因无法生育。王某与李某签订"代孕协议"，约定由李某使用王某的精子为其生育一个孩子。后为庆祝孩子顺利出生，王某自陈某处以2000万元购得别墅。为节省税费，王某和陈某签订了一份价格仅为1000万元的买卖合同。同时，王某从三环汽车4S店购买了进口豪车一辆，后发现是国内组装车。三年后，因甲公司经营不善，王某将别墅转让给林某。在办理过户登记之前，王某又以更高的价格将别墅转让给知情的丁某，并办理了过户登记。

问题1：甲公司与乙公司签订的"股权代持协议"效力如何？

问题2：王某与李某签订的"代孕协议"是否有效？

问题3：王某与陈某签订的1000万元的买卖合同效力如何？

问题4：就豪车系国内组装车一事，王某可以寻求何种法律救济？

问题5：王某与丁某之间签订的别墅买卖合同效力如何？

第四章 民事法律行为【客+主】

问题 1：甲公司与乙公司签订的"股权代持协议"效力如何？

答案：有效。该协议虽然违反了 S 省人民政府发布的《S 省小额贷款公司管理暂行办法》，但地方政府规章不得作为认定合同无效的依据。法条依据为《中华人民共和国民法典》第一百五十三条第一款。

问题 2：王某与李某签订的"代孕协议"是否有效？

答案：无效。该协议因违背公序良俗而无效。法条依据为《中华人民共和国民法典》第一百五十三条第二款。

问题 3：王某与陈某签订的 1000 万元的买卖合同效力如何？

答案：无效。王某与陈某的内心真意是以 2000 万元的价格买卖别墅，1000 万元的买卖合同属于通谋虚伪表示，无效。法条依据为《中华人民共和国民法典》第一百四十六条第一款。

问题 4：就豪车系国内组装车一事，王某可以寻求何种法律救济？

答案：王某可以请求法院或者仲裁机构撤销买卖合同。三环汽车 4S 店以国内组装车冒充进口车，属于故意告知虚假情况，构成欺诈，买卖合同可撤销。法条依据为《中华人民共和国民法典》第一百四十八条、《最高人民法院关于适用〈中华人民共和国民法典〉总则编若干问题的解释》第二十一条。

问题 5：王某与丁某之间签订的别墅买卖合同效力如何？

答案：有效。丁某虽然知道王某已经将别墅转让给了林某，但是知情不等于恶意串通，不影响买卖合同的效力。法条依据为《中华人民共和国民法典》第一百五十四条。

第五章 代理【客+主】

【重点】狭义无权代理、表见代理

代理让我们借助他人之手参与社会生活成为可能。对于无、限制民事行为能力人来说，代理可以弥补行为能力不足；对于完全民事行为能力人来说，代理可以扩大参与社会生活的空间；对于法人来说，代理解决了其借由自己的工作人员参与社会生活的问题。

一、代理的概念【代理概述 D】

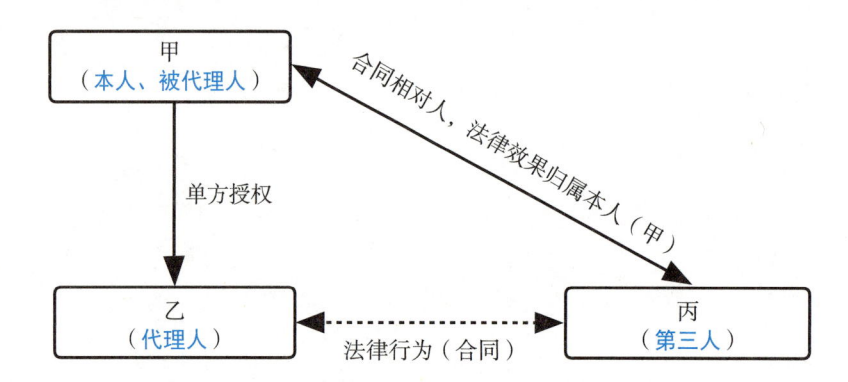

```
        甲
   （本人、被代理人）
      ↑        ↖ 合同相对人，
      │           法律效果归属本人（甲）
      │ 单方授权
      ↓                    ↘
        乙  ←--法律行为（合同）--→   丙
    （代理人）                    （第三人）
```

代理，是指<u>行为人以他人名义</u>与第三人实施民事法律行为（签订合同）。"行为人"为代理人，"他人"为被代理人（本人），"第三人"又称相对人。

此时法律需要解决的问题是，代理人所实施的民事法律行为（代理行为）的法律效果何时直接归属于被代理人，何时由代理人自己承受，即被代理人和代理人谁是合同的当事人。而这取决于代理人<u>有无代理权</u>。只有代理人<u>有代理权且未超越权限</u>范围，代理行为的法律效果才能<u>直接归属</u>于被代理人。

【注意】

1.可以代理的行为<u>限于民事法律行为</u>。<u>事实行为</u>不存在代理的问题。例如，甲委托乙为其写1部玄幻小说，玄幻小说的写作为事实行为，不构成代理。

2.<u>并非任何</u>民事法律行为均可代理。依照法律规定、依其性质或者当事人约定<u>应由本人亲自实施的民事法律行为，不得代理</u>。例如，具有人身性质的行为，如结婚，不得代理。

【比较】

1.代理与代表：法定代表人以法人名义实施民事法律行为属于代表行为；其他人（包括法人的工作

人员）以法人名义实施民事法律行为属于代理行为。

【注意】

①签名印章择一：法定代表人、代理人签名与加盖法人印章满足其一即可，不要求同时具备。

②认人不认章：只要合同是法定代表人/代理人以法人名义订立的，法人不得仅以合同加盖的印章不是备案印章或者系伪造的印章为由主张合同对其不发生效力。【新增】

2.代理与使者：代理人独立作出意思表示，在代理权限范围内有一定的自由决定空间，故而代理人至少须具有限制行为能力，且意思表示是否存在瑕疵，应就代理人进行判断；使者不能独立作出意思表示，仅传达他人（本人）的意思表示，故而使者不需要具有行为能力，意思表示是否存在瑕疵，应就本人进行判断。例如，甲授权乙帮其购买电脑，价格不超过5000元即可。后乙以甲的名义与丙商谈，丙将冒牌货当成正品以4800元卖给乙，而甲知道丙靠销售假冒伪劣电脑为生。虽然受欺诈的是代理人乙，但是被代理人甲依然可以主张撤销买卖合同。

二、代理权的来源【代理概述 D】

（一）来源于法律规定：法定代理

代理权基于法律规定产生。例如，无、限制民事行为能力人的监护人是其法定代理人。

（二）来源于被代理人的授权：委托代理（意定代理）

代理权基于被代理人的授权行为产生。例如，甲授权乙出售房屋。

1.代理权授予行为是单方法律行为，无须代理人同意。

被授予代理权，仅意味着代理人有资格以被代理人名义实施民事法律行为，并不意味着代理人有义务按照授权实际实施民事法律行为。

2.被代理人如果想约束代理人，为其设定按照授权实际实施民事法律行为的义务，还需要在代理权授予行为之外和代理人建立合同关系，通常是签订委托合同（双方法律行为，须经双方协商一致）。

（1）代理权源于被代理人的授权行为，与委托合同无关。即使不存在委托合同或者委托合同无效，也不影响代理人以被代理人名义所实施法律行为的效力，代理行为的法律效果依然直接归属于被代理人（代理权授予行为的无因性）。

（2）代理权的有无决定代理行为的法律效果能否直接归属于被代理人，所以相对人只需要审查行为人是否有代理权，至于代理人和被代理人之间是何种关系，无需过问。

（3）委托合同仅涉及被代理人和代理人之间的内部关系，决定了代理人有无义务以被代理人名义实施民事法律行为。

有委托合同并不必然同时存在代理权授予行为。如乙受邻居甲委托照看其3岁孩子。

【示例】甲公司与15岁的乙签订委托合同，授权乙为其购买50万元的软件。后乙按照约定以甲公司的名义与丙公司签订了软件买卖合同。乙的父母知道后明确表示反对。

1.乙属于限制民事行为能力人，签订委托合同并非其可以独立实施的法律行为，故而委托合同效力待定。因乙的父母拒绝追认，委托合同无效。

2.乙获得了甲公司授予的代理权，其以甲公司的名义与丙公司签订的买卖合同有效，不会因委托合同的无效而无效。

（三）来源于代理人的转委托：转委托代理【复代理 E】

代理权来源于代理人的**转委托**。如甲授权乙出售房屋，乙因突发疾病委托丙帮甲出售房屋。此时，丙被称为复代理人。

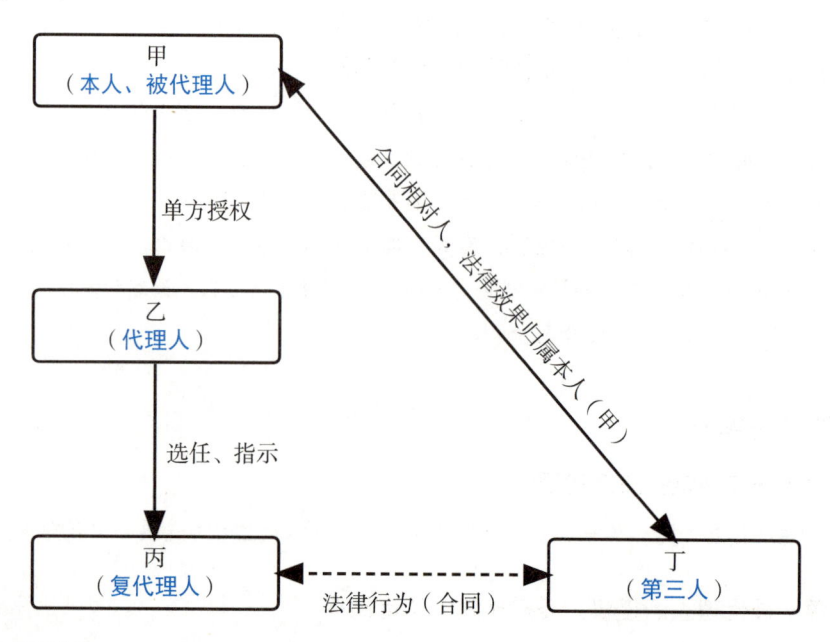

```
            甲
        （本人、被代理人）
              ↑ ↖
              │    ↖ 合同相对人，法律效果归属本人（甲）
     单方授权 │       ↖
              ↓          ↖
            乙              ↖
         （代理人）            ↖
              │                  ↖
     选任、指示│                    ↖
              ↓                      ↘
            丙  ←─ ─ ─ ─ ─ ─ ─ ─ ─    丁
        （复代理人）  法律行为（合同）  （第三人）
```

1. 代理人的复任权

代理人选任复代理人的权利被称为复任权。法定代理人当然享有复任权；委托代理人**原则上**无复任权，下列情形例外：

（1）被代理人**事先同意或者事后追认**；

（2）在**紧急情况**下代理人为了**维护被代理人的利益**需要转委托第三人代理。

2. 代理人有复任权的转委托代理

（1）复代理人是**被代理人的代理人**，其代理权限**不得**超过代理人。

（2）被代理人可以就代理事务**直接指示复代理人**，**代理人**仅就复代理人的**选任**以及其对复代理人的**指示**承担责任。

3. 代理人无复任权的转委托代理

代理人应当对转委托的第三人的行为**承担责任**。

三、代理权的行使

（一）代理人以被代理人名义（直接代理）

代理人要想让法律行为的效果直接归属于被代理人，必须以被代理人名义实施民事法律行为。因为，第三人需要知道自己的交易相对人是谁。

如果第三人不在乎交易相对人是谁，则不必要求代理人以被代理人的名义出现。

1. 代理人不必向第三人披露自己的代理人身份。例如，甲受乙之委托去超市代购面包；

2. 代理人虽然未披露被代理人是谁，但是表明了自己的代理人身份，而第三人并不在乎被代理人是谁。例如，甲请乙代购茶叶，乙将甲写好茶叶名称的纸条交给销售员，告知其是为自己朋友买茶叶。

(二)代理人以自己的名义(间接代理)【间接代理E】

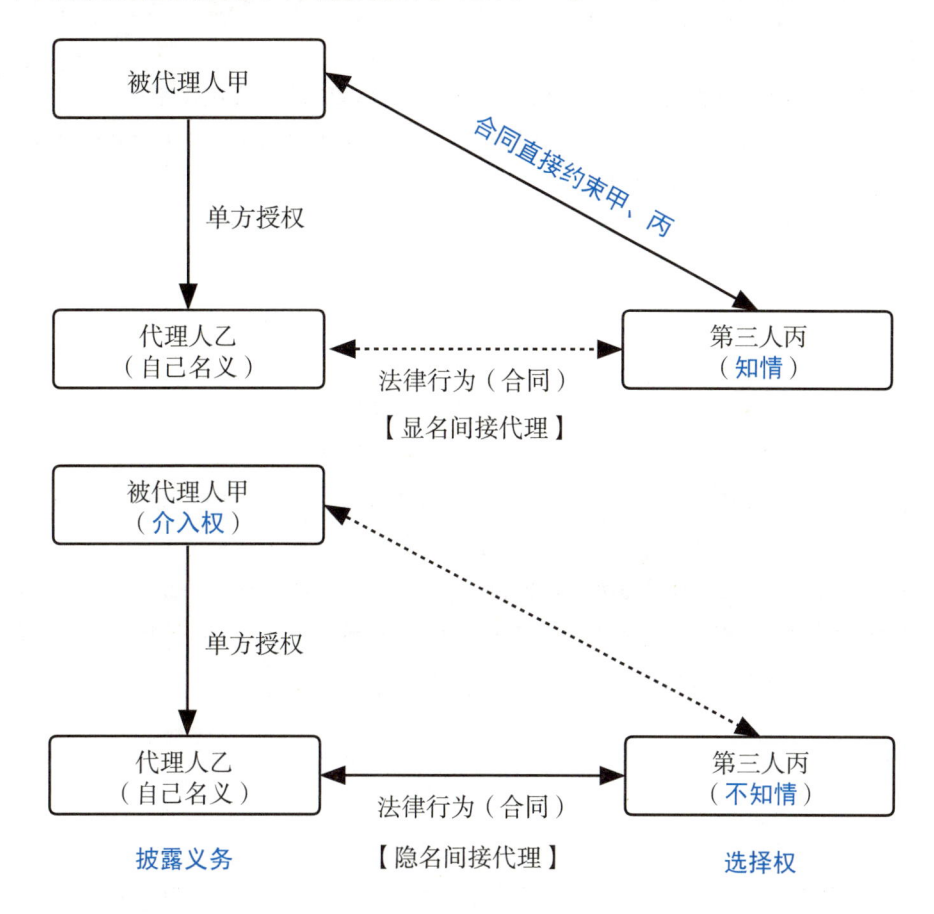

```
                    被代理人甲
                    ┌────────┐
                    └────────┘
                        │   ↖  合同直接约束甲、丙
                    单方授权  ↖
                        ↓      ↖
                    代理人乙  ←·····→  第三人丙
                   (自己名义)  法律行为(合同) (知情)
                         【显名间接代理】

                    被代理人甲
                   (介入权)
                        │        ↖
                    单方授权        ↖
                        ↓           ↖
                    代理人乙  ←──→  第三人丙
                   (自己名义) 法律行为(合同) (不知情)
                    披露义务   【隐名间接代理】  选择权
```

1. 显名间接代理

第三人<u>知道</u>合同相对方是被代理人,则合同直接约束被代理人和第三人。但是,有确切证据证明合同只约束代理人和第三人的除外。

2. 隐名间接代理

<u>第三人</u>不知道被代理人的存在,则合同约束代理人和第三人。

(1)代理人因<u>第三人原因</u>对被代理人不履行义务

①代理人的<u>披露义务</u>:代理人应当向被代理人披露第三人。

②被代理人的<u>介入权</u>:被代理人可以行使代理人对第三人的权利(第三人与代理人订立合同时如果知道该被代理人就不会订立合同的除外);第三人可以向被代理人主张其对代理人的抗辩。

(2)代理人因<u>被代理人的原因</u>对第三人不履行义务

①代理人的<u>披露义务</u>:代理人应当向第三人披露被代理人。

②<u>第三人的选择权</u>:第三人可以选择代理人或者被代理人作为相对人主张其权利。<u>一经选定,不得变更</u>。第三人选定被代理人作为其相对人的,被代理人可以向第三人主张其对代理人的抗辩以及代理人对第三人的抗辩。

【示例】受甲的委托,乙以自己的名义与丙签订了设备买卖合同。后因甲的原因,乙无法按时向丙支付设备款。在乙向丙表明其系受甲委托购买设备后,丙可以选择请求甲或乙支付设备款。

（三）代理权的滥用【客＋主】

📎 **法条群**

《中华人民共和国民法典》第一编《总则》第七章《代理》第二节《委托代理》

第一百六十八条【自己代理与双方代理】代理人不得以被代理人的名义与自己实施民事法律行为，但是被代理人同意或者追认的除外。

代理人不得以被代理人的名义与自己同时代理的其他人实施民事法律行为，但是被代理的双方同意或者追认的除外。

1. 自己代理

（1）含义：代理人以被代理人的名义与自己实施民事法律行为。

（2）效力：民事法律行为效力待定，参照适用无权代理的规则。

【示例】甲委托乙出售房屋，乙觉得房屋不错，遂买下自住。乙作为甲的代理人与自己签订房屋买卖合同，属于自己代理。除非甲事后追认，否则房屋买卖合同无效。

【说明】之所以禁止自己代理，是为了防止利益冲突，避免代理人损人利己。若并无利益冲突的可能，则自己代理例外有效。例如，父母赠与3岁女儿房产，父母作为女儿的法定代理人与自己签订赠与合同，合同有效。

2. 双方代理

（1）含义：代理人同时代理当事人双方，即代理人以被代理人的名义与自己同时代理的其他人实施民事法律行为。

（2）效力：民事法律行为效力待定，适用无权代理的规则。

【示例】甲委托乙出售房屋，丙委托乙购买房屋，而甲的房屋刚好符合丙的要求，乙遂将甲的房屋出售给丙。乙同时代理甲与丙，属于双方代理。除非甲与丙事后追认，否则房屋买卖合同无效。

【说明】之所以禁止双方代理，是为了防止利益冲突，避免代理人顾此失彼。

3. 恶意串通

（1）含义：代理人和相对人恶意串通，损害被代理人合法权益。

（2）效力

a. 民事法律行为效力待定，适用无权代理的规则。

b. 造成损失的，被代理人可以请求代理人和相对人承担连带责任。

【示例】甲委托乙出售其家传古画。在收受10%的好处费后，乙将古画出售给报价并非最高的丙。乙获得了甲的授权，其出售古画的行为属于有权代理。但是乙与丙恶意串通，损害甲的利益，古画买卖合同效力待定，乙和丙应对甲的损失承担连带赔偿责任。

四、无权代理：狭义无权代理和表见代理【客＋主】

📎 **法条群**

《中华人民共和国民法典》第一编《总则》第七章《代理》第二节《委托代理》

第一百七十条【职务代理】执行法人或者非法人组织工作任务的人员，就其职权范围内的事项，以法人或者非法人组织的名义实施的民事法律行为，对法人或者非法人组织发生效力。

法人或者非法人组织对执行其工作任务的人员职权范围的限制，不得对抗善意相对人。

第一百七十一条【无权代理】行为人没有代理权、超越代理权或者代理权终止后，仍然实施代理行为，未经被代理人追认的，对被代理人不发生效力。

相对人可以催告被代理人自收到通知之日起三十日内予以追认。被代理人未作表示的，视为拒绝追认。行为人实施的行为被追认前，善意相对人有撤销的权利。撤销应当以通知的方式作出。

行为人实施的行为未被追认的，善意相对人有权请求行为人履行债务或者就其受到的损害请求行为人赔偿。但是，赔偿的范围不得超过被代理人追认时相对人所能获得的利益。

相对人知道或者应当知道行为人无权代理的，相对人和行为人按照各自的过错承担责任。

第一百七十二条【表见代理】行为人没有代理权、超越代理权或者代理权终止后，仍然实施代理行为，相对人有理由相信行为人有代理权的，代理行为有效。

（一）狭义无权代理【狭义的无权代理 B】

1. 狭义无权代理的含义

狭义无权代理，是指没有代理权却以他人名义实施民事法律行为。包括行为人从未获得代理权、超越代理权、代理权终止。例如，甲是乙的邻居，小贩丙来推销保健品时，甲觉得乙需要，遂以乙的名义购买了1万元保健品。甲没有代理权却以乙的名义签订买卖合同，属于无权代理。

【注意】数人为同一事项的代理人的，原则上应当共同行使代理权。其中1人或者数人未与其他代理人协商，擅自行使代理权的，构成无权代理。例如，甲公司指派员工张三和李四与乙公司签订合同，且明确要求2人必须协商一致、共同签字。若张三独自与乙公司签订了合同，则属于无权代理。

【注意】监护人非为被监护人利益处分其财产，若以被监护人的名义进行，属于无权代理；若以监护人自己的名义进行，属于无权处分。例如，甲、乙协议离婚，约定由甲抚养6岁的独生子丙，夫妻共有的A房赠与丙，并办理了过户登记手续。其后，甲因生意失败意志消沉，染上了毒瘾。为筹措资金购买毒品，甲以丙的名义将A房出售给丁并办理了过户登记手续。甲为购买毒品而以丙的名义出售其房屋，属于非为其利益处分其财产，其行为构成无权代理，故而买卖合同效力待定。

2. 狭义无权代理的法律效果

无权代理人实施的法律行为效力待定。被代理人享有追认权，相对人享有催告权，善意相对人享有撤销权。（相关规则与第四章效力待定部分一致）

（1）被代理人追认：产生如同有权代理的效果，代理行为的法律效果由被代理人承受。

被代理人已经开始履行合同义务或者接受相对人履行的，视为对合同的追认。

（2）被代理人拒绝追认：代理行为对被代理人不发生效力；相对人只能向行为人（无权代理人）主张权利。

①善意相对人：相对人不知道也不应当知道行为人缺乏代理权的，则其有权请求行为人履行债务或者赔偿损害。赔偿的范围不得超过被代理人追认时相对人所能获得的利益。

②恶意相对人：相对人知道或者应当知道行为人缺乏代理权的，则相对人和行为人按照各自的过错承担责任。

【注意】在相对人向无权代理人主张权利时，推定相对人善意。无权代理人主张相对人恶意的，应当承担举证责任。

【比较】无权代理与冒名行为

1. 无权代理是 1 个人没有代理权却以他人名义与第三人实施法律行为，涉及 3 方当事人，代理人有将法律效果归属于被代理人的意思。

2. 冒名行为是 1 个人冒用他人名义实施法律行为，仅涉及 2 方当事人，冒名人并没有将法律效果归属于被冒名人的意思。

（1）相对人不在乎与谁签订合同：合同约束冒名人和相对人。

（2）相对人在乎与谁签订合同：准用狭义无权代理的规定。

（二）表见代理【表见代理 B】

1. 表见代理的含义

表见代理，指行为人缺乏代理权，仍以被代理人名义实施法律行为，相对人有理由相信行为人有代理权的，产生有权代理的法律效果。

【说明】之所以无权代理产生有权代理的效果，是基于保护善意相对人的合理信赖和保护交易安全的考虑。

2. 表见代理的构成要件

（1）行为人无代理权；

（2）存在行为人具有代理权的权利外观；例如，行为人持有被代理人出具的授权委托书、加盖公章的空白合同书等。

（3）相对人善意且无过失；

（4）权利外观的形成可归责于被代理人。

①权利外观的形成可归责于被代理人的典型情形：

a. 代理终止后，被代理人未及时收回介绍信、授权委托书、盖有合同专用章或者公章的空白合同书；

b. 被代理人向第三人表明其授予代理权给行为人，但事实上并未授权，或者事后撤回了授权；

c. 无代理权人以被代理人名义订立合同，被代理人知道而未作表示（容忍代理）；例如，甲欲出售 1 辆小型汽车，乙向甲主张受丙委托欲购买该车，甲向丙核实，丙未予否认。甲将该车交给乙后，乙便不知去向。乙虽然没有代理权，但是丙明知乙以自己的名义签订买卖合同，却未予否认，成立表见代理。

d. 法人或非法人组织对其工作人员职权范围有限制，但第三人非因过失而不知道。

②权利外观的形成不可归责于被代理人的典型情形：

a. 行为人伪造他人的公章、合同书或者授权委托书等。

b. 被代理人的公章、合同书或者授权委托书等遗失、被盗，或者与行为人特定的职务关系终止，并且已经以合理方式公告或者通知，相对人应当知悉。

【说明】保护交易安全固然重要，但是也不能完全无视被代理人的利益。在权利外观的形成不可归责于被代理人时，仅仅因为相对人善意无过失就让被代理人承受法律行为的效果，自然缺乏正当性。

【示例】夏教授通过 A 保险公司营业部购买机动车第三者责任险，即使保单系营业部工作人员甲伪造，但是依然成立表见代理，因为交易是在 A 保险公司的营业部进行的，夏教授有理由相信保单是真实的，而 A 保险公司对此权利外观的形成显然具有可归责性。

3. 表见代理的法律效果

（1）产生有权代理的法律效果，被代理人承受代理行为的法律效果。

（2）被代理人因此遭受损失的，可以向无权代理人请求赔偿。

【注意】在相对人向被代理人主张权利时，相对人应当举证证明存在代理权的权利外观。若相对人能够证明，则推定其善意且无过失，被代理人欲否认表见代理，需举证证明相对人知道或者因过失而不知道行为人无代理权。

⚖️ 判断分析

甲公司法定代表人指派吉某和展某代表甲公司与乙公司签订一份合同，明确要求吉某与展某必须一起商议决策，一起签署合同。甲公司当日将上述安排以传真方式发给了乙公司，但乙公司未注意到。谈判中，吉某负责与乙公司谈判，展某则负责记录，乙公司参与谈判者均以为展某是吉某的秘书。签署合同时，因展某有急事离开，吉某只好独自与乙公司签订了合同。对此，下列表述正确的是？（2021年仿真题）

A. 吉某属于无权代理【正确。甲公司明确要求吉某与展某必须一起签署合同，吉某与展某应当共同行使代理权，吉某独自签订合同构成无权代理】

B. 若甲公司已经开始履行，视为对合同的追认【正确。在无权代理中，被代理人已经开始履行合同义务或者接受相对人履行的，视为对合同的追认】

C. 若甲公司拒绝履行，乙公司有权要求吉某履行合同【错误。善意相对人才能要求履行，乙公司非善意】

D. 若甲公司拒绝履行，乙公司有权以构成表见代理为由请求甲公司履行【错误。甲公司明确要求吉某与展某必须一起商议决策，一起签署合同，且告知了乙公司，乙公司误以为展某是吉某的秘书，存在过失，不成立表见代理】

【主观题专项训练】

案情：陈某系甲公司的采购部经理。公司规定，采购50万元以上的设备，必须经过董事会决议。后陈某以公司名义与乙公司签订买卖合同，约定乙公司将一套80万元的设备出售给甲公司。陈某因此被辞退，但是甲公司并未对外披露此事。3天后，怀恨在心的陈某以公司名义与甲公司的长期供应商丙公司签订买卖合同，约定丙公司将单价150万元的三套设备出售给甲公司。为了骗取提成款，无业人士唐某以甲公司名义向丁公司购买500万元的设备，并加盖了其所伪造的甲公司公章。陈某的朋友李某委托其帮忙出售名下的A房和B房，并给陈某出具了一份授权书。A房属于学区房，陈某觉得不错，于是自己以低于市场价10万元的价格买下。纸包不住火，此事被李某得知。李某非常生气，对陈某的行为不认可，且让陈某不要再帮其卖房，但是未收回授权书。后陈某以李某的名义将B房出售给王某。

问题1：甲公司与乙公司签订的买卖合同效力如何？
问题2：陈某以甲公司名义与丙公司签订的买卖合同能否约束甲公司？
问题3：唐某以甲公司名义与丁公司签订的买卖合同能否约束甲公司？
问题4：陈某买下A房的效力如何？
问题5：陈某以李某的名义将B房出售给王某，买卖合同效力如何？

问题1：甲公司与乙公司签订的买卖合同效力如何？
答案：有效。陈某作为甲公司的采购部经理，有权代理甲公司采购设备，虽然其违反了甲公司对于其职权范围的限制，但是该限制不得对抗善意的第三人乙公司。法条依据为《中华人民共和国民法典》

第一百七十条第二款。

  问题 2：陈某以甲公司名义与丙公司签订的买卖合同能否约束甲公司？

  答案：能。陈某已经被辞退，其以甲公司名义签订合同属于无权代理，但是由于其之前担任甲公司的采购部经理，且甲公司并未将陈某被辞退一事对外披露，甲公司的长期供应商丙公司有理由相信陈某有代理权，成立表见代理，合同对甲公司发生效力。法条依据为《中华人民共和国民法典》第一百七十二条。

  问题 3：唐某以甲公司名义与丁公司签订的买卖合同能否约束甲公司？

  答案：不能。甲公司未向唐某授予代理权，唐某的行为构成无权代理，且加盖的系其伪造的公章，不成立表见代理。法条依据为《中华人民共和国民法典》第一百七十一条第一款、第一百七十二条。

  问题 4：陈某买下 A 房的效力如何？

  答案：无效。陈某作为李某的代理人与自己签订房屋买卖合同，属于自己代理，被代理人李某拒绝追认，房屋买卖合同无效。法条依据为《中华人民共和国民法典》第一百六十八条第一款。

  问题 5：陈某以李某的名义将 B 房出售给王某，买卖合同效力如何？

  答案：有效。在被撤回授权之后，陈某出售 B 房的行为构成无权代理，但是陈某持有李某的授权书，王某有理由相信其有代理权，符合表见代理的构成要件。法条依据为《中华人民共和国民法典》第一百七十二条。

第六章
诉讼时效【客+主】

【重点】诉讼时效的适用范围、诉讼时效的中断、诉讼时效期间届满的法律效果

一、诉讼时效的含义与法定性【诉讼时效的性质及适用 B】

（一）诉讼时效的含义

诉讼时效，是指权利人在法定期间内不行使权利，义务人可以拒绝履行义务的民事法律事实。

例如：甲向乙借款 50 万元于 2017 年 12 月 31 日到期。若乙直到 2022 年 2 月 1 日才请求甲偿还，则甲可以诉讼时效已过为由拒绝还钱。

【说明】诉讼时效制度的正当理由在于：其一，保护义务人。权利人长期不行使权利的，义务人有理由相信其不会再行使权利，否则义务人需要长期随时准备履行义务；避免时日久远导致举证困难。其二，督促权利人及时行使权利。躺在权利上睡觉者不值得保护。其三，维护社会秩序的稳定。

（二）诉讼时效的法定性

1. 诉讼时效的期间、计算方法以及中止、中断的事由均由法律规定。
2. 诉讼时效规定属于强制性规范，当事人不得另行约定。例如：不得约定排除诉讼时效的适用。

二、诉讼时效的适用范围【诉讼时效的性质及适用 B】

1. 诉讼时效适用于请求权，不适用于支配权、抗辩权和形成权。
2. 债权请求权。
（1）原则：均适用诉讼时效。
（2）例外：不适用诉讼时效。
①支付赡养费、抚养费、扶养费请求权。
②存款本息请求权、债券本息请求权。
③基于投资关系产生的缴付出资请求权。
④业主大会请求业主缴付公共维修基金。
3. 物权请求权。
（1）原则：均不适用诉讼时效，包括停止侵害、排除妨碍、消除危险、不动产和登记的动产返还原物请求权。
（2）唯一例外：未登记的动产返还原物请求权适用诉讼时效。

判断分析

1. 甲与乙离婚时未对婚后购买、登记在乙名下的房屋进行分割。若乙于离婚4年后请求分割房屋，则无法得到法院支持。【错误。分割共有物请求权不属于债权请求权，不适用诉讼时效】

2. 甲、乙恶意串通签订房屋买卖合同，损害甲的债权人丙的利益。丙请求法院确认合同无效不受诉讼时效的限制。【正确。请求确认合同无效的权利不属于请求权，不适用诉讼时效】

3. 下列请求权不适用诉讼时效的是？（2018年仿真题）

A. 小张与小李的房屋相邻，小李装修房屋将大量建筑垃圾堆放在门前妨碍小张的通行，小张有请求小李排除妨碍的权利【正确。小张请求邻居小李清理建筑垃圾的权利属于排除妨碍的物权请求权，不适用诉讼时效】

B. 小张将自己的房屋出租给小黄居住，租期届满后，小张基于所有权人的身份请求小黄搬离房屋的权利【正确。小张作为不动产房屋的所有权人请求返还房屋不适用诉讼时效】

C. 小张的别克轿车（登记在小张名下）被小徐强行夺走，小张基于所有权人的身份请求小徐返还别克轿车的权利【正确。小张作为登记的动产物权的权利人请求小徐返还别克轿车的权利不适用诉讼时效】

D. 小张与妻子小刘离婚，法院判决婚生子小甲（6岁）与小刘共同生活，小张按月给付抚养费，小甲有请求小张给付抚养费的权利【正确。请求给付抚养费、赡养费或扶养费不适用诉讼时效】

4. 甲与乙系邻居，某日，甲将用于工作的大型油罐车停在乙的院子里，并将院子里乙未上锁的自行车骑走，乙当晚即发现是甲所为。三年后，甲对乙的下列哪些请求权可以主张诉讼时效抗辩？（2020年仿真题）

A. 停止侵害【错误。停止侵害作为物权请求权不适用诉讼时效】

B. 损害赔偿【正确。损害赔偿请求权是债权请求权，适用三年诉讼时效。诉讼时效期间自权利人知道或者应当知道权利受到损害以及义务人之日起计算。乙当晚就知道是甲所为，诉讼时效开始计算，三年后甲可以主张时效抗辩】

C. 消除危险【错误。消除危险作为物权请求权不适用诉讼时效】

D. 返还财产【正确。未登记动产自行车的返还原物请求权受诉讼时效的限制】

三、诉讼时效的期间和起算【诉讼时效的起算与期间 C】

（一）诉讼时效的期间

普通诉讼时效	3年
特殊诉讼时效	4年：国际货物买卖和技术进出口合同
	5年：人寿保险的被保险人或受益人请求保险公司给付保险金的权利
最长诉讼时效	20年：自权利受到损害之日起算

（二）诉讼时效的起算

1. 原则

自权利人知道或应当知道权利受到损害以及义务人之日起计算。

2. 合同之债的诉讼时效

（1）能确定履行期限：从履行期限届满之日起计算；分期履行的，自最后1期履行期限届满之日起计算。

（2）不能确定履行期限：从债权人要求债务人履行义务的宽限期届满之日起计算；债务人在债权人第1次向其主张权利之时明确表示不履行义务的，从表示不履行义务之日起计算。例如，2022年1月1日，甲向乙借款100万元，未约定借款期限。2022年8月31日，乙请甲于一个月之内偿还借款，甲同意。若甲在一个月的宽限期内没有偿还，则从2022年10月1日开始起算诉讼时效。

（3）合同被撤销的，请求返还财产、赔偿损失：从合同被撤销之日起计算。

3. 保护性的特别规则。

（1）无、限制民事行为能力人的权利受到第三人的损害：法定代理人知道或者应当知道权利受到损害以及义务人之日起计算。

（2）无、限制民事行为能力人的权利受到原法定代理人的损害：

①确定了新的法定代理人后才知道权利被侵害：自新法定代理人知道或者应当知道权利受到损害之日起计算；

②无、限制民事行为能力人取得、恢复完全民事行为能力后才知道权利被侵害：自其知道或者应当知道权利受到损害之日起计算。

（3）未成年人遭受性侵害的损害赔偿请求权：自受害人年满18周岁之日起计算。

四、诉讼时效的中止和中断【诉讼时效的中止与中断D】

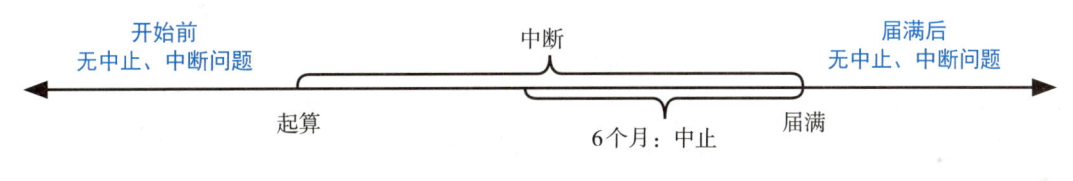

【诉讼时效中止、中断示意图】

（一）诉讼时效中止与中断的对比

	中止	中断
适用范围	仅适用于普通和特殊诉讼时效，不适用于最长诉讼时效。	
发生时间	诉讼时效期间的最后6个月内。	诉讼时效期间内的任意时间。
法定事由	1. 不可抗力； 2. 无、限民事行为能力人没有法定代理人，或者法定代理人死亡、丧失民事行为能力、丧失代理权； 3. 继承开始后未确定继承人或者遗产管理人； 4. 权利人被义务人或者其他人控制； 5. 其他导致权利人不能行使请求权的障碍。	1. 权利人主张权利，具体包括： （1）提出请求——提出之日中断； （2）提起诉讼、仲裁——起诉之日中断； （3）与提起诉讼、仲裁具有同等效力的行为（如向人民调解委员会等组织提出请求、向公检法报案或控告的）——提出就中断。 2. 义务人同意履行义务，具体包括： 义务人作出分期履行、部分履行、提供担保、请求延期履行、制订债务清偿计划等承诺或者行为——义务人同意履行之日中断。

续表

	中止	中断
法律效果	暂停计算诉讼时效期间，自中止事由消除之日起继续计算6个月的诉讼时效期间。	自中断事由消除之日起重新计算诉讼时效。

诉讼时效的中止和中断，均没有次数限制，但是不得超过20年的最长诉讼时效。

（二）诉讼时效中断的特殊情形

1. 权利人对同一债权中的部分债权主张权利，诉讼时效中断的效力及于剩余债权（部分中断，全部中断）。例如，甲欠乙10万元到期未还，乙要求甲先清偿8万元，将导致10万元债务诉讼时效中断。

2. 连带债权或债务：对于连带债权人或连带债务人中的1人发生诉讼时效中断效力的事由，对其他连带债权人或连带债务人也发生诉讼时效中断的效力（1人中断，全部中断）。例如，甲和乙对丙因共同侵权而需承担连带赔偿责任共计10万元，丙要求甲承担8万元，导致甲和乙对丙负担的连带债务诉讼时效均中断。

3. 债权人提起代位权诉讼：对债权人的债权和债务人的债权均发生诉讼时效中断的效力。例如，乙欠甲8万元，丙欠乙10万元，甲对丙提起代位权诉讼，导致乙对甲、丙对乙的债务诉讼时效均中断。

4. 债权转让：从债权转让通知到达债务人之日起诉讼时效中断。

5. 债务承担：从债务承担的意思表示到达债权人之日起诉讼时效中断。

判断分析

甲公司开发的系列楼盘由乙公司负责安装电梯设备。在楼盘完工并验收合格投入使用后，甲公司一直未支付工程款，乙公司也未催要。诉讼时效期间届满后，甲公司仍未付款，乙公司提起诉讼。因乙公司提起诉讼，诉讼时效中断。【错误。诉讼时效中断必须发生在诉讼时效期间内，如诉讼时效期间已经届满，则无诉讼时效中断的可能。】

五、诉讼时效期间届满的法律效果【客+主】【诉讼时效届满的后果D；除斥期间E】

法条群

《中华人民共和国民法典》第一编《总则》第九章《诉讼时效》

第一百九十二条 【诉讼时效期间届满的法律效果】诉讼时效期间届满的，义务人可以提出不履行义务的抗辩。

诉讼时效期间届满后，义务人同意履行的，不得以诉讼时效期间届满为由抗辩；义务人已经自愿履行的，不得请求返还。

第一百九十三条【禁止依职权适用诉讼时效】人民法院不得主动适用诉讼时效的规定。

《最高人民法院关于审理民事案件适用诉讼时效制度若干问题的规定》

第二条【禁止释明诉讼时效】当事人未提出诉讼时效抗辩，人民法院不应对诉讼时效问题进行释明。

第三条【诉讼时效抗辩的期间限制】当事人在一审期间未提出诉讼时效抗辩，在二审期间提出的，人民法院不予支持，但其基于新的证据能够证明对方当事人的请求权已过诉讼时效期间的情形除外。

当事人未按照前款规定提出诉讼时效抗辩，以诉讼时效期间届满为由申请再审或者提出再审抗辩的，人民法院不予支持。

诉讼时效期间届满后，产生如下法律效果：
1. 权利人的实体权利并不消灭，其依然有权起诉，法院不得以超过诉讼时效为由裁定不予受理。
2. 义务人取得诉讼时效抗辩权，可以诉讼时效已过为由永久拒绝履行义务。
（1）诉讼时效抗辩权是需要当事人主张的抗辩权，法院不得对诉讼时效问题进行释明或主动适用诉讼时效的规定。
（2）义务人主张诉讼时效抗辩权的时间：应当在一审中提出；在一审中未提出的，在二审中不得再提出（基于新的证据能够证明已过诉讼时效的除外）；在再审中不得再提出。
（3）诉讼时效抗辩权的放弃：
①义务人可以事后放弃诉讼时效抗辩权，预先放弃无效。
②一旦放弃，不得反悔：诉讼时效期间届满，当事人一方向对方当事人作出同意履行义务的意思表示或者自愿履行义务后，不得再以诉讼时效期间届满为由进行抗辩。
【比较】诉讼时效与除斥期间：前者适用于请求权，时效期间届满权利并不消灭，法院不得主动释明和适用；后者适用于形成权，期间届满权利消灭，法院应当依职权主动审查适用。

判断分析

甲公司开发的系列楼盘由乙公司负责安装电梯设备。乙公司完工并验收合格投入使用后，甲公司一直未支付工程款，乙公司也未催要。诉讼时效期间届满后，乙公司组织工人到甲公司讨要。因高级管理人员均不在，甲公司新录用的法务小王，擅自以公司名义签署了同意履行付款义务的承诺函，工人们才散去。其后，乙公司提起诉讼。关于本案的诉讼时效，下列哪一说法是正确的？（2017年第3卷第4题）

A. 甲公司仍可主张诉讼时效抗辩【正确。法务小王系甲公司新录用的员工，其擅自以公司名义签署承诺函的行为显然不属于其职权范围内的事项，构成无权代理。若甲公司拒绝追认，则对其不发生效力，甲公司仍可主张诉讼时效抗辩】

B. 因乙公司提起诉讼，诉讼时效中断【错误。乙公司在诉讼时效期间届满后才起诉，而诉讼时效中断必须发生在诉讼时效期间内，诉讼时效期间一旦届满，则没有再中断的可能】

C. 法院可主动适用诉讼时效的规定【错误。人民法院不得主动适用诉讼时效的规定】

D. 因甲公司同意履行债务，其不能再主张诉讼时效抗辩【错误】

【主观题专项训练】

案情： 2018年1月1日，夏老师向好友黄律师借款500万元，借期一年。借款到期后，夏老师无力偿还，黄律师囿于面子也从未催要。后因儿子出国留学急需资金，黄律师无奈于2022年6月1日起诉夏老师，请求其偿还借款。

问题1：法院是否应当受理黄律师的起诉？

问题2：在案件审理过程中，若夏老师主张分期偿还借款，法院能否以诉讼时效已过为由判决驳回黄律师的诉讼请求？

问题3：若夏老师曾于2022年3月1日向黄律师表示一个月后偿还借款，但是在庭审中却以诉讼时效已过为由拒绝还钱，能否得到法院支持？

问题 4：若夏老师在一审判决生效后才知道自己可以诉讼时效已过为由拒绝偿还借款，并以此为由申请再审，法院应当如何处理？

问题 1：法院是否应当受理黄律师的起诉？

答案：应当受理。虽然已过诉讼时效，黄律师的借款债权并未消灭，其依然有权起诉。

问题 2：在案件审理过程中，若夏老师主张分期偿还借款，法院能否以诉讼时效已过为由判决驳回黄律师的诉讼请求？

答案：不能。夏老师并未主张诉讼时效抗辩，法院不得主动适用诉讼时效的规定。法条依据为《中华人民共和国民法典》第一百九十三条。

问题 3：若夏老师曾于 2022 年 3 月 1 日向黄律师表示一个月后偿还借款，但是在庭审中却以诉讼时效已过为由拒绝还钱，能否得到法院支持？

答案：不能。诉讼时效期间届满后，债务人夏老师同意履行的，不得以诉讼时效期间届满为由抗辩。法条依据为《中华人民共和国民法典》第一百九十二条第二款。

问题 4：若夏老师在一审判决生效后才知道自己可以诉讼时效已过为由拒绝偿还借款，并以此为由申请再审，法院应当如何处理？

答案：法院应当裁定驳回。夏老师在一审未提出诉讼时效抗辩，不得以诉讼时效期间届满为由申请再审。法条依据为《最高人民法院关于审理民事案件适用诉讼时效制度若干问题的规定》第三条第二款。

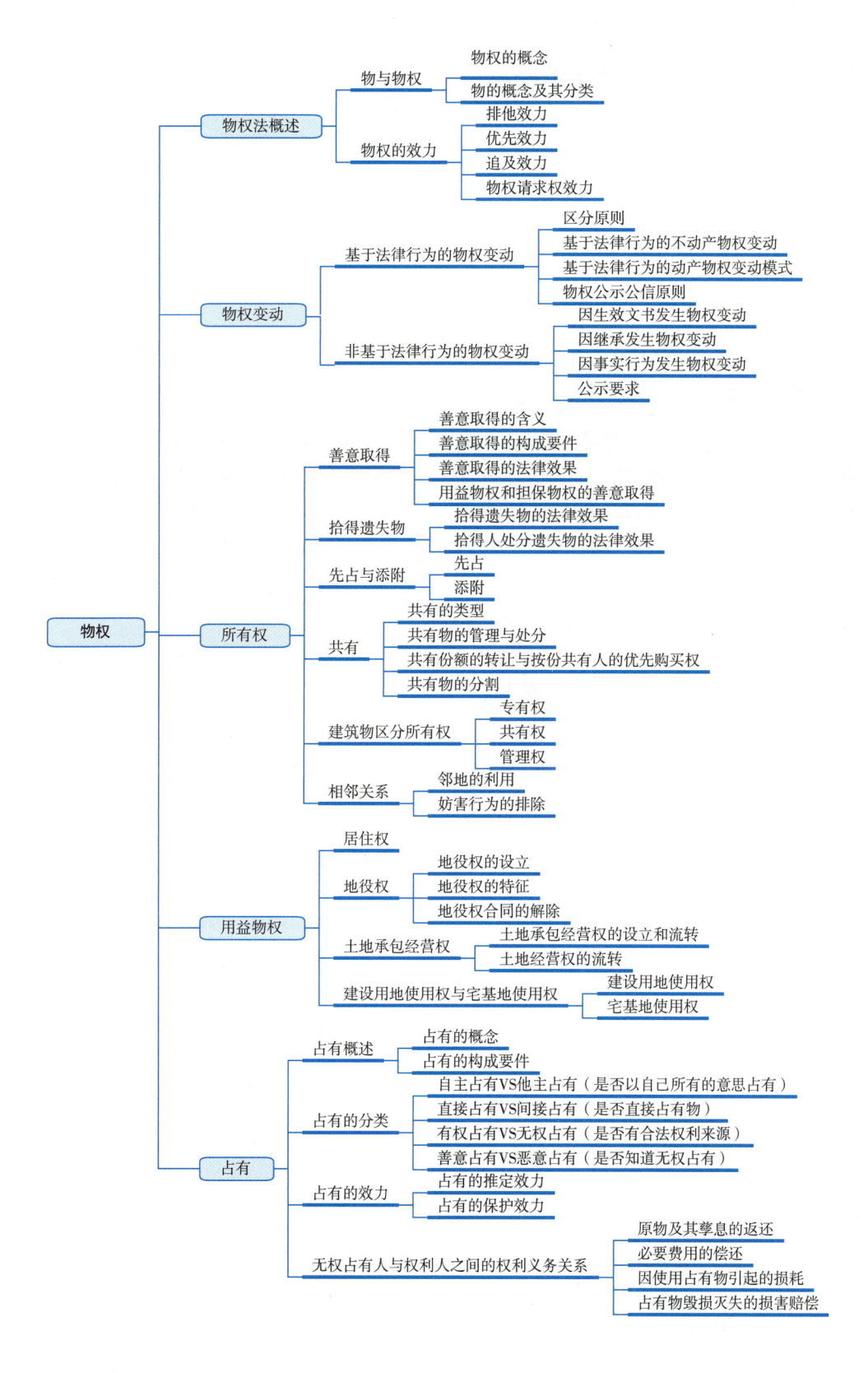

物 权

- 物权
  - 物权法概述
    - 物与物权
      - 物权的概念
      - 物的概念及其分类
    - 物权的效力
      - 排他效力
      - 优先效力
      - 追及效力
      - 物权请求权效力
  - 物权变动
    - 基于法律行为的物权变动
      - 区分原则
      - 基于法律行为的不动产物权变动
      - 基于法律行为的动产物权变动模式
      - 物权公示公信原则
    - 非基于法律行为的物权变动
      - 因生效文书发生物权变动
      - 因继承发生物权变动
      - 因事实行为发生物权变动
      - 公示要求
  - 所有权
    - 善意取得
      - 善意取得的含义
      - 善意取得的构成要件
      - 善意取得的法律效果
      - 用益物权和担保物权的善意取得
    - 拾得遗失物
      - 拾得遗失物的法律效果
      - 拾得人处分遗失物的法律效果
    - 先占与添附
      - 先占
      - 添附
    - 共有
      - 共有的类型
      - 共有物的管理与处分
      - 共有份额的转让与按份共有人的优先购买权
      - 共有物的分割
    - 建筑物区分所有权
      - 专有权
      - 共有权
      - 管理权
    - 相邻关系
      - 邻地的利用
      - 妨害行为的排除
  - 用益物权
    - 居住权
    - 地役权
      - 地役权的设立
      - 地役权的特征
      - 地役权合同的解除
    - 土地承包经营权
      - 土地承包经营权的设立和流转
      - 土地经营权的流转
    - 建设用地使用权与宅基地使用权
      - 建设用地使用权
      - 宅基地使用权
  - 占有
    - 占有概述
      - 占有的概念
      - 占有的构成要件
    - 占有的分类
      - 自主占有VS他主占有（是否以自己所有的意思占有）
      - 直接占有VS间接占有（是否直接占有物）
      - 有权占有VS无权占有（是否有合法权利来源）
      - 善意占有VS恶意占有（是否知道无权占有）
    - 占有的效力
      - 占有的推定效力
      - 占有的保护效力
    - 无权占有人与权利人之间的权利义务关系
      - 原物及其孳息的返还
      - 必要费用的偿还
      - 因使用占有物引起的损耗
      - 占有物毁损灭失的损害赔偿

第一章 物权法概述

【重点】物权请求权

第一节 物与物权

一、物权的概念

1. 物权，是指权利人依法对特定的物或权利享有的直接支配和排他的权利，属于支配权。

【说明】从表面上看，物权涉及的是人对物的权利，即人与物之关系，其实本质上涉及的依然是人与人之间的关系。人的欲望无限，而社会资源有限，为了解决这一对矛盾，法律必须确定特定物属于谁所有。就此而言，物权法的基本功能是定分止争。物权法的另一个功能是促进物尽其用。

2. 物权包括所有权和他物权（用益物权和担保物权）。

（1）所有权：对自己的不动产和动产依法享有占有、使用、收益和处分的权利。

（2）用益物权：对他人所有的不动产依法享有占有、使用、收益的权利。包括土地承包经营权、建设用地使用权、宅基地使用权、居住权、地役权。

（3）担保物权：对用于设定担保的物依法享有优先受偿的权利。包括抵押权、质权和留置权。

二、物的概念及其分类【物 C】

1. 物权的客体原则上是物，例外为权利，例如权利质权。

2. 作为物权客体的物，是指存在于人体之外，能为人力所支配，并能满足人的需要的有体物和自然力。

（1）人及其身体均非物。与人体已经分离的器官、血液等可以作为物。例如，固定在身体中的假肢不是物，打断残疾人的假肢侵犯的是人身权；从身体中分离出来的假肢是物，偷走残疾人取下来的假肢侵犯的是财产权。

（2）非人力所能控制的不能成为物权客体。例如日月星辰。

3. 物的分类

	区分标准	区分意义
动产 VS 不动产	不动产：土地以及建筑物等土地附着物 例：土地、房屋等 动产：不动产以外的物 例：钢笔、飞机等	1. 动产所有权移转自交付时生效；不动产所有权移转自登记时生效； 2. 设定他物权的类型不同，如用益物权设立于不动产和动产，质权只能设立于动产。 3. 涉及不动产的诉讼，实行地域专属管辖。

续表

	区分标准	区分意义
种类物 VS 特定物	种类物：可替代的物。 例：格力电器生产的同批次空调。 【注意】货币是种类物，且适用占有即所有的特殊规则。 特定物：不可替代物，包括独一无二的物和从种类物中特定出来的物。 例：鲁迅某书的手稿；商场专柜小姐包装好准备交给顾客的1瓶香水。	物意外毁损灭失时的法律后果不同： 1. 种类物灭失后不构成履行不能，不能免除交付义务； 2. 特定物灭失后构成履行不能，免除交付义务。
主物 VS 从物	主物：占主导地位并可独立发挥功能的物。 从物：不构成主物的成分，且经常性地辅助主物发挥效用的物。 例：汽车是主物，备胎是从物；电视机是主物，遥控器是从物。 ①从物必须是独立物，不能是物的成分。例：门窗是房屋的成分，房屋和门窗不是主物和从物的关系。 ②主物和从物必须归同一主体所有。 例：同一个人所有的电脑和鼠标是主物和从物的关系。	主物所有权转移，从物所有权随之转移。（从随主）
原物 VS 孳息	原物：产生孳息的物。 孳息：由原物所生的收益，分为天然孳息（根据自然规律产生）和法定孳息（根据法律关系产生）。 例：动物生下的幼息、从果树上摘下的果实（天然）；借款利息、租金、彩票中奖所得奖金（法定）。 【注意】已经与原物相分离的收益才是孳息。 例：动物腹中的胎儿并非孳息，生下的幼息才是孳息；果树上的果实并非孳息，摘下来才是孳息。此外，股息和分红不是孳息。	1. 天然孳息归属 约定→用益物权人→所有权人。 例：借用期间耕牛生下的小牛属于耕牛的主人所有。 2. 法定孳息归属：约定→交易习惯 【注意】在买卖合同中，标的物在交付之前产生的孳息，归出卖人所有；交付之后产生的孳息，归买受人所有。

⚖ 判断分析

1. 下列各选项中，哪些属于民法上的孳息？（2005年第3卷第52题）

A. 出租柜台所得租金【正确。出租柜台所得租金属于法定孳息】

B. 果树上已成熟的果实【错误。果实与果树分离成为独立物才属于自然孳息，否则属于果树的一部分】

C. 动物腹中未出生的幼息【错误。动物腹中未出生的幼息与动物本体分离之前，不属于孳息】

D. 彩票中奖所得奖金【正确。彩票中奖所得奖金属于法定孳息】

2.甲向乙借用一头耕牛,在借用期间,该牛产下一头小牛,该头小牛应该属于乙所有。【正确。小牛属于天然孳息,没有约定应该由所有权人乙取得】

第二节 物权的效力

一、排他效力【物权的优先、排他等效力 E】

物权的排他效力,是指在同一物之上不能同时成立两个或者两个以上内容互不相容的物权。例如,一块手表之上不能同时成立两个所有权;一块地上不能存在两个土地承包经营权或者建设用地使用权。

只要物权的内容相容,即可并存于一物之上。例如,一块地上可以同时并存国家的所有权与某公司的建设用地使用权;设立了居住权的房屋依然可以设立抵押权;房屋之上可以设立多个抵押权。

二、优先效力【物权的优先、排他等效力 E】

1.物权相互之间的优先效力。

数个担保物权并存于一物之上,原则上公示在先的物权优先于公示在后的物权。例如,同一房屋上先后设立的抵押权,以登记先后确定优先顺位。(详见担保制度担保并存部分)

2.物权优先于债权。

同一物,既是物权的标的物,又是债权的标的物时,物权优先于债权。

(1)所有权优先于债权。

【示例】甲将其手表先卖给乙,尚未交付,后又卖给丙,并交付。此时,丙已经成为手表的所有权人,而乙仅仅是甲的债权人。乙不得以其签订买卖合同在先为由主张优先取得手表的所有权。

(2)有担保债权优先于无担保债权。

【示例】甲分别向乙、丙借款若干,并将自己的一块手表质押给乙。其后,甲无力还款,除了质押给乙的手表外,别无他物。如果乙、丙均欲拍卖、变卖甲的手表清偿债权,则乙优先受偿,因为其对手表享有担保物权。(结合担保物权理解)

三、追及效力

物权的追及效力,是指物权一经成立,其标的物无论辗转于何人之手,物权人均可以追及物之所在,而直接支配其物。

1.所有权的追及效力。

(1)所有权人的占有被不法侵夺,所有权人可以请求无权占有人返还占有。

(2)失主可以请求拾得人返还遗失物。例如,甲的小狗丢失,被乙捡到。甲可以所有权人的身份请求乙返还小狗。(结合拾得遗失物理解)

2.用益物权的追及效力。

【示例】A 土地的建设用地使用权人甲与 B 土地的建设用地使用权人乙签订地役权合同,约定甲不得在 A 土地上修建高度超过 100 米的建筑,并办理了地役权登记。其后,如果甲将建设用地使用权转让给丙,则乙对 A 土地的地役权不受影响,丙不得在 A 土地上修建高度超过 100 米的建筑。(结合地役权理解)

3. 担保物权的追及效力。

【示例】甲向乙借款,并以其A房向乙提供抵押担保,办理了抵押登记。抵押期间,甲将A房出售给丙,并办理了过户登记手续。若甲到期无法偿还借款,尽管丙已经成为A房的所有权人,但是乙依然可以对A房行使抵押权。(结合抵押权理解)

四、物权请求权效力【物权请求权B】

物权请求权,是指物权人于其物被侵害或者有被侵害之危险时,可以请求恢复物权圆满状态或者防止侵害的权利。包括返还原物请求权、排除妨害请求权、消除危险请求权。

【注意】物权确认请求权:因物权的归属、内容发生争议的,利害关系人可以请求确认权利。该权利名为请求权,实质上并非请求权。

1. 返还原物请求权。

无权占有不动产或者动产的,权利人可以请求返还原物。

(1)请求权人:物权人,且该物权须具有占有权能。抵押不移转占有,故而抵押权人无返还原物请求权。例如,甲以自有房屋向乙银行抵押借款,并办理了抵押登记。因甲欠丙钱不还,丙强行进入该房屋居住,导致乙银行于甲无力偿还到期借款时难以拍卖房屋。甲有权请求丙返还房屋,但是乙银行无权请求丙返还房屋。

(2)被请求人是相对于物权人的现时的无权占有人。

【示例】甲的A手表被乙偷走,丙又从乙处偷走手表。丙为现时的无权占有人,故而甲可以所有权人的身份请求丙返还手表;但是,甲对乙并无返还手表的请求权,因为乙丧失了对手表的占有,不属于现时的无权占有人。当然,甲可以请求乙承担侵权损害赔偿责任。

2. 排除妨害请求权。

物权人有权请求妨害人排除妨害。

(1)前提:存在妨害行为,即以占有以外的方式不法地阻碍或侵害物权人对物的支配。例如,将垃圾扔到他人门口,将车停于他人车库的门口。

(2)请求权人:物权人(不要求具有占有权能)。

(3)请求对象:实施妨害行为的人(行为妨害人)、对妨害行为有排除义务的人(状态妨害人)。

【示例】甲将其房屋出租给乙居住,乙经常和友人通宵达旦喧闹,邻居丙不堪其扰。丙可以请求乙(行为妨害人)在正常休息时间停止喧闹,也可以请求甲(状态妨害人)制止乙的行为。

3. 消除危险请求权。

如果物权人对物权的支配有被妨害的现实威胁时,物权人享有消除危险请求权。例如,甲在装修时拆掉了承重墙,此种行为有可能导致整栋楼坍塌,楼下的住户乙可以请求甲消除危险,即重砌承重墙。

⚖ 判断分析

甲家门口一棵大榕树因树龄较长,树枝经常掉落,邻居乙曾多次催促甲注意修剪该树,防止树枝掉落砸到人,但甲一直未采取措施。某日暴雨,甲家门口的榕树被暴风雨刮倒,砸坏了旁边乙家院子里的许多东西,将半边围墙砸倒了一半。乙找人清理了榕树以及散落的树枝。甲有权请求乙返还清理的榕树及树枝。(2021年仿真题)【正确。被刮倒的榕树以及树枝属于甲所有,乙对榕树及树枝属于无权占有,甲可以向乙主张返还原物请求权】

第二章 物权变动【客+主】

【重点】本章内容均十分重要

物权的变动，是指物权的发生、变更与消灭。
根据引起物权变动的**法律事实的不同**，可以将物权变动划分为以下两类：
1. **基于法律行为**的物权变动：如甲依据**买卖合同**将房屋过户登记到乙的名下，房屋的所有权在甲与乙之间发生了变动。
2. **非基于法律行为**的物权变动：如基于**继承**取得房屋的所有权。

第一节 基于法律行为的物权变动【客+主】

一、区分原则【物权区分原则 A】

> **法条群**
>
> 《中华人民共和国民法典》第二编《物权》第一分编《通则》第二章《物权的设立、变更、转让和消灭》第一节《不动产登记》
>
> 第二百一十五条【合同效力与物权变动区分】当事人之间订立有关设立、变更、转让和消灭不动产物权的合同，除法律另有规定或者当事人另有约定外，自合同成立时生效；**未办理物权登记的，不影响合同效力**。

区分原则，是指物权变动与其原因行为相区分。物权变动的原因行为通常是合同，因而区分原则通常可以理解为合同效力与物权变动相区分。

1. 合同效力
（1）合同是否有效，**按照民事法律行为（合同）的效力规则**判断；
（2）**物权是否变动不影响合同效力**。例如，甲、乙签订房屋买卖合同，房屋虽已交付使用，但是未办理房屋过户登记，房屋的所有权未发生变动，但是买卖合同依然有效，乙可以请求甲配合办理过户登记。

2. 物权效力
（1）物权是否变动，**按照物权变动规则进行**判断；
（2）**合同效力会影响物权变动**。例如，甲、乙签订房屋买卖合同，即使办理了房屋过户登记。如果买卖合同无效，乙将无法取得房屋的所有权。

二、基于法律行为的不动产物权变动模式【基于法律行为物权变动模式A；登记C】

> **法条群**
>
> 《中华人民共和国民法典》第二编《物权》第一分编《通则》第二章《物权的设立、变更、转让和消灭》第一节《不动产登记》
>
> 第二百零九条【不动产物权登记的效力】不动产物权的设立、变更、转让和消灭，经依法登记，发生效力；未经登记，不发生效力，但是法律另有规定的除外。
>
> 依法属于国家所有的自然资源，所有权可以不登记。
>
> 第二百二十条【更正登记与异议登记】权利人、利害关系人认为不动产登记簿记载的事项错误的，可以申请更正登记。不动产登记簿记载的权利人书面同意更正或者有证据证明登记确有错误的，登记机构应当予以更正。
>
> 不动产登记簿记载的权利人不同意更正的，利害关系人可以申请异议登记。登记机构予以异议登记，申请人自异议登记之日起十五日内不提起诉讼的，异议登记失效。异议登记不当，造成权利人损害的，权利人可以向申请人请求损害赔偿。
>
> 第二百二十一条【预告登记】当事人签订买卖房屋的协议或者签订其他不动产物权的协议，为保障将来实现物权，按照约定可以向登记机构申请预告登记。预告登记后，未经预告登记的权利人同意，处分该不动产的，不发生物权效力。
>
> 预告登记后，债权消灭或者自能够进行不动产登记之日起九十日内未申请登记的，预告登记失效。

（一）不动产所有权的变动

不动产所有权的变动＝买卖合同有效＋出卖人有权处分＋登记（登记生效主义，不动产所有权自登记时发生变动）。例如，甲将其A房出售给乙，已经交付使用。在办理过户登记之前，A房依然属于甲所有，乙只能基于有效的买卖合同请求甲配合办理过户登记手续；一旦办理了过户登记，乙将取得A房的所有权。

【注意】此处仅以不动产所有权为例说明基于法律行为的不动产物权变动。居住权、地役权、建设用地使用权、土地承包经营权、不动产抵押权的变动规则详见后文相应部分。

（二）不动产登记

1. 不动产登记簿的效力

（1）不动产物权以不动产登记簿的记载为准。

（2）不动产权属证书与不动产登记簿记载不一致时，除非有证据证明不动产登记簿确有错误，否则以不动产登记簿为准。

2. 预告登记

（1）适用情形

向开发商预购商品房，以预购商品房为银行设定抵押、二手房买卖、抵押等。

（2）预告登记的效力

（1）预告登记后，不动产的所有权 未直接发生变动。

（2）预告登记后，未经预告登记的权利人同意，处分该不动产的，不发生物权效力。（基于物权变动的区分原则，合同效力不受影响）

处分不动产包括：转让不动产、在不动产上设立用益物权或者抵押权。

（3）预告登记的失效

①预告登记后，债权消灭或者自能够进行不动产登记之日起 90 日内未申请登记的，预告登记失效。

②债权消灭包括：买卖不动产物权的协议被认定无效、被撤销，或者预告登记的权利人放弃债权。

【示例】为便于女儿上学，甲于 2020 年与乙公司签订商品房预售合同，购得 A 学区房。若乙公司因房屋价格暴涨将 A 房另售给丙，并为丙办理了房产证，则丙取得房屋的所有权，甲无法再取得所有权，只能请求乙承担违约责任，严重影响甲关于女儿上学的规划。为避免出现这种不利情况，甲在签订商品房预售合同的同时可以申请预告登记。预告登记办理后：

① A 房的所有权依然属于乙公司，乙公司将 A 房出售给丙，属于有权处分，也不影响买卖合同的效力。但是，即使已经办理过户登记，丙也无法取得所有权。

②满足办理正式登记的条件时，甲可以请求乙公司配合办理过户登记手续。

3. 更正登记

权利人、利害关系人认为不动产登记簿记载的事项错误的，可以申请更正登记。

（1）有权申请更正登记的主体：权利人或者利害关系人。

（2）登记机构应当更正登记的两种情形：其一，不动产登记簿记载的权利人书面同意更正；其二，有证据证明登记确有错误。

【示例】甲、乙共同出资购买 A 房，登记在甲的名下。乙可以向登记机构申请更正登记。若书面同意，则登记机构直接更正登记；若甲不同意，则乙可以向法院起诉，请求确认自己系 A 房的共有人。法院作出确权判决后，即足以证明登记确有错误。乙可以持该判决向登记机构申请更正登记，登记机构必须更正登记。

4. 异议登记

（1）利害关系人认为不动产登记簿记载的事项错误的，可以申请异议登记（不以申请更正登记为前提）。

（2）申请人自异议登记之日起 15 日内不提起诉讼的，异议登记失效。异议登记失效，不影响当事人起诉请求确认物权归属，不影响人民法院对案件的实体审理。

（3）异议登记的效力：阻却善意取得。异议登记有效期内，登记的权利人处分不动产：

①法院判决确认登记的权利人系所有权人：则属于有权处分，只要完成登记，第三人即可取得物权。

②法院判决确认利害关系人系所有权人：则属于无权处分，即使完成登记，第三人也无法善意取得物权。

（4）异议登记不当，造成权利人损害的，权利人可以向申请人请求损害赔偿。

【示例】甲、乙共同出资购买 A 房，登记在甲的名下。后乙提出将其登记为 A 房的共有人，被甲拒绝，乙遂于 2021 年 1 月 1 日申请异议登记。1 月 5 日，甲未经乙同意将 A 房以市价出售给不知情的丙，并办理了过户登记。1 月 10 日，乙向法院起诉请求确认其系 A 房的共有人，法院判决支持其诉讼请求。

①法院判决确认乙系共有人，所以甲未经乙同意将 A 房出售给丙，构成无权处分。

②甲丙之间的房屋买卖发生于异议登记的有效期内，丙不能善意取得 A 房的所有权。

🔨 判断分析

刘某借用张某的名义购买房屋后，将房屋登记在张某名下。双方约定该房屋归刘某所有，房屋由刘某使用，产权证由刘某保存。后刘某、张某因房屋所有权归属发生争议。关于刘某的权利主张，下列哪些表述是正确的？（2014 年第 3 卷第 55 题）

A. 可申请登记机构直接更正登记【错误，更正登记需要名义权利人书面同意或者有证据证明登记确有错误】

B. 可向登记机构申请异议登记【正确】

C. 可向法院请求确认其为所有权人【正确，因物权的归属、内容发生争议的，利害关系人可以请求确认权利，且不以异议登记为前提】

D. 可依据法院确认其为所有权人的判决请求登记机关变更登记【正确】

三、基于法律行为的动产物权变动模式【基于法律行为物权变动模式 A；交付 A】

🔗 法条群

《中华人民共和国民法典》第二编《物权》第一分编《通则》第二章《物权的设立、变更、转让和消灭》第二节《动产交付》

第二百二十四条【动产交付的效力】动产物权的设立和转让，自交付时发生效力，但是法律另有规定的除外。

第二百二十五条【特殊动产登记的效力】船舶、航空器和机动车等的物权的设立、变更、转让和消灭，未经登记，不得对抗善意第三人。

《最高人民法院关于适用〈中华人民共和国民法典〉物权编的解释（一）》

第六条【特殊动产物权变动未登记可对抗转让人的债权人】转让人转让船舶、航空器和机动车等所有权，受让人已经支付合理价款并取得占有，虽未经登记，但转让人的债权人主张其为民法典第二百二十五条所称的"善意第三人"的，不予支持，法律另有规定的除外。

（一）动产所有权的变动

1.动产所有权的变动 = 买卖合同有效 + 出卖人有权处分 + 交付（交付生效主义，动产所有权自交付时发生变动）。

【示例】甲与乙于 1 月 1 日签订 A 古董手表买卖合同。乙于 1 月 10 日支付首付款 80 万元，甲于 1 月 15 日将手表交给乙，乙于 1 月 20 日支付尾款 20 万元。乙于何时取得手表的所有权？1 月 15 日完成交付之时。

2.特殊动产（船舶、航空器和机动车）所有权的变动：登记对抗主义。

（1）交付时，特殊动产物权变动发生。

（2）登记并非特殊动产所有权变动的生效要件：当事人可以申请登记，也可以不申请登记。

（3）登记是特殊动产所有权变动的对抗要件：未登记不得对抗善意第三人。

【示例】甲将其 A 车以市价出售给乙并交付，但是未办理过户登记。其后，甲向不知情的丙借款，并以依然登记在其名下的 A 车提供抵押，办理了抵押登记。因甲到期无法偿还借款，丙主张对 A 车行使抵押权，乙能否以自己已经取得 A 车的所有权为由对抗？不能。①甲已经将车交付给乙，乙的确取得了 A 车的所有权。②甲将 A 车抵押给丙构成无权处分，不知情的丙善意取得抵押权。③乙的所有权未经登记不得对抗善意第三人丙。

【注意】转让人转让特殊动产的所有权，受让人已经支付合理价款并取得占有，虽未经登记，也可以对抗转让人的债权人。

【示例】甲将其 A 车以市价出售给乙并交付，但是未办理过户登记。其后，因甲拖欠货款，丙对依然登记在甲名下的 A 车申请强制执行。乙能否以自己已经取得 A 车的所有权为由对抗执行？能。甲已经将车交付给乙，乙取得了 A 车的所有权，虽然未办理过户登记，但是丙是甲的债权人，乙可以对抗丙。

【注意】此处仅以动产所有权为例说明基于法律行为的动产物权变动。动产抵押权、动产质权等的变动规则详见后文相应部分。

（二）动产交付

📎 法条群

《中华人民共和国民法典》第二编《物权》第一分编《通则》第二章《物权的设立、变更、转让和消灭》第二节《动产交付》

第二百二十六条【简易交付】动产物权设立和转让前，权利人已经占有该动产的，物权自民事法律行为生效时发生效力。

第二百二十七条【指示交付】动产物权设立和转让前，第三人占有该动产的，负有交付义务的人可以通过转让请求第三人返还原物的权利代替交付。

第二百二十八条【占有改定】动产物权转让时，当事人又约定由出让人继续占有该动产的，物权自该约定生效时发生效力。

交付，指基于合意转移占有，包括现实交付与观念交付。

【示例】甲答应将其 A 古董手表出售给乙，并约定 3 天后一手交钱一手交货。其后，甲反悔。某日，在乙的唆使之下，甲 10 岁的儿子丙将 A 手表拿出来交给乙。因乙取得 A 手表的占有并非基于甲的意思，所以丙将手表交给乙的行为不构成交付，乙无法取得手表的所有权。乙欲取得手表的所有权，只能向法院起诉请求甲履行买卖合同，即交付手表。

1. 现实交付

（1）现实交付，是指转让人将其对物的管领控制现实地移转给受让人。

（2）对物的现实管领控制是否移转，应根据一般交易观念确定。例如，出卖机动车的，交付机动车钥匙，可以认为已经完成交付。

2. 观念交付

（1）简易交付：在动产让与之前，受让人已经占有动产，此时现实交付并无必要，达成让与合意时视为完成交付。

典型情形为：将借给别人、租给别人、请别人保管的东西又卖给此人，买卖合同生效时交付完成，所有权发生变动。

【示例】1 月 1 日，甲将其 A 古董手表交给乙赏玩。1 月 5 日，乙提出购买 A 手表，甲欣然同意。乙于何时取得 A 手表的所有权？1 月 5 日双方达成买卖合意之时。

（2）**指示交付**：动产被第三人占有，让与人将其对第三人的返还请求权让与受让人，以代替现实交付。**让与返还请求权合意达成时**视为完成交付。

典型情形为：将借给别人、租给别人、请别人保管的东西卖给其他人。

【注意】在指示交付的情形，让与人和受让人存在两个合意：一个是动产让与合意，另外一个是关于让与人将其对第三人的返还请求权让与受让人的合意。第二个合意达成的时间为交付时间。

【示例】大学生甲外出实习，于是将其电动自行车借给其学弟乙使用至 2021 年 8 月 31 日。8 月 1 日，丙提出购买甲的电动自行车，甲表示同意。8 月 2 日，在丙付款之时，甲告诉丙于 9 月 1 日去找乙取车，丙接受。9 月 1 日，乙将自行车交给丙。①甲、丙之间于 8 月 1 日成立买卖合同。②8 月 2 日，甲、丙达成甲将其对乙的**返还请求权让与丙的合意**，此时**视为完成交付**，电动自行车的所有权即移转于丙。

（3）**占有改定**：动产交易中的让与人依据占有媒介关系继续直接占有动产，受让人仅取得间接占有，**占有媒介关系成立时**视为完成交付。占有媒介关系通常是指租赁合同、借用合同、保管合同等。

典型情形为：将东西卖给别人后又借用、租赁或替别人保管。**借用合同、租赁合同或保管合同生效时**完成交付，所有权发生变动。

【注意】在占有改定的情形，让与人和受让人存在两个合意：一个是动产让与合意，另外一个是关于成立占有媒介关系的合意。第二个合意达成的时间为交付时间。

【示例】2022 年 4 月 1 日，即将毕业的大学生甲与学弟乙约定，甲将其电动自行车出售给乙，三天内一手交钱一手交货。4 月 2 日，当乙付款提车时，甲提出租用电动自行车直至其毕业离校，乙表示同意。①4 月 1 日甲、乙之间成立买卖合同。②4 月 2 日，甲、乙就租赁占有媒介关系达成合意之时，电动自行车的所有权即移转于乙。

判断分析

1. 老张带 5 岁的儿子小张到陈某经营的农家乐吃饭，小张特别喜欢陈某饲养的鸽子，老张便给小张买了一只，微信付款后，老张让老板将鸽子交付给小张时，小张因胆小缩手，鸽子飞走。此时鸽子归陈某所有。（2020 年仿真题）【**正确**。老张向陈某购买鸽子，陈某依指示向小张交付鸽子，小张接鸽子时因胆小缩手，鸽子飞了，**未能完成交付**，所有权未发生变动，依然属于陈某所有】

2. 1 月 1 日，甲与乙订立玉石买卖合同，约定 1 月 10 日乙到甲的住处付钱取玉石。1 月 8 日甲又向乙提出，再借用玉石把玩一个月，乙表示同意。1 月 15 日，乙又与丙达成玉石买卖合同，并告知丙可以直接向甲要回玉石。

A. 1 月 10 日乙取得该玉石的所有权【**错误**。动产物权的转让自**交付**时生效，1 月 8 日甲与乙的借用约定意味着甲以**占有改定**方式完成交付，玉石自借用约定生效时归乙所有】

B. 甲的借用期满时丙取得玉石所有权【**错误**。1 月 15 日，乙与丙达成玉石买卖合同，并且将自己对甲的返还玉石请求权让与丙，在让与请求权合意达成之时，乙以**指示交付**方式完成玉石的交付，丙在 1 月 15 日已经取得玉石的所有权】

四、物权公示公信原则【公示公信原则 E；登记 C】

1. 物权公示原则

物权属于绝对权，具有排他效力和优先效力，因此物权的变动必须**以一定的方式向社会公开**，目的在于使人"知",以避免第三人遭受不测之损害。

不动产物权的公示方式是登记,动产物权的公示方式是交付(转移占有)。

2. 物权公信原则

对依法公示的物权,他人可以信其真实存在。不动产登记在谁名下,就推定谁是不动产所有权人;谁占有动产,就推定谁是动产的所有权人。

即使公示出来的物权与真实的权利状态不一致,法律也要保护物权公示的利益信赖并以此为基础进行交易的人。

【示例】甲与乙于婚后购得A房,登记在甲1人名下。若甲未经乙同意擅自将该房出售给善意的丙,丙可以善意取得该房的所有权。之所以如此,是因为丙可以善意信赖不动产登记簿,既然登记在甲1人名下,不知情的人自然有合理理由相信甲就是A房的所有权人。

【说明】物权公示公信原则旨在降低交易成本,保护交易安全。

【注意】只有物权公示内容与真实权利状态不一致,且涉及第三人的交易安全之时,公信原则才有适用余地。在名义权利人和实际权利人之间,要以真实的权利状态为准。

【讨论】借名买房

依据甲与乙之间的借名买房协议,甲借用乙的名义出资购买A房并登记在乙的名下。

1. 借名买房协议的效力如何?

原则上有效,除非涉及经济适用房等社会保障房、规避限购政策。

2. 借名人能否请求确认房屋的所有权归属于自己?

观点一:不动产登记仅具有推定效力,可以为相反证据推翻,因甲乙之间存在借名买房协议,甲可以请求确认A房的所有权归属于自己。

观点二:借名买房协议属于甲乙之间的合同行为,仅对约定的双方产生约束力,不具有物权效力,认定物权归属应坚持物权公示公信原则,以不动产登记为准,故而,甲只能请求乙配合办理过户登记手续。

3. 出名人擅自处分登记在自己名下的房屋,第三人能否取得所有权?

假设乙将A房出售给丙并办理了过户登记手续:

观点一:甲系房屋的实际所有人,乙属于无权处分,丙只有在符合善意取得构成要件时才可以取得所有权。

观点二:不动产物权的归属应以登记为准,乙属于有权处分,丙无论是否善意,均可取得所有权。

4. 出名人的债权人对登记在出名人名下的房屋申请强制执行,借名人提出的执行异议能否得到法院支持?

假设乙的债权人丁申请对A房强制执行,甲提出执行异议:

观点一:甲是A房的所有权人,享有足以排除强制执行的民事权益,应当支持。

观点二:不动产物权的归属应以登记为准,乙是A房的所有权人,甲并不享有足以排除强制执行的民事权益,不应当支持。

第二节　非基于法律行为的物权变动【继承、文书等 A】

> **法条群**
>
> 《中华人民共和国民法典》第二编《物权》第一分编《通则》第二章《物权的设立、变更、转让和消灭》第三节《其他规定》
>
> 　　第二百二十九条【法律文书或征收决定导致的物权变动】因人民法院、仲裁机构的法律文书或者人民政府的征收决定等，导致物权设立、变更、转让或者消灭的，自法律文书或者征收决定等生效时发生效力。
>
> 　　第二百三十条【因继承取得物权】因继承取得物权的，自继承开始时发生效力。
>
> 　　第二百三十一条【因事实行为发生物权变动】因合法建造、拆除房屋等事实行为设立或者消灭物权的，自事实行为成就时发生效力。
>
> 　　第二百三十二条【处分非因民事法律行为享有的不动产物权】处分依照本节规定享有的不动产物权，依照法律规定需要办理登记的，未经登记，不发生物权效力。
>
> 《最高人民法院关于适用〈中华人民共和国民法典〉物权编的解释（一）》
>
> 　　第七条【导致物权变动的法律文书】人民法院、仲裁机构在分割共有不动产或者动产等案件中作出并依法生效的改变原有物权关系的判决书、裁决书、调解书，以及人民法院在执行程序中作出的拍卖成交裁定书、变卖成交裁定书、以物抵债裁定书，应当认定为民法典第二百二十九条所称导致物权设立、变更、转让或者消灭的人民法院、仲裁机构的法律文书。

一、因生效文书发生物权变动

　　因人民法院、仲裁机构的法律文书或者人民政府的征收决定等，导致物权变动的，自法律文书或者征收决定等生效时发生效力。

　　具有此种效力的法律文书包括：

　　1.在分割共有不动产或者动产等案件中作出并依法生效的改变原有物权关系的判决书、裁决书、调解书；

　　例如，甲乙于婚后共同购得 A 房，登记在甲名下。离婚之时，法院判决 A 房归乙所有。判决生效时，乙取得房屋的所有权。即使离婚后未将 A 房过户登记到乙的名下，乙依然取得 A 房的所有权。如果甲将 A 房出售给丙，则构成无权处分。

　　【注意】法院的给付判决不能导致物权变动。例如，甲、乙和丙于 2022 年 3 月签订了散伙协议，约定登记在丙名下的合伙房屋归甲、乙共有。后丙未履行协议。同年 8 月，法院判决丙办理该房屋过户手续，丙仍未办。因法院的判决为给付判决，在丙办理过户手续之前，房屋依然属于甲、乙和丙共有。

　　2.人民法院在执行程序中作出的拍卖成交裁定书、变卖成交裁定书、以物抵债裁定书。（裁定书送达时物权发生变动）

二、因继承发生物权变动

因继承取得物权的，自继承开始时发生效力。

【示例】甲死亡后，其独生子乙继承其A房，则甲死亡即继承开始时，乙立即取得A房的所有权，并不以A房被过户登记到乙名下为前提。

三、因事实行为发生物权变动

因合法建造、拆除房屋等事实行为设立或者消灭物权的，自事实行为成就时发生效力。

四、公示要求

1. 非基于法律行为发生的物权变动，不需要交付或者登记，物权就可以发生变动。
（1）在交付或者登记之前，取得物权的权利人可以享受物权保护。
（2）在交付或者登记之前，权利人有可能因为第三人善意取得物权而丧失本来已经取得的物权。

【示例】甲、乙于婚后共同购得A房，登记在甲名下。离婚之时，法院判决A房归乙所有，但是一直未办理过户登记。①虽然未办理登记，乙依然自判决生效时取得A房的所有权，其所有权受法律保护。②如果甲将A房出售给丙，则构成无权处分，但是丙可以善意取得A房的所有权。此时，乙只能请求甲赔偿损害。

2. 非基于法律行为所取得的不动产物权之再变动：处分基于上述方式取得的不动产物权，依照法律规定需要办理登记的，未经登记，不发生物权效力。

【示例】甲死亡后，其独生子乙继承其A房，则甲死亡即继承开始时，乙立即取得A房的所有权，并不以A房被过户登记到乙名下为前提。其后，如果乙将A房出售给丙，丙要取得A房的所有权，必须要办理两次登记变更手续：第一次是将A房从甲过户登记到乙的名下；第二次是将A房从乙过户登记到丙的名下。

🔨 判断分析

1. 甲法院依法拍卖一房屋，乙通过竞买购得，乙付清拍卖款后，甲法院制作了拍卖裁定书。拍卖裁定书作出之时乙取得房屋的所有权。（2019年仿真题）【错误。拍卖裁定书送达乙之时，乙取得房屋的所有权】

2. 吴某和李某共有一套房屋，所有权登记在吴某名下。2010年2月1日，法院判决吴某和李某离婚，并且判决房屋归李某所有，但是并未办理房屋所有权变更登记。3月1日，李某将该房屋出卖给张某，张某基于对判决书的信赖支付了50万元价款，并入住了该房屋。4月1日，吴某又就该房屋和王某签订了买卖合同，王某在查阅了房屋登记簿确认房屋仍归吴某所有后，支付了50万元价款，并于5月10日办理了所有权变更登记手续。下列哪些选项是正确的？（2011年第3卷第55题）

A. 5月10日前，吴某是房屋所有权人【错误。因人民法院的法律文书导致不动产物权变动的，自法律文书生效时发生效力，且不以办理过户登记为前提，故而李某已经于2月1日取得房屋的所有权】

B. 2月1日至5月10日，李某是房屋所有权人【正确】

C. 3月1日至5月10日，张某是房屋所有权人【错误。不动产所有权自登记时发生变动。虽然李某将房屋转让给张某属于有权处分，且房屋已经交付使用，但未办理过户登记手续，故张某并未取得房屋

的所有权】

D. 5月10日后，王某是房屋所有权人【正确。吴某将属于李某所有但登记在自己名下的房屋转让给王某，属于无权处分。5月10日办理过户登记，受让人王某已经善意取得房屋所有权】

【主观题专项训练】

案情：甲拟与其好友乙一起购买A商铺，用于经营面包店。为了筹措资金，甲于2020年1月1日将其轿车X7出售给丙，约定1月5日一手交钱一手交车。1月5日，丙前往取车，甲提出租赁轿车X7，丙表示同意，当场付清全款，但是未要求甲办理机动车所有权变更登记。2020年2月1日，甲向丁借款100万元，借期3年，并以轿车X7设定抵押，办理了登记。乙将其B房出售给戊。由于戊不符合限购政策，双方约定：等戊符合限购政策后再办理过户登记手续。随后，乙将B房交给戊使用，并与戊一起到不动产登记中心办理了预告登记。2020年2月10日，乙又将B房出售给庚，并办理了过户登记。2020年5月1日，甲与乙各出资300万元购买了A商铺，登记在甲的名下。其后，因经营不善，面包店关门大吉，甲与乙之间也不欢而散。乙起诉至法院请求分割A商铺，法院判决A商铺归乙所有，由乙给予甲补偿款350万元。乙请求甲配合办理A商铺的过户登记手续，被拒绝。甲以市价将A商铺出售给不知情的辛，并于2022年3月1日办理了过户登记。

问题1：丙于何时取得轿车X7的所有权？
问题2：若甲到期无法偿还借款，丁能否主张对轿车X7行使抵押权？
问题3：庚能否取得B房的所有权？
问题4：在判决生效之后2022年3月1日之前，A商铺归谁所有？
问题5：辛能否取得A商铺的所有权？

问题1：丙于何时取得轿车X7的所有权？

答案：1月5日。甲通过占有改定的方式完成了交付，而特殊动产的所有权自交付时发生变动，登记只是对抗要件，未办理变更登记不影响所有权变动。法条依据为《中华人民共和国民法典》第二百二十四条、第二百二十五条、第二百二十八条。

问题2：若甲到期无法偿还借款，丁能否主张对轿车X7行使抵押权？

答案：能。丙虽然取得了轿车X7的所有权，但是特殊动产的物权变动未经登记，不得对抗善意第三人丁。法条依据为《中华人民共和国民法典》第二百二十五条。

问题3：庚能否取得B房的所有权？

答案：不能。未经预告登记的权利人戊同意，乙将B房出售给庚，即使办理了过户登记，也不能发生所有权变动。法条依据为《中华人民共和国民法典》第二百二十一条。

问题4：在判决生效之后2022年3月1日之前，A商铺归谁所有？

答案：归乙所有。法院分割A商铺的判决改变了原有的物权关系，自判决生效时发生物权变动，且不以办理变更登记手续为前提。法条依据为《中华人民共和国民法典》第二百二十九条、《最高人民法院关于适用〈中华人民共和国民法典〉物权编的解释（一）》第七条。

问题5：辛能否取得A商铺的所有权？

答案：能。甲将A商铺出售给辛属于无权处分，但是不知情的辛可以善意取得A商铺的所有权。法条依据为《中华人民共和国民法典》第三百一十一条。（结合第三章善意取得理解）

第三章 所有权【客＋主】

【重点】善意取得、拾得遗失物、按份共有人的优先购买权

所有权，是指对物享有占有、使用、收益和处分的权利。

第一节 善意取得【客＋主】【善意取得A】

📎 法条群

《中华人民共和国民法典》第二编《物权》第二分编《所有权》第九章《所有权取得的特别规定》

第三百一十一条【善意取得】无处分权人将不动产或者动产转让给受让人的，所有权人有权追回；除法律另有规定外，符合下列情形的，受让人取得该不动产或者动产的所有权：

（一）受让人受让该不动产或者动产时是善意；

（二）以合理的价格转让；

（三）转让的不动产或者动产依照法律规定应当登记的已经登记，不需要登记的已经交付给受让人。

受让人依据前款规定取得不动产或者动产的所有权的，原所有权人有权向无处分权人请求损害赔偿。

当事人善意取得其他物权的，参照适用前两款规定。

《中华人民共和国民法典》第三编《合同》第二分编《典型合同》第九章《买卖合同》

第五百九十七条【无权处分】因出卖人未取得处分权致使标的物所有权不能转移的，买受人可以解除合同并请求出卖人承担违约责任。

法律、行政法规禁止或者限制转让的标的物，依照其规定。

《最高人民法院关于适用〈中华人民共和国民法典〉物权编的解释（一）》

第十四条【受让人善意的认定】受让人受让不动产或者动产时，不知道转让人无处分权，且无重大过失的，应当认定受让人为善意。

真实权利人主张受让人不构成善意的，应当承担举证证明责任。

第十五条【不动产受让人知道转让人无处分权的认定】具有下列情形之一的，应当认定不动产受让人知道转让人无处分权：

（一）登记簿上存在有效的异议登记；

（二）预告登记有效期内，未经预告登记的权利人同意；

（三）登记簿上已经记载司法机关或者行政机关依法裁定、决定查封或者以其他形式限制不动

权利的有关事项；

（四）受让人知道登记簿上记载的权利主体错误；

（五）受让人知道他人已经依法享有不动产物权。

真实权利人有证据证明不动产受让人应当知道转让人无处分权的，应当认定受让人具有重大过失。

第十六条【受让人具有重大过失的认定】受让人受让动产时，交易的对象、场所或者时机等不符合交易习惯的，应当认定受让人具有重大过失。

第十七条【受让人受让不动产或动产的时间】民法典第三百一十一条第一款第一项所称的"受让人受让该不动产或者动产时"，是指依法完成不动产物权转移登记或者动产交付之时。

当事人以民法典第二百二十六条规定的方式交付动产的，转让动产民事法律行为生效时为动产交付之时；当事人以民法典第二百二十七条规定的方式交付动产的，转让人与受让人之间有关转让返还原物请求权的协议生效时为动产交付之时。

法律对不动产、动产物权的设立另有规定的，应当按照法律规定的时间认定权利人是否为善意。

《最高人民法院关于适用〈中华人民共和国民法典〉合同编通则若干问题的解释》(三、合同的效力)

第十九条【无权处分的法律后果】 以转让或者设定财产权利为目的订立的合同，当事人或者真正权利人仅以让与人在订立合同时对标的物没有所有权或者处分权为由主张合同无效的，人民法院不予支持；因未取得真正权利人事后同意或者让与人事后未取得处分权导致合同不能履行，受让人主张解除合同并请求让与人承担违反合同的赔偿责任的，人民法院依法予以支持。

前款规定的合同被认定有效，且让与人已经将财产交付或者移转登记至受让人，真正权利人请求认定财产权利未发生变动或者请求返还财产的，人民法院应予支持。但是，受让人依据民法典第三百一十一条等规定善意取得财产权利的除外。

一、善意取得的含义

善意取得，是指无权处分人转让标的物给第三人时，善意的第三人可以取得标的物的所有权，原所有权人丧失所有权的制度。

【说明】所有权是一切财产权的基础，有恒产者方有恒心，故而所有权应受特别的尊重和充分的保护，任何人不得侵犯。假设，甲将其电脑借给乙使用。在借用期间，未经甲同意，乙谎称电脑是自己的，将之出售给不知情的丙并交付。

①甲是电脑的所有权人，乙并无权利将电脑出售给丙，故乙的行为构成无权处分。

②如果丙无法取得所有权，甲的所有权当然得到了充分的保护。然而，不能忽视的一点是，不知情的丙无从得知电脑系甲所有，他只能根据乙占有电脑的事实去推定乙是电脑的所有权人。如果丙的这种合理信赖得不到保护，意味着交易安全将无法得到保护。而这会直接导致，任何一个人在进行交易时必须对物的权属进行仔细调查，而这是全社会难以承受的交易成本。

③故而，法律必须在甲的所有权保护与丙的交易安全之间找到一个平衡点。这个平衡点就由善意取得制度来确定。如果丙符合善意取得的条件，则丙可以取得电脑的所有权，而甲则丧失电脑的所有权，只能去请求乙承担责任；如果丙不符合善意取得的条件，则甲依然为电脑的所有权人，丙无法取得电脑的所有权，只能去请求乙承担违约责任。总之，善意取得制度旨在提高交易效率，保护交易安全。

二、善意取得的构成要件

善意取得 = 无权处分 + 受让人善意 + 以合理的价格受让 + 完成公示。

（一）转让人无权处分

善意取得以转让人无权处分为前提。

1. 无权处分，是指对标的物无处分权之人以自己的名义所实施的处分行为。包括：

（1）处分他人之物。例如，乙谎称甲的电脑属于自己所有，并将之出售给不知情的丙。

（2）按份共有人处分共有物，未经占份额 2/3 以上的按份共有人同意；共同共有人处分共有物，未经共有人一致同意。例如，甲乙的夫妻共有房屋登记在甲的名下，甲未经乙的同意将房屋出售给不知情的丙。（按份共有和共同共有详见后文共有部分）

【注意】无权处分是善意取得的前提。涉及善意取得的问题，首先看是否存在无权处分。

【比较】无权代理与无权处分：无权代理是没有代理权却以被代理人名义实施民事法律行为；无权处分是没有处分权却以自己的名义实施处分行为。例如，甲出国留学，将自己的金毛犬交给乙照顾。若乙擅自以甲的名义将金毛犬出售给丙，构成无权代理；若乙擅自以自己名义将金毛犬出售给丙，构成无权处分。

2. 动产仅限于占有委托物，即动产占有人是基于动产权利人的意思占有动产。例如，基于租赁、保管、借用等合同关系占有动产。非基于动产权利人的意思而丧失占有之物，即占有脱离物，包括盗赃物、遗失物、漂流物、埋藏物、隐藏物等，不适用善意取得。

【说明】核心理由在于：动产所有人允许转让人占有其物时，制造了一个可使第三人信赖转让人为所有人的状态，因为占有是动产所有权的表征，此时让所托非人的所有人承担丧失所有权的风险，有其正当性。此种正当性在占有脱离物的情形却并不存在，因为此时占有人并非基于动产所有人的意思占有。故而，必须回到保护所有权的基本立场。

3. 货币占有即所有，不存在善意取得的可能。禁止流通物不适用善意取得。

4. 转让合同必须有效：转让合同无效或者被撤销，则不成立善意取得。（无权处分本身并不影响转让合同的效力）

【示例】甲将其古董手表借给好友乙赏玩。在赏玩期间，乙声称该手表系其所有。后因遭不知情的丙胁迫，乙将手表出售给丙并交付。其后，乙以受胁迫为由起诉撤销了其与丙之间的手表买卖合同。因手表买卖合同被撤销，丙无法善意取得手表的所有权，甲可以请求其返还。

（二）受让人善意

1. 善意，是指受让人不知道转让人无权处分，且无重大过失。

2. 善意的判断时点：从一开始到不动产登记/动产交付之时始终为善意。

3. 善意推定：推定受让人善意，真实权利人主张受让人恶意的，应当承担举证责任。

4. 推定受让人恶意的情形：

（1）无权处分不动产：

①登记簿上存在有效的异议登记；

②预告登记有效期内，未经预告登记的权利人同意；

③登记簿上已经记载司法机关或者行政机关依法裁定、决定查封或者以其他形式限制不动产权利的

有关事项；

④受让人知道登记簿上记载的权利主体错误；

⑤受让人知道他人已经依法享有不动产物权。

（2）无权处分动产：

交易的对象、场所、时机或者价格等不符合交易习惯。

（三）以合理的价格受让

约定合理价格即可，不需要已经全额支付。

【注意】通过赠与、继承等方式无偿取得财产的，不适用善意取得，因为此时并无保护无偿取得财产一方的必要，应当回到保护所有权的基本立场。

（四）已经完成权利变动公示

不动产已经办理过户登记，动产已经交付。

（1）采用占有改定的交付方式，不成立善意取得。之所以如此，是因为法律不能在所有人和受让人之间厚此薄彼，同时也有助于防止发生道德风险。例如：甲对替乙保管的一个古董花瓶爱不释手，不惜一切代价都要弄到手，而乙坚决不卖。后甲将花瓶出售给不知情的丙，并提出借用一年，丙同意。①乙将花瓶交给甲保管，是基于对甲的信任，丙向甲购买花瓶却允许占有改定，同样是基于对甲的信任。如果允许丙善意取得花瓶的所有权，意味着法律保护了丙对甲的信任，而不保护乙对甲的信任。法律如此厚此薄彼，显然没有正当理由。②如果允许占有改定成立善意取得，那么甲完全可以和丙串通，伪造通过占有改定将花瓶出售给丙的事实。由于乙很难证明甲和丙之间系恶意串通，乙将丧失花瓶所有权，而甲实现了即使赔偿也要将花瓶据为己有的不当目的。

（2）特殊动产的善意取得，交付即可，不以登记为条件。

三、善意取得的法律效果

1. 原所有权人丧失所有权，善意受让人取得所有权。

2. 动产上的原有负担（抵押或者质押等担保）消灭，除非受让人在受让时知道或者应当知道动产上存在负担（动产被设定了抵押、质押等担保）。

【注意】此处存在两个层次的善意判断：第一个层次，需要判断的是受让人在受让时是否知道或者应当知道转让人无权处分。若受让人对此不知道且无重大过失，则在满足其他条件的情况下，受让人可以善意取得所有权。第二个层次，需要判断的是受让人在受让时是否知道或者应当知道动产上存在负担。如果知道，则受让人善意取得的是一个有负担的所有权。如果不知道，则受让人善意取得的是一个无负担的所有权。（详见前文担保物权的追及效力以及后文动产抵押权未经登记不得对抗善意第三人规则）

【示例1】甲向乙借款，并将A宝石交付给乙作为质押。后乙将宝石交给丙保管，而丙谎称宝石是自己的，将其以市价出售给不知情的丁并交付。①丁善意取得A宝石的所有权，因为其不知道丙并非玉石的所有权人且无重大过失。②乙对A宝石的质权消灭，丁善意取得的是一个无质押负担的所有权，因为丁并不知道玉石已经被质押。

【示例2】甲向乙借款，并以A设备提供抵押，办理了登记。其后，甲将A设备出租给丙使用，而丙谎称A设备是自己的，将之以市价出售给不知情的丁并交付。①丁善意取得A设备的所有权，因为其不知道丙并非 A 设备的所有权人且无重大过失。②因 A 设备上存在抵押负担且已经登记，丁应当知道 A 设备已被抵押，故而丁只能取得一个有抵押负担的所有权。如果甲到期不偿还借款，乙可以主张对属于丁所有的 A 设备行使抵押权。

3. 原所有权人的救济。

（1）可以基于所有权被侵害请求无权处分人赔偿损害。

（2）可以请求无权处分人返还不当得利。

（3）如果原所有权人与无权处分人之间存在借用、保管等合同关系，原所有权人还可以基于合同请求无权处分人承担违约损害赔偿责任。

对于以上救济，原所有权人可以任意选择其一行使。

【注意】如果善意取得不成立，受让人无法取得所有权，所有权人可以请求其返还原物，受让人仅能基于其与转让人之间有效的合同向转让人主张权利，即解除合同并请求转让人承担违约责任。

四、用益物权和担保物权的善意取得

1. 用益物权和担保物权的善意取得。

【示例】甲、乙共同出资购得 A 房，登记在甲的名下。未经乙同意：①若甲将 A 房出售给不知情的丙并办理了过户登记，则丙可以善意取得 A 房的所有权；②若甲与丁签订书面的居住权合同并办理登记，则丁善意取得居住权；③若甲向戊借款，并以 A 房提供抵押担保，且办理了抵押登记，则戊善意取得抵押权。

2. 担保物权善意取得与所有权善意取得的差异。

（1）抵押权、质权的善意取得，不以"以合理价格受让"为构成要件，因为抵押、质押合同是无偿合同；

（2）动产抵押权的善意取得不需要公示要件（登记/交付），因为动产抵押权自合同生效时设立，登记只是对抗要件（动产质权的善意取得以交付为要件）。

判断分析

1. 张某和陈某结婚后用共同积蓄买了一套房，登记在张某名下，后两人感情不和分居，陈某准备与张某离婚析产。张某得知后，便用与情妇曹某的合照伪造了结婚证，伙同曹某以夫妻名义将住房以市价卖给不知情的辛某，且已经完成过户登记。辛某已依法取得该房屋所有权。（2019 年仿真题）【正确。未经陈某同意，张某独自处分夫妻共同财产，构成无权处分，但房屋登记在张某名下，有理由认定辛某善意，且辛某以市价购买，办理了过户登记，符合不动产所有权善意取得的条件】

2. 柳某将其一块名表借给谷某使用 3 个月。谷某谎称手表为自己所有，借给翁某使用半个月。在借用期间，汤某看中手表，向翁某提出以 10 万元的市价购买该表，翁某告知汤某该表系谷某所有。在翁某的撮合下，谷某与汤某达成约定：谷某将该表以 10 万元的价格出卖给汤某；翁某借期届满时，由翁某直接将该表交付给汤某。汤某能善意取得该手表的所有权。【正确。谷某属于无权处分，其作为间接占有人，仍然享有权利外观，有理由认定汤某不知手表另有其主，且谷某以指示交付的方式向汤某完成了交付，汤某善意取得手表的所有权。】

3. 甲祖传的房屋被征收用来建造博物馆，在挖掘过程中挖出一枚古铜币，后经查明该古铜币是甲祖

父于1920年埋藏于此（甲系祖父唯一继承人），未经甲许可，该铜币被以50万元的市场价格出卖给不知情的乙。关于该古铜币，下列说法正确的是？（2019年仿真题）

A. 属于无主物【错误。古铜币是甲的祖父埋藏的，属于埋藏物而非无主物】

B. 属于埋藏物【正确】

C. 甲可继承【正确。古铜币是甲的祖父埋藏的，属于甲的祖父所有，甲作为唯一继承人可以继承】

D. 乙已经善意取得【错误。古铜币被卖给乙，属于无权处分，尽管乙善意，但是古铜币作为埋藏物不适用善意取得】

第二节　拾得遗失物【拾得遗失物A】

遗失物，是指非基于权利人的意志而暂时丧失占有的动产。

一、拾得遗失物的法律效果

（一）拾得人的义务

1. 返还义务：拾得人应向权利人返还遗失物及孳息。

2. 通知义务：拾得人应及时通知权利人领取或者送交有关部门。遗失物自发布招领公告之日起一年内无人认领的，归国家所有。

3. 保管义务：拾得人应妥善保管遗失物。因故意或者重大过失致使遗失物毁损、灭失的，应当承担民事责任。

（二）拾得人的权利

1. 必要费用偿还请求权。

（1）权利人领取遗失物时，应当向拾得人或者有关部门支付保管遗失物等支出的必要费用。例如，捡到他人丢失的宠物狗，送到宠物医院看病的费用为必要费用。

（2）若权利人不支付必要费用，则拾得人可以对遗失物行使留置权。

2. 悬赏报酬请求权。

（1）拾得人原则上无权请求权利人支付报酬，除非发布了悬赏广告。

（2）若权利人支付了必要费用，但是拒绝支付悬赏报酬，拾得人不得对遗失物行使留置权。

3. 侵占遗失物 = 丧失所有权利。

拾得人侵占遗失物，拒不返还的，丧失必要费用偿还请求权和悬赏报酬请求权。

【示例】甲不慎丢失一部手机，被乙拾得。甲请求乙返还，乙索要2000元酬谢费，甲表示最多给500元。双方相持不下，甲无奈之下报警。乙见状怒不可遏，用力将手机摔在地上，手机彻底报废。①乙拾得手机，负有返还义务。②甲并未悬赏，乙无权请求甲支付报酬。③乙故意摔坏手机，应承担损害赔偿责任。

二、拾得人处分遗失物的法律效果

1. 拾得人负有向失主返还遗失物的义务，故而拾得人将遗失物转让给第三人的，构成无权处分，且第三人无法善意取得遗失物的所有权。

2.失主的救济。

（1）向拾得人请求侵权损害赔偿或返还不当得利。

（2）自知道或者应当知道受让人之日起2年内向受让人请求返还原物。

【注意】受让人即使是通过拍卖或者向具有经营资格的经营者购得遗失物，失主也可以请求返还，只不过失主应当支付受让人所付的费用。失主向受让人支付所付费用后，有权向拾得人追偿。

【注意】遗失人对受让人和拾得人的权利择一行使。

【示例】甲捡到乙不慎丢失的名贵宠物狗一只。其后，甲将宠物狗以10000元出售给不知情的丙宠物店。丙宠物店又以12000元转售于不知情的丁。半年后，乙方知情。①宠物狗属于遗失物，甲将其出售属于无权处分，丙、丁均无法善意取得所有权。②乙可以请求甲赔偿损害或者返还不当得利，也可以选择请求丁返还宠物狗。③乙如果选择请求丁返还宠物狗，丁可以请求乙支付自己支付的12000元，因为宠物狗是丁通过具有经营资格的宠物店购买的。乙向丁支付12000元后，可以向甲追偿。

【注意】拾得漂流物，发现埋藏物或者隐藏物的，参照适用拾得遗失物的有关规定。

判断分析

1.甲不慎丢失天然奇石一块。乙误以为奇石系无主物，于是捡回家陈列于客厅。乙的朋友丙十分喜欢，乙遂以之赠。后甲发现，向丙追索。丙可以取得奇石的所有权。【错误。奇石是甲暂时丧失占有的动产，属于遗失物，非无主物。遗失物的所有权人甲知道或者应当知道受让人丙之日起2年内有权追回遗失物】

2.甲遗失手链一条，被乙拾得。为找回手链，甲张贴了悬赏500元的寻物告示。后经人指证手链为乙拾得，甲要求乙返还，乙索要500元报酬，甲不同意，双方数次交涉无果。后乙在桥边玩耍时手链掉入河中被冲走。乙不应承担赔偿损失，有权要求甲支付500元。（2017年第3卷第6题）【错误。拾得人乙应当妥善保管拾得的手链，其对手表的灭失具有重大过失，需承担赔偿责任；乙并未将手表返还给甲，自然无权请求甲支付悬赏报酬】

3.甲有价值10万元的玉石一块。甲、乙订立玉石买卖合同，约定价款8万元，5日后乙付款取玉石。随后甲又向乙提出，再借用玉石把玩几天，乙表示同意。隔天，不知情的丙找到甲，表示愿以15万元购买该玉石，甲同意并当场将玉石交给丙。丙在回家路上将玉石丢失被丁拾得，丁通过自己正规的古玩店将其卖给戊。下列哪些选项是错误的？（2020年仿真题）

A.真正所有权人可以无偿追回玉石【错误。戊向具有经营资格的经营者购得玉石，权利人请求返还原物时应当支付其所付的费用】

B.戊已取得该玉石的所有权，原所有权人无权请求返还该玉石【错误。玉石属于遗失物，戊无法善意取得玉石的所有权】

C.该玉石所有权人的先后顺序是甲、乙、丙【正确。甲将玉石卖给乙，并约定借用几天，采用的是占有改定的交付方式，借用约定生效时乙取得所有权。其后甲将玉石卖给不知情的丙并交付，丙善意取得玉石的所有权。后玉石丢失，因遗失物不适用善意取得，所以该玉石所有权人的先后顺序是甲、乙、丙】

D.真正所有权人基于所有权请求戊返还玉石不受时间限制【错误。遗失物的所有权人应当自知道或者应当知道受让人之日起2年内向受让人请求返还原物】

第三节　先占与添附

一、先占【先占C】

先占，是指以所有的意思，先于他人占有无主动产，从而取得其所有权的法律事实。

（一）构成要件

1. 须为无主的动产。

（1）遗失物、埋藏物、属于国家所有的文物和自然资源等并非无主的动产，不能成为先占的对象。陨石、乌木等如果具有重大科学研究和观赏价值，属于国家所有，否则可以先占。

（2）无主的动产通常为原权利人抛弃所有权之物。若抛弃之人欠缺处分权或者行为能力，权利人并不丧失所有权，所抛弃之物自然不会成为无主物。例如，小偷拿走现金后扔掉钱包，因小偷并非钱包的所有权人，其扔掉钱包的行为并不构成有效的所有权抛弃，钱包不会因此成为无主物；5岁的孩子将自己佩戴的玉佩扔到垃圾桶，不产生抛弃所有权的效果，玉佩不会因此成为无主物。

2. 须以所有的意思占有。行为人必须以据为己有的意思占有无主物。

3. 不违反法律、行政法规的禁止性规定，如禁止流通物不适用先占。

（二）法律效果

先占人取得无主动产的所有权。

【注意】先占属于民事法律事实中的事实行为，因此先占不以行为人具有民事行为能力为必要。例如，6岁幼童将他人扔掉的易拉罐捡回家，可以通过先占取得易拉罐的所有权。

二、添附【添附C】

添附，是指属于不同人所有的物结合成为新物或者将他人之物加工为新物（添附物）的法律事实，包括附合、混合和加工。

【说明】发生添附时，核心问题是确定添附物的所有权归属；因一方当事人的过错或者确定物的归属造成另一方当事人损害的，应当给予赔偿或者补偿。

（一）附合与混合

指属于不同人所有的两个物结合在一起形成新物。

可以识别出两个物但是无法分离或者不宜分离的，为附合。例如，将他人的瓷砖贴在自家的墙壁上。已经无法识别出两个物或者识别耗费过巨的，为混合。例如，甲的牛奶被倒入乙的咖啡里。

1. 动产与不动产附合

动产所有权消灭，不动产所有权人取得添附物的所有权。例如，甲误将乙所有的砖瓦当作自己的，用于建筑房屋，应由甲取得附合物房屋的所有权，对于乙丧失砖瓦所有权的损失，由甲进行补偿。

2. 动产与动产附合/混合

（1）原则：添附物由各动产所有人按照附合时动产的价值比例按份共有。

（2）例外：附合/混合的各动产之间若存在明显的主次之分，则居于主导地位的动产的所有权人获得添附物的所有权。例如，甲将乙的车漆喷于自己的车上，应由甲取得已经喷漆车的所有权，乙对车漆的所有权消灭，因为甲的汽车相对于乙的车漆来说居于主导地位。

（二）加工

1. 加工的含义。

加工，是指在他人的动产上附加有价值的劳动，使之成为新物的法律事实。加工后形成的新物被称为加工物。例如，将他人的布料制作成衣服，将他人的玉石雕刻成玉坠。

2. 加工物的物权归属。

（1）原则：归原材料的所有人所有。

（2）例外：归加工人所有。需要同时满足以下条件：

①加工人善意，即不知道加工的是他人之物。

②加工后增加的价值远超原材料的价值。

【示例】甲在清理其父亲遗物时发现了一块玉石，于是请乙将玉石雕刻成价值不菲的玉坠。其实，该玉石系甲父的朋友丙所有。①若甲不知道玉石非其父亲所有，则玉坠归甲所有，因为甲是善意加工人，且加工后玉坠增加的价值远高于玉石。当然，甲应当对丙进行补偿。②若甲明知玉石非其父亲所有，则玉坠归丙所有，因为甲是恶意加工人。

【注意】加工属于民事法律事实中的事实行为。作为法律行为的承揽合同行为不适用加工的规则。例如，甲将布料交于乙制作西服，西服的所有权归定作人甲。

判断分析

1. 甲购买了价值1000元的名贵宣纸，邀请书法家乙来赏鉴。在未经甲同意的情况下，乙在宣纸上作书法一幅，价值20000元。书法作品应当归甲所有，因为甲是原材料所有人。【错误。书法作品确实应当归甲所有，但是根本原因在于，乙是恶意加工人。如果乙是善意的，由于书法作品价值远高于宣纸，其应归加工人乙所有】

2. 老王的妻子小张收拾房间时将老王的一条旧裤子扔到了楼下的垃圾桶。老王第二天得知此事，大惊道："裤子里还有一只价值5000元的手表呢！"两人急忙去楼下垃圾桶寻找，后来发现该裤子连同手表已经被捡垃圾的刘老太拾走。裤子和手表均属于无主物，刘老太可以先占。（2018年仿真题）【错误。小张有抛弃裤子所有权的意思，但是并无抛弃手表所有权的意思，因此裤子属于无主物，刘老太可以先占，而手表属于遗失物，不得先占】

3. 钱某在修建自家房屋时，砖块不够，想要借用邻居赵某院子里的砖块，由于赵某不在家，于是钱某未经赵某同意便使用，等赵某回来再付钱。赵某回家后表示不同意，但发现砖块已经全部使用。赵某对其砖块仍享有所有权。（2021年仿真题）【错误。赵某的砖块被使用后，与钱某的房屋结合成为无法分离的新物，构成动产与不动产的附合，由不动产所有权人钱某取得附合物的所有权，赵某丧失砖块的所有权。赵某可以请求钱某承担侵权责任或者返还不当得利】

第四节 共有

共有，是指数人共同享有一物所有权的状态。

在共有的情形，所有权只有一个，只不过该所有权由数人共享。

一、共有的类型

（一）按份共有

1. 按份共有：指数人依各自份额共同享有一物所有权的共有形态。

按份是对所有权份额的按份，而不是对物本身的按份；按份共有人的权利及于共有物的全部而非部分。

2. 份额确定：有约从约→无约按出资额确定→不能确定的，视为等额享有。

【示例】甲、乙、丙各出资 100 万元，共同购买一套价值 300 万元的设备，则该设备由甲、乙、丙按份共有，且各占 1/3 的份额。

（二）共同共有

共同共有，是指数人不分份额地共同享有一物所有权的共有形态。

【示例】甲、乙、丙各出资 100 万元，共同购买一套价值 300 万元的设备，约定共同共有，则甲、乙、丙 3 人对设备不分份额地享有所有权。

（三）共有类型的确定

1. 有约从约→没有约定或约定不明的，视为按份共有，除非存在共同关系。
2. 共同关系包括：家庭关系、夫妻关系、遗产分割前继承人之间的关系、合伙关系。

【说明】之所以没有约定或者约定不明确时原则上视为按份共有，是因为按份共有人原则上可以随时请求分割共有物，共同共有人原则上不可以请求分割共有物，而单独所有较之于共有往往更有利于物尽其用。

二、共有物的管理与处分【共有物管理、处分、分割等 C】

1. 共有物的管理：有约定，从约定；没有约定或者约定不明确的，各共有人都有管理的权利和义务。例如，请人疏通共有房屋里堵塞的下水道。

2. 处分共有物（如转让、设定担保）、对共有物作重大修缮（如重新装修）、变更性质或者用途（如出租）：应当经占份额 2/3 以上的按份共有人或者全体共同共有人同意（否则构成无权处分）。

3. 因共有物产生的债权债务

（1）对外：无论是按份共有还是共同共有，共有人均享有连带债权、承担连带债务。除非法律另有规定或者第三人知道共有人不具有连带债权债务关系。

（2）对内：按份共有人按照份额享有债权、承担债务，共同共有人共同享有债权、承担债务。

【示例】甲、乙二人各出资 50% 购买一套房屋，登记为按份共有。其后，房屋安装的空调外机坠落，将路过的丙砸成重伤，丙为此支付医药费 20 万元。甲、乙应对丙的损害承担连带责任。如果甲向丙赔偿了 20 万元，则其可以向乙追偿 10 万元。

三、共有份额的转让与按份共有人的优先购买权【按份共有人的优先购买权 C】

（一）共有份额的自由转让

按份共有人可以自由转让其份额，不需要经过其他共有人的同意，但是应当将转让条件及时通知其他共有人。

（二）按份共有人的优先购买权

1. 按份共有人享有优先购买权的条件

（1）按份共有人对外转让其份额。

排除按份共有人优先购买权的情形：①按份共有人之间转让共有份额。②共有份额的权利主体因继承、遗赠等原因发生变化。

（2）其他共有人愿意在同等条件下受让份额。

是否属于同等条件，应当综合共有份额的转让价格、价款支付方式及期限等因素确定。其他共有人提出减少转让价款、增加转让人负担等实质性变更要求的，不属于同等条件。

2. 优先购买权的行使期限（除斥期间）

有约从约→无约：通知载明的期间＞未载明或载明的期间少于15日的，为15日＞未通知的，自知道同等条件之日起15日＞以上均无法确定，为共有份额转移之日起6个月。

3. 优先购买权的竞合

（1）两个以上其他共有人主张行使优先购买权：协商确定各自购买比例→协商不成按转让时各自共有份额比例购买。

（2）按份共有人的优先购买权＞房屋承租人的优先购买权。

4. 侵害优先购买权的后果

（1）其他共有人不得以其优先购买权受到侵害为由，单独请求撤销共有份额转让合同或者认定该合同无效；只能同时：请求撤销合同或认定合同无效＋以同等条件购买份额。

（2）如果不愿意以同等条件购买份额，就不能请求撤销合同或认定合同无效，只能请求承担赔偿责任。

【示例】甲、乙、丙、丁按份共有某商铺，各自份额均为25%。因经营理念发生分歧，甲与丙商定将其份额以100万元转让给丙，通知了乙、丁；乙与第三人戊约定将其份额以120万元转让给戊，未通知甲、丙、丁。

①乙、丁对甲的份额不享有优先购买权，甲、丙、丁对乙的份额享有优先购买权，因为只有在按份共有人对外转让份额时，其他按份共有人才享有优先购买权。

②乙将份额转让给戊，未通知甲、丙、丁，侵犯了其优先购买权，但是甲、丙、丁不能请求认定乙与戊之间的份额转让合同无效，只能请求乙承担赔偿责任。

四、共有物的分割【共有物管理、处分、分割等 C】

（一）共有物分割请求权

1. 共有人约定不得分割：从其约定，但是共有人有重大理由需要分割的，可以请求分割。

2. 共有人没有约定不得分割或者约定不明确的：按份共有人可以随时请求分割；共同共有人原则上不得请求分割，不过在共有的基础丧失或者有重大理由需要分割时可以请求分割。

（1）共有的基础丧失是指夫妻离婚、合伙散伙等。

（2）是否具有重大理由需要分割，应依社会一般观念判断。婚姻关系存续期间，有下列情形之一的，夫妻一方可以向人民法院请求分割共同财产：

①一方有隐藏、转移、变卖、毁损、挥霍夫妻共同财产或者伪造夫妻共同债务等严重损害夫妻共同财产利益的行为；

②一方负有法定扶养义务的人患重大疾病需要医治，另一方不同意支付相关医疗费用。

因分割造成其他共有人损害的，应当给予赔偿。

【注意】共有物分割请求权属于形成权，不适用诉讼时效。

（二）共有物分割的方式

1. 共有人可以协商确定分割方式。

2. 无法达成协议。

（1）原则上实物分割：共有物可以分割且不会因分割减损价值的，应当对实物予以分割。

（2）例外对共有物进行变现并分割价款：难以分割或者因分割会减损价值的，应当对折价或者拍卖、变卖取得的价款予以分割。

3. 共有人分割所得的不动产或者动产有瑕疵的，其他共有人应当分担损失。

判断分析

甲、乙、丙三人共同出资购买一套商品房，其出资比例为8∶1∶1。甲由于手头资金不足，将该房屋以100万元的价格转让给丁。对此，下列说法正确的是？（2021年仿真题）

A. 甲转让的是共有份额【错误】。甲是将房屋转让给丁，属于转让共有物，而非转让共有份额】

B. 甲与丁之间的买卖合同有效【正确】

C. 丁构成善意取得【错误】。处分共有物应当经占份额2/3以上的按份共有人同意。甲所占的份额比例为80%，已经超过2/3，其转让房屋属于有权处分，而善意取得以无权处分为前提】

D. 乙有优先购买权【错误】。只有按份共有人对外转让共有份额时，其他共有人才在同等条件下享有优先购买权，但是甲并非转让共有份额，而是转让共有物】

第五节　建筑物区分所有权【建筑物区分所有权A】

建筑物区分所有权，是指数人区分一个建筑物而各有其一部分的情形。

建筑物区分所有权 = 业主对专有部分的专有权 + 业主对共有部分的共有权 + 业主因共有关系而产生的管理权。

一、专有权

1. 概念：业主对建筑物专有部分所享有的权利，本质是所有权。

2. 客体：房内空间、有产权的车库或车位、买卖合同明确归业主所有的绿地、露台等。

3. 特点：

（1）取得专有权就取得了共有权以及管理权；

（2）专有部分的份额决定共有权的持有份额比例，决定管理权大小；

（3）业主转让专有部分，共有权和管理权一并转让。

4. 禁止住改商（将住宅改变为经营性用房）。

（1）应当经过有利害关系的业主一致同意。有利害关系的业主 = 本栋建筑的业主 + 其他栋能证明受不利影响的业主。

（2）未经有利害关系的业主一致同意：有利害关系的业主可以请求排除妨害、消除危险、恢复原状或者赔偿损失。

【示例】张某系某小区2栋1402号房的业主。在未经有关部门审批及相邻业主同意的情况下，张某将房屋改造为5间独立套房，并以旅馆公寓形式进行对外经营。2栋的其他业主可以请求张某停止经营，恢复房屋的住宅用途。

二、共有权

1. 概念：共有权指业主对共有部分享有的占有、使用、收益的权利。

2. 客体：小区内，除了专有部分外都是共有权的客体。如维修基金、小区道路、公用楼梯、电梯、走廊、排水系统、物业服务用房等。

3. 车库 / 车位的归属判断

（1）占用业主共有的道路或者其他场地的车库 / 车位：业主共有。

（2）规划用于停车的车库 / 车位，小区业主买了就专有；没买就由开发商所有（要在满足小区业主使用的前提下，开发商才可以对外出售、附赠或出租）。

4. 业主对共有部分的权利与义务

权利	（1）决定共有部分用途。 （2）获取共有部分收益：共有部分收入在扣除合理成本后归业主共有。例如，利用小区外墙、屋顶和电梯产生的广告收入。 （3）业主基于对住宅、经营性用房等专有部分特定使用功能的合理需要，无偿利用屋顶以及与其专有部分相对应的外墙面等共有部分的，不应认定为侵权。但违反法律、法规、管理规约，损害他人合法权益的除外。例如，张三家窗户下的外墙属于业主共有，但是张三可以在外墙上安装空调室外机，且不需要支付任何费用。如果其他业主占用该位置安装空调室外机，张三可以请求移机。
义务	（1）负担共有部分维护费用。 （2）不得以放弃权利为由不履行义务。 例：不得以不使用电梯为由拒付电梯修理费；不得以未入住为由拒交物业费。

三、管理权

1. 管理组织

（1）业主大会：由全体业主组成，是业主的意思形成机构。

（2）业主委员会：由业主大会选举的部分业主组成，是业主大会的执行机构。

2. 业主大会的表决规则。

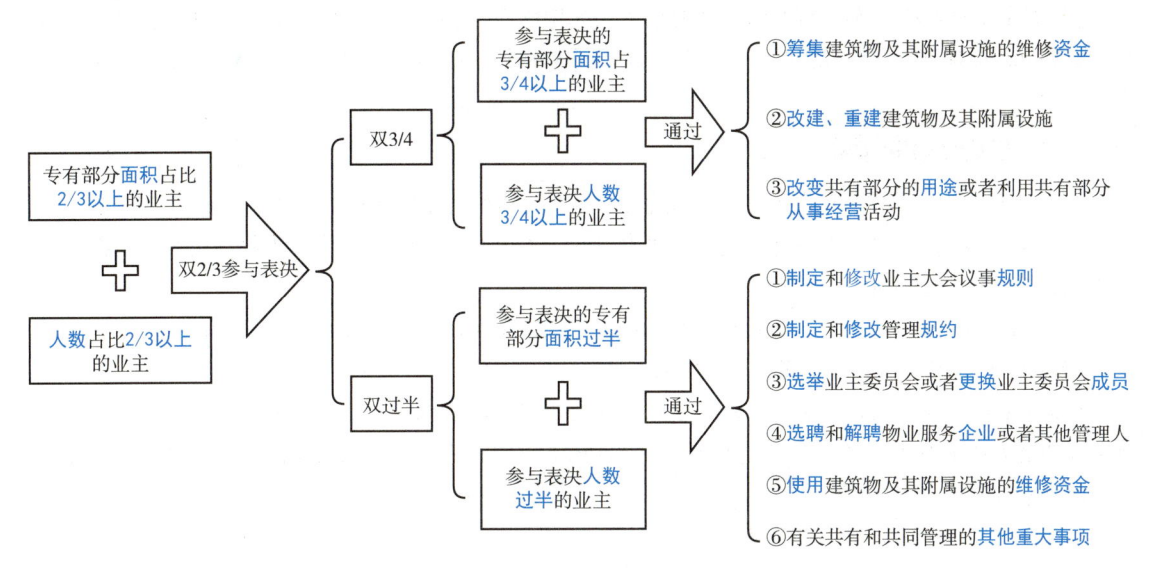

```
专有部分面积占比                 参与表决的              ①筹集建筑物及其附属设施的维修资金
2/3以上的业主      双3/4        专有部分面积占
                              3/4以上的业主    通过   ②改建、重建建筑物及其附属设施
        双2/3参与表决          +
                              参与表决人数            ③改变共有部分的用途或者利用共有部分
人数占比2/3以上     双过半       3/4以上的业主           从事经营活动
的业主
                              参与表决的专有         ①制定和修改业主大会议事规则
                              部分面积过半
                                            通过   ②制定和修改管理规约
                              +
                              参与表决人数           ③选举业主委员会或者更换业主委员会成员
                              过半的业主
                                                ④选聘和解聘物业服务企业或者其他管理人
                                                ⑤使用建筑物及其附属设施的维修资金
                                                ⑥有关共有和共同管理的其他重大事项
```

3. 业主大会与业主委员会决定的法律效力

（1）业主大会与业主委员会依法作出的决定，对全体业主具有法律约束力。

（2）业主大会或者业主委员会作出的决定侵害业主合法权益或者违反了法律规定的程序的，受侵害的业主可以请求人民法院予以撤销，该撤销权应在知道或者应当知道作出决定之日起一年内行使。

4. 业主大会/业主的诉讼主体资格

（1）业主行为侵害其他不特定多数业主合法权益：业主委员会可以自己的名义提起诉讼，其他业主无权提起诉讼。例如，任意弃置垃圾、违反规定饲养动物、违章搭建楼顶花房、占用公共绿地修建阳光房。

（2）业主行为侵害的是特定业主的合法权益：只有该业主有权提起诉讼。例如，因不当装修损坏楼下邻居家的天花板、安装的监控摄像头拍摄范围包括邻居的入户门及门前公共走道。

第六节　相邻关系【相邻关系E】

相邻关系，是指两个或两个以上相互毗邻的不动产权利人在使用不动产时，因相邻各方应当给予便利和接受限制而发生的权利义务关系。

一、邻地的利用

1. 用水排水。不动产权利人应当为相邻权利人用水、排水提供必要的便利。对自然流水的利用，应当在不动产的相邻权利人之间合理分配。对自然流水的排放，应当尊重自然流向。

2. 邻地通行。不动产权利人对相邻权利人因通行等必须利用其土地的，应当提供必要的便利。

例如，甲要进入自己的承包地，必须从乙的承包地通过，则乙应当允许甲通过其承包地；甲搬运建材必须从其邻居乙家门前经过，乙不得阻拦。

3. 营造和管线铺设。不动产权利人因建造、修缮建筑物以及铺设电线、电缆、水管、暖气和燃气管线等必须利用相邻土地、建筑物的，该土地、建筑物的权利人应当提供必要的便利。

【说明】利用邻地，对一方来说是不动产权利的扩张，即允许其为了满足基本需要而于必要限度内无偿利用他人的不动产；对另一方来说是不动产权利的限制，即必须容忍他人对自己不动产的必要利用。

【注意】不动产权利人虽然可以于必要限度内无偿利用相邻不动产，但是应当尽量避免对相邻的不动产权利人造成损害。造成损害的，应当在合理范围内承担补偿责任，超出容忍义务的承担赔偿责任。

二、妨害行为的排除

1. 建造建筑物，不得违反国家有关工程建设标准，不得妨碍相邻建筑物的通风、采光和日照。
2. 不动产权利人不得违反国家规定弃置固体废物，排放大气污染物、水污染物、土壤污染物，产生噪声、光辐射、电磁辐射等有害物质。
3. 不动产权利人挖掘土地、建造建筑物、铺设管线以及安装设备等，不得危及相邻不动产的安全。

【注意】对于妨害行为，相邻不动产权利人可以请求排除妨害。

【示例】甲安装空调时将室外机放置于正对邻居乙家窗户的地方，而且距离仅2米左右。空调室外机散发出的热气直接吹进了乙家，空调运行发出的噪声也严重影响乙家人的休息。乙可以请求甲将空调室外机移动位置。

【主观题专项训练】

案情：甲与乙各出资50%购得A房，登记在甲的名下。因投资失败，甲瞒着乙将A房抵押给银行借款，并办理了抵押登记。同时，甲向丙借款，并以自己的B设备提供抵押，但是未办理登记。次日，甲将B设备出租给丁使用，而丁谎称B设备是自己的，将其以市价出售给不知情的戊并交付。后乙要求登记为按份共有人，被甲拒绝。2021年2月1日，依乙的申请，登记机构办理了异议登记。2月8日，甲将A房出售给庚，并办理过户登记。2月12日，乙向法院提起诉讼，请求确认其系A房的共有人。5月20日，法院判决支持乙的诉讼请求。

问题1：银行能否取得对A房的抵押权？
问题2：庚能否取得A房的所有权？
问题3：戊能否取得B设备的所有权？
问题4：若甲到期无法偿还借款，丙能否主张就B设备行使抵押权？

问题1：银行能否取得对A房的抵押权？
答案：能。未经共有人乙同意，甲将A房抵押给丙，属于无权处分，但是银行可以善意取得抵押权。法条依据为《中华人民共和国民法典》第三百一十一条。

问题2：庚能否取得A房的所有权？
答案：不能。未经共有人乙同意，甲将A房出售给庚，属于无权处分，由于存在有效的异议登记，庚无法善意取得A房的所有权。法条依据为《最高人民法院关于适用〈中华人民共和国民法典〉物权编的解释（一）》第十五条。

问题3：戊能否取得B设备的所有权？
答案：能。丁将租赁的B设备出售给戊，属于无权处分，但是不知情的戊可以善意取得B设备的所有权。法条依据为《中华人民共和国民法典》第三百一十一条。

问题4：若甲到期无法偿还借款，丙能否主张就B设备行使抵押权？
答案：不能。丙对B设备的抵押权未办理登记，不得对抗善意第三人戊。法条依据为《中华人民共和国民法典》第四百零三条、《最高人民法院关于适用〈中华人民共和国民法典〉有关担保制度的解释》第五十四条（结合担保制度中的动产抵押权进行理解）

第四章 用益物权【客+主】

【重点】地役权、居住权、土地承包经营权

用益物权是指权利人对他人所有的不动产依法享有的占有、使用和收益的权利，包括居住权、地役权、土地承包经营权、建设用地使用权、宅基地使用权。

第一节 居住权【客+主】【居住权A】

> **法条群**
>
> 《中华人民共和国民法典》第二编《物权》第三分编《用益物权》第十四章《居住权》
>
> 第三百六十八条【居住权的设立】居住权无偿设立，但是当事人另有约定的除外。设立居住权的，应当向登记机构申请居住权登记。居住权自登记时设立。
>
> 第三百六十九条【居住权的限制】居住权不得转让、继承。设立居住权的住宅不得出租，但是当事人另有约定的除外。
>
> 第三百七十条【居住权的消灭】居住权期限届满或者居住权人死亡的，居住权消灭。居住权消灭的，应当及时办理注销登记。

居住权，是指出于生活居住的需要，对他人所有的住宅进行占有、使用的用益物权。

1. 居住权的设立

居住权 = 书面居住权合同 + 登记（自登记时设立）

可以通过遗嘱设立居住权。

2. 居住权的限制

（1）原则上不得出租，当事人另有约定除外；

（2）原则上无偿，当事人另有约定除外；

（3）不得转让/继承。

3. 居住权的消灭

居住权期限届满/居住权人死亡，则居住权消灭。

【示例】老张患病多年卧床不起，一直由再婚的老伴李某负责照顾。老张准备将自己唯一的个人住房留给儿子，但是又担心自己去世后李某可能会居无定所。为此，老张与李某于2023年1月10日签订书面的居住权合同，约定：老张在其房屋上为李某设立居住权，李某可以住到去世为止，并于2023年2月5日办理了登记。李某于登记之日取得居住权。

第二节 地役权【地役权C】

地役权，是以他人不动产供自己的不动产便利之用的用益物权。他人的不动产为供役地，自己的不动产为需役地。

【示例】甲公司的A地块与乙公司的B地块相隔不到500米。甲公司欲在A地块上投资建设大型购物中心。为确保收益，甲公司与乙公司约定：乙公司在未来50年内不得在B地块上自行或者允许他人投资建设大型购物中心，甲公司每年支付给乙公司50万元的补偿费。通过该约定，甲公司取得对B地块的地役权，A地块为需役地，B地块为供役地。

【比较】因相邻关系享有要求对方给予便利和接受限制的权利是法定的且无偿，用于满足最基本的生产生活需要；而地役权是约定的且通常有偿，设立地役权是为了更好地利用不动产。

【示例】甲的房屋被乙的承包地包围。①若甲无路可走，则甲可以基于相邻关系从乙的承包地通行，无须征得乙的同意，且无须支付任何费用。②若甲有路可走，只不过从乙的承包地上通过距离更短，则甲要从乙的承包地通行，必须与乙协商设立地役权。

一、地役权的设立

1.地役权 = 书面地役权合同（合同生效时设立）；未经登记，不得对抗善意第三人。

地役权未登记，不影响需役地的受让人基于地役权的从属性取得地役权，但是供役地的善意受让人不受地役权的限制。

【示例】相邻地块的建设用地使用权人甲与乙签订地役权合同，约定乙不得建造高于100米的建筑：

（1）若甲将建设用地使用权转让给丙，基于地役权的从属性，无论地役权是否登记，丙均可以取得地役权。

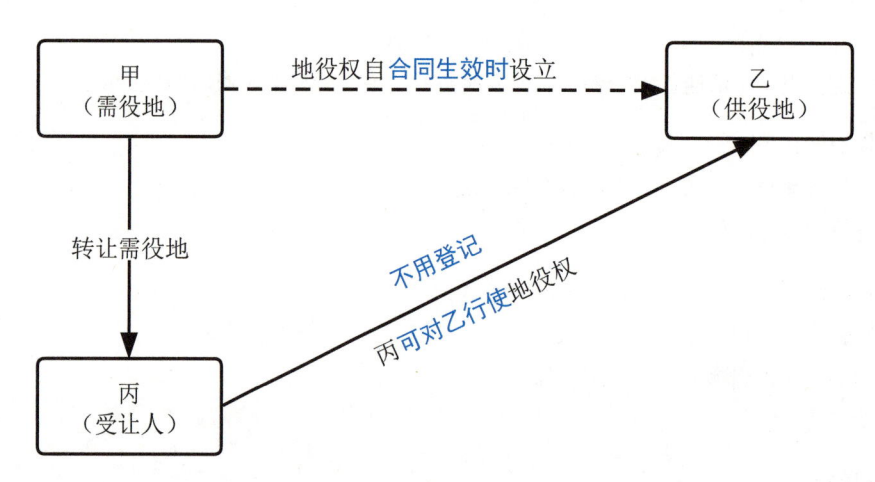

（2）若乙将建设用地使用权转让给丙：①地役权已经登记：甲的地役权可以对抗丙，丙受地役权的限制；②地役权未登记：甲的地役权不能对抗善意的丙，丙不受地役权的限制，即丙可以建造高于100米的建筑。

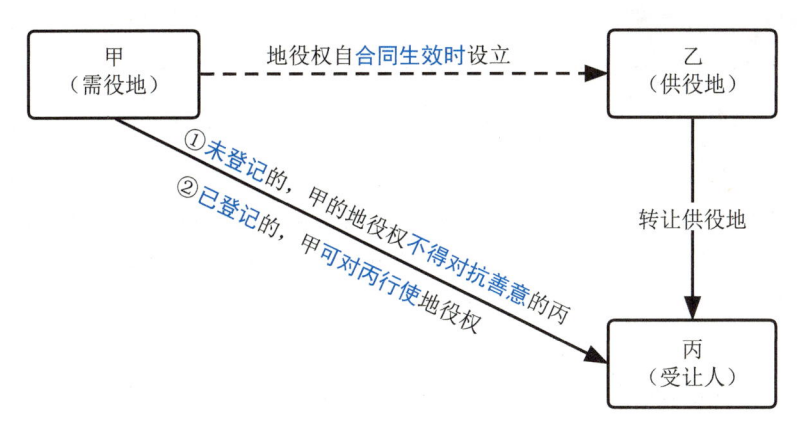

```
    甲                   地役权自合同生效时设立        乙
（需役地）  - - - - - - - - - - - - - - - - - - - - - - →  （供役地）
         ＼
          ＼ ①未登记的，甲的地役权不得对抗善意的丙              │
           ＼ ②已登记的，甲可对丙行使地役权                   │转让供役地
            ＼                                            │
             ＼                                            ↓
              ＼                                          丙
               ＼ - - - - - - - - - - - - - - - - →  （受让人）
```

2. 土地上已经设立土地承包经营权、建设用地使用权、宅基地使用权等用益物权的，未经用益物权人同意，土地所有权人不得设立地役权。

3. 地役权的法定承受：土地所有权人享有地役权或者负担地役权的，设立土地承包经营权、宅基地使用权等用益物权时，该用益物权人继续享有或者负担已经设立的地役权。

二、地役权的特征

1. 地役权的从属性

地役权的功能在于为需役地的便利而利用供役地，故地役权具有从属性，即从属于需役地的所有权、用益物权。

（1）地役权期限不得超过土地承包经营权、建设用地使用权等用益物权的剩余期限。

（2）地役权不得单独转让。需役地上的土地承包经营权、建设用地使用权被转让时，其地役权一并被转让。

（3）地役权不得单独抵押。需役地上的土地承包经营权、建设用地使用权被抵押的，在实现抵押权时，地役权一并被转让。

2. 地役权的不可分性

（1）地役权及于需役地的全部。

需役地以及需役地上的土地承包经营权、建设用地使用权等部分被转让时，被转让部分涉及地役权的，受让人同时享有地役权，无论地役权是否登记。

（2）地役权及于供役地的全部。

供役地以及供役地上的土地承包经营权、建设用地使用权等部分被转让时，被转让部分涉及地役权的，地役权对受让人是否具有法律约束力，取决于地役权是否登记：已经登记，则对受让人产生约束力；未登记，则受让人并无约束力。

【示例】相邻地块的建设用地使用权人甲与乙签订地役权合同，约定乙不得建造高于100米的建筑，并办理登记。①若甲经批准将建设用地使用权分割转让给丙和丁，丙和丁均取得地役权。②若乙经批准将建设用地使用权分割转让给戊和己，戊和己均受地役权的限制。

三、地役权合同的解除

地役权人存在下列情形，供役地权利人有权解除合同：

1. 滥用地役权；
2. 付款期限届满后在合理期限内经两次催告未支付费用。

判断分析

杨某承包了甲村的一片池塘用以饲养小龙虾，期限为 2 年。王某承包了杨某相邻的田地用以种植樱桃，期限为 3 年。一年后，由于王某承包的田地位于内部，灌溉不便，于是双方签订合同，杨某同意王某在自己的池塘取水灌溉樱桃树，王某每年向杨某支付 8 千元，期限为 2 年，并办理了登记。后杨某将池塘转包给何某。

A. 王某的地役权自登记时设立【错误。地役权自地役权合同生效时设立】

B. 杨某和王某约定的地役权期限违反法律规定【正确。设立地役权时杨某的承包期限仅剩一年，故约定的地役权期限超过土地承包经营权的剩余期限，不符合法律规定】

C. 王某可以单独将地役权抵押给他人【错误。地役权具有从属性，王某不可以单独将地役权抵押给他人】

D. 何某不受地役权的约束【错误。该地役权已登记，可以对抗何某，因此杨某将池塘转让后，地役权对受让人何某仍具有约束力】

第三节　土地承包经营权【土地承包经营权 C】

土地承包经营权，是指权利人对其承包经营的耕地、林地、草地等农业用地享有占有、使用和收益的权利。

农村土地承包的两种方式：
1. 农村集体经济组织内部的家庭承包。
2. 招标、拍卖、公开协商等方式（荒山、荒沟、荒丘、荒滩）。

一、土地承包经营权的设立和流转

1. 土地承包经营权的设立

土地承包经营权自土地承包经营权合同生效时设立。

（1）登记既非土地承包经营权的设立要件，也非对抗要件，（未经登记也可以对抗善意第三人），起行政确权作用。

（2）发包方将农村土地发包给本集体经济组织以外的单位或者个人承包，应当事先经本集体经济组织成员的村民会议 2/3 以上成员或者 2/3 以上村民代表的同意，并报乡镇人民政府批准。本集体经济组织成员在同等条件下享有优先承包权。

2. 土地承包经营权的互换、转让

土地承包经营权互换、转让的，未经登记，不得对抗善意第三人（登记对抗主义）。

（1）土地承包经营权的互换：属于同一集体经济组织的农户可以互换土地承包经营权，并向发包方备案。未备案不影响土地承包经营权互换的效力。

（2）土地承包经营权的转让：经发包方同意，承包方可以将全部或者部分的土地承包经营权转让给

本集体经济组织的其他农户，未经发包方同意，转让合同无效。

【示例】甲将其A地的土地承包经营权与同村的乙于B地的土地承包经营权互换，未办理登记。其后，经村民委员会同意，甲将A地的土地承包经营权转让给同村不知情的丙，并办理了登记。因土地承包经营权互换未办理登记，乙不得以此对抗善意的丙，丙可以取得A地的土地承包经营权，乙只能请求甲承担违约责任。

二、土地经营权的流转

1. 土地承包经营权人可以自主决定依法采取出租、入股或者其他方式向他人流转土地经营权，并向发包方备案。在同等条件下，本集体经济组织成员享有优先权。

2. 土地经营权流转，当事人双方应当签订书面流转合同。未向发包方备案，不影响土地经营权流转合同的效力。

3. 流转期限为5年以上的土地经营权，自流转合同生效时设立。未经登记，不得对抗善意第三人。

【示例】土地承包经营权人甲将土地经营权转让给乙农业投资发展公司，为期10年，未办理登记。其后，甲又将土地经营权转让给不知情的丙农业投资发展公司，并办理了登记。乙公司不得以自己已经取得土地经营权为由对抗善意的丙公司，即丙公司可以主张自己享有土地经营权，乙公司只能请求甲承担违约责任。

4. 土地经营权融资担保

（1）可以用土地经营权向金融机构融资担保的两类主体：①承包方：向发包方备案即可。②土地经营权受让方：经承包方书面同意并向发包方备案。

（2）担保物权自融资担保合同生效时设立。未经登记，不得对抗善意第三人。

⚖ 判断分析

乙承包了本村的50亩地。2019年，经村委会同意，乙用20亩地与同村丙的15亩地互换，但未登记。2021年，乙将30亩地出租给甲公司，租期6年，亦未登记。下列关于2021年至2027年期间乙与甲公司对土地权属状况的表述，正确的是？（2021年仿真题）

A. 乙对50亩土地享有土地承包经营权【错误】

B. 乙对45亩土地享有土地承包经营权【正确。乙原本承包本村50亩土地，经村委会同意将20亩与同村丙的15亩进行互换后，无须登记即生效，故乙只对实际承包的45亩土地享有土地承包经营权】

C. 乙对15亩土地享有土地承包经营权【错误】

D. 甲公司对30亩土地不享有土地经营权【错误】。乙将30亩土地出租给甲公司，属于流转土地经营权。流转期限为5年以上的土地经营权，自流转合同生效时设立。未经登记，只是不得对抗善意第三人】

第四节　建设用地使用权与宅基地使用权

一、建设用地使用权【建设用地使用权E】

建设用地使用权，是指权利人依法使用国家所有的土地建造建筑物、构筑物及其附属设施的权利。

1. 设立建设用地使用权，可以采取出让或者行政划拨等方式。

2. 通过招标、拍卖、协议等出让方式设立建设用地使用权的，当事人应当采用书面形式订立建设用地使用权出让合同。

3. 建设用地使用权自登记时设立。

4. 建设用地使用权转让、互换、出资或者赠与的，应当向登记机构申请变更登记。

5. 房地一体原则：

（1）房随地走：土地的建设用地使用权被转让、互换、出资或者赠与，附着于该土地上的建筑物、构筑物及其附属设施被一并处分。

（2）地随房走：建筑物、构筑物及其附属设施被转让、互换、出资或者赠与的，该建筑物、构筑物及其附属设施占用范围内土地的建设用地使用权一并处分。

二、宅基地使用权【宅基地使用权 E】

宅基地使用权，是指权利人依法使用集体所有的土地建造住宅及其附属设施的权利。

1. 宅基地使用权的主体：只能是农村村民。城镇居民不得购置宅基地。

2. 一户一宅：农村村民一户只能拥有一处宅基地。农村村民出卖、出租、赠与住宅后，再申请宅基地的，不予批准。

【主观题专项训练】

案情：2020 年 1 月 1 日，甲向银行借款 500 万元，借期 2 年，并以其 A 房提供抵押，办理了抵押登记。2021 年 1 月 1 日，甲与乙订立书面的居住权合同，约定：甲在 A 房上为乙设立居住权，由乙终身居住。1 月 10 日，办理了居住权登记。2 月 1 日，甲因意外身故，A 房由其子丙继承，未办理变更登记。

问题 1：乙何时取得对 A 房的居住权？

问题 2：若乙另有住处，乙能否将 A 房出租给他人居住？

问题 3：丙能否请求乙返还 A 房？

问题 4：若银行实现抵押权而丁通过拍卖购得 A 房，丁能否请求乙腾退房屋？

问题 1：乙何时取得对 A 房的居住权？

答案：2021 年 1 月 10 日。甲与乙签订了书面的居住权合同，乙自登记时取得对 A 房的居住权。法条依据为《中华人民共和国民法典》第三百六十八条。

问题 2：若乙另有住处，乙能否将 A 房出租给他人居住？

答案：不能。设立居住权的住宅不得出租，除非当事人另有约定，而甲与乙并未就此另行约定。法条依据为《中华人民共和国民法典》第三百六十九条。

问题 3：丙能否请求乙返还 A 房？

答案：不能。虽然丙通过继承取得了 A 房的所有权，但是居住权登记设立，可以对抗丙。

问题 4：若银行实现抵押权而丁通过拍卖购得 A 房，丁能否请求乙腾退房屋？

答案：能。银行的抵押权设立于乙的居住权之前，且已经办理登记，可以对抗居住权。（参照后文担保制度中抵押与租赁的关系进行理解）

第五章 占有

【重点】占有的分类、占有返还请求权

第一节 占有概述【占有的性质及分类 B】

一、占有的概念

占有，是指人对物的**事实上的管领与控制**。对物进行管领和控制之人，被称为占有人，被管领和控制之物，被称为占有物。

二、占有的构成要件

1. 客观要件：必须对物存在事实上的管领与控制。

（1）**空间上**，物应处在**人的力量控制范围内**。

例1：甲对其随身携带的书包成立占有。

例2：甲对其借来的汽车成立占有。

例3：临时离开自习室的甲对放在课桌上的书本成立占有。

（2）**时间上**，人对物的支配应当**持续一定的时间**。

例1：甲去买衣服，试穿衣服不是占有，买了衣服才形成对衣服的占有。

例2：火车站暂时帮别人看管行李箱，对行李箱不成立占有。

例3：甲去餐厅吃饭，对使用的餐具不是占有。

2. 主观要件：必须具有占有的意思。

【比较】占有辅助人，是指基于特定的关系，受他人指示，并为他人对物进行事实上的管领与控制。**占有辅助人不是占有人**，不享有或者负担基于占有而产生的权利义务。例如，甲雇佣乙操作某台机器，乙为占有辅助人，甲为占有人。若机器被丙擅自拉走，乙无权请求丙返还占有，而甲对丙享有占有返还请求权。

判断分析

甲在教室备考复习，把教材放在教室，打算吃完饭后回来继续复习，乙见甲离开教室，便翻看其教材，后将教材带走占为己有。对于甲对教材的占有，下列说法正确的是？（2018年仿真题）

A. 甲离开教室即失去对教材的占有【错误】。甲打算吃完饭后回来继续复习，依照一般社会观念，甲

依然对教材具有事实上的管领与控制力】

    B. 乙翻看教材时甲即失去对教材的占有【错误。乙短暂翻看教材时，依照一般社会观念，不具有占有的意思】

    C. 乙将教材带出教室甲即失去对教材的占有【正确。乙将教材带出教室欲占为己有，甲对教材的占有因被侵夺而丧失】

    D. 甲对教材的占有不因乙带出教室的行为而受到影响，即甲不曾失去对教材的占有【错误】

第二节　占有的分类【占有的性质及分类 B】

一、自主占有 VS 他主占有（是否以自己所有的意思占有）

1. 自主占有：以据为己有的意思而占有。

例：甲砸坏共享单车的锁，并骑回家为自己所用。

2. 他主占有：不以据为己有的意思而占有。

例：甲每晚偷开别人的豪车去酒吧炫耀，清晨又加满油停回原位。甲对豪车的占有为他主占有。

【注意】遗失物：拾得人如果想还，是他主占有；不想还是自主占有。

二、直接占有 VS 间接占有（是否直接占有物）

1. 直接占有：占有人直接对物进行事实上的管领和控制。

2. 间接占有：占有人虽未直接占有某物，但基于一定法律关系（占有媒介关系）对直接占有人享有返还请求权，从而间接管领和控制某物。

成立间接占有，需同时满足以下 3 个条件：

（1）直接占有人基于占有媒介关系取得占有。租赁合同、保管合同、借用合同、质押合同等属于典型的占有媒介关系。例如，承租人基于租赁合同占有租赁物，属于直接占有，出租人属于间接占有。

（2）直接占有人必须为他主占有。例如，承租人对租赁物的占有属于他主占有。小偷对赃物是自主占有，因此不能说小偷对赃物是直接占有，而所有权人是间接占有。

（3）间接占有人可以请求直接占有人返还占有物。例如，租赁合同期限届满，出租人（间接占有人）可以请求承租人（直接占有人）返还租赁物。

三、有权占有 VS 无权占有（是否有合法权利来源）

1. 有权占有：是指有本权的占有。占有的本权可能是物权，也可能是债权。例如，所有权人对其所有物的占有是基于物权的占有；承租人对租赁物的占有是基于债权的占有。

2. 无权占有：是指欠缺本权的占有。例如，遗失物拾得人对遗失物的占有，小偷对赃物的占有，均属于无权占有。

【注意】基于债权的有权占有具有相对性，对于合同相对人是有权占有，对于其他人可能是无权占有；基于物权的有权占有，具有绝对性，对于其他所有人都是有权占有。例如，甲将其房屋先卖给了乙，并交付给乙占有使用，其后又卖给丙并办理了过户登记。相对于甲，乙的占有是基于债权的有权占有，但是由于丙已经取得了所有权，乙的占有相对于丙来说是无权占有。

四、善意占有与恶意占有（是否知道无权占有）

无权占有可以进一步区分为善意占有与恶意占有。

1. 善意占有：无权占有人不知其没有占有的本权。例如，甲误将乙的笔记本电脑当成自己的带走，属于善意的无权占有。

2. 恶意占有：无权占有人知道其无占有的本权。例如，甲明知自己拿走的是乙的笔记本电脑，属于恶意的无权占有。

【注意】善意占有与恶意占有的区分仅看占有人是否知道自己没有占有的权利，和占有人是否想还给他人没有任何关系。而且，善意占有可能转化为恶意占有。例如，出差回家的甲在机场行李转盘处拿错了行李箱，回到家才发现。发现之前，甲属于善意的无权占有；发现之后，即使甲打算将行李箱还回去，甲依然属于恶意的无权占有。

判断分析

甲拾得乙的手机，以市价卖给不知情的丙并交付。丙把手机交给丁维修。修好后丙拒付部分维修费，丁将手机扣下。关于手机的占有状态，下列哪些选项是正确的？（2015年第3卷第56题）

A. 乙丢失手机后，由直接占有变为间接占有【错误。甲卖给丙，是自主占有，不符合乙成立间接占有的构成要件】

B. 甲为无权占有、自主占有【正确。甲拾得乙的手机，对手机的占有系无权占有；甲将手机卖给丙并交付，说明其对手机有据为己有的意思，属于自主占有】

C. 丙为无权占有、善意占有【正确。遗失物不适用善意取得，手机仍归乙所有。相对于所有权人乙而言，丙属于无权占有；善意的丙误以为其已经取得所有权而占有，属于善意占有】

D. 丁为有权占有、他主占有【正确。丁对手机享有留置权，属于有权占有，其主观上显然并无据为己有的意思，属于他主占有】

第三节　占有的效力

一、占有的推定效力【占有的推定 E】

1. 占有的权利推定效力：占有人于占有物上行使某一权利，则推定其享有此权利。例如，甲手中有一台笔记本电脑。①若甲声称自己系电脑的所有权人，则可以推定其系所有权人。若甲的债权人乙申请对电脑强制执行，而丙提出电脑系自己所有，则丙必须提供证据证明自己的主张。②若甲声称自己系电脑的承租人，则可以推定其系承租人。

【说明】推定的合理性在于，占有为权利存在之外观，物之占有人通常来说亦对占有物享有权利。唯有如此，方可更好地保护动产和促进动产交易，因为权利推定使得占有人不必就其对占有物享有权利进行举证，与占有人进行交易的第三人也不必去调查动产的权属。

【注意】有权无权搞不定，推定为有权占有；能够确定是无权占有，善意恶意搞不定，推定为善意占有。

2. 例外：不动产须依登记确定其物权归属，不适用占有的权利推定。

【示例】甲、乙就乙手中的1枚宝石戒指的归属发生争议。甲称该戒指是其在2015年10月1日外出旅游时让乙保管，属甲所有，现要求乙返还。乙称该戒指为自己所有，拒绝返还。甲无法证明对该戒指拥有所有权，但能够证明在2015年10月1日前一直合法占有该戒指，乙则拒绝提供自2015年10月1

日后从甲处合法取得戒指的任何证据。因为甲能够证明 10 月 1 日前合法占有该戒指，故推定甲对戒指享有合法权利。

二、占有的保护效力【占有保护请求权 B】

占有虽然仅为一种事实，并非权利，但是为了维护物的秩序与社会秩序，有必要对占有予以保护，而不论占有是无权占有抑或有权占有。例如，小偷对其所盗窃之物的占有、对违章建筑的占有也受到法律的保护，任何人不得非法侵夺。

1. 占有返还请求权

占有物被侵夺的，占有人有权请求返还占有。

（1）前提：占有被侵夺，即非基于占有人的意思而排除其对物的管领与控制。例如，手机被盗窃、抢夺或者抢劫、非法霸占。

【注意】侵夺人的行为必须是造成占有人丧失占有的直接原因。基于合同关系占有他人之物、拾得遗失物，并非侵夺他人对物的占有，故而不适用占有返还请求权的规则。例如，承租人在租赁期间占有租赁物属于有权占有，因为其系基于租赁合同占有租赁物；承租人于租赁期限届满后拒不返还租赁物的，构成无权占有。此时，出租人要么基于所有权人的身份主张原物返还请求权，要么基于租赁合同要求返还租赁物，而不得主张占有返还请求权。

（2）请求权人：占有被侵夺的占有人，既包括有权占有人，也包括无权占有人；既包括直接占有人，也包括间接占有人。

【示例 1】请求权人系无权占有人：甲偷来的汽车又被乙偷走，甲作为汽车的无权占有人，其占有依然是受法律保护的，即甲可以向乙主张占有返还请求权。

【示例 2】请求权人系间接占有人：甲将自己的汽车借给乙，乙开出去被丙偷走。甲是间接占有人，乙是直接占有人，丙既侵夺了乙的直接占有，也侵夺了甲的间接占有，因此甲、乙都可以向丙主张占有返还请求权。

（3）被请求人：现时的无权占有人。包括：

①侵夺占有人：须于被请求返还占有之时依然为占有人，直接占有、间接占有均可；若侵夺人的占有已经消灭，则对侵夺人不再享有占有返还请求权。

②自侵夺占有人处取得占有之第三人：须属于概括承继人或者恶意的特定承继人。

A. 概括承继人，是指通过继承、法人合并等方式取得占有之人。

B. 特定承继人，是指基于侵夺占有人之意思而取得占有之人。至于恶意，是指特定承继人对占有被侵夺知情。

【示例】甲的手表被乙偷走。①若乙将手表借给知情的丙使用，则甲既可以请求间接占有人乙返还占有，也可以请求恶意的特定承继人丙（直接占有人）返还占有。②若乙将手表出售给不知情的丙并交付，则甲不得请求乙返还占有，因为乙已经丧失占有；甲也不得请求善意的特定承继人丙返还占有。只能以所有权人的身份请求丙返还手表。③若乙死亡后手表由丙继承，则无论丙是否知道手表系乙所偷，甲均可请求丙返还占有。

（4）除斥期间：自侵占发生之日起一年内。

【注意】在占有被侵夺时，物权人可以选择行使返还原物请求权或者占有返还请求权。前者不受诉讼时效的限制（未登记动产除外），后者受 1 年除斥期间的限制。由此可见，法律对物权的保护要强于对占有的保护。

	占有返还请求权	返还原物请求权
概念	是指占有人在其占有物被他人侵夺以后，可依法请求侵占人返还占有物的权利。	是指权利人对无权占有其物的人，可依法请求无权占有人返还占有物的权利。
保护的对象	占有	物权
行使的前提	占有被侵夺	无权占有
时间限制	侵占行为发生之日起1年的除斥期间。	原则上不适用诉讼时效，仅未经登记的动产才适用。

2. 占有妨害排除请求权与占有妨害防止请求权

对妨害占有的行为，占有人有权请求排除妨害或者消除危险。（参照物权请求权中的排除妨害请求权、消除危险请求权。）

⚖ 判断分析

1. 张某拾得王某的一只小羊拒不归还，李某将小羊从张某羊圈中抱走交给王某。下列哪一表述是正确的？（2014年第3卷第9题）

A. 张某拾得小羊后因占有而取得所有权【错误。小羊是遗失物，并非无主物，拾得人无法通过占有取得所有权】

B. 张某有权要求王某返还占有【错误。占有返还请求权行使的对象必须是无权占有人，王某享有所有权，是有权占有】

C. 张某有权要求李某返还占有【错误。占有返还请求权行使的对象必须是现时的无权占有人，李某已经把小羊交还王某，丧失占有】

D. 李某侵犯了张某的占有【正确。李某将小羊抱走，是侵夺占有的行为，不论是无权占有还是有权占有】

2. 张三在路边捡到一块玉，准备交到失物招领处，途中遇见李四，向其炫耀一番，并说该玉为自己所有，由于李四想把玩几天，遂暂借给李四。次日，玉被王二盗走，王二准备在二手市场交易，被失主赵五恰巧碰到。对此，下列说法正确的是？（2020年仿真题）

A. 张三是无权占有【正确。张三是遗失物的拾得人，并无占有玉的权利，属于无权占有】

B. 李四可请求王二返还玉【正确。玉在李四手中被王二盗走，王二侵夺了李四对玉的占有，李四可以请求王二返还占有】

C. 李四是恶意占有【错误。张三属于无权占有，其后手李四自然属于无权占有。但是，李四误以为张三是玉的所有权人，其自然会认为自己通过借用有权占有玉，根本不知道自己没有占有的权利，属于善意占有】

D. 赵五可请求王二返还原物【正确。赵五作为所有权人可以请求无权占有人王二返还原物】

第四节 无权占有人与权利人之间的权利义务关系
【占有的性质及分类B】

一、原物及其孳息的返还

1. 无权占有人应返还占有物及其孳息。

2. 无权占有人系恶意占有抑或善意占有，在所不问。

二、必要费用的偿还

1. 善意占有人：有权请求权利人支付因维护占有物支出的必要费用。
（1）必要费用，是指为保存或者管理占有物而必须支出的费用。例如，饲养费、保管费、修理费等。
（2）与之相对的是有益费用，即为利用或改良占有物而支出且增加占有物价值的费用。例如，宠物狗的美容费用。通说认为，有益费用按照不当得利规则处理。
2. 恶意占有人：无权请求权利人支付必要费用。

三、因使用占有物引起的损耗

1. 善意占有人：无须赔偿。
2. 恶意占有人：承担无过错赔偿责任。

四、占有物毁损灭失的损害赔偿

1. 善意占有人：仅在其所取得的保险金、赔偿金或者补偿金等范围之内返还。
2. 恶意占有人：应返还所取得的保险金、赔偿金或者补偿金等；若权利人的损害并未因此而得到足够弥补的，恶意占有人还应当承担赔偿责任。

	善意占有	恶意占有
是否返还原物及孳息	√	√
是否可以请求必要费用	√	×
是否承担损耗以及毁损灭失的损害赔偿责任	×（限于保险金、赔偿金或者补偿金的范围之内）	√（无过错责任）

📝 判断分析

丙找甲借自行车，甲的自行车与乙的很相像，均放于楼下车棚。丙错认乙车为甲车，遂把乙车骑走。甲告知丙骑错车，丙未理睬。某日，丙骑车购物，将车放在商店楼下，因墙体倒塌将车砸坏。下列哪些表述是正确的？（2012年第3卷58题）

A. 丙错认乙车为甲车而占有，属于无权占有人【正确。丙对乙的车没有任何占有的本权，属于无权占有】

B. 甲告知丙骑错车前，丙修车的必要费用，乙应当偿还【正确。甲告知丙骑错车前，丙对自行车的占有为善意占有。乙可以请求丙返还自行车，但是应当支付丙支出的必要费用及修车费】

C. 无论丙是否知道骑错车，乙均有权对其行使占有返还请求权【正确。丙误将乙车认成甲车而骑走，侵占了乙的占有，故乙有权对丙行使占有返还请求权】

D. 对于乙车的毁损，丙应当承担赔偿责任【正确。甲告知丙骑错车后，丙未予理睬，此时丙成为恶意占有人，而恶意占有人应当承担占有物毁损灭失的损害赔偿责任】

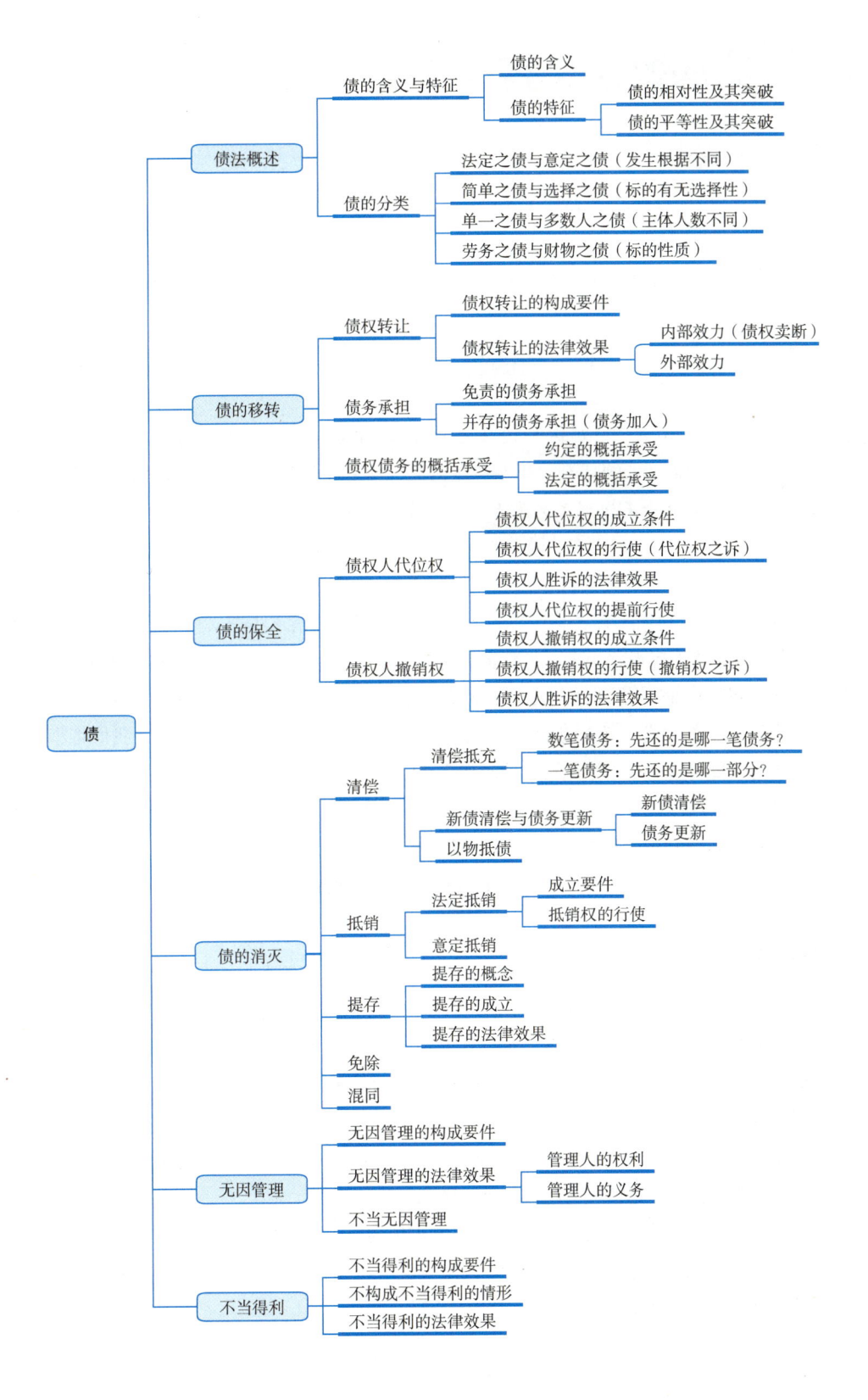

债

- 债法概述
  - 债的含义与特征
    - 债的含义
    - 债的特征
      - 债的相对性及其突破
      - 债的平等性及其突破
  - 债的分类
    - 法定之债与意定之债（发生根据不同）
    - 简单之债与选择之债（标的有无选择性）
    - 单一之债与多数人之债（主体人数不同）
    - 劳务之债与财物之债（标的性质）

- 债的移转
  - 债权转让
    - 债权转让的构成要件
    - 债权转让的法律效果
      - 内部效力（债权卖断）
      - 外部效力
  - 债务承担
    - 免责的债务承担
    - 并存的债务承担（债务加入）
  - 债权债务的概括承受
    - 约定的概括承受
    - 法定的概括承受

- 债的保全
  - 债权人代位权
    - 债权人代位权的成立条件
    - 债权人代位权的行使（代位权之诉）
    - 债权人胜诉的法律效果
    - 债权人代位权的提前行使
  - 债权人撤销权
    - 债权人撤销权的成立条件
    - 债权人撤销权的行使（撤销权之诉）
    - 债权人胜诉的法律效果

- 债的消灭
  - 清偿
    - 清偿抵充
      - 数笔债务：先还的是哪一笔债务？
      - 一笔债务：先还的是哪一部分？
    - 新债清偿与债务更新
      - 新债清偿
      - 债务更新
    - 以物抵债
  - 抵销
    - 法定抵销
      - 成立要件
      - 抵销权的行使
    - 意定抵销
  - 提存
    - 提存的概念
    - 提存的成立
    - 提存的法律效果
  - 免除
  - 混同

- 无因管理
  - 无因管理的构成要件
  - 无因管理的法律效果
    - 管理人的权利
    - 管理人的义务
  - 不当无因管理

- 不当得利
  - 不当得利的构成要件
  - 不构成不当得利的情形
  - 不当得利的法律效果

第一章

债法概述【客+主】

【重点】债的相对性、选择之债、连带债务

第一节 债的含义与特征【客+主】

【引例】小李从 4S 店购买了一辆售价 12 万元的汽车。因按键失误，小李通过微信支付了 21 万元。在 1 次开车上班途中，因担心上班迟到，小李超速驾驶，结果撞伤了行人老王。惊慌失措的小李驾车逃逸，路过的小刘见状连忙将老王送到医院救治，并垫付了 5 万元医药费。请问，各当事人之间产生何种法律关系？

在引例中，小李从 4S 店购买了汽车，我们将小李与 4S 店之间的关系称为合同关系。在这个关系中，小李可以请求 4S 店交付汽车并转移汽车的所有权，4S 店可以请求小李支付 12 万元的价款。由于价款为 12 万元，4S 店显然不应得到小李不小心多支付的 9 万元，我们将小李与 4S 店之间的关系称为不当得利关系，小李有权请求 4S 店返还 9 万元。小李撞伤老王，二者之间成立侵权损害赔偿关系，老王可以请求小李赔偿损害。小刘并没有义务将老王送到医院救治，也没有义务垫付医药费，我们将小刘和老王之间的关系称之为无因管理关系，小刘可以请求老王返还其垫付的医药费。

上述合同关系、不当得利关系、侵权损害赔偿关系、无因管理关系最大的共同点就在于，1 个人可以请求另外 1 个人支付一定数额的金钱。理论上将这种 1 个人可以请求另外一个人为一定行为或者不为一定行为的关系称为债，而合同、无因管理、不当得利和侵权便是 4 种典型的债的发生原因。

一、债的含义

1.债是特定人之间的法律关系。在这种关系中，享有权利的一方叫债权人，负担义务的一方叫债务人，权利和义务则被分别称为债权和债务。例如：在小李与 4S 店之间的买卖合同关系中，就支付价款而言，4S 店是债权人，小李是债务人；就交付汽车并转移汽车的所有权而言，小李是债权人，4S 店是债务人。

2.基于债之关系，债权人可以请求债务人为一定行为或者不为一定行为。这种行为在理论上被称为给付，即为一定目的而需要实施的特定行为。在债之关系中，债权人不得直接支配债务人的行为或者财产，只能请求债务人履行，这是债权与物权的重大区别。

3.债务人负担的基本义务为给付义务。给付通常表现为一方给予另一方一定利益的行为，但给付不以具有财产价值为限。例如：在小李与 4S 店之间的买卖合同关系中，4S 店的给付义务包括交付汽车并转移汽车的所有权、交付发票等。

给付义务可以分为主给付义务与从给付义务。

（1）主给付义务关系到债之关系的目的，是债之关系固有、必备的，能够决定债之关系类型的义务。例如，买卖合同中的主给付义务是买方支付价款与卖方交付标的物并移转其所有权的义务，二者结合才决定了该合同关系为买卖合同。

（2）从给付义务则是辅助主给付义务，确保或促进给付利益实现的义务，例如买卖合同中的包装、运送、使用方法说明、安装、交付发票等义务。

二、债的特征

（一）债的相对性及其突破【合同相对性B；清偿B】

> 📎 **法条群**
>
> 《中华人民共和国民法典》第三编《合同》第一分编《通则》第一章《一般规定》
>
> 第四百六十五条第二款【合同的相对性】依法成立的合同，仅对当事人具有法律约束力，但是法律另有规定的除外。
>
> 《中华人民共和国民法典》第三编《合同》第一分编《通则》第四章《合同的履行》
>
> 第五百二十二条【利益第三人合同】当事人约定由债务人向第三人履行债务，债务人未向第三人履行债务或者履行债务不符合约定的，应当向债权人承担违约责任。
>
> 法律规定或者当事人约定第三人可以直接请求债务人向其履行债务，第三人未在合理期限内明确拒绝，债务人未向第三人履行债务或者履行债务不符合约定的，第三人可以请求债务人承担违约责任；债务人对债权人的抗辩，可以向第三人主张。
>
> 第五百二十三条【由第三人履行的合同】当事人约定由第三人向债权人履行债务，第三人不履行债务或者履行债务不符合约定的，债务人应当向债权人承担违约责任。
>
> 第五百二十四条【第三人代为履行】债务人不履行债务，第三人对履行该债务具有合法利益的，第三人有权向债权人代为履行；但是，根据债务性质、按照当事人约定或者依照法律规定只能由债务人履行的除外。
>
> 债权人接受第三人履行后，其对债务人的债权转让给第三人，但是债务人和第三人另有约定的除外。
>
> 《中华人民共和国民法典》第三编《合同》第一分编《通则》第八章《违约责任》
>
> 第五百九十三条【第三人原因造成违约的责任承担】当事人一方因第三人的原因造成违约的，应当依法向对方承担违约责任。当事人一方和第三人之间的纠纷，依照法律规定或者按照约定处理。

债的相对性，是指债是特定当事人之间的关系，仅对当事人双方具有法律约束力，债权债务由当事人双方享有和承担，而不能及于第三人。

1.向第三人履行的合同（利益第三人合同）

（1）不真正利益第三人合同

①当事人约定由债务人向第三人履行债务。

②债务人未向第三人履行债务的，应当向债权人而非第三人承担违约责任。

【示例】甲公司欲向乙公司购买1套设备，转售给丙公司牟取差价，遂与乙公司在买卖合同中约定，乙公司直接将设备运交丙公司。甲公司与乙公司之间的买卖合同属于不真正利益第三人合同。若乙公司未将设备交付给丙公司，只有甲公司才有权请求乙公司承担违约责任。

（2）真正利益第三人合同

①法律规定或者当事人约定第三人可以直接请求债务人向其履行债务。

基于私法自治，第三人可以拒绝。第三人未在合理期限内明确拒绝的，视为接受。

②第三人的权利：可以请求债务人向自己履行债务。债务人未向第三人履行的，第三人可以请求债务人承担违约责任。（债务人对债权人的抗辩，可以向第三人主张）

【注意】债权人解除、撤销合同的权利，第三人不得行使。（只是单纯给利益，并没有给影响合同关系的权利）

③第三人不承担任何义务：

a. 债务人已经向第三人履行，但合同被撤销或解除的，债务人只能请求债权人返还财产。

b. 债务人向第三人履行，第三人拒绝受领的，债权人可以请求债务人履行。遭受损失的，债务人可以请求债权人赔偿。

【示例】甲公司欲向乙公司购买 1 套设备，转售给丙公司牟取差价，遂与乙公司在买卖合同中约定，丙公司可以直接请求乙公司交付设备。甲公司与乙公司之间的买卖合同属于真正利益第三人合同。若乙公司未将设备交付给丙公司，甲公司或者丙公司均可请求乙公司承担违约责任。

【比较】不真正利益第三人合同与真正利益第三人合同的根本区别在于：是否赋予第三人对债务人直接的履行请求权。

2. 由第三人履行的合同

（1）当事人约定由第三人向债权人履行债务。

由第三人履行的合同，是为第三人设定义务。基于私法自治，第三人当然可以拒绝。

（2）第三人不履行债务的，由债务人而非第三人向债权人承担违约责任。

【示例】甲公司与经销商乙公司签订设备买卖合同，约定由生产商丙公司直接将设备运交甲公司。甲公司与乙公司之间的合同属于由第三人履行的合同。若丙公司未将设备交付给甲公司，甲公司只能请求乙公司承担违约责任。

3. 合同一方因第三人原因而违约（违约责任的相对性）

（1）合同当事人一方因第三人的原因造成违约的，应当依法向对方承担违约责任。

（2）当事人一方和第三人之间的纠纷，依照法律规定或者按照约定处理。

【示例】开发商因建筑公司怠工无法按时向购房者交房，应当由开发商向购房者承担违约责任。开发商承担责任后，可以请求建筑公司赔偿损失。

4. 第三人代为履行

基于债的相对性，原则上只能由债务人向债权人清偿。满足以下条件，例外允许第三人代为清偿。

（1）第三人代为履行的，债权人原则上有权拒绝，除非第三人对履行债务具有合法利益。

（2）第三人代为履行后，可以向债务人追偿。

（3）若第三人的履行存在瑕疵，应由债务人承担违约责任，除非债务人对第三人代为履行不知情。

【示例】甲将房屋出租给乙，经甲同意，乙将房屋转租给丙。后乙拖欠支付租金。丙可以代乙将租金支付给甲，甲不得拒绝。因为，丙对乙是否按时支付租金具有合法利益：如果乙不按时支付租金，经甲催告后在合理期限内仍不支付，甲可以解除租赁合同，丙就必须另觅住处。

第一章 债法概述【客+主】

🔨 判断分析

方某为送汤某生日礼物，特向余某定做一件玉器。订货单上，方某指示余某将玉器交给汤某，并将订货情况告知汤某。玉器制好后，余某委托朱某将玉器交给汤某，朱某不慎将玉器碰坏。下列哪一表述是正确的？（2014年第3卷第11题）

A.汤某有权要求余某承担违约责任【错误。定作玉器合同（承揽合同）的当事人系方某与余某，方某指示余某将玉器交给汤某，属于不真正利益第三人合同，汤某无权请求余某承担违约责任】

B.汤某有权要求朱某承担侵权责任【错误。在交付之前，玉器属于余某所有，不存在侵犯汤某所有权的问题】

C.方某有权要求朱某承担侵权责任【错误。在交付之前，玉器属于余某所有，不存在侵犯方某所有权的问题】

D.方某有权要求余某承担违约责任【正确。余某因朱某的行为造成违约，但余某仍应向合同相对人方某承担违约责任】

（二）债的平等性及其突破【一物数卖C；一房数租C】

债的平等性，是指对同一债务人成立的多项债权，不论其成立先后、内容如何，都具有相同的法律效力，彼此间不存在优先性。例如：甲先向乙借款100万元，其后又向丙借款100万元。如果在乙和丙的借款到期后，甲仅有100万元，则甲可以自由决定将100万元支付给乙或丙，而乙或丙均不得主张优先受偿100万元。

突破债的平等性的例外情形主要包括：

1.普通动产的一物数卖

（1）情形：同一出卖人就同一标的物与不同买受人分别订立多个买卖合同。

（2）在买卖合同均有效的情况下，买受人均要求实际履行合同的，应当按照下列顺序确定：先受领交付的＞先支付价款（只看付款时间，不看付款金额多少）＞先成立合同的。

【注意】数个买卖合同不会单纯因一物数卖而无效。后手买受人即使知道一物数卖，也不构成恶意串通。

2.特殊动产的一物数卖

在特殊动产买卖合同均有效的情况下，买受人均要求实际履行合同的，应当按照下列顺序确定：先受领交付的＞先办理所有权转移登记的＞先成立合同。

3.一房数租

在租赁合同均有效的情况下，承租人均主张履行合同的，按照下列顺序确定履行合同的承租人：已经合法占有租赁房屋＞已经办理登记备案手续的＞先成立合同。

🔨 判断分析

甲为出售一台挖掘机，分别与乙、丙、丁、戊签订买卖合同，具体情形如下：2016年3月1日，甲胁迫乙订立合同，约定货到付款；4月1日，甲与丙签订合同，丙支付20%的货款；5月1日，甲与丁签订合同，丁支付全部货款；6月1日，甲与戊签订合同，甲将挖掘机交付给戊。上述买受人均要求实际履

行合同，就履行顺序产生争议。关于履行顺序，下列哪一选项是正确的？（2016年第3卷第12题）
A. 戊、丁、乙、丙【正确】
B. 戊、丁、丙、乙【错误】
C. 乙、丁、丙、戊【错误】
D. 丁、戊、乙、丙【错误】

第二节 债的分类【客+主】【债的分类E】

一、法定之债与意定之债（发生根据不同）

1. 法定之债：依据法律规定而发生的债，不需要意思表示和行为能力。如侵权之债、无因管理之债、不当得利之债、缔约过失之债等。

2. 意定之债：依据当事人意思发生的债，需要意思表示和行为能力。如合同之债、单方允诺之债。

二、简单之债与选择之债（标的有无选择性）

1. 简单之债

简单之债：债的标的仅有1个，无选择可能性的债。（标的物可能有多个）

【示例】甲与乙订立买卖合同，约定甲以10万元的价格将两部相机出卖给乙。甲乙之间合同之债的标的只有1个，即交付相机，属于简单之债。

2. 选择之债

（1）含义：债的标的有数个，债务人只需履行其中1个，有选择可能性的债。

（2）选择权人

①原则上为债务人，除非法律另有规定、当事人另有约定或另有交易习惯。

②选择权的转移：享有选择权的当事人在约定的期限内或履行期限届满未作选择，经催告后在合理期限内仍未选择的，选择权转移至对方。

（3）选择权的行使

①当事人行使选择权应当及时通知对方，通知到达对方时，标的确定。标的确定后不得变更，但经对方同意的除外。

②享有选择权的当事人不得选择不能履行的标的，但是不能履行是由对方造成的除外。

【示例】甲与乙订立买卖合同，约定乙可以10万元的价格选择购买甲的相机或油画。

①买卖合同的标的是交付相机或者交付油画，具有选择可能性，属于选择之债。

②合同已经约定选择权人为乙。

③若乙到期没选，经甲催告后还不选，则选择权转移给甲。

④若乙选择了交付相机，就不能再换成油画，乙的选择让选择之债变成了简单之债。

⑤若油画在乙作出选择之前因自燃而毁损，则乙不得选择交付油画，只能选择相机。

⑥若油画在乙作出选择之前被甲的猫咬坏了，则乙可以选择交付油画。只不过，此时甲履行不能，乙可以请求甲承担违约责任。

三、单一之债与多数人之债（主体人数不同）

> **法条群**
>
> 《中华人民共和国民法典》第三编《合同》第一分编《通则》第四章《合同的履行》
>
> 第五百一十九条【连带债务人的份额确定及追偿权】连带债务人之间的份额难以确定的，视为份额相同。
>
> 实际承担债务超过自己份额的连带债务人，有权就超出部分在其他连带债务人未履行的份额范围内向其追偿，并相应地享有债权人的权利，但是不得损害债权人的利益。其他连带债务人对债权人的抗辩，可以向该债务人主张。
>
> 被追偿的连带债务人不能履行其应分担份额的，其他连带债务人应当在相应范围内按比例分担。
>
> 第五百二十条【连带债务涉他效力】部分连带债务人履行、抵销债务或者提存标的物的，其他债务人对债权人的债务在相应范围内消灭；该债务人可以依据前条规定向其他债务人追偿。
>
> 部分连带债务人的债务被债权人免除的，在该连带债务人应当承担的份额范围内，其他债务人对债权人的债务消灭。
>
> 部分连带债务人的债务与债权人的债权同归于一人的，在扣除该债务人应当承担的份额后，债权人对其他债务人的债权继续存在。
>
> 债权人对部分连带债务人的给付受领迟延的，对其他连带债务人发生效力。

（一）单一之债

债务人和债权人均为1人的债。例如，甲向乙借款100万元，此为单一之债。

（二）多数人之债

指同一个债的债权人或债务人任何一方为2人及以上的债。例如，甲、乙、丙合伙开办法考培训机构，现欲租房：①甲、乙、丙以培训机构的名义与丁签订租赁合同，此为单一之债。②甲、乙、丙作为承租人与丁签订租赁合同，此为多数人之债。

多数人之债又分为按份之债和连带之债。

1.按份之债

指债之关系的多数人一方，每人按照自己的份额对外享有债权、负担债务的债。

（1）债权人一方为2人及以上的，被称为按份债权；债务人一方为2人及以上的，被称为按份债务。

（2）按份债务中，债权人只能请求债务人按照其份额履行债务；债务人内部不存在追偿问题。例如，甲与乙驾车同时撞伤行人丙，法院判决赔付10万元费用，甲、乙各承担70%和30%。此为按份债务，丙只能请求甲和乙分别赔付7万元和3万元。

2.连带之债

指债之关系的多数人一方，每人均可以对外主张全部债权，或均需对外负担全部债务。债权人一方为2人及以上的，被称为连带债权；债务人一方为2人及以上的，被称为连带债务。例如，挂靠在乙公司的甲驾驶货车撞了行人丙，法院判决赔付10万元费用，甲乙承担连带责任。此为连带债务，丙可以自由选择请求甲或乙赔付10万，也可以请求甲和乙一起赔付10万。甲乙内部再按份额分担损失。

因连带债务人的责任较重，连带债务必须由法律规定或者当事人约定。
连带债务的效力如下：
（1）外部效力：
①每1个债务人均有履行全部债务的义务。
②连带债务人之间关于份额的内部约定，不能对抗债权人。
（2）内部效力：
①各债务人按照份额分担。连带债务人的内部分担份额，有约定从约定，难以确定的视为份额相同。
②实际承担债务超过自己份额的连带债务人，有权就超出部分在其他连带债务人未履行的份额范围内向其追偿，并相应地享有债权人的权利，但是不得损害债权人的利益。例：甲乙对丙负担100万元连带债务，内部平均分担。甲向丙偿还90万元后，扣除其自己应当分担的50万元，可以向乙追偿40万元。若乙只有10万元，则丙优先于甲拿到10万元。
A. 其他连带债务人对债权人的抗辩，可以向该债务人主张。
B. 被追偿的连带债务人不能履行其应分担份额的，其他连带债务人应当在相应范围内按比例分担。例：甲乙丙对丁负担300万元连带债务，内部平均分担。甲向丁偿还300万元后，可以向乙、丙各追偿100万元。因丙破产，甲仅从丙处拿到20万元。对于无法拿到的80万元，由甲和乙分担，也就是说甲可以向乙总共追偿100+40=140万元。
③绝对效力事项：对连带债务人中的1人发生效力的事项，对其他连带债务人也发生效力。
A. 履行、抵销或者提存。例：甲乙对丙负担100万元连带债务。甲向丙偿还50万元后，甲和乙对丙的连带债务为50万元。
B. 免除：部分连带债务人的债务被债权人免除的，在该连带债务人应当承担的份额范围内，其他债务人对债权人的债务消灭。对于其他债务人应当承担的份额，被免除债务的连带债务人依然对债权人承担连带责任，只不过在内部可以全额追偿。
C. 混同：部分连带债务人的债务与债权人的债权同归于1人的，在扣除该债务人应当承担的份额后，债权人对其他债务人的债权继续存在。例：甲乙对丙负担100万元连带债务，内部平均分担。若甲继承了丙的财产，则甲的债务与丙的债权发生了混同。在扣除甲应当分担的50万元后，甲可以请求乙偿还50万元。
D. 债权人受领迟延。例：甲乙将共有的汽车出租给丙使用。甲在约定时间将车送给丙，但是丙却不在家。丙对甲、乙均成立受领迟延。
E. 诉讼时效中断。例：甲乙对丙负担100万元连带债务。债务到期后，丙向甲主张权利，将导致甲、乙对丙的债务均发生诉讼时效中断。

四、劳务之债与财物之债（标的性质）

（一）劳务之债

劳务之债，是指债务人须提供一定劳务的债。如表演合同、授课合同等。
劳务之债一般不得由第三人代为履行，也不得强制履行。
【示例】著名法考老师甲与乙公司签订授课合同。某日，甲临时有事，向乙公司表示欲安排丙代其上课。首先，甲不能让丙代其上课，除非乙公司同意。其次，若乙公司不同意，乙公司也不得强制甲授课，只能请求甲承担违约责任。

（二）财物之债

财务之债，是指债务人必须给付一定财产的债。如买卖合同、租赁合同等。

财物之债可以由第三人**代为履行**，也可以**强制履行**。

根据**标的物是否特定**，将财物之债进一步分为**特定物之债和种类物之债**。

1. 特定物之债：给付的标的物为**特定物**的债。
2. 种类物之债：给付的标的物为**种类物**的债。
3. 区分意义：特定物之债会存在**履行不能问题**，债务履行前标的物毁损灭失的，债权人不得请求实际履行；种类物之债一般**不发生履行不能**问题，债务履行前标的物毁损灭失的，债权人可以请求实际履行。

【示例】①甲与乙公司签订合同，约定甲将其小说手稿出卖给乙公司。**手稿为独一无二的物，属于特定物**，若在交付之前因意外而毁损，则甲陷入履行不能，乙公司无权请求甲交付手稿。②甲书店向乙售卖一本公开出版的小说，双方约定3日后付款取货。公开出版的小说为**种类物**，即使书店库存的该小说在交付前因意外而全部毁损，乙依然可以请求书店交付小说，因为书店可以再向出版社进货。

⚖ 判断分析

甲对乙说：如果你在3年内考上公务员，我愿将自己的一套住房或者一辆轿车相赠。乙同意。2年后，乙考取某国家机关职位。关于甲与乙的约定，下列哪一说法是正确的？（2009年第3卷第9题）

A. 属于种类之债【**错误**。甲的一套住房或者一辆轿车均为**独一无二的特定物**。】

B. 属于选择之债【**正确**。甲可以在赠与房屋**或者**赠与汽车这两种给付中任选其一履行。】

C. 属于连带之债【**错误**。债权人与债务人均为一人，属于**单一之债**。】

D. 属于劳务之债【**错误**。甲、乙之间赠与合同的标的是**交付一定财产**的行为，为财物之债。】

【主观题专项训练】

案情：2021年1月1日，甲公司与乙公司签订设备买卖合同，约定乙公司将A设备出售给甲公司，价款500万元，同时约定，合同签订后一周内甲公司支付200万元的首付款，乙公司收到首付款后三日内将设备运送给丙公司，尾款于设备验收合格后一周内支付。次日，甲公司与丙公司签订设备买卖合同，约定甲公司将A设备出售给丙公司，价款550万元。后因甲公司未依约定按时支付首付款，乙公司未交付设备给丙公司，而A设备是丙公司急需的生产设备。

问题1：如果丙公司向乙公司提出代甲公司支付200万元的首付款，乙公司能否拒绝？

问题2：若甲公司依约支付了首付款，而乙公司未依约交付设备，丙公司能否请求乙公司交付设备？

问题3：若甲公司依约支付了首付款，而乙公司未依约交付设备，丙公司能否请求乙公司承担违约责任？

问题1：如果丙公司向乙公司提出代甲公司支付200万元的首付款，乙公司能否拒绝？

答案：**不能**。丙公司对履行支付首付款的债务具有**合法利益**，有权向债权人乙公司代为履行，乙公司无权拒绝。法条依据为《中华人民共和国民法典》第五百二十四条。

问题2：若甲公司依约支付了首付款，而乙公司未依约交付设备，丙公司能否请求乙公司交付设备？

答案：不能。甲公司与乙公司之间的买卖合同为**不真正利益第三人合同**，丙公司无权直接请求乙公司履行债务。

问题 3：若甲公司依约支付了首付款，而乙公司未依约交付设备，丙公司能否请求乙公司承担违约责任？

答案：不能。基于**合同的相对性**，当事人约定由债务人向第三人履行债务，债务人乙公司未向第三人丙公司履行债务的，应当向债权人甲公司承担违约责任。法条依据为《中华人民共和国民法典》第五百二十二条第一款。

第二章
债的移转【客+主】

【重点】本章均十分重要

第一节 债权转让【客+主】【债权让与B】

法条群

《中华人民共和国民法典》第三编《合同》第一分编《通则》第六章《合同的变更和转让》

第五百四十五条第二款【禁止债权转让约定】当事人约定非金钱债权不得转让的,不得对抗善意第三人。当事人约定金钱债权不得转让的,不得对抗第三人。

第五百四十六条【债权转让的通知】债权人转让债权,未通知债务人的,该转让对债务人不发生效力。

债权转让的通知不得撤销,但是经受让人同意的除外。

第五百四十七条【从权利的转移】债权人转让债权的,受让人取得与债权有关的从权利,但是该从权利专属于债权人自身的除外。

受让人取得从权利不因该从权利未办理转移登记手续或者未转移占有而受到影响。

第五百四十九条【债务人的抵销权】有下列情形之一的,债务人可以向受让人主张抵销:

(一)债务人接到债权转让通知时,债务人对让与人享有债权,且债务人的债权先于转让的债权到期或者同时到期;

(二)债务人的债权与转让的债权是基于同一合同产生。

《最高人民法院关于适用〈中华人民共和国民法典〉合同编通则若干问题的解释》(六、合同的变更和转让)

第四十八条【债权转让通知】债务人在接到债权转让通知前已经向让与人履行,受让人请求债务人履行的,人民法院不予支持;债务人接到债权转让通知后仍然向让与人履行,受让人请求债务人履行的,人民法院应予支持。

让与人未通知债务人,受让人直接起诉债务人请求履行债务,人民法院经审理确认债权转让事实的,应当认定债权转让自起诉状副本送达时对债务人发生效力。债务人主张因未通知而给其增加的费用或者造成的损失从认定的债权数额中扣除的,人民法院依法予以支持。

第四十九条【债权表见让与、债务人确认其债权真实存在】债务人接到债权转让通知后,让与人以债权转让合同不成立、无效、被撤销或者确定不发生效力为由请求债务人向其履行的,人民法院不予支持。但是,该债权转让通知被依法撤销的除外。

受让人基于债务人对债权真实存在的确认受让债权后,债务人又以该债权不存在为由拒绝向受让人履行的，人民法院不予支持。但是，受让人知道或者应当知道该债权不存在的除外。

第五十条【债权多重转让】让与人将同一债权转让给两个以上受让人，债务人以已经向最先通知的受让人履行为由主张其不再履行债务的，人民法院应予支持。债务人明知接受履行的受让人不是最先通知的受让人，最先通知的受让人请求债务人继续履行债务或者依据债权转让协议请求让与人承担违约责任的，人民法院应予支持；最先通知的受让人请求接受履行的受让人返还其接受的财产的，人民法院不予支持，但是接受履行的受让人明知该债权在其受让前已经转让给其他受让人的除外。

前款所称最先通知的受让人，是指最先到达债务人的转让通知中载明的受让人。当事人之间对通知到达时间有争议的，人民法院应当结合通知的方式等因素综合判断，而不能仅根据债务人认可的通知时间或者通知记载的时间予以认定。当事人采用邮寄、通讯电子系统等方式发出通知的，人民法院应当以邮戳时间或者通讯电子系统记载的时间等作为认定通知到达时间的依据。

债权转让，是指在不改变债的同一性的前提下，债权人与第三人达成合意，将其债权转让给第三人。债权人被称为让与人，受让债权的第三人被称为受让人。

一、债权转让的构成要件

1. 债权合法有效。
2. 债权人与受让人签订有效的债权转让合同。
3. 债权具有可转让性。

下列3类债权不能转让：

（1）依照法律规定不得转让。如赡养费请求权、抚养费请求权。

（2）根据债权性质不得转让。

①具有高度人身性或者基于人身信赖关系产生的债权（如劳务之债，人身损害赔偿请求权，基于合伙、委托等合同所生的债权）。

②不作为债权（如竞业禁止专为特定债权人利益而设，若允许转让，无异于为债务人设定新的义务）。

③从债权不得单独转让（如保证债权）。

（3）按照当事人约定不得转让。

①当事人约定非金钱债权不得转让的，不得对抗善意第三人。

②当事人约定金钱债权不得转让的，不得对抗第三人。

【示例】甲以50万元购入乙的汽车，双方明确约定禁止任何一方向第三人转让债权。

①若甲将其对乙享有的交付汽车的债权转让给善意的丙，因该债权性质是非金钱债权，禁止转让的约定不得对抗善意的丙，债权让与有效，丙可以要求乙交付汽车。不过，乙可以请求甲承担违约责任。

②若乙将其对甲享有的请求支付50万元价款的债权转让给丁，因该债权性质是金钱债权，禁止转让的约定不得对抗第三人，因此无论丁是善意还是恶意，债权让与均有效，只要通知了甲，丁就可以请求甲支付50万元价款。不过，甲可以请求乙承担违约责任。

二、债权转让的法律效果

（一）内部效力（债权卖断）

1. 自债权转让合同生效时起，债权由债权人转移于受让人，受让人取代债权人的地位，成为新的债权人。

2.债权人退出，受让人只能请求债务人履行债务；即使债务人没有能力履行，受让人也不能请求债权人承担责任。

（二）外部效力

1.债务人保护规则

（1）未通知债务人，债权转让对债务人不发生效力。

①债务人接到转让通知前：

向让与人履行的，产生债务消灭效果。受让人无权要求债务人再次履行，只能请求让与人返还不当得利。

②债务人接到转让通知后：

A.债务人只能向受让人履行债务；向让与人履行的，不产生债务消灭效果，受让人有权要求其再次履行。

B.让与人不能以债权转让合同无效等为由要求债务人向其履行。【新增】

C.转让通知到达债务人之日起，诉讼时效中断。

【示例】甲对乙享有100万元的借款债权。2022年10月1日，甲将该债权转让给丙。10月10日，甲通知乙。①10月1日，甲与丙之间的债权转让合同生效，丙成为新债权人。②10月10日，债权转让对乙生效，丙可以请求乙偿还借款。

【注意】（1）未通知债务人并不影响债权转让本身的效力，仅仅是债权转让对债务人不发生效力。

（2）因债权转让增加的履行费用，由让与人负担。

（3）债务人对让与人的抗辩，可以向受让人主张（法院可以追加让与人为第三人）。例如，甲对乙享有100万元的借款债权。过了诉讼时效后，甲将该债权转让给丙，并通知乙。乙可以向丙主张诉讼时效抗辩权。

（4）债务人可以向受让人主张抵销的两种情形：

①债务人接到转让通知时对让与人享有债权，且债务人的债权先于转让的债权到期或者同时到期。

【示例】甲欠乙100万元，于2021年1月2日到期。乙欠甲80万元，于2020年12月15日到期。2020年9月20日，乙将其对甲的100万元债权转让给丙，并通知甲。由于甲对乙的债权（2020年12月15日到期）先于乙对甲的债权（2021年1月2日到期）到期，甲可以对丙主张抵销。

②债务人的债权与转让的债权基于同一合同产生。

【示例】甲将房屋出租给乙。乙欠甲租金20万元，甲欠乙房屋维修费6万元。甲将租金债权转让给丙，通知了乙。乙可以向丙主张抵销6万元，因为房屋租金债权与维修费债权均基于房屋租赁合同产生。

【说明】基于私法自治，债权人换人，不能对债务人产生不利影响，增加的履行费用由让与人负担。债务人本来就可以主张的抗辩与抵销可以继续向受让人主张。

2.受让人保护【新增】

（1）未经受让人同意，让与人不得撤销转让通知。

（2）未经通知，受让人直接起诉债务人的，债权转让自起诉状副本送达时对债务人发生效力。（起诉代通知）

（3）债务人确认债权真实存在后，不得再以债权不存在为由拒绝向受让人履行，除非受让人知道或者应当知道债权不存在。

三、债权的多重转让【新增】

让与人将同一债权转让给两个以上受让人：

1. 债务人已经向最先通知的受让人履行的，产生债务消灭效果。

最先通知的受让人，是指最先到达债务人的转让通知中载明的受让人。

2. 债务人向非最先通知的受让人履行的：

（1）最先通知的受让人可以请求债务人继续履行债务或者依据债权转让协议请求让与人承担违约责任。

（2）最先通知的受让人无权请求接受履行的受让人返还其接受的财产，除非后者明知债权在其受让前已经转让给其他受让人。

🔨 判断分析

甲将其对乙享有的 100 万元债权让与给丙，对此乙并不知情，后丙请求乙履行债务。

A. 因甲将 100 万元债权转让给丙所增加的履行费用，应该由乙承担【错误。因债权转让增加的履行费用，应当由让与人甲承担。】

B. 甲将 100 万元债权转让给丙时，100 万元债权的诉讼时效中断【错误。甲转让 100 万元债权时并未通知债务人乙，不发生诉讼时效中断的效力。】

C. 若乙之前已经向甲清偿了 100 万元，属于无效清偿【错误。在债权转让未通知债务人之前，债务人对原债权人的履行属于有效清偿，受让人无权请求其再次清偿。】

第二节　债务承担【客＋主】【债务承担B】

🔗 法条群

《中华人民共和国民法典》第三编《合同》第一分编《通则》第六章《合同的变更和转让》

第五百五十一条【债务承担】债务人将债务的全部或者部分转移给第三人的，应当经债权人同意。债务人或者第三人可以催告债权人在合理期限内予以同意，债权人未作表示的，视为不同意。

第五百五十二条【债务加入】第三人与债务人约定加入债务并通知债权人，或者第三人向债权人表示愿意加入债务，债权人未在合理期限内明确拒绝的，债权人可以请求第三人在其愿意承担的债务范围内和债务人承担连带债务。

第五百五十三条【新债务人的权利和义务】债务人转移债务的，新债务人可以主张原债务人对债权人的抗辩；原债务人对债权人享有债权的，新债务人不得向债权人主张抵销。

第五百五十四条【从债务的转移】债务人转移债务的，新债务人应当承担与主债务有关的从债务，但是该从债务专属于原债务人自身的除外。

债务承担，是指在不改变债的同一性的前提下，债务人与第三人达成合意，将其债务移转于第三人承担。移转债务的一方被称为原债务人，承担债务的一方被称为新债务人。根据承担方式不同，可以分为免责的债务承担（即原债务人免责）和并存的债务承担（即原债务人与新债务人承担连带债务）。

一、免责的债务承担

（一）构成要件

1. 债务合法有效。

2. 债务具有可转移性。（债权可以转让，对应的债务一般就可以转移）
3. 债务人与第三人签订有效的免责的债务承担合同。
4. 债权人同意。

债务人或者第三人可以催告债权人在合理期限内予以同意，债权人未作表示的，视为不同意。

【注意】债权人未同意，免责的债务承担合同并不会因此而无效，仅仅是对债权人不发生效力。

例如，甲欠乙50万元借款。为抵偿自己欠甲的50万元货款债权，丙和甲约定由丙偿还甲欠乙的借款，然而乙拒绝。甲与丙之间的免责的债务承担合同有效，只是不对乙发生效力，乙依然可以请求甲偿还借款。甲一旦向乙偿还了借款，可以向丙追偿。

（二）法律效果

1. 原债务人退出，第三人成为新债务人。债权人只能请求新债务人履行债务。
2. 从债务原则上随之转移。例如，本金债务转移，利息债务随之转移。
3. 新债务人可以主张原债务人对债权人的抗辩。（免责的债务承担仅仅意味着债务人换了，债务本身并没有改变，原债务人对债权人的抗辩随之到了新债务人手里）例如，甲对乙的10万元借款债权已过诉讼时效。若乙将债务转移给丙，且经过了甲的同意，则在甲请求丙偿还借款时，丙可以主张诉讼时效抗辩权。
4. 原债务人对债权人享有债权的，新债务人不得向债权人主张抵销。（原债务人只是将债务转移给了新债务人，新债务人并没有取得原债务人对债权人享有的债权，自然不得慷他人之慨）例如，乙曾经借10万元给甲帮其渡过难关。后甲为表示感激将自己价值20万元的汽车作价8万元出卖给乙。乙与丙约定，由丙向甲支付8万元的购车款，甲表示同意。甲向丙索要购车款时，丙不得以乙曾经借款10万元给甲为由主张抵销。
5. 从债务承担的意思表示到达债权人之日起，诉讼时效中断。

【比较】在免责的债务承担中，第三人取代原债务人的地位成为新债务人，而第三人代为履行中，第三人只是代债务人清偿债务，并无成为债务人的意思。在个案中难以确定时，按照第三人代为履行处理，因为这样对债权人比较有利。需要注意的是，在免责的债务承担中，如果原债务人向债权人履行的，构成第三人代为履行，可以向新债务人追偿。

⚖ 判断分析

甲将其对乙享有的10万元货款债权转让给丙，丙再转让给丁，乙均不知情。乙将债务转让给戊，得到了甲的同意。丁要求乙履行债务，乙以其不知情为由抗辩。下列哪一表述是正确的？（2012年第3卷第13题）

A. 甲将债权转让给丙的行为无效【错误。债权转让合同自签订时生效。通知债务人只是债权转让对债务人发生效力的条件，未通知不影响债权转让的效力】

B. 丙将债权转让给丁的行为无效【错误。理由同上】

C. 乙将债务转让给戊的行为无效【错误。由于两次债权转让均未通知乙，债权转让对乙不发生效力，对乙而言，债权人仍然是甲。乙将债务转移给戊经过了甲的同意，因此其行为有效】

D. 如乙清偿10万元债务，则享有对戊的求偿权【正确。乙已经将债务全部转移给了戊，不再具有还款义务，乙可依无因管理或者不当得利的规定向戊追偿】

二、并存的债务承担（债务加入）

（一）构成要件

1. 债务合法有效。
2. 债务具有可转移性。
3. 债务人与第三人签订有效的并存的债务承担（债务加入）合同。

三种方式：
①第三人与债务人约定，并通知债权人；
②第三人向债权人表示加入债务；
③三方达成合意。

在①和②的情形，不需要债权人同意，债权人未在合理期限内明确拒绝即可，因为并存的债务承担在法律效果上是多了一个债务人，对债权人有百利而无一害。

（二）法律效果

债务人并不退出，第三人与债务人对债权人承担连带债务。新债务人承担后，可以按约定/不当得利等找债务人追偿，但新债务人知道/应知加入债务会损害债务人利益的，不能追偿。债务人对债权人的抗辩可以向新债务人主张。【新增】

📎 判断分析

甲对乙享有20万元债权，丙为乙提供保证，后丁向甲表示愿意与乙一起承担对甲的20万元债务。不知情的丙有权主张免除保证责任。【错误。在并存的债务承担中，担保人不得以第三人加入债务未经其同意为由主张免责。】

第三节 债权债务的概括承受

一、约定的概括承受【约定概括承受E】

债的一方当事人和第三人约定，将其债权债务一并转移给第三人，由第三人概括地承受权利义务。

（一）构成要件

1. 须有合法有效的债，且一般为双务合同之债。
2. 合同当事人一方与第三人达成有效的概括承受协议。
3. 经合同对方当事人同意。

（二）法律效果

1. 让与人退出原合同关系，第三人（受让人）一并取得让与人所享有的合同权利及合同义务。
2. 从权利、从义务随同移转，但专属于让与人自身的除外。

【示例】甲公司与乙公司签订设备买卖合同，约定甲公司以500万元的价格将1套设备出售给乙公司。其后，乙公司改变经营方向，不再需要该设备。为此，乙公司与丙公司签订合同，约定乙公司将其在设备买卖合同中的权利义务转让给丙公司，甲公司表示同意。此即约定的概括承受，丙公司取代乙公司的地位，成为设备买卖合同当事人，有权请求甲公司交付设备，同时有义务向甲公司支付价款。

二、法定的概括承受【法定移转 E】

基于法律规定，债权债务关系中一方当事人的债权、债务由第三人享有、承担。主要包括下列情形：

1. 法人的合并与分立。合并、分立后的法人，依法承受原法人的债权、债务。
2. 买卖不破租赁。先租后买的，买受人依法承受原房屋租赁合同。
3. 继承。继承人继承被继承人的债权、以继承的遗产为限清偿被继承人的债务。

【主观题专项训练】

案情：2022 年 1 月 1 日，甲公司与乙公司签订设备买卖合同，约定：甲公司向乙公司出售 X 设备，应于合同签订后十五日内交付设备，乙公司应于收到设备后一周内付清价款 500 万元；任何一方均不得将合同权利转让给第三人。乙公司的股东 A 向甲公司发出"承诺函"，表示愿意与乙公司共同支付 500 万元价款。1 月 3 日，甲公司将其 500 万元价款债权转让给知情的丙公司，并于次日通知了乙公司和 A。后甲公司依约交付了 X 设备。

问题 1：丙公司能否取得对乙公司的债权？

问题 2：丙公司能否请求 A 支付 500 万元的价款？

问题 3：若乙公司向甲公司支付了 500 万元，丙公司能否请求乙公司再次付款？

问题 1：丙公司能否取得对乙公司的债权？

答案：能。甲公司将其对乙公司的价款债权转让给知情的丙公司，虽然违反了甲公司与乙公司之间关于禁止债权转让的约定，但是禁止金钱债权转让的约定，不得对抗第三人。法条依据为《中华人民共和国民法典》第五百四十五条。

问题 2：丙公司能否请求 A 支付 500 万元的价款？

答案：能。A 向甲公司发出的"承诺函"表明其自愿加入债务，构成并存的债务承担，A 应当与乙公司负担连带债务。法条依据为《中华人民共和国民法典》第五百五十二条。

问题 3：若乙公司向甲公司支付了 500 万元，丙公司能否请求乙公司再次付款？

答案：能。乙公司已经收到通知，债权转让对其发生效力，其只能向受让人丙公司付款，向甲公司付款不构成有效清偿，丙公司可以请求其再次付款。法条依据为《中华人民共和国民法典》第五百四十六条。

第三章 债的保全【客+主】

【重点】本章均十分重要

债务人以自己的全部财产（责任财产）保障债权的实现，其责任财产的多少，直接关系到债权人的债权能否实现。为此，法律在债务人的行为影响债权实现时突破债的相对性，赋予债权人保全的权利，以维持债务人的责任财产，确保其债权实现。

第一节 债权人代位权【客+主】【代位权C】

法条群

《中华人民共和国民法典》第三编《合同》第一分编《通则》第五章《合同的保全》

第五百三十五条【债权人代位权】因债务人怠于行使其债权或者与该债权有关的从权利，影响债权人的到期债权实现的，债权人可以向人民法院请求以自己的名义代位行使债务人对相对人的权利，但是该权利专属于债务人自身的除外。

代位权的行使范围以债权人的到期债权为限。债权人行使代位权的必要费用，由债务人负担。

相对人对债务人的抗辩，可以向债权人主张。

第五百三十六条【代位权的期前行使】债权人的债权到期前，债务人的债权或者与该债权有关的从权利存在诉讼时效期间即将届满或者未及时申报破产债权等情形，影响债权人的债权实现的，债权人可以代位向债务人的相对人请求其向债务人履行、向破产管理人申报或者作出其他必要的行为。

第五百三十七条【代位权行使的法律效果】人民法院认定代位权成立的，由债务人的相对人向债权人履行义务，债权人接受履行后，债权人与债务人、债务人与相对人之间相应的权利义务终止。债务人对相对人的债权或者与该债权有关的从权利被采取保全、执行措施，或者债务人破产的，依照相关法律的规定处理。

《最高人民法院关于适用〈中华人民共和国民法典〉合同编通则若干问题的解释》（五、合同的保全）

第三十五条【代位权诉讼的管辖】债权人依据民法典第五百三十五条的规定对债务人的相对人提起代位权诉讼的，由被告住所地人民法院管辖，但是依法应当适用专属管辖规定的除外。

债务人或者相对人以双方之间的债权债务关系订有管辖协议为由提出异议的，人民法院不予支持。

第三十六条【代位权诉讼不受仲裁条款约束】债权人提起代位权诉讼后，债务人或者相对人以双方之间的债权债务关系订有仲裁协议为由对法院主管提出异议的，人民法院不予支持。但是，债务人或者相对人在首次开庭前就债务人与相对人之间的债权债务关系申请仲裁的，人民法院可以依法中止代位权诉讼。

债权人代位权，是债务人怠于向其债务人即次债务人主张债权，影响其债权人的债权实现时，债权人直接向次债务人主张债务人的债权的权利。

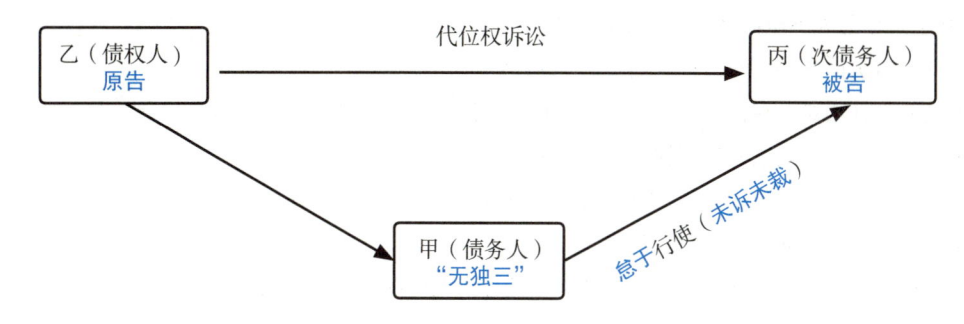

```
乙（债权人）      代位权诉讼        丙（次债务人）
  原告       ───────────────→      被告
     ↖                              ↗
       ↖                          ↗
         ↖                      ↗  怠于行使（未诉未裁）
           ↖                  ↗
             甲（债务人）
               "无独三"
```

一、债权人代位权的成立条件

1. 债权人对债务人、债务人对次债务人的债权均合法、有效且到期。

之所以要求到期，是因为债权人行使代位权，相当于同时实现债权人对债务人的债权和债务人对次债务人的债权。

2. 债务人怠于行使其对次债务人的债权或者相关的从权利（主要指担保权）。

怠于行使，是指未以起诉或者仲裁方式行使权利。

3. 债务人怠于行使权利的行为影响债权人债权的实现：导致债务人的其他财产不足以清偿对债权人的债务。

4. 债权具有可代位性。

专属于债务人自身的债权不得代位：

（1）抚养费、赡养费或者扶养费请求权；

（2）人身损害赔偿请求权；

（3）劳动报酬请求权，但是超过债务人及其所扶养家属的生活必需费用的部分除外；

（4）请求支付基本养老保险金、失业保险金、最低生活保障金等保障当事人基本生活的权利；

（5）其他专属于债务人自身的权利。

【示例】甲向乙借款10万元，到期无法偿还，而丙拖欠甲8万元货款，甲屡次催要无果。因甲怠于行使对丙的债权影响乙的债权实现，乙可以向丙提起代位权诉讼，要求丙向自己支付8万元。

二、债权人代位权的行使（代位权诉讼）

1. 必须以诉讼方式行使。

（1）管辖法院：被告住所地法院。

（2）诉讼当事人：①原告：债权人；②被告：次债务人；③第三人：应当追加债务人为无独立请求权的第三人。【新修】

2. 代位权行使范围的双重限制：以债权人对债务人的债权为限，且以债务人对次债务人的债权为限，（就低不就高）。

3. 次债务人可以援引的抗辩：

（1）债务人对债权人的抗辩；

（2）次债务人对债务人的抗辩；

（3）次债务人对债权人的抗辩（如管辖异议）。

【注意】次债务人不得向债权人主张的抗辩【新增】：

①债务人与次债务人之间存在管辖协议/仲裁协议。

债务人或者其相对人在首次开庭前申请仲裁的，法院可以依法中止代位权诉讼。

②债务人与次债务人之间的债权债务关系未经生效法律文书确认。

③债权人提起代位权诉讼后，债务人无正当理由减免次债务人的债务或者延长次债务人的履行期限的，次债务人不得以此为由向债权人主张抗辩。

4. 提起代位权诉讼，会导致债权人的债权和债务人的债权的诉讼时效均中断。

三、债权人胜诉的法律效果

1. 次债务人直接向债权人履行债务。债权人接受履行后，债权人与债务人、债务人与次债务人之间的债务在相应的范围内消灭。

2. 诉讼费用由次债务人负担（谁败诉谁负担）；必要费用，如律师费、差旅费等，由债务人负担。

四、债权人代位权的提前行使

1. 债权人的债权尚未到期，但是只要出现了以下情形之一且影响债权人的债权实现，债权人可以行使代位权：

（1）债务人对次债务人的债权或者与该债权有关的从权利的诉讼时效期间即将届满；

（2）次债务人破产而债务人未及时申报债权。

2. 不要求以诉讼方式行使。

3. 次债务人向债务人履行债务，而非向债权人履行债务。（债权人提前行使代位权其实是为了保存债务人对次债务人的债权）

【示例】乙对甲享有的10万元借款债权尚未到期，而甲对丙享有的8万元借款债权即将过诉讼时效。若影响乙的债权实现，乙可以行使代位权，请求丙向甲履行债务。（这样可以导致甲对丙的债权诉讼时效中断。待乙的债权到期，乙就可以对丙提起代位权诉讼，而丙无法主张诉讼时效抗辩权）

📝 判断分析

甲公司对乙公司享有5万元债权，乙公司对丙公司享有10万元债权。如甲公司对丙公司提起代位诉讼，则针对甲公司，丙公司的下列哪些主张具有法律依据？（2012年第3卷第59题）

A. 有权主张乙公司对甲公司的抗辩【正确。次债务人有权主张债务人乙公司对债权人甲公司的抗辩】

B. 有权主张丙公司对乙公司的抗辩【正确。次债务人有权主张对债务人乙公司的抗辩】

C. 有权主张代位权行使中对甲公司的抗辩【正确。次债务人有权主张代位权行使中对甲公司的抗辩】

D. 有权主张甲公司只能对其中5万元行使代位权【正确。代位权的行使范围以债权人的到期债权为限】

第二节 债权人撤销权【客+主】【债权人撤销权B】

法条群

《中华人民共和国民法典》第三编《合同》第一分编《通则》第五章《合同的保全》

第五百三十八条【对无偿处分行为的撤销权】债务人以放弃其债权、放弃债权担保、无偿转让财产等方式无偿处分财产权益，或者恶意延长其到期债权的履行期限，影响债权人的债权实现的，债权人可以请求人民法院撤销债务人的行为。

第五百三十九条【对有偿处分行为的撤销权】债务人以明显不合理的低价转让财产、以明显不合理的高价受让他人财产或者为他人的债务提供担保，影响债权人的债权实现，债务人的相对人知道或者应当知道该情形的，债权人可以请求人民法院撤销债务人的行为。

第五百四十条【债权人撤销权的行使范围】撤销权的行使范围以债权人的债权为限。债权人行使撤销权的必要费用，由债务人负担。

第五百四十一条【债权人撤销权的行使期间】撤销权自债权人知道或者应当知道撤销事由之日起一年内行使。自债务人的行为发生之日起五年内没有行使撤销权的，该撤销权消灭。

第五百四十二条【撤销权行使的法律效果】债务人影响债权人的债权实现的行为被撤销的，自始没有法律约束力。

《最高人民法院关于适用〈中华人民共和国民法典〉合同编通则若干问题的解释》（五、合同的保全）

第四十四条【撤销权诉讼中的当事人】债权人依据民法典第五百三十八条、第五百三十九条的规定提起撤销权诉讼的，应当以债务人和债务人的相对人为共同被告，由债务人或者相对人的住所地人民法院管辖，但是依法应当适用专属管辖规定的除外。

两个以上债权人就债务人的同一行为提起撤销权诉讼的，人民法院可以合并审理。

第四十六条【撤销权行使的法律后果】债权人在撤销权诉讼中同时请求债务人的相对人向债务人承担返还财产、折价补偿、履行到期债务等法律后果的，人民法院依法予以支持。

债权人请求受理撤销权诉讼的人民法院一并审理其与债务人之间的债权债务关系，属于该人民法院管辖的，可以合并审理。不属于该人民法院管辖的，应当告知其向有管辖权的人民法院另行起诉。

债权人依据其与债务人的诉讼、撤销权诉讼产生的生效法律文书申请强制执行的，人民法院可以就债务人对相对人享有的权利采取强制执行措施以实现债权人的债权。债权人在撤销权诉讼中，申请对相对人的财产采取保全措施的，人民法院依法予以准许。

债权人撤销权，是指债务人不当减少其责任财产，影响债权人的债权实现时，债权人撤销债务人不当减少责任财产行为的权利。

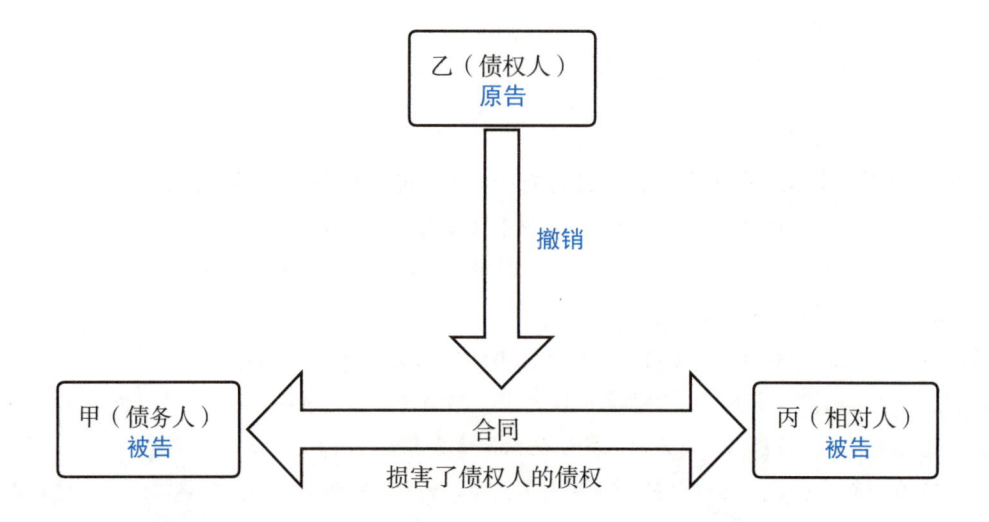

```
         乙（债权人）
           原告
            │
            │ 撤销
            ▼
甲（债务人） ←――合同――→ 丙（相对人）
   被告      损害了债权人的债权    被告
```

一、债权人撤销权的成立条件

1. 债权人对债务人的债权合法、有效（**不用到期**）。

2. 债权人对债务人的债权成立**后**，债务人实施了**不当减少其责任财产**的行为。

（1）**无偿处分**行为：放弃债权、放弃债权担保、无偿转让财产、**恶意延长**到期债权的履行期限。（提前偿还未到期债务也构成无偿处分行为）

（2）以明显不合理的价格买卖、互易财产 / 以物抵债 / 租赁财产 / 知识产权许可使用等，或者为他人的债务**提供担保**。（额外要求：债务人的相对人**知道**或者应当知道债务人的行为影响债权实现。）

【注意】明显不合理的价格：**低于市场价的 70% 转让财产**；**高于市场价的 30% 受让**他人财产。债务人与相对人存在亲属关系、关联关系的，不受前述 70%/30% 的限制。【新增】

3. 债务人的行为影响债权的实现：导致债务人的其他财产不足以清偿对债权人的债务。

【注意】债务人的行为限于**财产行为**，身份行为即使导致其责任财产减少，债权人也不得主张撤销，例如结婚、收养；赋予债权人撤销权是为了**维持债务人的责任财产**，因而在债务人的行为并没有导致其责任财产减少，只是导致其责任财产没有增加的情形，债权人不得主张撤销，例如放弃继承（通说）。

二、债权人撤销权的行使（撤销权诉讼）

1. 债权人撤销权为形成权，且必须以**诉讼方式**行使。

（1）管辖法院：**债务人或相对人的住所地法院**。【新修】

（2）诉讼当事人：①原告：债权人；②被告：**债务人和相对人为共同被告**。【新修】

2. 行使范围：以债权人对债务人的债权为限。

3. 除斥期间：自债权人知道或应当知道撤销事由之日起 **1 年内**行使；最晚自债务人的**行为发生之日起 5 年内**必须行使。

三、债权人胜诉的法律效果

1. 债务人的行为**自始没有**法律约束力。

2. 债权人可以请求相对人将所获利益**返还债务人**（入库规则）。

3. **诉讼费用**由债务人负担；**必要费用**债务人负担，相对人有**过错的**，适当分担。

【新增】程序问题

①在撤销权诉讼中，债权人可以**同时**请求相对人向债务人承担**返还财产、折价补偿、履行到期债务**等法律后果。

②债权人请求受理撤销权诉讼的法院一并审理其与债务人之间的债权债务关系：属于该法院管辖的，可以合并审理。不属于该法院管辖的，应当告知其向有管辖权的法院另行起诉。

③**撤销权诉讼胜诉**且**债权人起诉债务人的诉讼胜诉**的，债权人可以就债务人对相对人的权利申请采取**强制执行**措施。

④在撤销权诉讼中，债权人可以申请对相对人的财产采取财产**保全**措施。

判断分析

1. 甲欠乙1万元到期未还。2020年4月，甲得知乙准备起诉索款，便将自己价值3万元的全部财物以1万元卖给了知悉其欠乙款未还情况的丙，乙请求撤销甲、丙之间买卖合同的权利不受诉讼时效的限制。【**正确**。债权人撤销权为**形成权**，不受诉讼时效的限制。】

2. 甲欠乙1万元到期未还。2020年4月，甲得知乙准备起诉索款，便将自己价值3万元的全部财物以1万元卖给了知悉其欠乙款未还情况的丙，约定付款期限为2021年底。乙于2020年5月1日得知这一情况，其最迟应于2021年5月1日向法院提起诉讼。【**正确**。撤销权自债权人乙**知道或者应当知道**撤销事由之日起**一年**内行使。】

3. 甲欠乙1万元到期未还。2020年4月，甲得知乙准备起诉索款，便将自己价值3万元的全部财物以1万元卖给了知悉其欠乙款未还情况的丙，约定付款期限为2021年底。后乙得知这一情况，向法院提起撤销权诉讼并胜诉，则诉讼费用应由次债务人丙全部承担。【**错误**。债权人乙行使撤销权的诉讼费用及必要费用，由**债务人**甲负担，有过错的丙适当分担。】

【主观题专项训练】

案情：甲公司系住所地位于A市的房地产开发商。2020年1月1日，甲公司向乙公司提供借款5000万元，约定借期2年，年利率8%。丙公司以自己的厂房为借款提供抵押，办理了抵押登记。2020年5月1日，甲公司向A市卫生局捐赠现金500万元，用于采购防疫物资。2020年10月1日，甲公司高价中标黄金地段的一块地。为开发中标的地块，甲公司于2021年1月1日与丁公司签订借款合同，约定：丁公司向甲公司提供借款1亿元，借期1年，年利率6%。因新项目开发不顺利，甲公司到期无力向丁公司偿还借款本息。甲公司三番五次书面敦请乙公司还款，均被乙公司以无力偿还为由拒绝。2022年2月1日，甲公司再次向A市卫生局捐赠500万元，用于采购防疫物资。其后，甲公司的状况日益恶化，经营难以为继。

问题1：对于甲公司2020年5月1日的捐赠行为，丁公司是否有权请求法院撤销？

问题2：对于甲公司2022年2月1日的捐赠行为，丁公司是否有权请求法院撤销？

问题3：丁公司能否向乙公司提起代位权诉讼？如果能，代位权的行使范围如何确定？

问题4：丁公司能否向丙公司提起代位权诉讼？

问题1：对于甲公司2020年5月1日的捐赠行为，丁公司是否有权请求法院撤销？

答案：不能。甲公司的捐赠行为发生于丁公司的债权成立之前，不符合债权人撤销权的成立条件。法条依据为《中华人民共和国民法典》第五百三十八条。

问题2：对于甲公司2022年2月1日的捐赠行为，丁公司是否有权请求法院撤销？

答案：能。甲公司的捐赠行为属于无偿转让财产，该行为影响了丁公司债权的实现，符合债权人撤销权的成立条件。法条依据为《中华人民共和国民法典》第五百三十八条。

问题3：丁公司能否向乙公司提起代位权诉讼？如果能，代位权的行使范围如何确定？

答案：（1）能。甲公司怠于行使其对乙公司的债权，且影响丁公司债权的实现，符合债权人代位权的行使条件。

（2）丁公司只能请求乙公司支付5000万元。代位权的行使范围以债权人对债务人的债权以及债务人对次债务人的债权的双重债权为限。法条依据为《中华人民共和国民法典》第五百三十五条。

问题4：丁公司能否向丙公司提起代位权诉讼？

答案：能。甲公司怠于行使其对乙公司债权的从权利即丙公司厂房的抵押权，且影响丁公司债权的实现，符合债权人代位权的行使条件。法条依据为《中华人民共和国民法典》第五百三十五条。

第四章

债的消灭

【重点】清偿抵充、法定抵销

债的消灭，是指债权债务关系因一定的法律事实而终止。导致债消灭的原因包括清偿、抵销、提存、免除和混同。

第一节 清偿【客+主】【清偿B】

清偿，是指债务人向债权人全面而适当地履行债务，使债务消灭的行为。
债务人的履行不足以清偿全部债务时的处理规则如下：清偿抵充

1. **数笔债务：先还的是哪一笔债务？**

甲欠乙数笔种类相同的债务，且甲的履行不足以清偿全部债务。此时，需要判断：甲履行清偿的是数笔债务中的哪一笔？

约定＞债务人指定＞已到期债务＞缺乏担保/担保最少的债务＞负担较重的债务＞债务到期顺序＞债务比例。

【示例】甲向朋友乙借钱，第1次借款8万元，约定2022年3月20日到期，年利率为12%，有担保；第2次借款10万元，约定2022年6月1日到期，年利率为10%，无担保；第3次借款6万元，约定2022年4月10日到期，无利率，无担保。2022年4月25日，甲向乙还款15万元，未作任何表示，问该3笔债务的受偿顺序是什么？【当事人无约定且未指定清偿顺序，先履行已到期的债务：第1、3笔借款均已到期，而第1笔借款有担保，第3笔借款无担保，故而先履行第3笔借款，再履行第一笔借款，最后偿还未到期的第2笔借款。】

2. **一笔债务：先还的是哪一部分？**

甲欠乙一笔债务，该笔债务由主债务（本金）、利息和实现债权产生的费用3个部分组成。甲只履行了一部分，不足以清偿全部债务，那么甲所清偿的是本金、利息，还是费用？

约定＞费用＞利息＞本金。

判断分析

甲为创业，向朋友乙借钱，第一次借20万元，2017年4月1日到期，年利率为20%，有担保；第二次借款20万元，2017年5月1日到期，年利率6%，无担保。甲一直未还钱。2017年5月6日，甲委托丙代自己向乙偿还第一笔借款，丙随即向乙转账 20 万元，丙转账时备注偿还的是第一笔借款。乙不同意，收到后表示归还的是第二笔借款，因此对丙代为偿还的是哪一笔借款，甲与乙发生争执。若甲与乙不能于事后达成协议，应认定偿还的是第一笔借款。（2018 年仿真题）【**正确**。债务人甲委托丙代自己向乙偿还第一笔借款，且丙转账时也备注偿还第一笔借款，应**以甲的指定为准**】

第二节 抵销【抵销 D】

法条群

《中华人民共和国民法典》第三编《合同》第一分编《通则》第七章《合同的权利义务终止》

第五百六十八条【**债务法定抵销**】当事人互负债务，该债务的**标的物种类、品质相同**的，任何一方可以将自己的债务与对方的**到期债务抵销**；但是，根据债务性质、按照当事人约定或者依照法律规定**不得抵销的除外**。

当事人主张抵销的，应当**通知对方**。**通知自到达**对方时**生效**。抵销不得附条件或者附期限。

《最高人民法院关于适用〈中华人民共和国民法典〉合同编通则若干问题的解释》（七、合同的权利义务终止）

第五十七条【**侵权之债不适用抵销**】因侵害**自然人人身权益**，或者**故意、重大过失侵害他人财产权益**产生的损害赔偿债务，侵权人主张抵销的，人民法院不予支持。

第五十八条【**已过诉讼时效债权的抵销**】当事人互负债务，一方以其**诉讼时效期间已经届满**的债权通知对方主张抵销，**对方提出诉讼时效抗辩**的，人民法院对该抗辩应予支持。一方的债权诉讼时效期间已经届满，对方主张抵销的，人民法院应予支持。

抵销，是指双方当事人**互负债务**时，互负的债务相互**充抵**而归于**消灭**。主张抵销一方享有的债权叫"**主动债权**"，另一方的债权叫"**被动债权**"。抵销包括法定抵销和意定抵销。

一、法定抵销

（一）成立要件

1. 双方互负债务。

2. 双方债务的标的物的种类、品质相同。

3. 主动债权已到期。

行使抵销权属于变相实现债权，所以要求主动债权已到期，否则无异于允许主动债权提前实现，迫使对方放弃期限利益。至于被动债权，是否到期，则在所不问，因为被动债权未到期时，主动债权人主张抵销属于放弃自己的期限利益，基于私法自治，没有必要禁止。

【注意】**诉讼时效届满的债权主张抵销时，对方可以提出时效抗辩。但是对方可以主张抵销。**（对方可以放弃时效利益）【**新增**】

4. 双方的债务并非依照法律规定／当事人约定／债务性质**不得抵销**的债务。

【注意1】不得主张以自己的债权与对方享有的给付养老金、退休金、劳动报酬的债权抵销。（对方可以主张抵销）

【注意2】侵害人身权益／因故意或重大过失侵害财产权益的侵权人，不得主张以自己的债权与对方

的侵权损害赔偿请求权抵销。（对方可以主张抵销）【新增】

【注意3】合同无效、被撤销，一方请求对方返还标的物并主张标的物使用费，另一方请求返还支付的金钱并主张资金占用费的，标的物使用费与资金占用费可以互相抵销。【新增】

【示例】甲向乙借款8万元，于3月1日到期。乙向甲购买设备，须于4月1日支付10万元价款。若甲于4月5日请求乙支付价款，乙可以主张抵销8万元，仅支付2万元。

（二）抵销权的行使

1. 抵销权的性质：形成权。
2. 抵销权的行使方式
（1）通知，无须对方同意。
（2）在诉讼中提出抗辩或者提起反诉。
3. 抵销权行使的法律效果
（1）抵销通知到达对方时生效。
（2）抵销一经生效，双方互负的债务在同等数额内消灭。

【注意】行使抵销权一方的债权不足以抵销全部债务的，按照前述清偿抵充规则处理。

二、意定抵销

当事人互负债务，标的物种类、品质不相同的，经双方协商一致，也可以抵销。

第三节　提存【提存E】

一、提存的概念

因债权人原因导致债务人难以履行债务，债务人可将履行债务的标的物交给提存部门（主要为公证处）以实现债的消灭。

二、提存的成立

1. 存在法定的提存事由：
（1）债权人无正当理由拒绝受领；
（2）债权人下落不明；
（3）债权人死亡未确定继承人、遗产管理人，或丧失民事行为能力未确定监护人；
（4）法律规定的其他情形。
2. 债务人将标的物或者将标的物依法拍卖、变卖所得价款交付提存部门时，提存成立。

标的物不适于提存或提存费用过高的，提存拍卖、变卖标的物所得价款。

三、提存的法律效果

1. 自提存日起，视为债务人在提存范围内已经履行了债务。
2. 提存后，债务人负有通知义务。

3. 提存期间，标的物毁损、灭失的风险由 债权人 承担，标的物的孳息归债权人所有，提存费用由债权人负担。

4. 提存期间，提存部门负 妥善保管 义务，因保管不善致保管物毁损的要向债权人赔偿。

5. 债权人可以随时领取提存物。

（1）债权人对债务人负有到期债务的，在债权人未履行债务或者提供担保之前，提存部门根据债务人的要求应当拒绝其领取提存物。

（2）债权人领取提存物的权利，自提存之日起 5 年 内不行使而消灭，提存物扣除提存费用后 归国家所有。但是，债权人未履行对债务人的到期债务，或者债权人向提存部门书面表示放弃领取提存物权利的，债务人负担提存费用后 有权取回 提存物。

第四节　免除【免除 E】

免除，是指债权人 放弃 自己的债权，免除债务人债务的行为。

1. 免除是一种 单方法律行为，只需债权人单方作出免除的意思表示即可，不用债务人同意。但是，债务人在合理期限内，有权拒绝免除，即债务人要继续履行债务。

2. 免除是有相对人的单方法律行为，债权人必须 向债务人或其代理人 作出免除债务的意思表示，否则不发生免除的效果。例如，甲欠乙钱，乙对丙说："我免除了甲的债务。"即使丙事后告诉了甲，也不能发生免除效果，甲仍需继续向乙还钱。

3. 债权人免除债务不得损害第三人的利益。例如，甲将自己对乙享有的债权出质给丙，如果甲免除乙的债务，将损害质权人丙的利益，因此甲不得免除乙的债务。

第五节　混同【混同 E】

混同，是指 债权和债务同归于一人，致使债的关系消灭的事实。例如，A 公司与 B 公司合并为 C 公司，则 A 公司欠 B 公司的债务因混同而消灭。

1. 发生混同的主要原因为继承、法人合并等。

2. 例外：混同 损害第三人利益 的，债权债务 不消灭。例如，小李因创业向父亲大李借款 100 万，后大李将这笔借款债权为自己的债权人顾某设立权利质权。大李后因车祸死亡，小李继承大李的全部财产。此时，100 万借款债权不因混同而消灭，否则会导致顾某的权利质权消灭，损害顾某的利益。

第五章 无因管理

【重点】无因管理的构成要件与法律效果

无因管理，是指在没有法定或约定义务，为避免他人利益受损，而自愿管理他人事务的行为。管理他人事务的人叫作管理人，被管理事务的人叫作受益人(本人)。

【说明】无因管理制度旨在调和"禁止干预他人事务"与"奖励互助行为"两项原则。

一、无因管理的构成要件【无因管理的构成要件B】

1.管理他人事务：客观上实施了管理他人事务的行为。

（1）管理行为既可以是事实行为（如帮忙收被子、救火），也可以是民事法律行为（如把落水的人送去医院并垫付医药费）。但无因管理本身是事实行为，不要求管理人具有民事行为能力。例如，15岁的丙租车将在体育课上昏倒的同学送往医院救治，构成无因管理。

以实施民事法律行为的方式进行管理，既可以自己名义，也可以本人名义。以本人名义构成无权代理的，不影响无因管理的成立。例如，因连日暴雨，甲车在地下车库被积水浸泡，邻居乙为减少身在外地的甲的损失，以甲的名义请拖车公司将甲车拖至安全地点存放。乙的行为构成无权代理，若甲拒绝追认，拖车服务合同对甲不发生效力，乙可以根据无因管理请求甲偿还其支付的拖车费用。

（2）他人的事务必须为合法事务。例如，甲知道乙痛恨丙，于是痛殴丙，不成立无因管理。

（3）受益人必须为特定的人。若受益人不特定，将无法成立无因管理之债。

对受益人发生误认，不影响就实际受益人成立无因管理。例如，甲误以为家门口迷路的小狗为出差的邻居乙所有，加以收留，事后发现小狗为丙所有，则在甲和丙之间成立无因管理。

2.为他人利益：主观上有为了他人利益的心态。

（1）管理人知道管理的系他人事务，且意在将管理所得利益归于他人。

为他人利益，兼为自己利益，仍可在为他人利益范围内成立无因管理。例如，张三见邻居家中失火恐殃及自己家，遂用自备的灭火器救火。

（2）不成立无因管理的情形。

①误信管理：误将他人事务作为自己事务管理。管理人主观上纯粹为了自己的利益，故不构成无因管理。例如，甲与乙结婚后，乙生育一子丙，甲抚养丙5年后才得知丙是乙和丁所生；甲错把他人的牛当成自家的而饲养。

②不法管理：明知系他人事务，为自己利益进行管理。例如，甲家的羊误入乙家羊圈，乙明知该羊是甲的，仍进行饲养并打算出卖。乙属于不法管理。

（3）管理人只要尽到了适当管理的义务即可，目的是否达成，不影响无因管理的成立。例如，甲出门旅游，家中的狗生病无人照看，邻居乙见狗可怜将狗送往宠物医院治疗，经治疗后狗还是死亡，此时乙仍构成无因管理。

3. 符合本人的真实意思：管理事务要有利于本人，且不违反本人明示或可推知的意思。例如，丙明知甲对乙的借款债务已过诉讼时效却擅自代甲向乙还本付息，不成立无因管理。

违反本人意思仍可成立无因管理的情形：
①为本人履行法定扶养义务。例：甲遗弃患病的儿子丙，乙送丙治疗并抚养。
②为本人尽公益上的义务。例：为他人缴纳税款、修缮他人具有危险性的建筑物。
③阻止本人违背公序良俗的行为。例：甲收留乙遗弃的宠物狗。

4. 无法定/约定义务：

管理人有无义务，应客观认定，不以管理人主观判断为准。如果本来没有为他人管理的义务，而误以为有此义务，不影响无因管理的成立；相反，如果有义务而误以为没有，仍不构成无因管理。

【注意】情谊行为不构成无因管理。例如，甲在自家门口扫雪，顺便将邻居乙的小轿车上的积雪清扫干净。

判断分析

下列行为中，哪些构成无因管理？（2008年第3卷第55题）

D. 丁见门前马路下水道井盖被盗致路人跌伤，遂自购一井盖铺上【正确。下水道井盖归市政公司管理，丁无法定或约定义务，为了市政公司的利益进行管理，构成无因管理】

二、无因管理的法律效果【无因管理的法律效果 A】

满足上述构成要件，即在管理人与受益人之间成立无因管理之债。

对于管理人来说，意味着不构成侵权；对受益人来说，意味着不构成不当得利。

（一）管理人的权利

1. 必要费用偿还请求权：管理人可以请求受益人偿还因管理事务而支出的必要费用（包括所负担的必要债务）。例如，张某在其小区看见1只受伤的小狗，寻其主未果，便将小狗带回家中包扎、喂养，花费500元。张某的行为成立无因管理，其可向小狗的主人请求支付500元，因为包扎、喂养费属于必要费用。

2. 损失补偿请求权：管理人因管理事务受到损失的，可以请求受益人给予适当补偿。例如，甲不慎落水，乙奋勇抢救，抢救过程中乙丢失手机一部。乙可以请求甲对手机的损失予以补偿。

3. 管理人没有报酬请求权。例如：管理人不得请求支付劳务费。

【注意】必要费用偿还请求权和损失补偿请求权的诉讼时效期间，从无因管理行为结束并且管理人知道或者应当知道本人之日起计算。

（二）管理人的义务

1. 适当管理义务

管理人应尽到善良管理人的注意义务，采取有利于受益人的方法实施管理行为。

2. 继续管理义务

中断管理对受益人不利的，无正当理由不得中断。

【注意】违反适当管理和继续管理义务，给受益人造成损失的，管理人应负赔偿责任；但紧急情况下，管理人非故意或重大过失的，不负赔偿责任。例如，甲不慎落水，乙奋勇抢救，抢救过程中致甲面部受伤，乙无须赔偿。

3. 通知义务

（1）能够通知受益人的，应当及时通知受益人。

（2）管理的事务不需要紧急处理的，应当等待受益人的指示。

（3）管理人管理事务经受益人事后追认的，从管理事务开始时起，适用委托合同的有关规定。

4. 报告义务与移交义务

（1）管理结束后，管理人应当向受益人报告管理事务的情况。

（2）管理人管理事务取得的财产，应当及时转交给受益人。

三、不当无因管理

符合无因管理的其他要件，只是管理事务不利于本人／违反本人意思，则成立不当无因管理。

例如，甲对其祖传的一串佛珠（市值50万元）珍若生命，多次向其亲朋好友表示绝不外卖。后因远赴国外工作，甲将佛珠委托其好友乙保管。在保管期间，乙对外称佛珠系其所有，有人愿意出价100万元购买。略懂古玩的乙认为该报价系天价，机会千载难逢，甲一定会动心的，于是当即同意。经过鉴定后，双方成交并交割完毕。乙支付鉴定费、包装运输费等费用合计10万元。乙虽然是为了甲的利益替其出售佛珠，但是违反甲明确的意思，构成不当无因管理。

在不当无因管理情形下，管理人和受益人之间是否成立无因管理之债，取决于受益人是否主张享有管理利益。

1. 受益人主张享有管理利益。

（1）管理人和受益人之间成立无因管理之债。

（2）受益人在其获得的利益范围内承担与无因管理中受益人一样的义务，即偿还管理人因管理事务支出的必要费用、适当补偿管理人因管理事务受到的损失。

例：在上例中，若甲知道后接受，则乙应当将100万元交给甲，而甲应当向乙偿还10万元。

2. 受益人不主张享有管理利益。

（1）管理人和受益人之间不成立无因管理之债。

（2）成立不当得利的，管理人可以请求受益人返还不当得利；构成侵权的，受益人可以请求管理人承担侵权责任（诉讼时效期间从其知道或者应当知道管理人及损害事实之日起计算）。

例：在上例中，若甲知道后拒绝接受，则甲可以请求乙承担侵权责任（按佛珠市值赔偿50万元）。很显然，甲主张享有管理利益对其更为有利。反之，假设乙误以为佛珠仅值5万元，以40万元出售，支出费用5万元，若甲主张享有管理利益，甲只能得到40-5=35万元，若甲不主张享有管理利益，甲可以请求乙按佛珠市值赔偿50万元。很显然，此时甲不主张享有管理利益更为有利。

【注意】法考试题问是否构成无因管理，仅指满足无因管理所有构成要件的正当无因管理，不包括不当无因管理。

判断分析

1. 张某外出，台风将至。邻居李某担心张某年久失修的房子被风刮倒，祸及自家，就雇人用几根木料支撑住张某的房子，但张某的房子仍然不敌台风，倒塌之际压死了李某养的数只鸡。下列哪一说法是正确的？（2009年第3卷第12题）

　　A. 李某初衷是为自己，故不构成无因管理【错误。兼为自己利益，仍可在为他人利益范围内成立无因管理】

　　B. 房屋最终倒塌，未达管理效果，故无因管理不成立【错误。没有达到管理效果不影响无因管理的成立】

　　C. 李某的行为构成无因管理【正确】

　　D. 张某不需支付李某固房费用，但应赔偿房屋倒塌给李某造成的损失【错误。李某的行为构成无因管理，故李某有权要求张某支付固房费用】

2. 甲的房屋与乙的房屋相邻。乙把房屋出租给丙居住，并为该房屋在A公司买了火灾保险。某日甲见乙的房屋起火，唯恐大火蔓延自家受损，遂率家人救火，火势得到及时控制，但甲被烧伤住院治疗。下列哪一表述是正确的？（2014年第3卷第20题）

　　A. 甲主观上为避免自家房屋受损，不构成无因管理，应自行承担医疗费用【错误。兼为自己利益，仍可在为他人利益范围内成立无因管理】

　　B. 甲依据无因管理只能向乙主张医疗费赔偿，因乙是房屋所有人【错误。甲救火，具有为所有人乙、承租人丙管理事务的意思，在甲乙、甲丙之间均成立无因管理，甲有权向乙、丙主张医疗费】

　　C. 甲依据无因管理只能向丙主张医疗费赔偿，因丙是房屋实际使用人【错误】

　　D. 甲依据无因管理不能向A公司主张医疗费赔偿，因甲欠缺为A公司的利益实施管理的主观意思【正确。甲救火时通常不会意识到房屋已经投保，甲欠缺为A公司管理事务的意思，甲与A公司之间不成立无因管理】

3. 甲正在市场卖鱼，突闻其父病危，急忙离去，邻摊菜贩乙见状遂自作主张代为叫卖，以比甲原每斤10元高出5元的价格卖出鲜鱼200斤，并将多卖的1000元收入自己囊中，后乙因急赴喜宴将余下的100斤鱼以每斤3元卖出。下列哪些选项是正确的？（2007年第3卷第53题）

　　A. 乙的行为构成无因管理【正确。乙没有法定的或者约定的义务，为避免甲的利益受损失代为卖鱼，符合无因管理的构成要件】

　　B. 乙收取多卖1000元构成不当得利【正确。乙将多卖的1000元据为己有，构成不当得利】

　　C. 乙低价销售100斤鱼构成不当管理，应承担赔偿责任【正确。乙因急赴喜宴将100斤鱼贱价出卖构成不当管理，应向甲承担损害赔偿责任】

　　D. 乙可以要求甲支付一定报酬【错误。无因管理人不享有报酬请求权】

第六章 不当得利

【重点】不当得利的构成要件（包括排除不当得利的情形）与法律效果

不当得利，是指没有法律根据取得财产利益，致他人受到损失，取得利益的人应负返还义务。取得利益的人为得利人；受损害的人为受损人。

【说明】不当得利制度旨在矫正缺乏法律根据的财产变动，去除得利人没有法律根据所取得的利益。

一、不当得利的构成要件【不当得利的构成要件A】

1. 一方取得财产利益。
2. 另一方受到财产损失。
3. 一方取得利益与另一方受到损失之间存在因果关系。
4. 取得利益没有法律根据。

例如：误拿他人的快递、擅自出租替他人照管的房屋、转错账、误给他人手机充值、超市多找了零钱、银行自动取款机多给了钱、偷换奶茶店收款二维码收钱、误吃了他人的鸡。

二、不构成不当得利的情形

1. 为<u>履行道德义务</u>进行的给付。例：已被送养的孩子成年后给亲生父母支付赡养费、给媒人支付报酬、给救命恩人支付感谢费等，不构成不当得利。
2. <u>债务到期之前</u>的清偿。例：偿还尚未到期的借款，不构成不当得利。
3. <u>已过诉讼时效债务</u>的<u>自愿</u>清偿。例：偿还已过诉讼时效的借款，不构成不当得利。
4. <u>明知无给付义务</u>而进行的债务<u>清偿</u>。例：甲欠乙 300 元，但一直无钱偿还。丙是甲的好友，得知此事后偷偷塞到乙抽屉里 300 元，乙不构成不当得利。
5. 因<u>不法原因</u>而给付。例：支付贿款、嫖资。
6. <u>强迫得利</u>。指受损人的行为虽然使他人受有利益，但违反了他人的意思，不符合其经济计划。例：甲雇人耕田，雇工误耕了乙已弃置多年的田地。
7. <u>反射利益</u>。指有人获益但无人受损的情形。例：甲大学新建校区，当地居民乙的房屋大幅升值。

判断分析

下列情形中，产生不当得利之债的是？

A. 甲通过支付宝充值手机话费，输错了一个数字，给乙充了 100 元话费【正确。乙获有利益，甲受

有损失，二者之间有因果关系，且乙取得利益没有法律依据。】

B. 甲、乙之间债务的诉讼时效届满后，甲收到乙自愿清偿的借款【错误。该行为属于已过诉讼时效债务的自愿清偿，不构成不当得利。】

C. 乙为升职，向甲提供性服务，甲欣然接受【错误。不当得利仅调整财产利益关系，性服务属于非财产性利益，甲不构成不当得利，但该行为是不当行为。】

D. 某小学搬迁至甲所在的小区附近，甲的房屋房价大涨【错误。甲取得的是反射利益。】

三、不当得利的法律效果【不当得利的法律效果C】

在当事人之间成立不当得利之债，受损人可以请求得利人返还不当得利。

1. 返还客体

（1）原物存在：返还原物及孳息。例：银行ATM机因系统故障多支付1万元，客户应返还多付的1万元以及相应孳息。

（2）原物不存在：折价返还。

①原物毁损有代位物（如赔偿金、补偿金、保险金），返还代位物。例：甲的鸡跑到乙家，被丙的狗咬死，丙赔偿乙100元。甲可以请求乙返还100元。

②性质无法返还的应当折价。例：明知是别人的鸡却吃掉，应当按照市价返还。

2. 返还范围：区分得利人善意或恶意

（1）善意得利人（不知道也不应当知道自己取得利益没有法律根据）：以现存利益为限负返还义务。若现存利益不存在，不用返还。

（2）恶意得利人（知道或者应当知道自己取得利益没有法律根据）：返还义务不以现存利益为限，对不足部分承担损害赔偿责任。

得利人先善意后恶意：在善意阶段，按照善意不当得利人返还；在恶意阶段，按照恶意不当得利人返还。

3. 无偿受益第三人的返还义务：得利人已经将取得的利益无偿转让给第三人的，受损人可以请求第三人在相应范围内承担返还义务。

【示例】夏教授系甲公司的常年法律顾问。某日，夏教授收到甲公司邮寄的1箱茅台（6瓶装），非常开心，当天喝掉1瓶，次日送给好友1瓶，还有1瓶被女儿不小心弄碎了。3天后，甲公司致电夏教授，告知茅台是邮寄给公司大客户的，工作人员忙中出错，希望夏教授将茅台寄回。夏教授很生气，当晚喝掉2瓶，不慎弄碎1瓶。

①在得知实情之前，夏教授属于善意得利人，对于喝掉的和女儿弄碎的茅台，没有折价返还的义务。至于送给好友的1瓶，甲公司只能请求夏教授的好友返还。

②在得知实情之后，夏教授属于恶意得利人，对于喝掉的和弄碎的茅台，均须按照市价赔偿。

【注意】不当得利返还请求权的诉讼时效：从受损人知道或者应当知道不当得利事实及得利人之日起计算。

【注意】不当得利制度旨在去除不当得利，而非赔偿损害，故而：得利少于损失时，以得利为准返还；得利大于损失时，以损失为准返还。例：甲委托乙替其保管古董手表（市值200万元）。其后，急需现金的乙瞒着甲将手表以250万元出售给不知情的丙。丙善意取得手表的所有权。

①基于不当得利，甲只能请求乙返还200万元。

②基于侵权，甲只能请求乙赔偿 200 万元。

③基于合同，甲只能请求乙承担 200 万元的损害赔偿责任。

④如果类推适用不当无因管理规则，甲主张享受管理利益，则甲可以请求乙返还 250 万元，同时乙可以请求甲在受益（50 万元）的范围内偿还乙因此支付的必要费用

判断分析

王大的宠物狗泰迪走失，被李二牵回家照顾。泰迪 3 个月后生下 4 只小狗，李二将 4 只小狗卖掉，获利 5000 元。后李二搬家，因新房东不许养宠物，李二遂将泰迪送给朋友小美。下列选项正确的是？

A. 若李二知道泰迪属于他人所有，李二要承担返还泰迪与 5000 元的义务【正确。李二作为恶意不当得利人，其返还范围以得利时的利益为限。当然，因为泰迪已经送给小美，李二只能折价返还。王大也可以请求无偿受益的小美返还泰迪】

B. 若李二以为泰迪是一只流浪狗，李二仍要承担返还泰迪与 5000 元的义务【错误。李二作为善意不当得利人，其返还范围以现存利益为限。李二已将泰迪送给小美，对泰迪不负返还义务，故仅需返还卖小狗所得的 5000 元。当然，王大可以请求无偿受益的小美返还泰迪】

C. 若李二一开始不知道泰迪属于他人所有，在泰迪生下小狗之后得知王大为泰迪的主人，李二要承担返还泰迪与 5000 元的义务【正确。李二将泰迪送给小美时已经转化为恶意不当得利人，李二应当折价返还】

合同通则

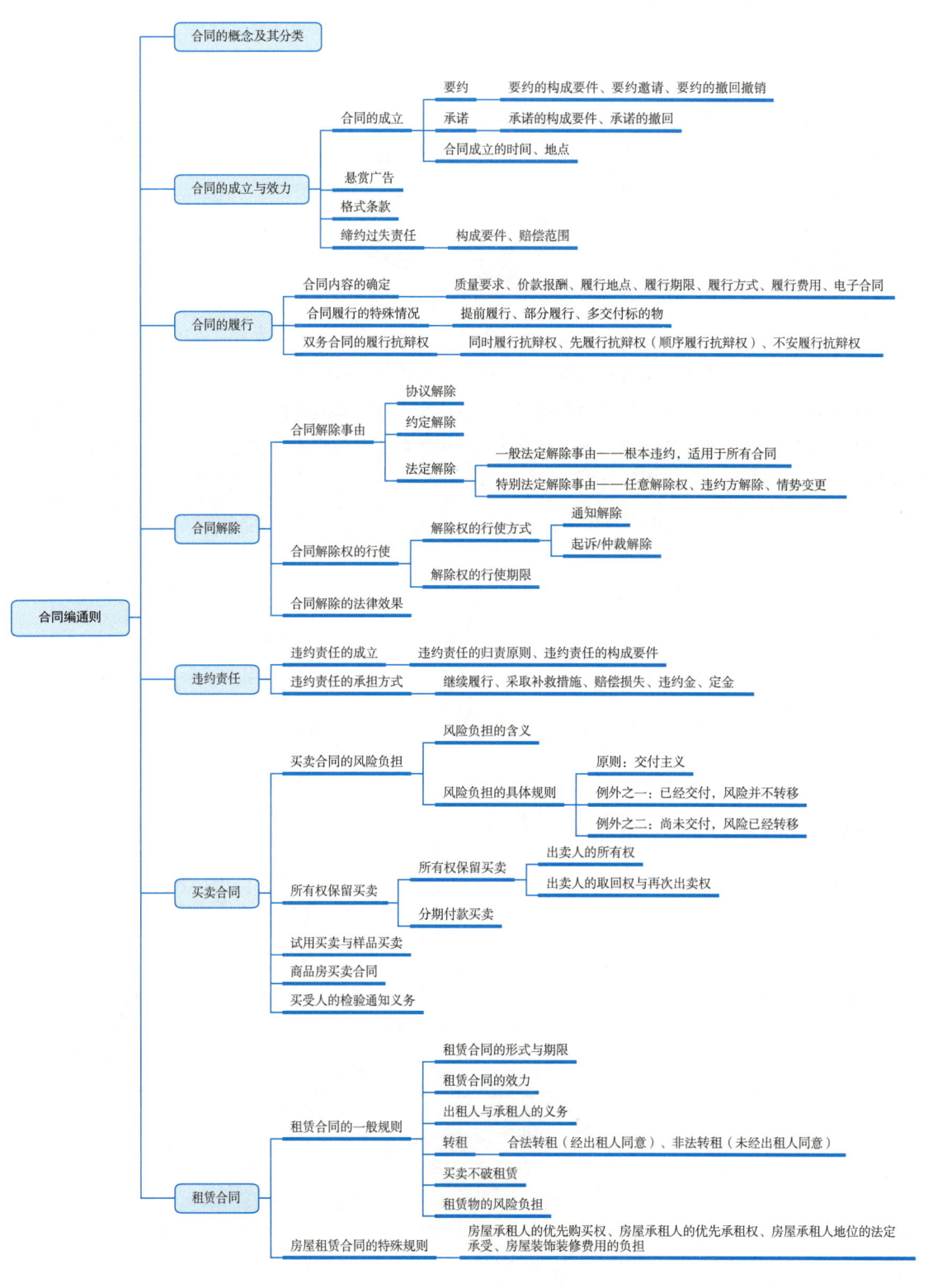

- **合同编通则**
  - 合同的概念及其分类
  - 合同的成立与效力
    - 合同的成立
      - 要约——要约的构成要件、要约邀请、要约的撤回撤销
      - 承诺——承诺的构成要件、承诺的撤回
      - 合同成立的时间、地点
    - 悬赏广告
    - 格式条款
    - 缔约过失责任——构成要件、赔偿范围
  - 合同的履行
    - 合同内容的确定——质量要求、价款报酬、履行地点、履行期限、履行方式、履行费用、电子合同
    - 合同履行的特殊情况——提前履行、部分履行、多交付标的物
    - 双务合同的履行抗辩权——同时履行抗辩权、先履行抗辩权（顺序履行抗辩权）、不安履行抗辩权
  - 合同解除
    - 合同解除事由
      - 协议解除
      - 约定解除
      - 法定解除
        - 一般法定解除事由——根本违约，适用于所有合同
        - 特别法定解除事由——任意解除权、违约方解除、情势变更
    - 合同解除权的行使
      - 解除权的行使方式
        - 通知解除
        - 起诉/仲裁解除
      - 解除权的行使期限
    - 合同解除的法律效果
  - 违约责任
    - 违约责任的成立——违约责任的归责原则、违约责任的构成要件
    - 违约责任的承担方式——继续履行、采取补救措施、赔偿损失、违约金、定金
  - 买卖合同
    - 买卖合同的风险负担
      - 风险负担的含义
      - 风险负担的具体规则
        - 原则：交付主义
        - 例外之一：已经交付，风险并不转移
        - 例外之二：尚未交付，风险已经转移
    - 所有权保留买卖
      - 所有权保留买卖
        - 出卖人的所有权
        - 出卖人的取回权与再次出卖权
      - 分期付款买卖
    - 试用买卖与样品买卖
    - 商品房买卖合同
    - 买受人的检验通知义务
  - 租赁合同
    - 租赁合同的一般规则
      - 租赁合同的形式与期限
      - 租赁合同的效力
      - 出租人与承租人的义务
      - 转租——合法转租（经出租人同意）、非法转租（未经出租人同意）
      - 买卖不破租赁
      - 租赁物的风险负担
    - 房屋租赁合同的特殊规则——房屋承租人的优先购买权、房屋承租人的优先承租权、房屋承租人地位的法定承受、房屋装饰装修费用的负担

第一章
合同的概念及其分类
【合同的概念与分类（预约）C】

【重点】预约、继续性合同

合同，是民事主体之间设立、变更、终止民事法律关系的协议，属于民事法律行为中的双方法律行为。

婚姻、收养、监护等有关身份关系的协议，适用有关该身份关系的法律规定；没有规定的，可以根据其性质参照适用《中华人民共和国民法典》合同编的规定。

> **法条群**
>
> 《中华人民共和国民法典》第三编《合同》第一分编《通则》第二章《合同的订立》
>
> 第四百九十五条【预约效力与违约救济】当事人约定在将来一定期限内订立合同的认购书、订购书、预订书等，构成预约合同。
>
> 当事人一方不履行预约合同约定的订立合同义务的，对方可以请求其承担预约合同的违约责任。

一、有名合同 VS 无名合同（法律是否赋予名称并规定内容）

1. 有名合同：由法律规定其内容，并赋予一定名称的合同。合同编第二分编规定了19种有名合同，如买卖合同、租赁合同等。

2. 无名合同：法律未规定其内容，也未赋予一定名称的合同，如教育培训合同、借用合同等。

无名合同适用合同编通则的规定，并可以参照适用合同编或者其他法律最相类似合同的规定。

【说明】私法自治是民法的根本精神，合同自由是其集中体现，民事主体可以在法律规定的有名合同之外任意签订新类型的合同，即无名合同。

二、预约合同 VS 本约合同（两个合同是否有手段、目的关系）【新增】

1. 预约合同：约定将来订立合同／为担保将来订立合同交付了定金 + 能确定将来所要订立合同的主体、标的等内容，预约合同成立。例如认购书、订购书、预订书等。

【注意】预约合同不成立：当事人仅表达交易的意向，未约定在将来订立合同，或者虽然有约定但是难以确定将来所要订立合同的主体、标的等内容的，不成立预约合同。例如意向书或者备忘录等。

2. 本约合同：因履行预约而订立的合同。

【注意】当事人已就合同标的、数量、价款或者报酬等主要内容达成合意，未明确约定将来另行订立合同，或者虽然有约定但是当事人一方已履行且对方接受的，认定本约合同成立。

【比较】属于预约合同还是本约合同，关键看当事人是否有意在将来另行订立合同。即使已经就标的、数量、价款等达成合意，符合合同成立的条件，只要约定将来另行订立合同，依然构成预约合同。

3. 区分意义：不履行预约合同，即拒绝订立本约合同或者在磋商订立本约合同时违背诚信原则导致未能订立本约合同的，对方可以请求承担预约合同的违约责任，但不能请求实际履行即强制订立本约合同；不履行本约合同的，对方原则上可以请求实际履行。

三、单务合同 VS 双务合同（双方是否互负给付义务）

1. 单务合同：仅一方负担义务的合同，如赠与合同、保证合同、借用合同等。
2. 双务合同：双方互负对待给付义务的合同，一方之所以负给付义务，在于取得对方的对待给付。如买卖合同、租赁合同等。

区分意义：同时履行抗辩权、先履行抗辩权、不安抗辩权仅发生于双务合同中。

四、有偿合同 VS 无偿合同（是否需支付相应对价）

1. 有偿合同：一方享有合同利益须支付对价的合同，如买卖合同、租赁合同等。
2. 无偿合同：一方享有合同利益无须支付对价的合同，如赠与合同、保证合同等。
有的合同可以约定有偿或者无偿，如委托合同、保管合同。

区分意义：注意义务程度不同。无偿合同中一般只对故意、重大过失造成的损害担责；有偿合同中对一般过失也要担责。

【注意】无偿合同的合同条款有两种以上解释的，选择对债务人负担较轻的解释。【新增】

五、一时性合同 VS 继续性合同（时间对合同总给付量的影响）

1. 一时性合同：通过一次给付即可使合同目的得以实现的合同。即使分期履行，只要总给付是自始确定的，时间因素对于给付量并无影响，也属于一时性合同。绝大部分合同属于一时性合同。
2. 继续性合同：合同内容并非1次给付可完结，须经持续的给付才能实现合同目的的合同。其特征在于，总给付的内容取决于时间的长短。例如租赁合同、合伙合同、委托合同、保管合同、供用水电气热力合同等。

区分意义：继续性合同往往基于一定的信赖，因此其债权债务的可让与性较弱，例如，未经出租人同意，承租人不得转租；除非当事人另有约定，保管人不得将保管物转交第三人保管，信赖基础丧失或者难以期待当事人继续维持合同关系时，法律通常允许解除合同，例如，委托合同双方有任意解除权；不定期的继续性合同双方享有任意解除权。

判断分析

李某开的水果店生意火爆，戴某亦有意在附近开一家水果店，遂打听李某水果店附近是否有店铺出租。李某水果店旁边的鲁某欲对外出租其店铺。为不让戴某租得该店铺，李某遂假意与不知情的鲁某订立预租合同约定："李某与鲁某一个月后按市场租金价格的120%订立正式租赁合同；李某支付鲁某1万元定金。"李某按约支付了1万元定金。等戴某提出租赁鲁某的房屋时，鲁某告知房屋已经出租。一个月后，李某一直拒绝鲁某订立正式房屋租赁合同。鲁某有权诉请李某履行订立正式租赁合同的义务。（2021年仿真题）【错误。李某与鲁某签订的预租合同约定之后签订正式的合同，因此预租合同属于预约合同。李某不履行预约合同，鲁某可以请求承担预约合同的违约责任，但不能请求实际履行而强制订立本约】

KEEP AWAKE

第二章
合同的成立与效力【客+主】

【重点】要约与要约邀请、格式条款、缔约过失责任

第一节 合同的成立【客+主】

合同属于双方法律行为。一方的要约（意思表示）与另一方的承诺（意思表示）达成一致（形成合意），合同成立。

【说明】要约与承诺均属于意思表示，适用总则编意思表示规则。

一、要约【要约和承诺C】

法条群

《中华人民共和国民法典》第三编《合同》第一分编《通则》第二章《合同的订立》

第四百七十二条【要约的定义及构成要件】要约是希望与他人订立合同的意思表示，该意思表示应当符合下列条件：

（一）内容具体确定；

（二）表明经受要约人承诺，要约人即受该意思表示约束。

第四百七十三条【要约邀请】要约邀请是希望他人向自己发出要约的表示。拍卖公告、招标公告、招股说明书、债券募集办法、基金招募说明书、商业广告和宣传、寄送的价目表等为要约邀请。

商业广告和宣传的内容符合要约条件的，构成要约。

《最高人民法院关于审理商品房买卖合同纠纷案件适用法律若干问题的解释（2020修正）》

第三条【商品房销售广告的定性】商品房的销售广告和宣传资料为**要约邀请**，但是出卖人就商品房开发规划范围内的房屋及相关设施所作的说明和允诺具体确定，并对商品房买卖合同的订立以及房屋价格的确定有重大影响的，构成要约。该说明和允诺即使未载入商品房买卖合同，亦应当为合同内容，当事人违反的，应当承担违约责任。

要约，是希望与他人订立合同的意思表示。

（一）要约的构成要件

1.向希望与之订立合同的受要约人作出。

受要约人可以特定，也可以不特定，如自动售货机所有人的要约针对不特定的人。

2.内容具体且确定：受要约人只要表示接受即可成立合同，所以要约的内容必须包含合同的必备内容。例如，甲对乙说："愿购买你方设备。"设备型号、价款均不明确，不是要约；甲对乙说："愿以100万购买你方10台A型设备。"内容具体确定，且有受拘束的意思，构成要约。

3.具有订立合同的目的并表明一经承诺即受拘束的意思。甲对乙说："我正在考虑到底要不要以100万元购买你方10台A型设备。"甲表明在考虑，并没有受拘束的意思，不构成要约。

（二）要约邀请

要约邀请，是希望他人向自己发出要约的表示，不具有法律约束力。

1.常见的要约邀请形式，如拍卖公告、招标公告、招股说明书、寄送的价目表、商业广告和宣传等。

2.商业广告和宣传的内容符合要约条件的，构成要约。

商品房的销售广告和宣传资料原则上属于要约邀请，但若同时符合下列3个条件，则为要约：

（1）房屋设施：销售广告和宣传资料说明和允诺的对象是商品房开发规划范围内的房屋及相关设施。

（2）具体确定：说明和允诺具体确定。

（3）重大影响：说明和允诺对商品房买卖合同的订立和房屋价格的确定有重大影响。

满足以上条件，该说明和允诺即使未载入商品房买卖合同，亦应当为合同内容，当事人违反的，应当承担违约责任。例如，甲开发商大力宣传自己的楼盘为市重点A中学的"学区房"，乙为了小孩读书遂购房。甲的宣传构成要约。若购房后发现小区并非A中学"学区房"，乙有3种选择：①以受欺诈为由申请撤销合同，请求甲承担缔约过失责任；②以甲的违约行为导致合同目的不能实现为由解除合同，请求甲承担违约责任；③不解除合同，仅请求甲承担违约责任。

【总结】要约和要约邀请：

	要约	要约邀请
含义	希望和他人订立合同的意思表示	希望他人向自己发出要约的表示
内容是否具体确定	具体确定	不具体
是否有受拘束的意思	有	没有
合同成立步骤	要约→承诺	要约邀请→要约→承诺
是否是合同内容	是合同内容 （违反则承担违约责任）	原则上不是合同内容，除非满足特定条件 （如构成要约的商业广告）

⚖ 判断分析

1.甲公司就一项目工程发布招标公告，乙公司寄送了投标书，后乙公司中标。甲公司发布招标公告的行为属于要约。【错误。招标公告属于要约邀请。】

2.甲公司通过电视发布广告，称其有100辆某型号汽车，每辆价格15万元，广告有效期10天。乙公司于该则广告发布后第五天自带汇票去甲公司买车，但此时车已全部售完，无货可供。乙公司有权请求甲公司承担违约责任。【正确。广告中汽车的数量、价格信息均明确具体，且"有效期10天"表明甲公司有受拘束的意思，构成要约。甲公司应当承担违约责任。】

（三）要约的撤回撤销

1.要约的撤回

（1）尚未生效的要约可以撤回。撤回要约目的在于阻止要约生效。

（2）撤回要约通知应当在要约到达受要约人之前或者同时到达。

【示例】甲公司欲采购一批设备，5月1日向乙公司邮寄了一份采购要约，5月2日计划发生变化，甲公司欲反悔，当日向乙公司邮寄了一份撤回文件。撤回文件需在采购要约到达乙公司之前或与其同时到达才能发生撤回效力。

2. 要约的撤销

（1）已经生效的要约可以撤销。撤销要约目的在于使要约失去效力。

（2）撤销要约的通知应当在受要约人作出承诺之前到达受要约人。例如，甲公司采购要约于5月5日到达乙公司，并由乙公司工作人员签收。5月6日，甲公司从他处购得设备，欲撤销其要约。若乙公司于5月10日作出同意的承诺，则甲公司撤销的意思表示要在5月10日乙公司作出承诺之前到达乙公司才能发生撤销的效力。

（3）不得撤销的情形

①要约人已确定承诺期限或者以其他形式明示要约不可撤销；例如，甲向乙发出要约："愿以100万元购买10台A型设备，5天内回复有效，过期作废。"甲的要约属于有承诺期限的，不得撤销。例如，甲向乙发出要约："愿以100万元购买10台A型设备，永不反悔，望回为盼。"甲的要约"永不反悔"属于明示不可撤销的情形。

②受要约人有理由认为要约是不可撤销的，并已经为履行合同做了合理准备工作。例如，甲向乙发出要约："愿以100万元购买10台A型设备，请尽快生产该设备！"乙看甲如此急切，迅速开始采购零部件投入生产，此时甲的要约不得撤销。

【说明】要约不得撤销，往往是因为受要约人对要约人不会撤销要约产生了合理信赖。

二、承诺【要约和承诺C】

承诺，是受要约人同意要约的意思表示。

（一）承诺的构成要件

1. 承诺主体：承诺只能由受要约人作出。例如，甲向乙发出要约："愿以100万购买你方10台A型设备。"同样生产该设备的丙得知后找到甲说："我愿意卖给你！"丙的回复不构成承诺。只有受要约人乙同意购买的回复才构成承诺。

2. 承诺方式：原则上采取通知方式；除非根据交易习惯或者要约表明可以通过行为作出承诺。例如，酒店客人喝掉房间里摆放的矿泉水，是通过行为向酒店作出购买矿泉水的承诺，因为存在交易习惯，不需要专门通知酒店前台；依照自动售货机的指示投币购买矿泉水也属于通过行为作出承诺。

3. 承诺内容：承诺的内容应当与要约的内容一致。

（1）如果承诺对要约的内容作出实质性变更（标的、数量、质量、价款或者报酬、履行期限、履行地点和方式、违约责任和解决争议方法等），构成新要约。例如，甲向乙发出要约："愿以100万元购买你方10台A型设备。"乙回复："你出120万元我就卖。"乙的回复改变了合同价款，是实质性变更，构成新要约。

（2）如果承诺对要约作出非实质性变更，承诺有效，除非要约人及时表示反对或要约明确表明承诺不得对要约的内容作出任何变更。

4. 承诺期限：承诺必须在承诺期限内到达要约人。

（1）期限的确定

①起算点：承诺期限自<u>要约到达</u>受要约人时开始计算。

②要约<u>确定</u>承诺期限的，依照<u>该期限</u>。

③要约<u>未确定</u>承诺期限的：

a. 以<u>对话</u>方式作出的要约，相对人应"<u>即时</u>"承诺。

b. 以<u>非对话</u>方式作出的要约，承诺应当在<u>合理期限内</u>到达。

（2）承诺迟延

	承诺的<u>迟发</u>	承诺的<u>迟到</u>
含义	受要约人<u>超过承诺期限才发出</u>承诺。	受要约人在<u>承诺期限内发出</u>承诺，按照通常情形能够及时到达要约人，但因<u>其他原因</u>致使承诺<u>逾期</u>到达要约人。
效力	不构成承诺，是1个<u>新要约</u>。除非要约人<u>及时通知承诺有效</u>。	<u>承诺有效</u>。除非要约人<u>及时通知</u>受要约人<u>不接受</u>该承诺。

【示例1】甲于7月1日向乙发出要约："愿以100万元购买10台A型设备，5天内回复有效，过期作废。"该要约于7月3日到达乙。7月15日，乙作出承诺，甲收到后未置可否。①乙<u>超过</u>承诺期限才发出承诺，不构成承诺，而是1个新的要约。②若甲收到承诺后，<u>及时通知</u>乙："太好了，马上给你打钱！"则承诺有效。

【示例2】甲于7月1日向乙发出要约："愿以100万元购买10台A型设备，5天内回复有效，过期作废。"该要约于7月3日到达乙。7月5日，乙发出承诺信件，不料由于大雨导致快递受影响，本该3天送达的信件20天才送到，甲收信后未置可否。①乙在<u>承诺期限内</u>作出承诺，由于<u>其他原因</u>导致承诺逾期送达，该承诺有效。②若甲收信后<u>及时</u>通知<u>乙拒绝</u>了该承诺，则该承诺无效。

5. 承诺必须表明受要约人决定与要约人订立合同，具有<u>受拘束</u>的意思。

（二）承诺的撤回

1. 撤回承诺的目的在于<u>阻止</u>承诺<u>生效</u>。

2. 时间点：撤回通知应<u>先于</u>承诺到达或<u>同时</u>到达要约人。

【注意】承诺<u>不能撤销</u>，因为承诺一旦<u>到达</u>，合同即成立。

三、合同成立的时间【合同成立的时间与地点 E】

1. 原则：<u>承诺生效时</u>，合同成立。如果不存在无效、可撤销、效力待定等效力瑕疵事由，合同成立即生效。

2. 特殊情形

（1）合同书：当事人采用合同书形式订立合同的，自当事人<u>均</u>签名、盖章或者按指印时合同成立。在签名、盖章或者按指印之前，当事人一方已经<u>履行主要义务</u>，对方<u>接受</u>时，该合同成立。

（2）确认书：当事人采用信件、数据电文等形式订立合同，要求签订确认书的，<u>签订确认书</u>时，合同成立。

（3）互联网：当事人一方通过互联网等信息网络发布的商品或者服务信息符合要约条件的，<u>对方选择该商品或者服务并提交订单成功</u>时，合同成立，但是当事人另有约定的除外。（电子商务经营者不得以格式条款等方式约定消费者支付价款后合同不成立；格式条款等含有该内容的，其内容无效。）

（4）招投标：以招标方式订立的合同，自中标通知书到达中标人时成立。【新增】

四、合同成立的地点【合同成立的时间与地点 E】

1. 原则：承诺生效的地点为合同成立的地点。

采用数据电文形式订立合同的，收件人的主营业地为合同成立的地点；没有主营业地的，其住所地为合同成立的地点。当事人另有约定除外。

2. 特殊情形

如果约定签订地和实际签字地不一致，以约定的地点作为合同成立地。采用合同书形式订立合同的，最后签名、盖章或者按指印的地点为合同成立的地点。

第二节　悬赏广告【悬赏广告 E】

悬赏广告，是指悬赏人以公开方式声明对完成特定行为的人给付报酬的行为。

1. 悬赏广告的性质。

关于悬赏广告的性质，存在单方允诺说与要约说。

（1）单方允诺说认为，悬赏广告是广告人的单方意思表示，广告发出即生效。

（2）要约说认为，悬赏广告是要约，相对人完成指定行为构成承诺。【注意】客观题建议按要约说作答，主观题任选 1 种观点作答，建议答要约。

2. 完成特定行为的人享有报酬请求权，与其是否有行为能力、是否知道悬赏广告的存在并无关系。

第三节　格式条款【格式条款的特别规制 C】

格式条款，是当事人为了重复使用而预先拟定，并在订立合同时未与对方协商的条款。

【注意】当事人不能仅以合同是依据合同示范文本制作／双方已经明确约定不属于格式条款／未实际重复使用为由主张该条款不是格式条款。【新增】

一、格式条款提供方的提示说明义务

1. 提示说明义务：采取合理的方式提示对方注意免除或者减轻其责任等与对方有重大利害关系的异常条款，按照对方的要求，对该条款予以说明。

合理方式：例如，通过显眼的字体颜色、加大或加粗字体标出，或者添加"请注意"字样等。

【注意】通过互联网订立的子合同：不得仅以采取了设置勾选、弹窗等方式为由主张已经履行提示说明义务。

2. 违反后果。

提供格式条款的一方未履行提示或者说明义务，致使对方没有注意或者理解与其有重大利害关系的异常条款的，对方可以主张该条款不成为合同内容。

二、格式条款无效的特别事由

1. 免除造成对方人身损害的赔偿责任。（如饭店张贴告示：小心地滑，摔倒概不负责，无效）
2. 免除因故意或重大过失造成对方财产损失的赔偿责任。
3. 不合理地免除或减轻其责任、加重对方责任、限制对方主要权利。（如杀毒软件的安装程序声明"本软件可能存在风险，继续安装视为同意自己承担一切风险"；健身合同约定"年卡服务期限不因任何事由而顺延"；超市张贴的"偷一罚十"告示）
4. 排除对方主要权利。（如任何情况下均不得解除合同、不得起诉）

三、格式条款的解释

1. 对格式条款的理解发生争议的，应当按照通常理解予以解释。
2. 对格式条款有两种以上解释的，应当作出不利于提供格式条款一方的解释。
3. 格式条款和非格式条款不一致的，应当采用非格式条款。

判断分析

刘某提前两周以 600 元订购了某航空公司全价 1000 元的 6 折机票，后因临时改变行程，刘某于航班起飞前一小时前往售票处办理退票手续，某航空公司规定起飞前两小时内退票按机票价格收取 30% 手续费。下列哪一选项是正确的？（2008 年四川延考第 3 卷第 7 题）

A. 退票手续费的规定是无效格式条款【错误。退票手续费的规定是格式条款，但该规定不存在无效情形，因为飞机起飞前两小时内如果办理退票，可能会导致该机票在两小时内无法再次售出，故收取手续费符合公平原则，格式条款有效】

B. 刘某应当支付 300 元的退票手续费【错误。手续费的收取基准"机票价格"可以按机票票面 1000 元解释，也可以按照机票折后价 600 元解释，因此应当作出不利于格式条款提供方航空公司的解释，机票价格为 600 元，故手续费是 180 元】

C. 刘某应当支付 180 元的退票手续费【正确】

D. 航空公司只能收取退票的成本费而不能收取手续费【错误】

第四节 缔约过失责任【客+主】【缔约过失责任C】

缔约过失责任：是指在订立合同过程中，一方因违反诚信原则使对方遭受损失应承担的责任。

法条群

《中华人民共和国民法典》第三编《合同》第一分编《通则》第二章《合同的订立》

第五百条【缔约过失责任】当事人在订立合同过程中有下列情形之一，造成对方损失的，应当承担赔偿责任：

（一）假借订立合同，恶意进行磋商；

（二）故意隐瞒与订立合同有关的重要事实或者提供虚假情况；

（三）有其他违背诚信原则的行为。

第五百零一条【当事人保密义务】当事人在订立合同过程中知悉的商业秘密或者其他应当保密的

信息，无论合同是否成立，不得泄露或者不正当地使用；泄露、不正当地使用该商业秘密或者信息，造成对方损失的，应当承担赔偿责任。

一、构成要件

1. 行为发生在 订立合同过程中（缔约中）。

通常认为，只有合同 不成立、未生效或者无效、被撤销，才可能承担缔约过失责任；若合同有效，则承担违约责任。

2. 一方因过错违反基于 诚信原则 的告知、照顾、保密等 先合同义务。

（1）假借订立合同，恶意 进行 磋商；例如，甲公司得知乙公司正在与丙公司谈判。甲公司本来并不需要这个合同，但为排挤乙公司，就向丙公司提出了更好的条件。乙公司退出后，甲公司也借故中止谈判，给丙公司造成了损失。

【注意】正常中断磋商 不需要承担缔约过失责任。例如，甲公司在与乙公司协商购买某种零件时提出，由于该零件的工艺要求高，只有乙公司先行制造出符合要求的样品后，才能考虑批量购买。乙公司完成样品后，甲公司因经营战略发生重大调整，遂通知乙公司：本公司已不需此种零件，终止谈判。

（2）故意隐瞒 与订立合同有关的重要事实或 提供虚假情况；例如，甲看中了乙的房屋，说好3天后签订正式的房屋买卖合同，后甲了解到乙隐瞒了房屋曾经发生过恶性刑事案件的情况，拒绝签订合同。

（3）泄露 或 不正当使用 对方商业秘密或其他应当保密的信息。

3. 另一方因此受到损失。

二、赔偿范围

责任形式是赔偿损失，限于 信赖利益损害，包括 所受损害 与 所失利益。

1. 所受损害：包括为订立合同、履行合同而支出的各种 必要费用。

2. 所失利益：主要指丧失与第三人订立合同的 机会所遭受的损失。

【注意】当事人承担的缔约过失责任原则上不应超过 合同履行利益，即合同履行以后可以获得的利益。

【示例】武汉的甲欲购买乙在三亚的房子，多次飞往三亚实地看房，最终以450万元成交。在成交当晚，丙提出以430万元将同一小区楼层户型等各方面条件差不多的房子卖给甲，被诚信的甲拒绝。后甲得知乙的房子是凶宅，请求法院撤销了合同。现在要购买条件差不多的房子需要480万元。

①甲往返三亚看房子支出的交通费、住宿费属于为订立合同支出的必要费用。

②甲因为信赖其与乙的买卖合同有效未购买丙的房子，造成的机会损失为480-430=50万元。

③如果乙的房子不是凶宅，买卖合同正常履行，甲也只能赚480-450=30万元，即履行利益为30万元。缔约过失责任不能超过履行利益，所以甲最多只能请求乙赔偿30万元。

【注意】缔约过失责任具有 相对性。例如，甲、乙同为儿童玩具生产商。六一节前夕，丙与甲商谈进货事宜。乙知道后向丙提出更优惠条件，并指使丁假借订货与甲接洽，报价高于丙以阻止甲与丙签约。丙经比较与乙签约，丁随即终止与甲的谈判，甲因此遭受损失。虽然丁是受乙指使，但是与甲磋商谈判的是丁，故而应由丁对甲承担缔约过失责任。

第二章 合同的成立与效力【客+主】

🔨 判断分析

甲隐瞒了其所购别墅内曾发生恶性刑事案件的事实，以明显低于市场价的价格将其转卖给乙；乙在不知情的情况下，放弃他人以市场价出售的别墅，购买了甲的别墅。几个月后乙获悉实情，向法院申请撤销合同。关于本案，下列哪些说法是正确的？（2016 年第 3 卷第 59 题）

A. 乙须在得知实情后一年内申请法院撤销合同【正确。甲隐瞒别墅内曾发生恶性刑事案件的事实，对不知情的乙构成欺诈。乙应当自知道受欺诈之日起 1 年内申请法院撤销合同】

B. 如合同被撤销，甲须赔偿乙在订立及履行合同过程当中支付的各种必要费用【正确。合同撤销后，买卖合同自始无效，甲需赔偿信赖利益损失，乙在订立及履行合同过程当中支付的各种必要费用属于应当赔偿的损失】

C. 如合同被撤销，乙有权要求甲赔偿主张撤销时别墅价格与此前订立合同时别墅价格的差价损失【正确。缔约过失责任的赔偿范围包括丧失与第三人订立合同的机会所遭受的损失】

D. 合同撤销后乙须向甲支付合同撤销前别墅的使用费【正确。合同撤销后，买卖合同自始无效，乙在撤销前对别墅的使用构成不当得利，应向甲支付别墅的使用费】

【主观题专项训练】

案例：甲公司大肆招揽加盟商。被裁员的张某有意加盟，甲公司承诺只要张某选好的地址符合公司要求，就可以签订加盟合同。后张某花了一周时间找到了合适的店址，甲公司派人实地察看后表示店址没有问题，但是要求张某先和房主签订租赁合同。租赁合同签好后，甲公司却以公司股东会临时决议战略收缩为由拒绝签订加盟合同，导致张某需要支付租赁合同约定的违约金 1 万元。

问题：对于 1 万元违约金，张某能否请求甲公司承担？为什么？

答案：能。甲公司承诺选址符合要求即可签订合同，后又要求张某先签订租赁合同，张某有理由相信可以签订加盟合同，甲公司拒绝签订合同有违诚信原则，应对由此给张某造成的损失承担缔约过失责任。法条依据为《民法典》第 500 条。

第三章 合同的履行【客+主】

【重点】双务合同的履行抗辩权

第一节 合同内容的确定【合同漏洞的补充E】

合同内容应当由当事人约定。然而，人的理性是有限的，当事人在订立合同时不可能面面俱到。如果在合同履行过程中出现了当事人没有约定或者约定不明的问题，直接认定合同不成立或者无效显然有违私法自治。故而，法律规定合同漏洞填补规则，以弥补当事人意思之不完备。

【说明】当然，如果合同缺乏当事人、标的和数量等必备条款，将直接导致合同不成立。

合同生效后，当事人就质量、价款或者报酬、履行地点等内容没有约定或者约定不明确：

第1步，由当事人协议补充。

第2步，不能达成补充协议的，按照合同相关条款或者交易习惯确定。

第3步，仍无法确定的，按照下列规则确定。

1. **质量要求不明确**。

强制性国家标准＞推荐性国家标准＞行业标准＞通常标准或者符合合同目的的特定标准。

2. **价款或者报酬不明确**。

政府定价或者政府指导价＞订立合同时履行地的市场价格。

（1）合同约定的交付期限内政府价格调整时，按照交付时的价格计价。

（2）逾期交付标的物，遇价格上涨时，按照原价格执行；价格下降时，按照新价格执行。

（3）逾期提取标的物或者逾期付款的，遇价格上涨时，按照新价格执行；价格下降时，按照原价格执行。

【总结】谁违约对谁不利。

3. **履行地点不明确**。

（1）给付货币的，在接受货币一方所在地履行。

（2）交付不动产的，在不动产所在地履行。

（3）其他标的，在履行义务一方所在地履行。

4. **履行期限不明确**。

债务人可以随时履行，债权人也可以随时请求履行，但是应当给对方必要的准备时间。

5. 履行方式不明确。

有利于实现合同目的的方式。

6. 履行费用的负担不明确。

由履行义务一方负担；因债权人原因增加的履行费用，由债权人负担。

7. 电子合同的交付时间。

（1）标的物为交付商品并采用快递物流方式交付：收货人签收时。例：火锅爱好者甲1月19日在天猫商城购买了100包火锅底料，卖家1月20日使用顺丰快递发货，1月22日顺丰快递派件，因超过派送时间，快递小哥乙1月22日将快递代为签收，1月23日才由甲本人签收。标的物的交付时间为1月23日甲本人签收时。

（2）标的物为提供服务：实际提供服务时＞生成的电子凭证或者实物凭证载明的时间。

（3）标的物用在线传输方式交付：进入对方指定的特定系统+能够检索识别时。

第二节　合同履行的特殊情况

情形	处理方式
提前履行	1. 债权人可以拒绝债务人提前/部分履行债务，但是提前/部分履行不损害债权人利益的，不得拒绝。 2. 债务人提前/部分履行债务给债权人增加的费用，由债务人负担。
部分履行	【注意】提前履行不存在违约责任的问题；部分履行则可以主张违约责任。 【示例1】甲印刷厂约定2月28日向乙法考培训公司交付讲义1万本，因印刷进度加快，甲厂2月18日就完成印刷并交付1万本讲义，甲提前履行完毕，乙不可主张违约责任。 【示例2】甲印刷厂约定2月28日向乙法考培训公司交付讲义1万本，甲厂2月28日将完成印刷的9500本讲义先交付，乙为此需多付运费，甲部分履行，损害了乙的利益，乙可以主张违约责任。
多交付标的物	1. 债权人有权接收多交部分，并按照约定的价格支付价款。 2. 债权人有权拒绝接收多交付的部分，但应及时通知出卖人。可代为保管多交付部分，保管的合理费用由债务人承担。

第三节　双务合同的履行抗辩权【客+主】【双务合同中的履行抗辩权A】

📎 法条群

《中华人民共和国民法典》第三编《合同》第一分编《通则》第四章《合同的履行》

第五百二十五条【同时履行抗辩权】当事人互负债务，没有先后履行顺序的，应当同时履行。一方在对方履行之前有权拒绝其履行请求。一方在对方履行债务不符合约定时，有权拒绝其相应的履行请求。

第五百二十六条【先履行抗辩权】当事人互负债务，有先后履行顺序，应当先履行债务一方未履行的，后履行一方有权拒绝其履行请求。先履行一方履行债务不符合约定的，后履行一方有权拒绝其相应的履行请求。

第五百二十七条【不安抗辩权】应当先履行债务的当事人，有确切证据证明对方有下列情形之一的，可以中止履行：

（一）经营状况严重恶化；

（二）转移财产、抽逃资金，以逃避债务；

（三）丧失商业信誉；

（四）有丧失或者可能丧失履行债务能力的其他情形。

当事人没有确切证据中止履行的，应当承担违约责任。

第五百二十八条【不安抗辩权的行使】当事人依据前条规定中止履行的，应当及时通知对方。对方提供适当担保的，应当恢复履行。中止履行后，对方在合理期限内未恢复履行能力且未提供适当担保的，视为以自己的行为表明不履行主要债务，中止履行的一方可以解除合同并可以请求对方承担违约责任。

《最高人民法院关于适用〈中华人民共和国民法典〉合同编通则若干问题的解释》(四、合同的履行)

第三十一条【同时履行抗辩权和先履行抗辩权在诉讼程序中的具体适用】当事人互负债务，一方以对方没有履行非主要债务为由拒绝履行自己的主要债务的，人民法院不予支持。但是，对方不履行非主要债务致使不能实现合同目的或者当事人另有约定的除外。

当事人一方起诉请求对方履行债务，被告依据民法典第五百二十五条的规定主张双方同时履行的抗辩且抗辩成立，被告未提起反诉的，人民法院应当判决被告在原告履行债务的同时履行自己的债务，并在判项中明确原告申请强制执行的，人民法院应当在原告履行自己的债务后对被告采取执行行为；被告提起反诉的，人民法院应当判决双方同时履行自己的债务，并在判项中明确任何一方申请强制执行的，人民法院应当在该当事人履行自己的债务后对对方采取执行行为。

当事人一方起诉请求对方履行债务，被告依据民法典第五百二十六条的规定主张原告应先履行的抗辩且抗辩成立的，人民法院应当驳回原告的诉讼请求，但是不影响原告履行债务后另行提起诉讼。

一、同时履行抗辩权

同时履行抗辩权：没有先后履行顺序，当事人应同时履行。一方没有履行，对方可拒绝其履行请求。

（一）构成要件

1. 当事人基于同一双务合同互负对待给付义务。

（1）只有同一个双务合同中才存在同时履行抗辩权的问题。例如：2月3日，甲向乙借用1台彩电，乙向甲借用1部手机，借期均为1周。若甲到期后未向乙归还彩电，乙不得行使同时履行抗辩权，拒绝向甲归还手机。因为，甲、乙之间借用彩电的合同与乙、甲之间借用手机的合同属于2个合同关系，不属于同1个双务合同。

（2）原则上只有一方的主给付义务与对方的主给付义务构成对待给付义务。例如，买卖合同中买方支付价款的义务和卖方交付标的物的义务构成对待给付义务；买方支付价款的义务和卖方交付使用说明书的义务不构成对待给付义务。但是，若从给付义务的履行与合同目的的实现有密切关系，则一方的从给付义务与对方的主给付义务也构成对待给付义务。例如，汽车买卖合同中卖方交付合格证的义务属于从给付义务，但是卖方不交付合格证将导致买卖合同目的的无法实现（无法上牌），因此该义务与买方支付价款的义务构成对待给付义务。

2. 双方债务没有先后履行顺序。

3. 双方债务履行期限均已届至。

4. 请求履行的一方未履行自己的债务或者履行不适当。

（二）行使效力

主张同时履行抗辩权后，有权拒绝履行相应部分。不过，不能请求对方先履行。

【示例】乙向农户甲订购100颗土鸡蛋，总价200元，约定一手交钱一手交蛋。后甲到期只交付了50颗土鸡蛋。甲表示半个月后再交付剩下的50颗，同时请求乙支付全部价款200元。此时，甲可主张同时履行抗辩权，仅支付（已交付的）50颗土鸡蛋相应的100元价款。

【注意1】当事人一方起诉请求对方履行债务，被告享有并主张同时履行抗辩权【新增】：

①被告未提起反诉：法院应当判决被告在原告履行债务的同时履行自己的债务，并在判项中明确原告申请强制执行的，法院应当在原告履行自己的债务后对被告采取执行行为。

②被告提起反诉：法院应当判决双方同时履行自己的债务，并在判项中明确任何一方申请强制执行的，法院应当在该当事人履行自己的债务后对对方采取执行行为。

【注意2】双务合同无效、被撤销、不生效力时，标的物返还与价款返还互为对待给付，双方应当同时返还。任何一方在未返还之前请求对方返还的，对方均可主张同时履行抗辩权。例如，甲将凶宅出售给不知情的乙，乙以欺诈为由撤销买卖合同后，甲有义务返还价款，乙有义务返还房屋。在乙返还房屋之前，甲有权拒绝返还价款。

二、先履行抗辩权（顺序履行抗辩权）

先履行抗辩权：有先后履行顺序，先履行一方没有履行，后履行一方可拒绝其履行请求。

1. 构成要件

（1）当事人基于同一双务合同互负对待给付义务；

（2）双方债务有先后履行顺序；

（3）双方债务履行期限均已届至；

（4）先履行一方未履行自己的义务或者履行不适当。

2. 行使效力

后履行一方可以主张先履行抗辩权，拒绝履行相应部分。

【示例】甲向乙购买2套设备，约定货到后1周内支付价款。若乙仅交付1套设备，则甲可以行使先履行抗辩权，仅支付1套设备的价款。

【注意】当事人一方起诉请求对方履行债务，被告享有并主张先履行抗辩权的，法院应当驳回原告的诉讼请求，但是不影响原告履行债务后另行提起诉讼。【新增】

三、不安履行抗辩权

不安履行抗辩权：有先后履行顺序，先履行一方有证据证明后履行一方存在丧失或可能丧失履行债务能力的情形，有权中止履行。

1. 构成要件

（1）当事人基于同一双务合同互负对待给付义务；

（2）双方债务有先后履行顺序；

（3）应当先履行一方有确切证据证明对方存在丧失或可能丧失履行债务能力的情形，包括：①经营状况严重恶化；②转移财产、抽逃资金，以逃避债务；③丧失商誉；④其他。

2. 行使效力

第一步：先履行一方中止履行并及时通知对方，中止履行不构成违约；

第二步：对方在合理期限内恢复履行能力或提供担保，不安抗辩权消灭，先履行一方应恢复履行。

对方在合理期限内未恢复履行能力且未提供担保：视为以自己的行为表明不履行主要债务，构成预期违约，中止方可以解除合同，并可以请求对方承担违约责任。

【示例】甲咖啡店将8台咖啡机转让给乙咖啡店，约定乙咖啡店在收货后10日内付款。交货前1天，甲咖啡店发现乙咖啡店因涉嫌违规操作已被工商部门处罚，现经营状况严重恶化，甲咖啡店可以行使不安抗辩权，中止履行合同，并及时通知乙咖啡店。

【注意】行使履行抗辩权的行为，属于依法行使权利，不构成违约；若无确切证据行使不安抗辩权中止履行，属于违约行为，应当承担违约责任。

【注意】三大抗辩权的分析步骤：

有没有先后顺序？
- 没有 → 同时履行抗辩权
- 有 → 谁主张拒绝履行
  - 先履行方：不安抗辩权
  - 后履行方：先履行抗辩权

判断分析

1. 甲把房屋出租给乙，乙自行购买屋内家具，屋内电器为甲所有。租期届满前两个月，乙提议把屋内沙发以2000元的价格出卖给甲，租期届满前由乙继续占有使用，甲当即表示同意。租期届满后，甲认为乙的沙发不值2000元，遂仅向乙支付了1000元。若甲不支付剩余的1000元，乙有权行使同时履行抗辩权拒绝交付租赁房屋和屋内电器。（2019年仿真题）【错误。乙基于沙发买卖合同对甲享有1000元价款债权，甲基于房屋租赁合同对乙享有请求返还房屋和电器的请求权，二者并非基于同一个双务合同所生，不成立同时履行抗辩权】

2. 甲与乙公司签订的房屋买卖合同约定："乙公司收到首期房款后，向甲交付房屋和房屋使用说明书；收到二期房款后，将房屋过户给甲。"甲交纳首期房款后，乙公司交付房屋但未立即交付房屋使用说明书。甲可以行使先履行抗辩权，拒绝支付二期房款。（2015年第3卷第10题）【错误。乙应当先交付房屋和房屋使用说明书，然后甲有义务支付二期房款。但是，乙未交付房屋使用说明书违反的只是从给付义务，甲不得行使先履行抗辩权】

3. 甲、乙订立一份价款为十万元的图书买卖合同，约定甲先支付书款，乙两个月后交付图书。甲由于资金周转困难只交付五万元，答应余款尽快支付，但乙不同意。两个月后甲要求乙交付图书，遭乙拒绝。对此，下列哪一表述是正确的？（2010年第3卷第13题）

A. 乙对甲享有同时履行抗辩权【错误。甲乙互负债务，约定了履行顺序，应当先支付书款的甲仅支付部分款项，乙可以主张先履行抗辩权】

B. 乙对甲享有不安抗辩权【错误】

C. 乙有权拒绝交付全部图书【错误】

D. 乙有权拒绝交付与五万元书款价值相当的部分图书【正确。甲已经支付了5万元，只剩5万元未支付，乙只能在相应范围内拒绝履行，即拒绝交付与五万元书款价值相当的部分图书】

4. 2011年5月6日，甲公司与乙公司签约，约定甲公司于6月1日付款，乙公司6月15日交付"连升"牌自动扶梯。合同签订后10日，乙公司销售他人的"连升"牌自动扶梯发生重大安全事故，质监局介入调查。合同签订后20日，甲、乙、丙公司三方合意，由丙公司承担付款义务。丙公司6月1日未付款。下列哪一表述是正确的？（2011年第3卷第14题）

A. 甲公司有权要求乙公司交付自动扶梯【错误。甲公司应当先支付价款，在其将该债务转移给丙公司而丙公司又未支付价款的情况下，乙公司可以主张先履行抗辩权，拒绝交付自动扶梯】

B. 丙公司有权要求乙公司交付自动扶梯【错误。甲公司只是将支付价款的债务转移给了丙公司，并未将请求交付自动扶梯的债权转让给丙公司】

C. 丙公司有权行使不安抗辩权【正确。由于乙公司销售的同品牌自动扶梯已经发生重大安全事故，政府部门介入调查，甲公司有证据证明乙公司发生了丧失履行债务能力的情形，有权行使不安抗辩权。而在免责的债务承担中，新债务人可以主张原债务人对债权人的抗辩，故而新债务人丙公司可以主张原债务人甲公司对乙公司的不安抗辩权】

D. 乙公司有权要求甲公司和丙公司承担连带债务【错误。甲公司和丙公司之间是免责的债务承担，甲公司已经不再是债务人，乙公司只能请求丙公司履行债务】

【主观题专项训练】

案情：2022年5月15日，甲公司与乙公司签订设备买卖合同，约定：甲公司将3套A型设备出售给乙公司，乙公司应当先付清价款15万元（每套5万元），而甲公司应于收到款项后一周内交付设备。

问题1：若甲公司于合同签订后的次日请求乙公司在15天内付清价款，乙公司能否拒绝？

问题2：若乙公司在未付清价款前即请求甲公司交付设备，甲公司能否拒绝？

问题3：若乙公司在付款之前发现甲公司因资金短缺已经无法正常生产，乙公司能否拒绝支付价款？

问题1：若甲公司于合同签订后的次日请求乙公司在15天内付清价款，乙公司能否拒绝？

答案：不能。合同未约定支付价款的履行期限，债权人甲公司可以随时请求履行，并且甲公司也给了乙公司15天的合理准备时间。法条依据为《中华人民共和国民法典》第五百一十一条。

问题2：若乙公司在未付清价款前即请求甲公司交付设备，甲公司能否拒绝？

答案：能。乙公司应当先支付价款而未支付，甲公司可以主张先履行抗辩权，拒绝交付设备。法条依据为《中华人民共和国民法典》第五百二十六条。

问题3：若乙公司在付款之前发现甲公司因资金短缺已经无法正常生产，乙公司能否拒绝支付价款？

答案：能。乙公司应当先支付价款，但是其有证据证明甲公司经营状况严重恶化，可以行使不安抗辩权，暂不支付价款。法条依据为《中华人民共和国民法典》第五百二十七条。

第四章 合同解除【客 + 主】

【重点】本章内容均十分重要

合同解除，是指合同成立后履行完毕前，经双方当事人协议或具备约定、法定解除事由时，解除权人行使解除权消灭合同效力的行为。

【说明】合同是当事人之间的法律，合同成立后必须按照约定履行自己的合同义务。然而，因各种主客观情况的变化，合同可能根本无法或者没有必要继续履行，此时法律赋予合同当事人一方或双方解除权（法定解除权），以打破合同"法锁"，摆脱合同的束缚。当然，基于私法自治，当事人可以在事前约定何时一方或双方可以解除合同（约定解除权），也可以在事后协商一致解除合同。

第一节 合同解除事由【客 + 主】【合同解除事由与情形 B】

法条群

《中华人民共和国民法典》第三编《合同》第一分编《通则》第四章《合同的履行》

第五百三十三条【情势变更】合同成立后，合同的基础条件发生了当事人在订立合同时无法预见的、不属于商业风险的重大变化，继续履行合同对于当事人一方明显不公平的，受不利影响的当事人可以与对方重新协商；在合理期限内协商不成的，当事人可以请求人民法院或者仲裁机构变更或者解除合同。

人民法院或者仲裁机构应当结合案件的实际情况，根据公平原则变更或者解除合同。

《中华人民共和国民法典》第三编《合同》第一分编《通则》第四章《合同的履行》

第五百六十二条【约定解除】当事人协商一致，可以解除合同。

当事人可以约定一方解除合同的事由。解除合同的事由发生时，解除权人可以解除合同。

第五百六十三条【法定解除】有下列情形之一的，当事人可以解除合同：

（一）因不可抗力致使不能实现合同目的；

（二）在履行期限届满前，当事人一方明确表示或者以自己的行为表明不履行主要债务；

（三）当事人一方迟延履行主要债务，经催告后在合理期限内仍未履行；

（四）当事人一方迟延履行债务或者有其他违约行为致使不能实现合同目的；

（五）法律规定的其他情形。

以持续履行的债务为内容的不定期合同，当事人可以随时解除合同，但是应当在合理期限之前通知对方。

第四章 合同解除【客+主】

《中华人民共和国民法典》第三编《合同》第一分编《通则》第八章《违约责任》

第五百八十条【非金钱债务的继续履行】当事人一方不履行非金钱债务或者履行非金钱债务不符合约定的，对方可以请求履行，但是有下列情形之一的除外：

（一）法律上或者事实上不能履行；

（二）债务的标的不适于强制履行或者履行费用过高；

（三）债权人在合理期限内未请求履行。

有前款规定的除外情形之一，致使不能实现合同目的的，人民法院或者仲裁机构可以根据当事人的请求终止合同权利义务关系，但是不影响违约责任的承担。

一、协议解除

双方协商一致后可以解除合同。

【注意】当事人就解除合同已经协商一致，只是未对合同解除后的违约责任、结算和清理等问题作出处理的，应当认定合同已经解除。另有约定的除外。【新增】

二、约定解除

合同事先约定解除事由，待解除事由发生时，解除权人有权解除合同。

1. 限制：如果违约程度显著轻微、不影响合同目的实现，即使约定解除事由发生了，也不能解除合同。

【示例】甲与乙订立汽车买卖合同，约定：乙应于10月10日24:00之前支付50万元购车款，否则甲有权解除合同。若乙于10月11日00:50支付50万元购车款，则甲不能解除合同，因为乙的违约程度显著轻微，不影响甲的合同目的实现。

2. 区别于附解除条件的合同：附解除条件合同的条件成就时，合同自动解除；合同约定解除事由发生，合同不会自动解除，需要解除权人行使解除权才会导致合同解除。

【示例】甲与乙订立汽车买卖合同，约定：乙应于10月10日之前支付50万元购车款，否则汽车买卖合同自动解除（附解除条件的合同）。若乙于10月10日并未支付购车款，则汽车买卖合同自动解除。甲与乙订立汽车买卖合同，约定：乙应于10月10日之前支付50万元购车款，否则甲有权解除汽车买卖合同（约定解除）。若乙于10月10日并未支付购车款，则甲可以通知乙解除合同。

三、法定解除

出现法定解除事由，当事人可以依法解除合同。

（一）一般法定解除事由——根本违约，适用于所有合同

1. 因不可抗力致使合同目的不能实现（双方都有解除权）。

不可抗力：不能预见、不能避免、不能克服的客观情况。例如地震、海啸、泥石流等。

【示例】甲与乙旅行社签订旅游合同，后因疫情防控，导致甲无法出行，合同目的不能实现，甲、乙均享有解除权。

2. 预期违约（仅守约方有解除权）：履行期限届满前，一方明确表示不履行或者以自己的行为表明不履行主要债务（合同一方的主给付义务），无须等待履行期限届满，守约方就享有法定解除权。

【示例】2019年11月1日，甲百货商场与乙电器公司订立空调买卖合同，约定：乙电器公司于2020年5月30日之前交付500台空调给甲百货商场。2020年3月，因气象部门预测当年夏天将持续高温，乙电器公司的空调被商家订购一空。2020年3月30日，乙电器公司向甲百货公司发信函称：因供货能力有限，无法履约。履行期届满前，乙电器公司明确表示自己不履行合同的主要债务。甲百货商场可以乙电器公司预期违约为由主张解除合同。

3. 迟延履行（仅守约方有解除权）。

（1）迟延履行主要债务后经催告仍不履行；

【示例】甲向乙订购一批月饼，约定8月1日交货，乙8月10日仍未交货。乙构成迟延履行，此时乙经催告后仍然不交货，甲可以解除合同。

（2）迟延履行导致合同目的不能实现（不需要先催告，因为催告已无意义）。

【示例】甲向乙订购一批月饼，约定8月1日交货，乙9月1日仍未交货。乙构成迟延履行，因月饼未交付导致合同目的不能实现（中秋节都过了），此时甲可以直接解除合同。

4. 其他根本违约（仅守约方有解除权）：其他违约行为导致合同目的不能实现。

【注意】通常，只有违反主给付义务才构成根本违约，但是违反从给付义务致使合同目的不能实现，也构成根本违约。

【示例】甲与乙订立汽车买卖合同，钱货两清。此后，因乙迟迟未提供相关单证资料给甲，致使甲无法办理车辆所有权登记。乙未交付有关单证资料属于对从给付义务的违反，该行为致使买卖合同的目的不能实现，甲享有法定解除权。

【注意】只有合同目的不能实现，才能解除合同；除了不可抗力，当事人一方欲解除合同，必须另一方存在违约行为。

（二）特别法定解除事由——任意解除权

任意解除权：不需要理由，随时可以解除。

双方享有任意解除权	特定方享有任意解除权
1. 委托合同 2. 不定期继续性合同 ①不定期租赁合同 ②不定期物业服务合同 ③不定期保管合同 ④不定期合伙合同 ⑤不定期肖像使用合同	1. 承揽合同的定作人（承揽人完成工作前） 2. 货运合同的托运人 3. 定期保管合同的寄存人 4. 定期物业服务合同的业主

【说明】之所以赋予任意解除权，是因为该类合同往往基于一定的信赖，如果信赖基础丧失或者难以期待当事人继续维持合同关系，自然应当允许摆脱合同的束缚。

（三）特别法定解除事由——违约方解除权（司法解除）

通常仅守约方享有合同解除权，但满足以下条件时，违约方也享有请求人民法院或者仲裁机构解除合同的权利。

1. 守约方的继续履行请求权被排除。

（1）法律上或者事实上**不能履行**（如已经卖给别人、标的物灭失等）。

（2）债务**不适于强制履行**或**履行费用过高**（如人身性质、成本太高失去经济合理性等）。

（3）债权人在合理期限内**未请求履行**。

2. **致使合同目的不能实现**。

【注意1】最高院认为，违约方行使解除权还需同时符合下列3个条件：①违约方不存在**恶意违约**；②违约方继续履行**对其显失公平**；③守约方拒绝解除合同**有违诚实信用原则**。（法考采取综合观点，在考虑违约方是否有解除权时，需综合考虑**前两者**。）

【注意2】违约方解除权必须通过人民法院或者仲裁机构行使；**违约方虽然可以请求解除合同，但是不影响其承担违约责任**。

【示例】甲与健身房签订了1年期的"私教合同"。合同签订3个月后，甲被医生告知其不宜再进行健身运动。若健身房不同意解除合同，甲可以起诉至法院请求解除合同，因为甲虽然是违约方，但是私教合同不适于强制履行，健身房无法请求甲继续履行，合同目的已经无法实现。当然，甲解除合同系出于自身原因，而非健身房原因导致合同无法履行，而健身场所对入会会员人数、器械设备、教练等有一定的配比，会员要求退会对于场馆经营势必造成一定的损失，故而应当扣除部分费用。

【说明】如果不允许违约方行使解除权，会出现这种局面：守约方可以解除合同，但是拒绝解除；违约方不能解除但也无法履行，合同就会**陷入僵局**。此时只有允许违约方解除合同，才能打破合同僵局。

（四）特别法定解除事由——情势变更【情势变更A】

情势变更：合同成立后合同的**基础条件**发生了当事人在订立合同时无法预见的**重大变化**，继续履行合同对一方当事人明显不公平，受**不利影响的当事人**可以请求人民法院或者仲裁机构变更或者解除合同。

1. 构成要件

（1）须合同的基础条件发生了**不属于商业风险的重大变化**。例：采砂权出让合同签订后，因鄱阳湖50年难遇的罕见低水位，导致采砂船不能在采砂区域作业；双方约定对燃煤锅炉进行脱硫工程改造后，当地政府调整了节能减排政策，要求拆除燃煤锅炉。商业风险是商业活动所固有的，当事人在一定范围内能够合理预见的风险。例：商铺租赁合同签订后，所处地段同类铺面租金价格大幅上涨，属于商业风险。（可以通过租金调整条款予以合理规避）

（2）变化须发生在合同成立后履行完毕前；例：房屋交付后对口学区发生变化，不成立情势变更。

（3）变化是当事人在订立合同时**无法预见**的。例：明知属于自然保护区却签订采矿合同，后政府严格执行政策导致无法采矿，不成立情势变更。

（4）变化的发生须**不可归责**于任何一方当事人。

（5）继续履行合同将对一方**明显不公平**。

2. 法律效果

（1）受不利影响的一方可与对方**重新协商**；

（2）合理期限内协商不成，可以请求法院或仲裁机构**变更或解除合同**。

①当事人请求变更合同的，法院不得解除合同；②当事人一方请求变更合同，对方请求解除合同的，或者当事人一方请求解除合同，对方请求变更合同的，法院应当视情况根据公平原则判决变更或者解除合同。【新增】

【注意】合同中关于排除情势变更适用的**事先约定无效**。【新增】

第二节　合同解除权的行使【客+主】【合同解除权的行使C】

> **法条群**
>
> 《中华人民共和国民法典》第三编《合同》第一分编《通则》第七章《合同的权利义务终止》
>
> 第五百六十四条【解除权行使期限】法律规定或者当事人约定解除权行使期限，期限届满当事人不行使的，该权利消灭。
>
> 法律没有规定或者当事人没有约定解除权行使期限，自解除权人知道或者应当知道解除事由之日起一年内不行使，或者经对方催告后在合理期限内不行使的，该权利消灭。
>
> 第五百六十五条【合同解除权的行使规则】当事人一方依法主张解除合同的，应当通知对方。合同自通知到达对方时解除；通知载明债务人在一定期限内不履行债务则合同自动解除，债务人在该期限内未履行债务的，合同自通知载明的期限届满时解除。对方对解除合同有异议的，任何一方当事人均可以请求人民法院或者仲裁机构确认解除行为的效力。
>
> 当事人一方未通知对方，直接以提起诉讼或者申请仲裁的方式依法主张解除合同，人民法院或者仲裁机构确认该主张的，合同自起诉状副本或者仲裁申请书副本送达对方时解除。
>
> 《最高人民法院关于适用〈中华人民共和国民法典〉合同编通则若干问题的解释》（七、合同的权利义务终止）
>
> 第五十三条【通知合同解除的审查】当事人一方以通知方式解除合同，并以对方未在约定的异议期限或者其他合理期限内提出异议为由主张合同已经解除的，人民法院应当对其是否享有法律规定或者合同约定的解除权进行审查。经审查，享有解除权的，合同自通知到达对方时解除；不享有解除权的，不发生合同解除的效力。
>
> 第五十四条【一方撤诉后再次起诉解除时合同解除时间的认定】当事人一方未通知对方，直接以提起诉讼的方式主张解除合同，撤诉后再次起诉主张解除合同，人民法院经审理支持该主张的，合同自再次起诉的起诉状副本送达对方时解除。但是，当事人一方撤诉后又通知对方解除合同且该通知已经到达对方的除外。

约定或者法定解除事由发生，仅仅意味着当事人享有合同解除权，合同不会自动解除。只有当事人依法行使了解除权，合同才能解除。

一、解除权的行使方式

1. 通知解除

（1）合同自通知到达对方时解除。

（2）通知载明债务人一定期限内不履行则合同自动解除，债务人在该期限内未履行债务的，合同自通知载明的期限届满时解除。

（3）解除异议

①对方有异议的，当事人双方均可请求法院或者仲裁机构确认解除行为的效力。不享有解除权的一方通知解除合同，即使另一方未及时提出异议，也不发生解除的效果。

②法院或者仲裁机构确认解除的，合同依然自通知到达对方时解除。

第四章 合同解除【客+主】

2. 起诉/仲裁解除

当事人也可以不通知对方解除，选择直接提起诉讼或者申请仲裁。违约方解除权、情势变更引发的解除权只能通过诉讼或者仲裁方式行使。

法院或者仲裁机构确认解除的，起诉状或仲裁申请书副本送达对方时合同解除。

【注意】撤诉后又通知对方解除合同的，合同自通知到达对方时解除；撤诉后再次起诉主张解除合同的，若法院确认解除，合同自再次起诉的起诉状副本送达对方时解除。【新增】

二、解除权的行使期限

1. 解除权是形成权，适用除斥期间。除斥期间届满，则解除权消灭。
2. 除斥期间：法律规定／当事人约定＞解除权人知道或应知解除事由之日起一年内／经对方催告后的合理期限内。

第三节 合同解除的法律效果【客+主】【合同解除效力 C】

> **法条群**
>
> 《中华人民共和国民法典》第三编《合同》第一分编《通则》第七章《合同的权利义务终止》
>
> 第五百六十六条【合同解除的法律后果】合同解除后，尚未履行的，终止履行；已经履行的，根据履行情况和合同性质，当事人可以请求恢复原状或者采取其他补救措施，并有权请求赔偿损失。
>
> 合同因违约解除的，解除权人可以请求违约方承担违约责任，但是当事人另有约定的除外。
>
> 主合同解除后，担保人对债务人应当承担的民事责任仍应当承担担保责任，但是担保合同另有约定的除外。
>
> 第五百六十七条【结算、清理条款效力的独立性】合同的权利义务关系终止，不影响合同中结算和清理条款的效力。

1. 尚未履行：终止履行。
2. 已经履行：根据履行情况和合同性质，当事人可以请求恢复原状或者采取其他补救措施，并有权请求赔偿损失。

（1）继续性合同的解除：不具有溯及力，已经履行的部分应当按照原合同约定结算。例如，甲将 A 房屋出租给乙，租期 2 年，若 1 年后合同被解除，则甲无须将已经支付的 1 年租金返还给乙。

（2）非继续性合同的解除：原则上具有溯及力，溯及自合同成立时终止。例如，甲以 2000 元购得乙的手机。后因手机存在严重的质量问题，甲解除了买卖合同，则甲应当将手机返还给乙，乙应当将 2000 元返还给甲。

3. 合同因违约解除的，解除不影响违约责任的承担。例如，甲公司与乙公司签订天然气供应合同。因甲公司无法依约供应足量的天然气，乙公司被迫高价从他处购气。乙公司解除合同后，可以请求甲公司赔偿天然气的价差。

【注意】因不可抗力导致合同目的不能实现而解除合同的，不需要承担违约责任。

4. 合同解除，不影响合同中结算和清理条款（如违约金、约定损害赔偿的计算方法、定金条款）、解决争议方法条款（如仲裁协议）的效力。例如，甲将房屋出租给乙，约定任何一方违约应当向另一方支付违约金 5000 元。后因乙拖欠支付租金，甲通知解除合同。甲可以请求乙按照合同约定支付 5000 元的违约金。

5. 主合同解除后，担保人对债务人应当承担的民事责任仍应当承担担保责任。例如，甲将房屋出租给乙，约定任何一方违约应当向另一方支付违约金 5000 元，丙向甲承诺提供保证。后因乙拖欠支付租金 1 万元，甲通知解除合同。对于乙应当支付的 1 万元租金和 5000 元违约金，丙均需对甲承担保证责任。

【说明】主合同解除后，债务人应当承担的民事责任是原合同债务的变形，并没有改变债的同一性。因此，为担保主债权而设定的担保，对于合同解除后债务人应当承担的民事责任仍然有效，担保人应当继续承担担保责任。

判断分析

1. 甲房产开发公司在交给购房人张某的某小区平面图和项目说明书中都标明有一个健身馆。张某看中小区健身方便，决定购买一套商品房并与甲公司签订了购房合同。张某收房时发现小区没有健身馆。下列哪些表述是正确的？（2014 年第 3 卷第 51 题）

A. 甲公司不守诚信，构成根本违约，张某有权退房【正确。小区没有健身馆构成甲公司的违约行为，由于张某看中小区健身方便才决定买房，甲公司的违约行为导致其合同目的无法实现，张某有权解除合同（退房意味着解除合同）】

B. 甲公司构成欺诈，张某有权请求甲公司承担缔约过失责任【正确。甲公司交给购房人张某的平面图和项目说明书中都标明有一个健身馆，但实际上并不存在，构成欺诈，张某有权申请撤销该合同。合同一旦被撤销，张某有权要求甲公司承担缔约过失责任】

C. 甲公司恶意误导，张某有权请求甲公司双倍返还购房款【错误。张某解除或者撤销合同后，甲公司应当返还张某的购房款，但张某无权请求双倍返还购房款，因为现行法并未规定此时可以主张惩罚性赔偿】

D. 张某不能滥用权利，在退房和要求甲公司承担违约责任之间只能选择一种【错误。合同因违约而解除的，不影响违约责任的承担】

2. 甲将 A 房屋和 B 房屋各一套以 500 万元的价格出卖给乙，约定若甲未按期交房或办理过户登记，按房价 5% 支付违约金。乙一次性付清 500 万元房款后，甲的房屋被政府征收，A 房屋甲获得 200 万元拆迁补偿款，B 房屋甲获得 100 万元拆迁补偿款。甲因此未按约向乙交付房屋，亦未按约给乙办理过户登记。乙因此诉至法院，乙的下列诉讼请求，能够得到法院支持的是？（2021 年仿真题）

A. 主张解除与甲的房屋买卖合同【正确。政府征收属于不可抗力，导致买卖合同目的无法实现，故乙可以主张解除与甲的房屋买卖合同】

B. 请求甲按约支付违约金【错误。因不可抗力解除合同无须承担违约责任】

C. 请求甲返还已支付的 500 万元房款【正确。合同解除后，已经履行的，原则上应当恢复原状，故而乙可请求甲返还已支付的 500 万元房款】

D. 请求判决 300 万元拆迁补偿款归乙所有【错误。拆迁补偿款应当归所有权人甲所有】

3. 甲公司与乙公司签订并购协议："甲公司以 1 亿元收购乙公司在丙公司中 51% 的股权。若股权过户后，甲公司未支付收购款，则乙公司有权解除并购协议。"后乙公司依约履行，甲公司却分文未付。乙公司向甲公司发送一份经过公证的《通知》："鉴于你公司严重违约，建议双方终止协议，贵方向我方支付违约金；或者由贵方提出解决方案。"3 日后，乙公司又向甲公司发送《通报》："鉴于你公司严重违约，

我方现终止协议，要求你方依约支付违约金。"下列哪一选项是正确的？（2011年第3卷第13题）

A.《通知》送达后，并购协议解除【错误。《通知》的内容并非解除并购协议，其实质是督促甲公司依约履行义务】

B.《通报》送达后，并购协议解除【正确。《通报》明确表明乙公司解除并购协议的意思，协议自《通报》到达对方时解除】

C.甲公司对乙公司解除并购协议的权利不得提出异议【错误。甲公司对解除合同有异议的，可以请求法院或仲裁机构确认解除行为的效力】

D.乙公司不能既要求终止协议，又要求甲公司支付违约金【错误。合同因违约解除的，解除不影响违约责任的承担，且违约金条款属于结算和清理条款，不因合同的解除而丧失效力】

【主观题专项训练】

案情：2021年1月1日，王某与张某签订"二手房买卖合同"，约定王某将一套自有房屋出售给张某，总成交价为600万元；张某应于合同签订当日支付首付款60万元；王某应于3月1日之前配合办理房屋过户登记手续，张某则应于办理过户登记手续之时一次性付清尾款；任何一方拒绝履行合同或有其他违约行为，均应当向另一方支付房屋总价的20%作为违约金。为担保张某履行合同，李某向王某承诺提供连带责任保证。合同签订当日，张某将首付款转账给王某。1月20日，张某打电话给王某，明确表示因资金周转困难，无力支付购房款，希望解除买卖合同。因反复沟通无效，王某于2021年2月起诉至法院，请求判令解除合同，并判令张某支付违约金30万元。2021年2月26日，起诉状副本送达张某。2022年2月10日，法院作出判决，确认合同解除。

问题1：王某在2021年1月20日之后能否直接通知张某解除合同？

问题2：王某与张某之间的"二手房买卖合同"于何时解除？

问题3：王某能否请求李某承担保证责任？

问题4：王某请求张某支付违约金的请求能否得到法院支持？

问题1：王某在2021年1月20日之后能否直接通知张某解除合同？

答案：能。在履行期限届满前，张某明确表示不支付购房款，构成预期违约，王某可以通知解除合同。法条依据为《中华人民共和国民法典》第五百六十三条。

问题2：王某与张某之间的"二手房买卖合同"于何时解除？

答案：2021年2月26日。王某未通知张某，直接以提起诉讼的方式依法主张解除合同，人民法院确认该主张的，合同自起诉状副本送达对方时解除。法条依据为《中华人民共和国民法典》第五百六十五条。

问题3：王某能否请求李某承担保证责任？

答案：能。主合同解除后，李某对王某应当承担的民事责任仍应当承担担保责任。法条依据为《中华人民共和国民法典》第五百六十六条。

问题4：王某请求张某支付违约金的请求能否得到法院支持？

答案：能。合同因违约解除的，解除不影响违约责任的承担，且违约金条款属于结算和清理条款，不因合同的解除而丧失效力。法条依据为《中华人民共和国民法典》第五百六十六条、第五百六十七条。

第五章 违约责任【客+主】

【重点】本章内容均十分重要

第一节 违约责任的成立【客+主】

> **法条群**
>
> 《中华人民共和国民法典》第三编《合同》第一分编《通则》第八章《违约责任》
>
> 　　第五百七十七条【违约责任】当事人一方不履行合同义务或者履行合同义务不符合约定的，应当承担继续履行、采取补救措施或者赔偿损失等违约责任。
>
> 　　第五百七十八条【预期违约】当事人一方明确表示或者以自己的行为表明不履行合同义务的，对方可以在履行期限届满前请求其承担违约责任。

违约责任：违反合同义务的法律后果。

一、违约责任的归责原则

1.原则：严格责任原则。

只要存在违约行为，不论违约方有无过错，非违约方均可请求违约方承担违约责任。

2.例外：过错责任。

（1）赠与合同：赠与人故意或重大过失致使标的物毁损灭失的；赠与人故意不告知瑕疵或保证无瑕疵造成受赠人损失。

（2）租赁合同：承租人保管不善造成租赁物毁损灭失。

（3）承揽合同：承揽人保管不善致材料毁损灭失。

（4）委托合同：有偿委托的受托人有过错；无偿委托中受托人有故意或重大过失。

（5）客运合同：承运人对旅客自带物品毁损灭失有过错。

（6）多式联运合同：托运人托运货物时有过错造成多式联运经营人损失。

（7）保管合同：保管期内，因保管人保管不善造成保管物毁损、灭失的，保管人应当承担赔偿责任。但是，无偿保管人证明自己没有故意或者重大过失的，不承担赔偿责任。

（8）仓储合同：保管不善致仓储物毁损、灭失。

二、违约责任的构成要件【违约责任的成立要件 B】

除了归责原则可能有所不同外，所有的违约责任均需要满足 3 个要件：
违约责任 = 合同成立并生效 + 存在违约行为 + 不存在法定或约定免责事由。

1. 合同成立并生效。合同未成立、被撤销、无效等承担的是缔约过失责任。
2. 存在违约行为：包括预期违约和实际违约。

（1）预期违约。
①明示预期违约：在履行期限届满前，债务人无正当理由，明确表示将不履行合同主要义务。
②默示预期违约：在履行期限届满前，债权人有证据证明，债务人的行为表明其将不履行合同主要义务。

（2）实际违约。

实际违约：合同履行期限届满后，当事人不履行（拒绝履行）或不适当履行（部分履行、迟延履行、瑕疵履行、加害给付等）合同义务。

【注意】加害给付，是指履行不符合合同的约定或者法律的规定，并且导致对方遭受履行利益以外的人身、财产损害的情形。例如，甲通过 A 平台向乙购买面膜，在使用过程中，因面膜质量问题导致甲的脸部皮肤大范围溃烂。此时，甲可以请求乙承担违约责任或者侵权责任。

3. 不存在法定或约定免责事由。
（1）法定免责事由：不可抗力。
①根据不可抗力的影响，部分或全部免除责任。迟延履行后发生不可抗力，不免责。
②因不可抗力无法履行，应及时通知对方，并应在合理期限内提供证明。

【示例】农户甲与乙公司约定，出售活鸡 1 万只，后由于鸡棚失火，甲饲养的大部分鸡毁于一旦，无法交付。失火属于意外事件，而非不可抗力，甲不能免责。

（2）约定免责事由：不违反法律、行政法规的强制性规定，即有效。
①造成对方人身损害的免责条款无效。
②因故意或者重大过失造成对方财产损失的免责条款无效。

判断分析

1. 姚某旅游途中，前往某玉石市场参观，在唐某经营的摊位上拿起一只翡翠手镯，经唐某同意后试戴，并问价。唐某报价 18 万元（实际进货价 8 万元，市价 9 万元），姚某感觉价格太高，急忙取下，不慎将手镯摔断。姚某应承担违约责任。（2017 年第 3 卷第 22 题）【错误。姚某和唐某之间的买卖合同尚未成立，不存在违约责任的问题】

2. 甲向乙购买一只布偶猫作为宠物，约定 3 月 1 日交货。2 月 15 日，乙通知甲不会交付猫咪的血统证明，构成预期违约。【错误。预期违约要求违约方表明不履行的是主要义务，宠物猫买卖合同的主要义务不包括交付血统证明。】

3. 甲家里有一祖传青花瓷瓶，收藏家乙闻讯后，出高价购买，二人在 2022 年 1 月 11 日订立合同约定，3 个月后一手交钱一手交货。不料，2 月 1 日乙突然接到甲的电话，声称其将不履行合同，后乙查明甲在 1 月 31 日已将花瓶出售给另一个商人丙并交付。乙在 2 月 1 日即可以追究甲的违约责任。【正确。甲构成预期违约，乙可以主张两项权利：立即解除合同和追究违约责任，且追究违约责任不用等到履行期限届满。】

第二节　违约责任的承担方式【客+主】【违约责任的承担方式 B】

违约责任承担方式包括继续履行，采取补救措施，赔偿损失，支付违约金、定金。

一、继续履行

🔗 **法条群**

《中华人民共和国民法典》第三编《合同》第一分编《通则》第八章《违约责任》

第五百八十条【非金钱债务的违约责任】当事人一方不履行非金钱债务或者履行非金钱债务不符合约定的，对方可以请求履行，但是有下列情形之一的除外：

（一）法律上或者事实上不能履行；

（二）债务的标的不适于强制履行或者履行费用过高；

（三）债权人在合理期限内未请求履行。

有前款规定的除外情形之一，致使不能实现合同目的的，人民法院或者仲裁机构可以根据当事人的请求终止合同权利义务关系，但是不影响违约责任的承担。

大陆法系奉行实际履行原则，只要能够继续履行的，守约方均可请求违约方继续履行，违约方不得以赔偿损失等方式排除守约方的继续履行请求权，除非守约方接受。

1. 金钱债务：不存在履行不能，守约方可以请求继续履行。
2. 非金钱债务：守约方原则上可以请求继续履行。但存在下列 3 种情况时，则不能请求继续履行：

（1）法律上或者事实上不能履行（如特定物已经被出售于他人或毁损灭失）；

（2）债务的标的不适于强制履行（如劳务之债）或者履行费用过高；

（3）债权人在合理期限内未请求履行。

【注意】

1. 合同不能继续履行，不影响其他违约责任（如损害赔偿等）的承担。

2. 根据债务的性质不适宜强制履行的，债权人可以请求第三人代替履行。该费用由债务人负担。例：乙与甲培训机构约定，乙在寒假为甲培训机构录课。后乙因身体不适无法上课，甲只能请丙代课。甲可以请求乙承担自己向丙支付的课时费。

二、采取补救措施

采取补救措施，具体包括：请求对方修理、重作、更换、退货、减少价款或者报酬等。在采取补救措施后，对方还有其他损失的，应当赔偿损失。

三、赔偿损失

🔗 **法条群**

《中华人民共和国民法典》第三编《合同》第一分编《通则》第八章《违约责任》

第五百八十四条【可预见规则】当事人一方不履行合同义务或者履行合同义务不符合约定，造成对方损失的，损失赔偿额应当相当于因违约所造成的损失，包括合同履行后可以获得的利益；但是，不得超过违约一方订立合同时预见到或者应当预见到的因违约可能造成的损失。

第五百九十一条【减损规则】当事人一方违约后，对方应当采取适当措施防止损失的扩大；没有采取适当措施致使损失扩大的，不得就扩大的损失请求赔偿。

当事人因防止损失扩大而支出的合理费用，由违约方承担。

第五百九十二条【过失相抵规则】当事人都违反合同的，应当各自承担相应的责任。

当事人一方违约造成对方损失，对方对损失的发生有过错的，可以减少相应的损失赔偿额。

《最高人民法院关于适用〈中华人民共和国民法典〉合同编通则若干问题的解释》（八、违约责任）

第六十条【可得利益的计算】人民法院依据民法典第五百八十四条的规定确定合同履行后可以获得的利益时，可以在扣除非违约方为订立、履行合同支出的费用等合理成本后，按照非违约方能够获得的生产利润、经营利润或者转售利润等计算。

非违约方依法行使合同解除权并实施了替代交易，主张按照替代交易价格与合同价格的差额确定合同履行后可以获得的利益的，人民法院依法予以支持；替代交易价格明显偏离替代交易发生时当地的市场价格，违约方主张按照市场价格与合同价格的差额确定合同履行后可以获得的利益的，人民法院应予支持。

非违约方依法行使合同解除权但是未实施替代交易，主张按照违约行为发生后合理期间内合同履行地的市场价格与合同价格的差额确定合同履行后可以获得的利益的，人民法院应予支持。

第六十三条第一款【违约损失的计算】在认定民法典第五百八十四条规定的"违约一方订立合同时预见到或者应当预见到的因违约可能造成的损失"时，人民法院应当根据当事人订立合同的目的，综合考虑合同主体、合同内容、交易类型、交易习惯、磋商过程等因素，按照与违约方处于相同或者类似情况的民事主体在订立合同时预见到或者应当预见到的损失予以确定。

1. 构成要件

赔偿损失，除了前述违约责任的构成要件外，还额外需要 2 个要件：有损失 + 违约行为与损失之间有因果关系。

2. 补偿性损害赔偿

（1）赔偿范围：完全赔偿原则（损失多少赔多少）

①因违约所造成的直接损失。

②可得利益：合同履行后可获得的利益。

可得利益的计算方法：【新增】

a. 可得利益 = 守约方能获得的生产利润、经营利润、转售利润，但是应当扣除守约方为订立、履行合同支出的费用等合理成本

b. 守约方解除了合同 + 实施了替代交易：可得利益 = 替代交易的价格 - 合同价格；如果替代交易价格明显不合理，可得利益 = 市场价格 – 合同价格

c. 守约方解除了合同 + 未实施替代交易：可得利益 = 违约后合理期间内合同履行地市场价格 - 合同价格

（2）限制

①可预见规则：赔偿范围不得超过违约方 + 订立合同时预见到或应当预见到的因违约可能造成的损失。

【示例1】甲公司向乙公司订购一批防疫口罩，准备出口到欧洲，在订购合同中明确约定：防疫口罩将销往欧洲，应当符合欧盟标准。其后，因乙公司交付的口罩不符合欧盟标准，甲公司的欧洲客户向其索赔500万元。对于这500万元，乙公司在订立合同时虽然不能预见其具体的金额，但是应当可以预见到如果口罩不符合欧盟标准，甲公司将向其客户承担违约责任，因此甲公司可以请求乙公司赔偿该500万元的损失。

【示例2】甲公司与乙公司已经就标的额为1000万元的设备采购达成一致意见，约定由甲公司的法定代表人张三前往乙公司签订正式合同。在搭乘出租车前往机场时，张三告知出租车司机李四航班时间，要求务必准时送到，李四满口答应没问题。结果，出租车半路抛锚，张三错过前往乙公司的唯一一趟航班，导致未能成功签约。李四无须赔偿甲公司未能签约所造成的损失，因为李四在签约当时根本无法预见违约会造成此种损失。

【注意】因违约方的违约行为导致守约方对第三人承担违约责任的，只要符合可预见性规则，守约方可以请求违约方赔偿。例如，甲生产商与乙批发商签订供货合同，乙与丙零售商签订供货合同并约定任何一方违约应当向对方支付10万元违约金。后因甲违约，导致乙无法向丙履行合同，乙因此向丙支付10万元违约金。由于乙是批发商，甲在与乙签订合同时对该违约金的支付应该能够预见，因此乙可以要求甲赔偿10万元。

②减损规则：一方违约后，对方没有采取适当措施致使损失扩大的，不得就扩大的损失请求赔偿；因防止损失扩大而支出的合理费用，由违约方负担。

【示例】2021年9月1日，甲公司与乙签订商铺租赁合同，约定租期为2022年一年，每月租金6000元。其后，因乙未按照约定于2022年1月1日交接商铺，商铺空置一年。乙虽然存在违约行为，但是甲公司应当积极寻找其他租户，避免自己的损失扩大。因甲公司怠于采取适当措施致使损失扩大，对于扩大部分的损失，甲公司无权请求乙赔偿。

③损益相抵：一方违约造成对方损失的同时，也给对方带来了利益，则在计算损害赔偿的数额时应扣除得益数额。(违约方的违约行为必须是守约方获益的原因。)

【示例】甲公司与乙公司签订运输合同，约定乙公司将甲公司购买的设备（价值80000元）从上海运送至甲公司所在地，运费5000元，货到无损付款。运输途中，因乙公司保管不善，设备毁损，残值30000元。甲公司受领了毁损的设备。乙公司违约，应赔偿甲公司8万元，但是因为乙公司的违约行为，甲公司获得了价值3万元的设备，同时减少了5000元的运费支出，所以甲公司可以请求乙公司赔偿的数额为：80000−30000−5000=45000（元）。

④过失相抵：一方违约造成对方损失，对方对损失的发生也有过错，可以减少相应的损失赔偿额。

【示例】甲公司与丙公司签订运输合同，约定由丙公司将甲出售的防疫口罩运到欧洲。由于丙公司的疏忽，价值100万元的口罩失火焚毁。事后查明，甲公司本应为产品包上防火布而没有包，对于这100万元的损失，甲公司也有过错。根据过失相抵规则，甲在请求乙公司赔偿损失之时应根据其自己的过错减少相应的数额。

3.惩罚性损害赔偿：在补偿损害赔偿范围外，根据法律规定，承担另外的损害赔偿责任。

（1）限于法律明文规定的特定情形。

（2）常考的惩罚性赔偿情形：

①经营者欺诈时，消费者可主张价款3倍的惩罚性赔偿（不足500元，为500元）。

【注意】《中华人民共和国消费者权益保护法（2013修正）》保护的消费者范围为"为生活消费需要

购买、使用商品或者接受服务",针对的是消费品,房屋不属于消费品,家用汽车则属于消费品。

②经营者<u>明知</u>存在缺陷,仍然向消费者提供,造成消费者或者其他受害人<u>死亡</u>或<u>健康严重损害</u>的,有权要求<u>所受损失 2 倍以下</u>的惩罚性赔偿。

③生产或经营<u>明知</u>是不符合食品安全标准的<u>食品</u>,消费者可向生产者或经营者要求支付<u>价款 10 倍</u>或者<u>损失 3 倍</u>的赔偿金(不足 1000 元的,为 1000 元)。

4. 精神损害赔偿

违约行为损害对方<u>人格权</u>并造成严重精神损害,受损害方选择违约救济的,<u>不影响</u>其请求精神损害赔偿。

判断分析

甲超市经常向郊区农民采购 2 年以上的老母鸡。采购价为每只 100 元,市场零售价 250 元,老母鸡常年供不应求。某日,甲超市与农民乙签订每季度供应 20 只老母鸡的合同。乙对零售价和批发价无异议。第二季度,乙仅向甲超市供应了 10 只老母鸡,超市支付乙 1000 元。对尚未交付的 10 只鸡,超市可就下列哪一利益向乙主张损害赔偿?(2019 年仿真题)

A. 生产利润 1500 元【错误】。违约损害赔偿的范围是<u>直接损失 + 可得利益损失</u>,本题中没有直接损失,可得利益损失为 10 只鸡<u>转卖可得的利润(而非生产利润)</u>,即(250-100)×10=1500(元)。由于乙对鸡的零售价和批发价无异议,对于甲的转售利润损失,乙是可以预见到的】

B. 采购价格 1000 元【错误】

C. 转售利润 1500 元【正确】

D. 零售价格 2500 元【错误】

四、违约金

📎 法条群

《中华人民共和国民法典》第三编《合同》第一分编《通则》第八章《违约责任》

第五百八十五条【违约金】当事人可以<u>约定</u>一方违约时应当根据违约情况向对方支付一定数额的违约金,也可以<u>约定</u>因违约产生的损失赔偿额的计算方法。

约定的违约金<u>低于</u>造成的损失的,人民法院或者仲裁机构可以根据当事人的<u>请求</u>予以增加;约定的违约金<u>过分高于</u>造成的损失的,人民法院或者仲裁机构可以根据当事人的<u>请求</u>予以适当减少。

当事人就迟延履行约定违约金的,违约方支付违约金后,还应当履行债务。

《最高人民法院关于适用〈中华人民共和国民法典〉合同编通则若干问题的解释》(八、违约责任)

第六十四条【请求调整违约金的方式和举证责任】当事人一方通过<u>反诉</u>或者<u>抗辩</u>的方式,请求调整违约金的,人民法院依法予以支持。

违约方主张约定的违约金过分高于违约造成的损失,请求予以适当减少的,应当<u>承担举证责任</u>。非违约方主张约定的违约金合理的,也应当提供相应的证据。

当事人仅以<u>合同约定不得对违约金进行调整为由主张不予调整违约金</u>的,人民法院不予支持。

第六十五条第三款【恶意违约不得请求减少违约金】<u>恶意违约</u>的当事人一方请求减少违约金的,人民法院一般不予支持。

第六十六条【违约金调整的释明与改判】当事人一方请求对方支付违约金，对方以合同不成立、无效、被撤销、确定不发生效力、不构成违约或者非违约方不存在损失等为由抗辩，未主张调整过高的违约金的，人民法院应当就若不支持该抗辩，当事人是否请求调整违约金进行释明。第一审人民法院认为抗辩成立且未予释明，第二审人民法院认为应当判决支付违约金的，可以直接释明，并根据当事人的请求，在当事人就是否应当调整违约金充分举证、质证、辩论后，依法判决适当减少违约金。

被告因客观原因在第一审程序中未到庭参加诉讼，但是在第二审程序中到庭参加诉讼并请求减少违约金的，第二审人民法院可以在当事人就是否应当调整违约金充分举证、质证、辩论后，依法判决适当减少违约金。

违约金：当事人约定，一方违约时应向对方支付一定数额的金钱。

1. 违约金以约定为前提，但不以有实际损失为前提。没有实际损失，只要约定了违约金，一方违约，对方也可请求支付违约金。

2. 违约金不能与补偿性损害赔偿并用，但违约金能与合同解除、继续履行等并用。

3. 违约金的调整：【新增】

（1）当事人可以向法院或者仲裁机构提出申请，也可以通过反诉或者抗辩的方式，请求调整。

（2）法院不得依职权主动调整违约金，但是：

①一方请求对方支付违约金，对方以合同不成立、无效、被撤销、确定不发生效力、不构成违约或者守约方不存在损失等为由抗辩，未主张调整过高的违约金的，法院应当就若不支持该抗辩，当事人是否请求调整违约金进行释明。

②一审认为抗辩成立且未予释明，二审认为应当判决支付违约金的，可以直接释明，并根据当事人的请求依法判决适当减少违约金。

③一方因客观原因在一审中未到庭参加诉讼，但是在二审中到庭参加诉讼并请求减少违约金的，二审可以依法判决适当减少违约金。

（3）约定的违约金低于实际损失

①守约方可以请求予以增加，但不得超过实际损失。

②守约方必须举证证明约定的违约金低于实际损失。

（4）约定的违约金过分高于实际损失（即超过损失的30%）

①违约方可以请求予以适当减少。但是，恶意违约方无权请求减少违约金。

②违约方必须举证证明约定的违约金过分高于实际损失。

【注意】合同中关于排除违约金调整权利的事先约定无效。

判断分析

甲公司与乙公司签订买卖合同，总价款100万元，同时约定如果乙公司迟延交付一天，应支付总价款1%的违约金。后因乙公司迟延交付10天，甲公司损失20万元。乙公司已经按约向甲公司支付了10万元违约金，对此，下列表述正确的是？（2019年仿真题）

A. 甲公司有权请求乙公司再支付10万元违约金【正确。甲、乙约定的违约金10万元，低于实际损失20万元，甲公司有权请求乙公司再支付10万元违约金】

B. 甲公司有权请求乙公司再支付20万元损害赔偿金【错误。违约金与损害赔偿不能并用】

C.甲公司有权请求乙公司再支付10万元违约金或者20万元损害赔偿金【错误】。甲公司只能请求乙公司再支付10万元违约金】

D.乙公司可不再支付任何费用【错误】

五、定金

📎 法条群

《中华人民共和国民法典》第三编《合同》第一分编《通则》第八章《违约责任》

第五百八十六条【定金】当事人可以约定一方向对方给付定金作为债权的担保。定金合同自实际交付定金时成立。

定金的数额由当事人约定；但是，不得超过主合同标的额的百分之二十，超过部分不产生定金的效力。实际交付的定金数额多于或者少于约定数额的，视为变更约定的定金数额。

第五百八十七条【定金罚则】债务人履行债务的，定金应当抵作价款或者收回。给付定金的一方不履行债务或者履行债务不符合约定，致使不能实现合同目的的，无权请求返还定金；收受定金的一方不履行债务或者履行债务不符合约定，致使不能实现合同目的的，应当双倍返还定金。

第五百八十八条【定金与违约金、损害赔偿】当事人既约定违约金，又约定定金的，一方违约时，对方可以选择适用违约金或者定金条款。

定金不足以弥补一方违约造成的损失的，对方可以请求赔偿超过定金数额的损失。

定金：当事人约定的由一方在履行前预先向对方给付一定数量的货币或者其他代替物，以保证债权实现的方式。

1.定金认定：须使用"定金"字样，或明确适用定金罚则。当事人交付留置金、担保金、保证金、订约金、押金或订金等，但没有约定定金性质的，不能主张定金权利。

2.定金合同的性质：实践合同，自实际交付定金时成立。当事人订立定金合同后，不履行交付定金的约定，不承担违约责任，因为合同还没成立。

3.定金数额认定：

（1）定金的数额由当事人约定，但不得超过主合同标的额的20%。超过的部分不产生定金的效力。

（2）实际交付的定金数额多于或者少于约定数额的，视为变更约定的定金数额，以实际数额适用定金罚则。

4.定金罚则

一方不履行债务或者履行债务不符合约定导致合同目的不能实现的（即根本违约的程度），给付定金的一方无权请求返还定金，收受定金的一方应当双倍返还定金。

【示例】甲向乙购买口罩10000箱，总价值100万元，甲交付定金的最高限额是总价款的20%，即20万元。后甲根本违约，则甲无权要求20万元定金的返还。如果乙根本违约，则乙需要返还给甲40万元定金（甲的20万元＋乙的20万元）。【定金罚则对于给付定金一方和收受定金一方是一样的效果，并没有额外惩罚收受定金的一方。】

【注意】因不可抗力致使合同不能履行，不适用定金罚则；双方均根本违约的，不适用定金罚则；一方根本违约，另一方即使轻微违约，也可以适用定金罚则。【新增】

【总结】违约责任承担方式的并用：

（1）继续履行一般可以和任何其他违约责任承担方式并用。

（2）三金的适用：

①违约金与定金不能并用；

②违约金与补偿性损害赔偿金不能并用；

③定金与补偿性损害赔偿金可以并用：定金不足以弥补损失的，对方可请求赔偿超过定金数额的损失，但数额不得超过违约造成的总损失。

【说明】定金和违约金在性质上均属于损失赔偿额的预定，即签订合同时双方当事人所预估的违约所造成的损失额。由于定金和违约金在功能上重合，所以不能并用；既然定金和违约金在性质上均属于损失赔偿额的预定，那么预估的损失额就有可能大于或者小于实际损失。在约定的违约金低于实际损失的情况下，通过允许守约方请求增加违约金的方式变相实现了允许继续请求赔偿损失，形式上体现为违约金和赔偿损失不能并用。定金合同是实践合同，所以在适用定金罚则依然无法填补实际损失的情况下，无法允许守约方增加定金，只能允许其继续请求赔偿损失，形式上体现为定金和赔偿损失可以并用。最后的结果其实殊途同归，均实现了损失完全填补，即定金＋赔偿损失≤实际损失；经过调整后的违约金≤实际损失。

判断分析

2014年2月1日乙公司向甲公司订购世界杯纪念短袖1万件，双方约定：乙公司合同签订一周内向甲公司交付5万元定金，任何一方违约，应向对方支付6万元违约金，随后，乙公司按约交付了定金。后乙公司违约。关于甲、乙合同中的定金和违约金，下列说法正确的是？（2018年仿真题）

A. 甲公司可以没收定金，并要求乙公司支付违约金【错误。定金和违约金不得并用，当事人同时约定的情况下，可以选择适用】

B. 若甲公司实际损失为9万元，甲公司可以没收定金，并要求乙公司赔偿4万元损失【正确。定金不足以弥补损失的，可请求赔偿，但数额不得超过损失】

C. 若甲公司实际损失为9万元，甲公司不得请求法院增加违约金的金额【错误。违约金低于实际损失的，可以调整，但不得超过实际损失】

D. 若甲公司实际损失为3万元，乙公司以不构成违约为由进行抗辩而未主张调整过高违约金的，法院应告知乙公司可申请减少违约金【正确。买卖合同当事人一方以对方违约为由主张支付违约金，对方以不构成违约为由进行免责抗辩而未主张调整过高的违约金的，人民法院应当就法院若不支持免责抗辩，当事人是否需要主张调整违约金进行释明】

【主观题专项训练】

案情：2022年1月1日，主营机械设备生产制造的甲公司与经销商乙公司签订设备买卖合同，约定：甲公司将其生产的A型设备一套出售给乙公司；乙公司应于合同签订当日支付定金10万元；甲公司应于合同签订后十五日内交付设备，乙公司应于收到设备后一周内支付价款100万元；任何一方违约，应向对方支付违约金20万元。合同签订当日，乙公司向甲公司支付了10万元定金。次日，乙公司与丙公司签订设备买卖合同，约定：乙公司将甲公司生产的A型设备一套出售给丙公司，价款120万元；乙公司应于2022年3月1日之前交付设备，丙公司应于收到设备后三日内一次性付清全部价款；任何一方违约，应向对方支付违约金10万元。其后，甲公司违反约定，未在约定时间将设备交付给乙公司，导致乙公司对丙公司违约。

问题 1：丙公司能否请求甲公司承担违约责任？

问题 2：乙公司能否同时请求甲公司双倍返还定金并支付 20 万元的违约金？

问题 3：若乙公司请求甲公司赔偿损失，赔偿范围如何？

问题 4：在请求甲公司双倍返还定金的同时，乙公司能否请求甲公司赔偿 20 万元？

问题 5：乙公司能否同时请求甲公司支付违约金并赔偿其实际损失？

问题 1：丙公司能否请求甲公司承担违约责任？

答案：不能。基于合同的相对性，乙公司因第三人甲公司的原因造成违约的，丙公司只能请求其合同相对人乙公司承担违约责任。法条依据为《中华人民共和国民法典》第五百九十三条。

问题 2：乙公司能否同时请求甲公司双倍返还定金并支付 20 万元的违约金？

答案：不能。违约金和定金只能择一适用。法条依据为《中华人民共和国民法典》第五百八十八条第一款。

问题 3：若乙公司请求甲公司赔偿损失，赔偿范围如何？

答案：30 万元。违约损害赔偿范围包括因违约所造成的直接损失和合同履行后可获得的利益，甲公司的违约行为导致乙公司向丙公司支付 10 万元违约金并丧失转售利润 20 万元，故可请求甲公司赔偿 30 万元。法条依据为《中华人民共和国民法典》第五百八十四条。

问题 4：在请求甲公司双倍返还定金的同时，乙公司能否请求甲公司赔偿 20 万元？

答案：能。乙公司的实际损失包括其应当向丙公司支付的违约金 10 万元以及丧失的转售利润 20 万元，双倍返还定金只能弥补乙公司 10 万元的损失，乙公司可以请求赔偿超过定金数额的损失即 20 万元。法条依据为《中华人民共和国民法典》第五百八十八条第二款。

问题 5：乙公司能否同时请求甲公司支付违约金并赔偿其实际损失？

答案：不能。违约金与损害赔偿金不能并用。

典型合同

KEEP AWAKE

第一章 买卖合同【客+主】

【重点】买卖合同的风险负担、所有权保留买卖、分期付款买卖

买卖合同，是出卖人转移标的物的所有权于买受人，买受人支付价款的合同。

1. 买卖合同是有偿合同的典型。法律对其他有偿合同有规定的，依照其规定；没有规定的，参照适用买卖合同的有关规定。

2. 出卖人未取得处分权致使标的物所有权不能转移的，买受人可以解除合同并请求出卖人承担违约责任。

第一节 买卖合同的风险负担【客+主】【风险负担B】

📎 **法条群**

《中华人民共和国民法典》第三编《合同》第二分编《典型合同》第九章《买卖合同》

第六百零三条【标的物交付的地点】出卖人应当按照约定的地点交付标的物。

当事人没有约定交付地点或者约定不明确，依据本法第五百一十条的规定仍不能确定的，适用下列规定：

（一）标的物需要运输的，出卖人应当将标的物交付给第一承运人以运交给买受人；

（二）标的物不需要运输，出卖人和买受人订立合同时知道标的物在某一地点的，出卖人应当在该地点交付标的物；不知道标的物在某一地点的，应当在出卖人订立合同时的营业地交付标的物。

第六百零四条【标的物毁损、灭失的风险负担】标的物毁损、灭失的风险，在标的物交付之前由出卖人承担，交付之后由买受人承担，但是法律另有规定或者当事人另有约定的除外。

第六百零六条【在途标的物的风险承担】出卖人出卖交由承运人运输的在途标的物，除当事人另有约定外，毁损、灭失的风险自合同成立时起由买受人承担。

第六百零七条【标的物交付给第一承运人后的风险负担】出卖人按照约定将标的物运送至买受人指定地点并交付给承运人后，标的物毁损、灭失的风险由买受人承担。

当事人没有约定交付地点或者约定不明确，依据本法第六百零三条第二款第一项的规定标的物需

要运输的，出卖人将标的物交付给第一承运人后，标的物毁损、灭失的风险由买受人承担。

第六百一十条【出卖人根本违约的风险负担】因标的物不符合质量要求，致使不能实现合同目的的，买受人可以拒绝接受标的物或者解除合同。买受人拒绝接受标的物或者解除合同的，标的物毁损、灭失的风险由出卖人承担。

第六百一十一条【风险负担不影响违约责任】标的物毁损、灭失的风险由买受人承担的，不影响因出卖人履行义务不符合约定，买受人请求其承担违约责任的权利。

《最高人民法院关于审理买卖合同纠纷案件适用法律问题的解释（2020修正）》

第十条【在途货物买卖中出卖人负担风险】出卖人出卖交由承运人运输的在途标的物，在合同成立时知道或者应当知道标的物已经毁损、灭失却未告知买受人，买受人主张出卖人负担标的物毁损、灭失的风险的，人民法院应予支持。

一、风险负担的含义

买卖合同的风险负担，是指买卖合同生效后，标的物因不可归责于任何一方当事人的事由毁损、灭失时，价金风险由谁承担的问题。风险若由买方承担，标的物虽已毁损、灭失，买方仍需付款（已付的不能要回来）；风险若由卖方负担，买方不用付款（已付的可以要回来）。

讨论风险负担问题，必须满足以下几个前提条件：

1. 标的物毁损灭失发生于合同生效之后履行完毕之前。

如果合同不成立、无效或被撤销，买受人并无支付价金的义务，不存在风险负担问题。

2. 标的物的毁损灭失不可归责于任何一方当事人。例如，标的物被偷被抢、因自然灾害毁损灭失等。如果可归责于一方当事人，则属于违约责任或者侵权责任承担的问题。

3. 标的物已经完成特定化。

特定物才存在风险负担的问题，种类物不存在此问题。种类物特定化的方式是，出卖人以装运单据、加盖标记、通知买受人等可识别的方式清楚地将标的物特定于买卖合同。

【示例】湖北武汉的甲与黑龙江五常的农户乙签订大米购销合同，约定甲向乙购买500斤五常大米并上门自提。当乙从仓库中取出500斤大米、用袋子装好并在袋子上标注好甲的名字时，种类物五常大米即完成特定化。

二、风险负担的具体规则

有约定，从约定；没有约定按照下列规则。

（一）原则：交付主义

交付之前由出卖人承担，交付之后由买受人承担。

1. 货交第一承运人风险转移

标的物需要运输，且未约定交付地点的，出卖人将标的物交给第一承运人时风险转移给买受人承担。例如，上海的甲公司向黑龙江的乙公司购买一批五常大米，约定由乙公司代办托运，但未约定具体交付地点。乙公司与丙公司、丁公司分别签订运输合同，约定由丙公司将大米从黑龙江运送到辽宁的丹东港，再由丁公司从丹东港运送到上海港。乙公司将大米交给丙公司，后大米在丁公司运输途中因海啸而全部毁损。大米毁损的风险由甲公司负担。

2. 指定地点货交承运人风险转移

标的物需要运输，且约定了交付地点的，出卖人将标的物在指定地点交给承运人时风险转移给买受人承担。例如，上海的甲公司向黑龙江的乙公司购买一批五常大米，约定由乙公司将大米交给辽宁丹东港的丙物流公司。后乙公司与丁公司签订运输合同，约定由丁公司将大米运送至辽宁丹东港交付给丙公司。乙公司将大米交给丁公司，后大米在丙公司运输途中因海啸而全部毁损。大米毁损的风险由甲公司负担。

3. 网络购物中的买受人签收时风险转移

买受人签收时才算完成交付，风险转移。快递在运输途中毁损灭失，风险均由出卖人承担。

4. 出卖人依法提存标的物后，风险由买受人承担

（二）例外之一：已经交付，风险并不转移

出卖人根本违约，且买受人拒绝接受标的物或者解除合同的，风险由出卖人承担。例如，甲公司向乙公司购买特级五常大米，货到后发现是一级大米，于是当即拒收，乙公司只好将大米运回。在途中，大米因暴雨全部霉变，无法食用。此时，风险由乙公司自己承担。

（三）例外之二：尚未交付，风险已经转移

1. 在途货物买卖：自合同成立时起风险转移。

例如，甲公司将在运输途中的一车大米转售给丙公司。后大米在运输途中遭遇泥石流全部毁损。风险应当由丙公司负担。

不过，出卖人在合同成立时知道或者应当知道标的物已经毁损灭失却未告知买受人的，风险不转移。

2. 买受人受领迟延或者提货迟延：自买受人违反约定之日起风险转移。

例如，张某按照约定时间将电脑送到李某住处，不料李某外出未归。次日，电脑在张某住处被偷。因李某迟延受领，风险应当由李某负担。

【注意】

1. 风险转移与所有权是否转移无关，分别判断。例如，在房屋买卖合同中，房屋已经交付但是并未办理过户登记，此时房屋所有权并未转移，但是房屋毁损灭失的风险已经转移给买受人。

2. 违反从给付义务（未交付有关标的物的单证和资料等），不影响风险转移。例如，甲公司向乙公司购买设备，乙公司依约交付了设备，但是未交付设备的使用说明书。次日，设备因雷电引发火灾被烧毁。乙公司已经完成交付，虽然违反了其从给付义务，风险依然由甲公司承担。

3. 风险转移，并不影响买受人请求出卖人承担违约责任。例如，甲公司向乙公司购买设备。甲公司收货时发现设备存在并非很严重的质量瑕疵。次日，设备因雷电引发火灾被烧毁。乙公司已经完成交付，风险由甲公司承担；但是设备存在质量瑕疵，甲公司可以请求乙公司承担违约责任。

【总结】

1. 试用买卖：试用期内标的物毁损灭失的风险由出卖人承担。
2. 租赁合同：租赁期内租赁物毁损灭失的风险由出租人承担。
3. 融资租赁合同：租赁期内租赁物毁损灭失的风险由承租人承担。

第一章 买卖合同【客+主】

判断分析

1. 位于A地的甲公司与位于B地的乙公司订立货物买卖合同，由于路途遥远，需要甲代办托运，甲将该批货物交由丙公司承运，丙公司在运输过程中又将该批货物交由丁公司海路运输，在丁公司承运过程中，由于发生海啸导致该批货物毁损，风险自交由丁公司承运时由乙公司承担。【错误。风险自货交第一承运人丙公司时便转移给买受人乙公司承担。】

2. 甲乙约定卖方甲负责将所卖货物运送至买方乙指定的仓库。甲如约交货，乙验收收货，但甲未将产品合格证和原产地证明文件交给乙。乙已经支付80%的货款。交货当晚，因山洪暴发，乙仓库内的货物全部毁损。下列哪些表述是正确的？（2013年第3卷第61题）

A. 乙应当支付剩余20%的货款【正确。甲已经完成交付，风险应由乙承担。甲虽然未交付产品合格证和原产地证明文件，但是违反的是从给付义务，不影响风险转移】

B. 甲未交付产品合格证与原产地证明，构成违约，但货物损失由乙承担【正确。甲未交付产品合格证与原产地证明，违反了从给付义务，构成违约，但是不影响风险转移】

C. 乙有权要求解除合同，并要求甲返还已支付的80%货款【错误。甲违反了从给付义务，但并未导致合同目的不能实现，乙无权解除合同】

D. 甲有权要求乙支付剩余的20%货款，但应补交已经毁损的货物【错误。风险已经转移给乙，所以不需要补交已经毁损的货物】

第二节 所有权保留买卖与分期付款买卖【客+主】

法条群

《中华人民共和国民法典》第三编《合同》第二分编《典型合同》第九章《买卖合同》

第六百三十四条第一款【分期付款买卖】分期付款的买受人未支付到期价款的数额达到全部价款的五分之一，经催告后在合理期限内仍未支付到期价款的，出卖人可以请求买受人支付全部价款或者解除合同。

第六百四十一条【所有权保留】当事人可以在买卖合同中约定买受人未履行支付价款或者其他义务的，标的物的所有权属于出卖人。

出卖人对标的物保留的所有权，未经登记，不得对抗善意第三人。

第六百四十二条【出卖人取回权】当事人约定出卖人保留合同标的物的所有权，在标的物所有权转移前，买受人有下列情形之一，造成出卖人损害的，除当事人另有约定外，出卖人有权取回标的物：

（一）未按照约定支付价款，经催告后在合理期限内仍未支付；

（二）未按照约定完成特定条件；

（三）将标的物出卖、出质或者作出其他不当处分。

出卖人可以与买受人协商取回标的物；协商不成的，可以参照适用担保物权的实现程序。

第六百四十三条【买受人回赎权】出卖人依据前条第一款的规定取回标的物后，买受人在双方约定或者出卖人指定的合理回赎期限内，消除出卖人取回标的物的事由的，可以请求回赎标的物。

买受人在回赎期限内没有回赎标的物，出卖人可以以合理价格将标的物出卖给第三人，出卖所得价款扣除买受人未支付的价款以及必要费用后仍有剩余的，应当返还买受人；不足部分由买受人清偿。

《最高人民法院关于适用〈中华人民共和国民法典〉有关担保制度的解释》(四、关于非典型担保)

第六十四条【所有权保留买卖的担保功能】在所有权保留买卖中，出卖人依法有权取回标的物，但是与买受人协商不成，当事人请求参照民事诉讼法"实现担保物权案件"的有关规定，拍卖、变卖标的物的，人民法院应予准许。

出卖人请求取回标的物，符合民法典第六百四十二条规定的，人民法院应予支持；买受人以抗辩或者反诉的方式主张拍卖、变卖标的物，并在扣除买受人未支付的价款以及必要费用后返还剩余款项的，人民法院应当一并处理。

一、所有权保留买卖【所有权保留买卖合同B】

所有权保留买卖，是指当事人在买卖合同中约定买受人未履行支付价款或者其他义务之前，标的物的所有权属于出卖人。

【注意】所有权保留买卖只适用于动产，不适用于不动产，因为不动产所有权根据登记确定，不能当事人约定。

（一）出卖人的所有权

1. 出卖人保留的所有权具有担保功能。

出卖人保留标的物的所有权，旨在以此担保买受人支付价款。基于功能主义担保观，只要在功能上具有担保作用的交易均应被纳入担保的范畴。立法者将出卖人保留的所有权在相当程度上理解为担保物权，因此所有权保留买卖需要适用担保物权尤其是动产抵押的相关规则。（参见担保部分）

2. 出卖人保留的所有权，未经登记不得对抗善意第三人。

买受人在取得所有权之前处分标的物（如将标的物出卖或者出质）：

（1）所有权保留已登记：第三人无法取得所有权或者担保物权；

（2）所有权保留未登记：不知情的第三人可以善意取得所有权或者担保物权。

【示例】甲与乙订立设备买卖合同，约定在乙付清价款之前，甲保留设备的所有权。后乙在付清价款之前将设备卖给丙，并交付。

①若所有权保留已经登记，即使丙善意，丙也不能取得设备的所有权。

②若所有权保留未登记，不知情的丙可以善意取得设备的所有权

（二）出卖人的取回权与再次出卖权

1. 取回事由

买受人取得所有权之前，实施下列行为之一造成出卖人损害的，出卖人可以取回标的物：

（1）未按约定支付价款，经催告后在合理期限内仍未支付（买受人已经支付75%以上价款的除外）。

例如，甲与乙签订电视机买卖合同，价格5000元，并约定全部价款支付完成前甲保留所有权。后乙无力支付剩余的1000元到期价款。因乙已经支付4000元，达到了全部价款的80%，所以甲无权主张取回电视机。

（2）未按约定完成特定条件；

（3）将标的物出卖、出质或者作出其他不当处分（第三人已经善意取得的除外）。例如，甲与乙签

订电视机买卖合同，价格 5000 元，并约定全部价款支付完成前甲保留所有权。在支付 1000 元价款后乙将电视机卖给不知情的丙，并交付。乙在付清价款之前尚未取得电视机的所有权，其将电视机卖给丙属于无权处分。由于丙已经善意取得电视机的所有权，甲无权主张取回电视机。

2. 取回权的行使

（1）协商取回→协商不成，参照适用担保物权的实现程序：拍卖、变卖所得价款扣除买受人未支付的价款及必要费用后仍有剩余的，应当返还买受人（清算义务）。

（2）出卖人起诉请求取回标的物，买受人以抗辩或者反诉的方式主张拍卖、变卖标的物，并在扣除买受人未支付的价款以及必要费用后返还剩余款项的，人民法院应当一并处理。

3. 买受人的回赎权

出卖人取回标的物后，买受人在双方约定或者出卖人指定的回赎期内消除取回事由（如支付到期价款、履行约定义务）的，享有回赎权。

4. 出卖人的再次出卖权

买受人在回赎期限内没有回赎标的物的，出卖人可以将标的物以合理价格出卖给第三人。出卖所得价款扣除买受人未支付的价款及必要费用后仍有剩余的，应当返还买受人；不足部分由买受人清偿。

【示例】甲公司与乙公司签订买卖合同，约定：甲公司向乙公司购买注塑机 1 台，价款 30 万元，合同签订时支付首付款 10 万元，尾款于设备交付之日起 1 个月内付清；价款付清之前，注塑机的所有权属于乙公司。在收到首付款后，乙公司交付了注塑机。甲公司到期未支付尾款，乙公司催告无果。

①甲公司未依约支付尾款，经催告后在合理期限内仍未支付，乙公司可以行使取回权。

②若乙公司取回注塑机，并告知甲公司在 7 天之内支付尾款，否则其将另售他人。该 7 天即为乙公司指定的回赎期。

③若甲公司并未在回赎期内支付尾款，乙公司可以将注塑机卖给第三人。

④若乙公司将注塑机以市价 26 万元出售给丙。在扣除甲公司未付价款 20 万、支付的必要费用 3 万元后，剩余的 3 万元应当返还给甲公司。

二、分期付款买卖【分期付款买卖合同 C】

分期付款买卖合同，是指买受人将应付的总价款在一定期间内至少分 3 次向出卖人支付的合同。

买受人未支付到期价款的金额达到全部价款的 1/5，经催告后在合理期限内仍未支付到期价款的，出卖人可以择一行使下列权利：

1. 请求买受人支付剩余的全部价款（加速到期，包括已经到期和还没有到期的价款）。

2. 解除合同，请求买受人支付标的物的使用费。当事人对标的物的使用费没有约定的，法院可以参照当地同类标的物的租金标准确定。

【注意】"1/5" 为法定最低比例，系强制性规范。当事人约定低于该比例损害买受人利益的，约定无效。

【比较】在所有权保留买卖中，买受人已经支付 75% 以上价款的，出卖人不得行使取回权。但是在分期付款买卖中，买受人未支付到期价款的金额达到全部价款的 1/5 的，出卖人可以解除合同。当所有权保留和分期付款并存时，分别适用各自的规则。例如，甲乙订立电脑买卖合同，约定：甲将 1 台价值 20000 元的电脑出卖给乙，共分 10 期支付，每期 2000 元，在乙付清全部价款前，甲保留该电脑的所有权。乙在按时支付完 8 期后便不再支付价款。此时，因乙支付的价款已达 75% 以上，甲 不能行使取回权；但是，由于剩余 2 期未支付的价款达到全部价款的 1/5，乙经催告后在合理期限仍未支付的，甲可以请求乙 支付剩余全部价款 4000 元，或者 解除合同，要求乙支付使用费。

⚖ 判断分析

1. 甲学校向乙企业购买一批教学设备，双方约定：甲分期支付价款，最后一期价款支付前，所购教学设备的所有权归乙企业享有，并办理了所有权保留登记。在未付清全部价款之前，甲学校将该批教学设备出卖给了不知情的丙学校。请判断下列说法的正误。

A. 由于甲学校擅自出卖所购的教学设备，乙企业有权取回【正确。所有权保留买卖中的买受人将标的物出卖、出质或者作出其他不当处分的，出卖人有权取回】

B. 丙学校可以取得教学设备的所有权【错误。出卖人保留的所有权，经过登记，可以对抗善意第三人】

C. 乙企业取回教学设备后，可以马上出卖给第三人【错误。买受人在回赎期间内没有回赎标的物，出卖人才有权再次出卖标的物】

2. 甲将一房屋以 200 万元出卖给乙，双方约定："全部价款分 10 期支付，每期 20 万元，在乙支付完毕全部价款前甲保留出售房屋的所有权。"甲向乙交付了房屋。乙支付第 4 期价款后，甲为乙办理了房屋的过户登记，但乙一直不支付到期的第 5 期和第 6 期房款，催告后还不支付。对此，下列表述正确的是？（2018 年仿真题）

A. 房屋的所有权人仍为甲【错误。保留所有权买卖 仅适用于动产，甲乙关于保留房屋所有权的 约定无效；房屋已经过户 登记，乙取得了房屋的所有权】

B. 乙已经取得房屋的所有权【正确】

C. 甲有权请求乙一次性支付剩余的全部价款【正确。买受人乙未支付的到期价款已经达到全部价款的 1/5 以上，经催告后在合理期限内仍不支付价款，则甲可以请求乙一次性付清全部剩余价款，或者解除买卖合同，请求乙支付合理的房屋使用费】

D. 甲有权解除房屋买卖合同，并请求乙返还房屋【正确】

第三节　试用买卖与样品买卖

一、试用买卖【试用买卖 A】

试用买卖，是指合同双方约定，买受人 试验或检验 标的物，若买受人在试用期内 认可 该买卖，则 买卖合同自认可时生效 的特殊买卖。

（一）不属于试用买卖的情形

1. 约定标的物经过试用或者检验符合一定要求时，买受人 应当购买 标的物；例如，买卖合同约定：试用空调 1 个月，若空调每晚仅耗费 1 度电，则应当购买。该买卖合同不属于试用买卖合同。

2. 约定第三人经试验对标的物认可时，买受人 应当购买 标的物；

3. 约定买受人在一定期限内可以 调换 标的物；

4. 约定买受人在一定期限内可以 退还 标的物。

（二）买受人的认可权

1. 试用买卖合同属于附生效条件的买卖合同。买受人认可之前，合同已成立但尚未生效，买受人认可时合同生效。

2. 买受人的认可权属于形成权。无须出卖人同意，只要买受人认可，买卖合同立即生效；买受人可以同意购买也可以拒绝购买。

3. 视为同意购买的情形：

（1）买受人已经支付部分价款或实施了出卖、出租、设定担保物权等非试用行为；

（2）试用期限届满，买受人对是否购买标的物未作表示。

试用期：约定＞协议补充＞按合同相关条款或交易习惯确定＞由出卖人确定。

4. 买受人拒绝购买的，原则上不需要支付使用费，除非当事人另有约定。

（三）风险负担

标的物在试用期内毁损、灭失的风险由出卖人承担。

二、样品买卖【样品买卖E】

1. 出卖人与买受人按照约定封存的样品及关于样品的质量说明，是出卖人交付标的物的质量标准。出卖人交付的标的物应当与样品及其说明的质量相同，否则构成违约行为。

2. 买受人不知道样品有隐蔽瑕疵的，即使交付的标的物与样品相同，仍属于违约行为；必须交付符合同种物通常质量标准的标的物，才不构成违约。

3. 样品质量与文字说明不一致：

（1）样品无变化，以样品为准；

（2）样品有变化或无法查明，以文字说明为准。

判断分析

1. 乙商场宣称自家空调每晚仅需一度电。若甲与乙商场订立空调买卖合同约定：若使用该空调每晚仅耗费一度电，则甲应当购买该空调。该买卖合同属于试用买卖合同。【错误。约定标的物经过试用后符合一定要求时，买受人应当购买标的物的，不属于试用买卖合同】

2. 甲与乙订立房屋买卖合同约定：甲将A房屋出卖给乙，价款100万元，乙试用一个月后支付全部价款。乙在试用A房屋15天后将房屋出租给丙，此时推定乙同意购买该房屋。【正确。乙实施出租这一非试用行为，推定其同意购买该房屋】

3. 甲与乙商场订立洗衣机买卖合同约定：乙商场将一台洗衣机以5000元的价格出卖给甲，试用期20天。试用期内，雷电击中甲的房屋导致房屋毁损，屋内洗衣机报废，甲应当承担相应赔偿责任。【错误。标的物在试用期间毁损、灭失的风险应当由出卖人承担】

第四节　商品房买卖合同【商品房买卖合同A】

商品房买卖合同，是指房地产开发企业将未建成或者已竣工的房屋向买受人销售，买受人支付价款的合同。

一、合同效力

1. 出卖人未取得商品房预售许可证明：商品房预售合同无效，起诉前取得的有效。例如，甲房产公司隐瞒没有取得预售许可证的事实，与不知情的乙就 A 房屋订立商品房预售合同。后甲公司向乙交付了 A 房屋，但乙一直未按约支付购房款。后甲公司诉请乙按约支付购房款。若甲公司直到起诉时仍未取得预售许可证，乙有权以甲公司未取得预售许可证为由主张 A 房屋预售合同无效。

【注意】开发商在合同订立后已经具备申请预售许可证明的条件却违背诚信原则不提交申请的，无权主张合同无效。【新增】

2. 未办理登记备案手续：不影响商品房预售合同的效力。

当事人约定以办理登记备案手续为商品房预售合同生效条件的，从其约定，但当事人一方已经履行主要义务，对方接受的除外。例如：商品房预售合同约定，合同自双方办理预售登记时生效。后一直未办理预售登记，但是购房者接受了开发商交付的房屋。因此，合同已经生效。

二、合同解除的法定事由

1. 迟延履行：出卖人迟延交付房屋或者买受人迟延支付购房款，经催告后在 3 个月的合理期限内仍未履行。

解除权的行使期间：对方催告的，须在 3 个月内行使解除权；没有催告的，自知道或应当知道解除事由起 1 年内行使。

2. 房屋不合格：因房屋主体结构质量不合格不能交付使用，或者交付使用后主体结构质量经核验不合格；因房屋质量问题严重影响正常居住使用（可以修复的不得解除合同）。

3. 无法交房：因出卖人在交房前将房屋出卖给他人并办理过户登记，导致无法交付。

4. 无法办理登记：因出卖人原因，导致买受人在约定或法定的办理不动产登记的期限届满后超过 1 年无法办理不动产登记。

5. 未能订立担保贷款合同导致商品房买卖合同无法履行：

（1）因当事人一方原因：对方当事人可以请求解除合同、赔偿损失。

（2）因不可归责于双方当事人的事由：双方当事人都可以请求解除合同，出卖人应当将收受的购房款本金及利息或者定金返还买受人。例如：商品房买卖合同签订后，因房贷政策调整，导致买受人无法贷款，双方均可解除合同。

判断分析

甲房地产公司与乙签订商品房买卖合同，约定 2022 年 2 月 1 日交房。若甲到期未交房，乙可以催告甲公司在 3 个月内交付房屋，逾期不履行的，乙可以解除合同。【正确。出卖人甲迟延交付房屋的，经催告后在 3 个月的合理期限内仍未履行，乙可以解除合同。】

第五节　买受人的检验通知义务【检验通知与瑕疵担保 E】

买受人应当在检验期限内将标的物瑕疵通知出卖人，否则视为标的物符合约定。

1. 检验期限

（1）有约定，从约定。

约定的检验期限过短：①视为仅是对外观瑕疵提出异议的期限；②短于法律、行政法规规定的期限的，以规定期限为准。

（2）无约定：发现或者应当发现标的物瑕疵的合理期限内。

①最长期限：自收到标的物之日起 2 年内；有质保期的，适用质保期。

②出卖人知道或应当知道标的物不符合约定的，买受人不受上述检验期限的限制。

2. 检验标准

买受人指示出卖人向第三人交付，出卖人和买受人的检验标准与买受人和第三人检验标准不一致的，以出卖人和买受人的检验标准为准。（基于合同相对性原理）

3. 未及时检验并通知的法律后果

（1）买受人应当在检验期限内将标的物瑕疵通知出卖人，否则视为标的物符合约定。

（2）买受人在合理期限内提出异议，出卖人不得以买受人已经支付价款、确认欠款数额、使用标的物等为由，主张买受人放弃异议。

（3）买受人未及时通知的，出卖人自愿承担了违约责任后不得反悔。

【主观题专项训练】

案情：2022 年 3 月 1 日，甲将 A 车出售给乙，约定：价款 20 万元，分 10 期支付，每期 2 万元，于每个月的第 1 日支付；在付清价款之前，甲保留 A 车的所有权。合同签订当日，乙支付了 2 万元，甲将 A 车交给乙并办理过户登记，但是未办理所有权保留登记。3 月 5 日，甲向丁购买 B 房，丁将房屋钥匙交给甲，并约定 3 月 15 日共同到不动产登记中心办理过户登记。3 月 10 日，B 房不幸被雷电击中而毁损。在支付 8 期价款后，乙连续 2 期未支付价款，甲数次催告无果。

问题 1：甲能否解除和乙的合同？

问题 2：甲能否取回 A 车？

问题 3：甲能否请求丁返还购房款？

问题 4：若乙将 A 车转让给了不知情的丙并交付，乙与丙之间的买卖合同效力如何？ 甲能否请求丙返还 A 车？

问题 1：甲能否解除和乙的合同？

答案：能。甲乙之间属于分期付款买卖，乙连续 2 期价款未支付，已经达到全部价款的 1/5，经催告后在合理期限内仍未支付的，甲可以解除合同。法条依据为《中华人民共和国民法典》第六百三十四条第一款。

问题 2：甲能否取回 A 车？

答案：不能。甲乙之间属于所有权保留买卖，乙支付了 8 期价款，已经达到总价款的 75% 以上，甲不得行使取回权。法条依据为《中华人民共和国民法典》第六百四十二条、《最高人民法院关于审理买卖合同纠纷案件适用法律问题的解释》第二十六条第一款。

问题 3：甲能否请求丁返还购房款？

答案：不能。B 房已经交付给甲，应由甲负担 B 房被雷电击中而毁损的风险。法条依据为《中华人民共和国民法典》第六百零四条。

问题4：若乙将A车转让给了不知情的丙并交付，乙与丙之间的买卖合同效力如何？甲能否请求丙返还A车？

答案：（1）有效。乙在付清价款之前尚未取得A车的所有权，其将A车转让给丙，属于无权处分，但是无权处分不影响买卖合同的效力。法条依据为《中华人民共和国民法典》第五百九十七条第一款。

（2）不能。乙将A车转让给丙，属于无权处分，但是由于所有权保留未办理登记，不得对抗善意的第三人丙，丙已经善意取得A车的所有权。法条依据为《中华人民共和国民法典》第三百一十一条、第六百四十一条第二款。

第二章 赠与合同【客+主】

【重点】赠与人的任意撤销权

法条群

《中华人民共和国民法典》第三编《合同》第二分编《典型合同》第十一章《赠与合同》

第六百五十八条【赠与合同的任意撤销与限制】赠与人在赠与财产的权利转移之前可以撤销赠与。

经过公证的赠与合同或者依法不得撤销的具有救灾、扶贫、助残等公益、道德义务性质的赠与合同，不适用前款规定。

第六百六十条【受赠人的交付请求权和赠与人责任】经过公证的赠与合同或者依法不得撤销的具有救灾、扶贫、助残等公益、道德义务性质的赠与合同，赠与人不交付赠与财产的，受赠人可以请求交付。

依据前款规定应当交付的赠与财产因赠与人故意或者重大过失致使毁损、灭失的，赠与人应当承担赔偿责任。

第六百六十三条【赠与的法定撤销】受赠人有下列情形之一的，赠与人可以撤销赠与：

（一）严重侵害赠与人或者赠与人近亲属的合法权益；
（二）对赠与人有扶养义务而不履行；
（三）不履行赠与合同约定的义务。

赠与人的撤销权，自知道或者应当知道撤销事由之日起一年内行使。

赠与合同是赠与人将自己的财产无偿给予受赠人，受赠人表示接受赠与的合同。

一、赠与人的任意撤销权【赠与合同的撤销A】

1. 适用范围：赠与财产的权利尚未转移给受赠人的情形。

2. 排除情形

（1）经过公证的赠与合同。

（2）具有救灾、扶贫、助残等公益、道德义务性质的赠与合同。例如，在电视台主办的赈灾义演募捐现场举牌表示向红十字会捐款100万元，不得反悔；爷爷承诺赠送儿媳腹中胎儿1根金条，儿媳欣然接受，则爷爷不得反悔。

3. 撤销的后果

赠与合同自始无效，可以不再履行赠与义务。

【注意】对于赠与人不得任意撤销的两类合同，如果赠与人故意或者重大过失导致赠与财产毁损灭失，赠与人应当承担赔偿责任。

二、赠与人的法定撤销权【赠与合同的撤销 A】

1. 适用范围：适用于一切赠与合同，且不以赠与财产的权利尚未转移为前提。

2. 法定情形

（1）受赠人严重侵害赠与人或者赠与人近亲属的合法权益。

（2）受赠人对赠与人有扶养义务而不履行。

（3）受赠人不履行赠与合同约定的义务。例如，70岁的甲男与25岁的乙女约定婚后将其名下1栋别墅赠与乙女，乙女应当好好照顾甲男。婚后甲按约定将房屋赠与乙并办理过户登记，乙受赠后，性情大变并对甲愈发冷淡，将甲赶出家门。乙女不履行好好照顾甲男的义务，甲男可以撤销赠与合同。

3. 除斥期间

（1）赠与人：自知道或者应当知道撤销事由之日起1年内行使。

（2）赠与人的继承人或者法定代理人：自知道或者应当知道撤销事由之日起6个月内行使（因受赠人的违法行为致使赠与人死亡或者丧失民事行为能力的，赠与人的继承人或者法定代理人可以撤销赠与）。

4. 撤销的后果

赠与合同自始无效，财产权利尚未转移给受赠人的，可以不再履行赠与义务；财产权利已经转移的，可以请求返还。

三、赠与人的穷困抗辩权

1. 适用范围：赠与财产的权利尚未转移的情形。
2. 法定情形：赠与人的经济状况显著恶化，严重影响其生产经营或者家庭生活。
3. 行使抗辩权的效果：可以不再履行赠与义务；已履行的不得反悔请求返还。

四、赠与人的瑕疵担保责任【赠与人的瑕疵担保责任 E】

赠与人对赠与财产原则上不承担瑕疵担保责任，下列两种情形除外：

1. 赠与人故意不告知瑕疵或者保证无瑕疵。例如，赵某将1匹易受惊吓的马赠给李某，但故意未告知此马的习性。李某在用该马拉货的过程中，雷雨大作，马受惊狂奔，将行人王某撞伤。李某向王某承担赔偿责任之后，可以向赵某追偿。因为赵某故意未告知马易受惊吓的瑕疵，赵某应承担瑕疵担保责任。

2. 附义务的赠与，赠与人在附义务的限度内承担与出卖人相同的责任。

判断分析

甲曾表示将赠与乙5000元，且已实际交付乙2000元，后乙在与甲之子丙的一次纠纷中，将丙打成

重伤。下列说法哪些是正确的？（2003年第3卷第43题）

A. 甲可以撤销对乙的赠与【正确。乙严重侵害甲近亲属丙的合法权益，甲可以撤销赠与】

B. 丙可以要求撤销其父对乙的赠与【错误。赠与人甲并未因为受赠人乙的行为而死亡或丧失民事行为能力，故丙不能行使撤销权】

C. 丙应在被打伤6个月内行使撤销权【错误。丙无撤销权】

D. 甲有权要求乙返还已赠与的2000元【正确。撤销权人撤销赠与的，可以向受赠人要求返还赠与的财产】

第三章
借款合同【客+主】

【重点】自然人之间借款合同的特性、民间借贷合同的无效事由、民间借贷利率限制

法条群

《中华人民共和国民法典》第三编《合同》第二分编《典型合同》第十二章《借款合同》

第六百七十九条【自然人之间借款合同的成立】 自然人之间的借款合同，自**贷款人提供借款时**成立。

《最高人民法院关于审理民间借贷案件适用法律若干问题的规定（2020 第二次修正）》

第十三条【民间借贷合同的无效事由】具有下列情形之一的，人民法院应当认定民间借贷合同**无效**：

（一）套取金融机构贷款**转贷**的；

（二）以向其他营利法人借贷、向本单位职工集资，或者以向公众非法吸收存款等方式取得的资金**转贷**的；

（三）未依法取得**放贷资格**的出借人，以营利为目的向社会不特定对象提供借款的；

（四）出借人事先知道或者应当知道借款人借款用于**违法犯罪**活动仍然提供借款的；

（五）违反法律、行政法规**强制性规定**的；

（六）违背**公序良俗**的。

一、借款合同一般规则【民间借贷合同的成立与效力 C；民间借贷合同的利息与利率 E；借款人与贷款人义务 E】

借款合同是**借款人**向**贷款人**借款，到期**还本付息**的合同。

1. 借款合同为诺成合同。但是，**自然人之间**的借款合同为**实践合同**，自贷款人提供借款时成立。

2. 借款合同应当采用书面形式。但是，自然人之间借款，可以约定不采用书面形式。

3. 借款人未按照约定的借款用途使用借款的，贷款人可以**停止发放借款、提前收回借款**或者**解除合同**。

4. 借款期限

约定>协议补充>按合同相关条款或交易习惯确定>借款人可以随时返还，贷款人可以催告借款人在合理期限内返还。

5. 利息

（1）没有约定的：视为**没有**利息。

（2）约定不明确：按照当地或者当事人的交易方式、交易习惯、市场利率等因素确定利息。若为自然人之间借款，视为没有利息。

（3）禁止砍头息：利息预先在本金中扣除的，应当按照实际借款数额返还借款并计算利息。例如：杨某因资金周转需要，向黄某借10万元，借期3个月，月息2%，借条出具后，黄某在扣除6000元利息后给杨某银行转账94000元，则以94000元作为本金并计息。

（4）提前返还借款：除当事人另有约定外，应当按照实际借款的期间计算利息。

（5）支付利息期限：约定＞协议补充＞按合同相关条款或交易习惯确定＞①借款期间不满1年：返还借款时一并支付；②借款期间1年以上：每届满1年时支付，剩余期间不满1年的，应当在返还借款时一并支付。

二、民间借贷合同的特殊规则【民间借贷合同的成立与效力C；民间借贷合同的利息与利率E】

当事人双方均非金融机构的借款合同属于民间借贷合同。

1. 民间借贷合同的无效事由

（1）套取金融机构贷款转贷的；

（2）以向其他营利法人借贷、向本单位职工集资，或者以向公众非法吸收存款等方式取得的资金转贷的；法人之间、非法人组织之间以及它们相互之间为生产、经营需要订立的民间借贷合同；法人或者非法人组织在本单位内部通过借款形式向职工筹集资金，用于本单位生产、经营的，均有效。

（3）未依法取得放贷资格的出借人，以营利为目的向社会不特定对象提供借款的；

（4）出借人事先知道或者应当知道借款人借款用于违法犯罪活动仍然提供借款的；借款人或者出借人的借贷行为涉嫌犯罪，或者已经生效的裁判认定构成犯罪，民间借贷合同并不当然无效。如果没有法定无效事由，则有效。

（5）违反法律、行政法规强制性规定的；

（6）违背公序良俗的。

2. 利息管制

不得超过合同成立时一年期贷款市场报价利率（LPR）4倍；允许计算复利（前期借款的本息作为后期借款的本金），但是最后总额也不得超过一年期贷款市场报价利率（LPR）4倍。

3. 逾期利率

（1）有约定从约定，不得超过合同成立时一年期贷款市场报价利率（LPR）4倍。

（2）未约定借期内利率＋未约定逾期利率：参照当时LPR标准计算的利息承担逾期还款违约责任。

（3）约定了借款内利率＋未约定逾期利率：自逾期还款之日起按照借期内利率支付资金占用期间利息。

（4）约定了逾期利率＋约定了违约金或者其他费用：出借人可以选择主张逾期利息、违约金或者其他费用；也可以一并主张，但是总计不得超过合同成立时LPR的4倍。

判断分析

1. 甲向乙提出借款100万元用于生产经营，乙答应出借，让甲签订了一份合伙协议。协议约定："甲经营的损失与乙无关；第一年甲收益分配给乙10万元；第二年甲收益分配给乙10万元；第三年甲还本带收益110万元。"对此，下列表述正确的是？（2020年仿真题）

A. 该协议属合伙合同【错误】

B. 该协议属借款合同【正确。甲、乙签订的协议名为合伙协议，但合同约定的内容为乙将100万元本金提供给甲占有、使用、收益3年，甲每年按照10%的年利率支付利息，符合借款合同的特征，应当认定为借款合同】

C. 该协议有效【正确。不存在借款合同的无效事由，该协议应属有效】

D. 该协议无效【错误】

2. 5月20日，甲因购买制造假酒设备和原材料向乙借款50万元，期限1年，月息2%，并告知借款用途，乙当即同意，并于次日向甲交付现金20万元，5月22日向甲银行卡转账30万元。借款合同无效。（2022年仿真题）【正确。出借人乙在事先知道甲借款用于购买制造假酒的设备和原材料仍然提供借款，民间借贷合同无效】

第四章 租赁合同【客+主】

【重点】买卖不破租赁、转租、房屋承租人的优先购买权和优先承租权

第一节 租赁合同的一般规则【客+主】

> **法条群**
>
> 《中华人民共和国民法典》第三编《合同》第二分编《典型合同》第十四章《租赁合同》
>
> 　　第七百一十六条【承租人对租赁物的转租】承租人经出租人同意，可以将租赁物转租给第三人。承租人转租的，承租人与出租人之间的租赁合同继续有效；第三人造成租赁物损失的，承租人应当赔偿损失。
> 　　承租人未经出租人同意转租的，出租人可以解除合同。
> 　　第七百一十九条【次承租人的代为清偿请求权】承租人拖欠租金的，次承租人可以代承租人支付其欠付的租金和违约金，但是转租合同对出租人不具有法律约束力的除外。
> 　　第七百二十条【租赁物收益归属】在租赁期限内因占有、使用租赁物获得的收益，归承租人所有，但是当事人另有约定的除外。
> 　　第七百二十五条【买卖不破租赁】租赁物在承租人按照租赁合同占有期限内发生所有权变动的，不影响租赁合同的效力。

租赁合同，是出租人将租赁物交付承租人使用、收益，承租人支付租金的合同。

一、租赁合同的形式与期限【不定期租赁合同E】

1. 租赁合同为不要式合同。不过，租赁期限6个月以上的租赁合同必须采取书面形式。
2. 租赁期限不得超过20年。
3. 不定期租赁合同的当事人双方均有任意解除权，但是应当在合理期限之前通知对方。

视为不定期租赁的3种情形：

（1）没有约定租赁期限或者约定不明，无法确定租赁期限的；例如，为偿还欠刘某的30万元借款，夏某与刘某签订房屋租赁合同，未约定租期，仅约定：月租金1万元，用租金抵借款，直至借款还清为止。虽然没有约定租期，但是根据借款总额和月租金可以确定租赁期限，不属于不定期租赁合同。

（2）租赁期限6个月以上，未采用书面形式，且无法确定租赁期限的；

（3）租赁期限届满，承租人继续使用租赁物，出租人没有提出异议的。

二、租赁合同的效力【租赁合同效力C】

1. 违法建筑物租赁合同无效，但一审辩论终结前取得许可或经批准的有效。

违法建筑物包括：未取得规划许可证建设的房屋；未经批准建设的临时建筑；超过批准使用期限的临时建筑。例如，甲经批准修建了1间临街房屋，核准使用期限为2年。期满后未办理延长使用期限手续，甲将该房屋出租给乙，租期1年。该租赁合同无效。

2. 租赁期限最长20年。超过的，超过部分无效；租赁期限届满，可以续订，但续订也不得超过20年；租赁期限超过临时建筑的使用期限，超过部分无效。

3. 未办理租赁合同登记备案手续，不影响合同效力。

租赁合同无效的，参照合同约定的租金支付房屋占有使用费。

三、出租人与承租人的义务【出租人与承租人义务C；租赁合同中的法定解除权E】

（一）出租人的义务

1. 适租义务：出租人按约交付租赁物，保持租赁物符合约定的用途。

2. 维修义务：出租人应当履行租赁物的维修义务；出租人不履行维修义务，承租人可自行维修，维修费用由出租人负担。

例外：因承租人的过错致使租赁物需要维修的，承租人负担维修义务。

3. 瑕疵担保义务。

（1）因第三人主张权利，致使承租人不能对租赁物使用、收益的，承租人可以请求减少或不付租金。

（2）租赁物危及承租人的安全或者健康的，即使承租人订立合同时明知质量不合格，仍然可以随时解除合同。

（二）承租人的义务

1. 正当使用：承租人未按照约定的方法或租赁物性质使用租赁物，致使租赁物受到损失的，出租人可以解除合同并请求赔偿损失。

2. 支付租金：承租人无正当理由未支付或迟延支付租金的，出租人可以请求承租人在合理期限内支付；承租人逾期不支付的，出租人可以解除合同。

3. 保管义务：承租人应当妥善保管租赁物，因保管不善造成租赁物毁损、灭失的，应当承担赔偿责任。

4. 返还义务：租赁期间届满，承租人应当返还租赁物。

四、转租【转租A；租赁合同中的法定解除权E】

（一）合法转租（经出租人同意）

1. 合法转租：经出租人同意；出租人知道或者应当知道转租，但是6个月内未提出异议的，视为同意。

2. 承租人与次承租人之间存在租赁合同关系（转租合同）；承租人与出租人之间租赁合同继续有效。

3. 出租人和次承租人之间没有租赁关系，出租人无权请求次承租人支付租金；承租人对次承租人的行为负责，次承租人造成租赁物损失，出租人只能找承租人承担违约责任（可以找次承租人承担侵权责任）。

4. 超期转租的，超过部分的约定对出租人不具有法律约束力。

5. 承租人拖欠租金的，次承租人可以代承租人支付其欠付的租金和违约金（第三人代为清偿）。

（二）非法转租（未经出租人同意）

1. 转租合同有效。承租人向次承租人收取的租金，对出租人而言并非不当得利，因为承租人在租赁期限内对租赁物享有收益权能。

2. 出租人可以解除其与承租人之间的合同。一旦合同被解除：

①次承租人相对于出租人而言是无权占有人，出租人对其享有返还原物请求权。

②承租人与次承租人之间的转租合同无法继续履行，次承租人可以解除合同，同时请求承租人承担违约责任。

五、买卖不破租赁【买卖不破租赁（含抵押）A】

租赁物在承租人按照租赁合同占有期限内发生所有权变动的，不影响租赁合同的效力。例如，甲将房屋出租给乙，在乙占有使用房屋期间，甲将房屋出售给丙，则丙取代甲的地位成为出租人，甲与乙的租赁合同将变成丙与乙的租赁合同，且租赁合同内容维持不变。（债权债务的概括承受）

租赁物的所有权发生变动，包括买卖、互易、赠与、投资、继承、遗赠、企业合并、实现抵押权等。

六、租赁物的风险负担

租赁物在租赁期内毁损灭失的，由出租人承担风险。

判断分析

甲将自己的一套房屋租给乙住，乙又擅自将房屋租给丙住。丙是个飞镖爱好者，因练飞镖将房屋的墙面损坏。下列哪些选项是正确的？（2009年第3卷第60题）

A. 甲有权要求解除与乙的租赁合同【正确。承租人未经出租人同意转租的，出租人可以解除合同】

B. 甲有权要求乙赔偿墙面损坏造成的损失【正确。非法转租中，第三人造成租赁物损失的，承租人应当赔偿损失】

C. 甲有权要求丙搬出房屋【正确。非法转租中，相对于出租人甲来说，次承租人丙对房屋的占有属于无权占有，甲作为所有权人对丙享有返还原物请求权】

D. 甲有权要求丙支付租金【错误。出租人与次承租人之间并无租赁合同关系】

第二节 房屋租赁合同的特殊规则【客+主】

> **法条群**
>
> 《中华人民共和国民法典》第三编《合同》第二分编《典型合同》第十四章《租赁合同》
>
> 第七百二十六条【房屋承租人的优先购买权】出租人出卖租赁房屋的,应当在出卖之前的合理期限内通知承租人,承租人享有以同等条件优先购买的权利;但是,房屋按份共有人行使优先购买权或者出租人将房屋出卖给近亲属的除外。
>
> 出租人履行通知义务后,承租人在十五日内未明确表示购买的,视为承租人放弃优先购买权。
>
> 第七百二十八条【房屋承租人优先购买权受到侵害的法律后果】出租人未通知承租人或者有其他妨害承租人行使优先购买权情形的,承租人可以请求出租人承担赔偿责任。但是,出租人与第三人订立的房屋买卖合同的效力不受影响。
>
> 第七百三十四条【续租及承租人的优先承租权】租赁期限届满,承租人继续使用租赁物,出租人没有提出异议的,原租赁合同继续有效,但是租赁期限为不定期。
>
> 租赁期限届满,房屋承租人享有以同等条件优先承租的权利。

一、房屋承租人的优先购买权【房屋承租人的优先权C】

租赁期限内房屋所有权转移的,承租人享有以同等条件优先购买房屋的权利。
1. 前提:出租人出卖房屋,或者出租人与抵押权人协议折价、变卖租赁房屋偿还债务。
出租人将房屋出卖给近亲属,房屋承租人无优先购买权;房屋按份共有人优先购买权>房屋承租人的优先购买权。
2. 通知:出租人应于出卖前的合理期限内或拍卖5日前通知承租人。
3. 除斥期间:承租人收到出卖通知或知道出卖事实之日起15日内,未明确表示购买,视为放弃。
4. 侵害后果:出租人未通知承租人或有其他妨害优先购买权情形的,承租人可以请求出租人承担赔偿责任;出租人与第三人订立的买卖合同效力不受影响。

二、房屋承租人的优先承租权【房屋承租人的优先权C】

租赁期限届满,出租人继续出租房屋的,承租人享有以同等条件优先承租的权利。

三、房屋承租人地位的法定承受【房屋租赁合同中的法定承受E】

承租人在房屋租赁期限内死亡,生前共同居住的人或者共同经营人可以按照原租赁合同租赁该房屋。例如,甲、乙一起在甲承租的房屋中合伙经营生意,租赁期限还剩一年时,甲死亡,乙可以继续在该房屋中经营生意直至租赁期限届满。

四、房屋装饰装修费用的负担【租赁装饰装修物与扩建费用的处理C】

承租人对房屋进行装饰装修的,原则上承租人自行负担费用,出租人可以请求恢复原状或赔偿损失。

只有在 出租人同意装饰装修 + 形成附合 + 合同无效 / 被解除 的情况下，出租人才可能 根据自己的过错分担费用、损失。

判断分析

1. 2018 年 2 月 1 日，甲将其 A 房屋出租给乙，租期 2 年，约定禁止转租。2018 年 3 月 1 日，因乙刚刚购得 1 套更合适的住房，乙私下将 A 房屋转租给丙，约定租期 3 年。2018 年 4 月 1 日，甲给 A 房屋更换门锁时发现了乙擅自转租的事实，经乙说明情况后，甲一直未提出异议。1 年后甲将房屋出卖给丁，并办理了过户登记，但未告知丁房屋已经出租的事实。对此，下列表述正确的是？（2019 年仿真题）

A. 2018 年 11 月 1 日，甲有权通知乙解除双方的房屋租赁合同【错误。出租人知道或者应当知道承租人转租，但是在 6 个月内未提出异议的，视为出租人同意转租。乙于 3 月 1 日转租，甲 4 月 1 日发现，一直未提出异议，视为同意转租】

B. 丙有权主张乙、丙间为期 3 年的房屋转租合同有效【正确。转租期限超过了承租人乙的剩余租赁期限，只是超过部分的约定对出租人不具有法律约束力，并非超过部分无效】

C. 丁无权请求丙搬离该房屋【正确。买卖不破租赁】

D. 丁可以向乙主张违约责任【错误。甲卖房时未告知丁房屋已经出租，构成违约，丁可以请求其承担违约责任。由于买卖不破租赁，丁取代甲成为租赁合同的出租人，但是承租人乙并无违约行为，丁无权请求其承担违约责任】

2. 居民甲将房屋出租给乙，乙经甲同意对承租房进行了装修并转租给丙。丙擅自更改房屋承重结构，导致房屋受损。对此，下列哪些选项是正确的？（2016 年第 3 卷第 60 题）

A. 无论有无约定，乙均有权于租赁期满时请求甲补偿装修费用【错误。承租人经出租人同意装饰装修，租赁期间届满时，承租人请求出租人补偿附合装饰装修费用的，不予支持】

B. 甲可请求丙承担违约责任【错误。虽然转租经过甲同意，但是甲与丙之间并不存在合同关系，基于合同相对性，甲不可请求丙承担违约责任】

C. 甲可请求丙承担侵权责任【正确。丙因过错侵害甲的房屋所有权，甲请求丙承担侵权责任】

D. 甲可请求乙承担违约责任【正确。承租人乙因为第三人丙的原因，对出租人甲构成违约，甲有权请求乙承担违约责任】

【主观题专项训练】

案情：2020 年 12 月 1 日，甲与乙签订房屋租赁合同，约定：甲将其自有的 A 房租赁给乙，租期 3 年，自 2021 年 1 月 1 日至 2023 年 12 月 31 日止，月租金 3500 元。2021 年 1 月 1 日，乙与其女友入住 A 房，发现洗衣机无法使用，于是请求甲维修，被拒绝。无奈之下，乙花了 200 元钱请售后人员修好了洗衣机。2021 年 10 月 1 日，在未通知乙的情况下，甲将 A 房出售给了丙，并办理了房屋过户登记手续。丙要求乙在一个月之内搬离房屋。

问题 1：乙能否请求甲支付 200 元的维修费？

问题 2：甲与丙之间的房屋买卖合同效力如何？

问题 3：丙要求乙搬离房屋的请求能否得到法院支持？

问题 4：如果乙因车祸不幸去世，其女友能否继续租赁该房屋？

问题 1：乙能否请求甲支付 200 元的维修费？

答案：能。出租人甲未履行维修义务的，承租人乙可以自行维修，维修费用由出租人甲负担。法条依据为《中华人民共和国民法典》第七百一十三条。

问题 2：甲与丙之间的房屋买卖合同效力如何？

答案：有效。甲在未通知乙的情况下将 A 房出售给丙，侵害了承租人乙的优先购买权，乙可以请求甲承担赔偿责任，但是买卖合同的效力不受影响。法条依据为《中华人民共和国民法典》第七百二十八条。

问题 3：丙要求乙搬离房屋的请求能否得到法院支持？

答案：不能。租赁物在承租人按照租赁合同占有期限内发生所有权变动的，不影响租赁合同的效力。法条依据为《中华人民共和国民法典》第七百二十五条。

问题 4：如果乙因车祸不幸去世，其女友能否继续租赁该房屋？

答案：能。承租人乙在房屋租赁期限内死亡的，与其生前共同居住的人可以按照原租赁合同租赁该房屋。法条依据为《中华人民共和国民法典》第七百三十二条。

第五章

融资租赁合同【客+主】【融资租赁合同D】

【重点】融资租赁合同关系的认定、租赁物的所有权、承租人的支付租金义务

法条群

《中华人民共和国民法典》第三编《合同》第二分编《典型合同》第十五章《融资租赁合同》

第七百三十七条【虚构融资租赁物】当事人以<u>虚构租赁物</u>方式订立的融资租赁<u>合同无效</u>。

第七百四十五条【未经登记不得对抗】出租人对租赁物享有的<u>所有权，未经登记，不得对抗善意第三人</u>。

第七百五十二条【承租人支付租金义务】承租人应当按照约定支付租金。承租人经催告后在合理期限内仍不支付租金的，出租人可以<u>请求支付全部租金</u>；也可以<u>解除合同，收回租赁物</u>。

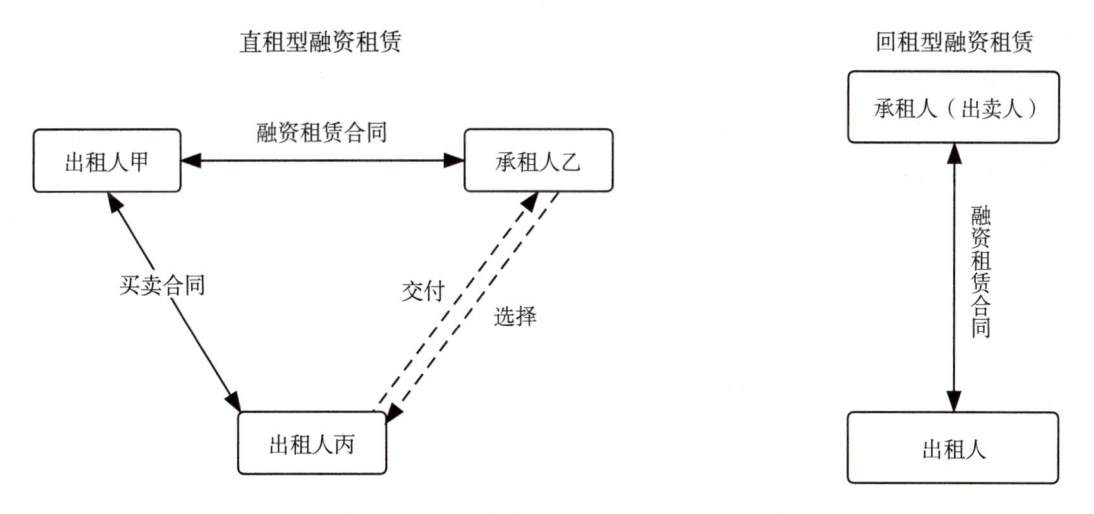

```
直租型融资租赁                           回租型融资租赁

  出租人甲 ←—融资租赁合同—→ 承租人乙         承租人（出卖人）
     │                      ↑↑                    ↑
   买卖│                  交付│选择            融资租赁
     │                      │                    合同
     ↓                      │                    ↓
         出租人丙                              出租人
```

融资租赁合同是<u>出租人（融资租赁公司）根据承租人</u>对出卖人、租赁物的<u>选择</u>，向出卖人购买租赁物，提供给承租人使用，承租人支付租金的合同。

一、融资租赁合同的类型

1. 直租：承租人和出卖人<u>不相同</u>。例如，根据甲的选择，乙融资租赁公司向丙公司购买A设备，然后出租给甲使用。

2. 售后回租：承租人和出卖人系<u>同一人</u>，即承租人将其自有物出卖给出租人，再通过融资租赁的方

式将其从出租人处租回。例如，甲将自己的 A 设备出售给乙融资租赁公司，再由乙出租给甲使用。

【说明】融资租赁是一种融资方式，相当于融资租赁公司借钱给承租人买东西，只不过钱不是一次还清，而是通过租金的方式分期还。租赁物是承租人需要的，因此融资租赁合同一般约定租期届满租赁物归承租人所有。

二、融资租赁合同的效力

1. 依照法律、行政法规的规定，对于租赁物的经营使用应当取得行政许可的，出租人未取得行政许可不影响融资租赁合同的效力（因为使用人是承租人）。

2. 名为融资租赁实为借贷的情形：虚构租赁物、低值高买、售后回租情形下出卖人不转移标的物所有权等。此时，构成通谋虚伪表示，表面行为融资租赁合同无效，隐藏行为借款合同是否有效，应另行判断。例如，甲将市价 1000 万元的设备出售给乙融资租赁公司，再由乙公司将设备出租给甲，租期 5 年，年租金 250 万元。后查实该设备并不存在。甲乙之间显然是名为融资租赁实为借款。

【说明】融资租赁虽然相当于融资租赁公司借钱给承租人买东西，但是与借款不能完全等同，必须以真实存在的租赁物为媒介，即通过融物实现融资的目的。若无融物仅有融资，则属于借款，而非融资租赁。

三、租赁物所有权

1. 租赁期间：租赁物的所有权归出租人，但是出租人保留的所有权未经登记，不得对抗善意第三人。

与保留所有权买卖一样，出租人保留对租赁物的所有权是为了担保承租人支付租金，民法典立法者将其视为担保物权，故而融资租赁也要适用担保物权尤其是动产抵押的相关规则（参见担保部分）。

2. 租期届满：有约从约→无法确定的，归出租人所有。

当事人约定租赁期间届满，承租人仅需向出租人支付象征性价款的，视为约定的租金义务履行完毕后租赁物的所有权归承租人。

3. 合同无效：有约从约；没有约定或约定不明确的，租赁物应当返还出租人。但是，因承租人原因致使合同无效，出租人不请求返还或返还后会显著降低租赁物效用的，租赁物的所有权归承租人，由承租人给予出租人合理补偿。

四、出租人与承租人的权利与义务

（一）出租人的义务

1. 出租人不承担租赁物瑕疵担保责任：出卖人交付给承租人的租赁物不符合约定的，出租人不承担责任。承租人只能向出卖人索赔，出租人负有协助义务。

例外：承租人依赖出租人的技能确定租赁物或者出租人干预选择租赁物、出租人擅自变更承租人已选定的租赁物。

2. 出租人不负担租赁物的维修义务。

3. 出租人不承担租赁物在承租人占有期间致人损害的赔偿责任。

4. 出租人不负担租赁物毁损灭失的风险：承租人占有租赁物期间，租赁物毁损、灭失的，出租人有权请求承租人继续支付租金。

【说明】与租赁合同相比，融资租赁中的出租人之所以不负担上述义务，是因为融资租赁的本质是融资，出租人唯一的义务是根据承租人的选择购买租赁物、提供给承租人使用。

（二）承租人的权利与义务

1. 承租人的权利

（1）出卖人应当按照约定向承租人交付标的物，承租人享有与受领标的物有关的买受人的权利，如请求交付标的物、索赔的权利。

（2）出卖人交付标的物严重不符合约定，或者催告后在合理期限内仍未交付的，承租人可以拒绝受领。

（3）索赔权：

①租赁物有质量瑕疵，承租人有权向出卖人索赔；

②出租人未及时协助／明知瑕疵不告知承租人，导致承租人对出卖人索赔失败的，出租人要承担相应责任；

③出租人怠于行使只能自己对出卖人行使的索赔权造成承租人损失的，承担赔偿责任。

2. 承租人支付租金的义务

（1）承租人应当按约向出租人支付租金。即使租赁物存在瑕疵甚至毁损灭失，承租人依然要支付租金。

（2）承租人经催告后在合理期限内仍不支付租金，出租人可以择一主张下列权利。

①起诉请求支付全部剩余租金（加速到期）。

出租人可以就拍卖、变卖租赁物所得的价款优先受偿；可以请求参照民事诉讼法"实现担保物权案件"的有关规定。（因为出租人对租赁物的所有权具有担保功能）

②起诉请求解除合同，收回租赁物。

承租人可以抗辩或者反诉的方式主张出租人返还租赁物价值超过欠付租金以及其他费用的部分。（因为出租人对租赁物的所有权具有担保功能，出租人应当履行清算义务）

【注意】若出租人选择起诉请求支付全部剩余租金，而承租人拒不履行生效判决，出租人可以再次起诉请求解除合同、收回租赁物，不构成重复起诉。

【示例】甲根据乙的要求购买市价1000万元的设备并出租给乙，租期5年，年租金250万元。现第3年租金到期，经甲催告后乙在合理期限内仍未支付。

①甲可以要求乙一次性支付已经到期的第3年租金和尚未到期的剩余2年租金，即250×3=750（万元），并请求法院将设备拍卖变卖，就所得价款优先受偿。

②甲也可以选择解除合同，收回设备。若设备的残值为850万元，支出的必要费用为20万元，则甲应当将850−250×3−20=80（万元）返还给乙。

五、融资租赁合同的解除

（一）双方解除权

1. 出租人与出卖人订立的买卖合同解除、被确认无效或者被撤销，且未能重新订立买卖合同。

2. 租赁物因不可归责于当事人的原因毁损、灭失，且不能修复或者确定替代物。

3. 因出卖人的原因致使融资租赁合同的目的不能实现。

（二）出租人单方解除权

1. 承租人未经出租人同意，将租赁物转让、抵押、质押、投资入股或者以其他方式处分。

2. 承租人未按照合同约定的期限和数额支付租金，符合合同约定的解除条件，经出租人催告后在合理期限内仍不支付。

3. 合同对于欠付租金解除合同的情形没有明确约定，但承租人欠付租金达到2期以上，或者数额达到全部租金15%以上，经出租人催告后在合理期限内仍不支付。

4. 承租人违反合同约定，致使合同目的不能实现的其他情形。

（三）承租人单方解除权

因出租人的原因致使承租人无法占有、使用租赁物。

📖 判断分析

乙融资租赁公司根据甲公司的选择，以100万元的价格向生产厂商丙公司购买了一台大型医疗设备出租给甲公司使用，租期2年，每月租金5万元，租期届满后该设备归乙公司所有。后丙公司依据乙公司的指示直接将设备交付给甲公司。关于本案，下列哪一说法是正确的？（2018年仿真题）

A. 如租期内医疗设备存在瑕疵，乙公司应减少租金【错误。承租人可以对出卖人行使索赔权，但是不影响其履行支付租金的义务，除非承租人依赖出租人的技能或者出租人干预选择租赁物】

B. 如租期内医疗设备存在瑕疵，乙公司应承担维修义务【错误。承租人甲公司应承担租赁物的维修义务】

C. 租期内医疗设备毁损、灭失的风险应由乙公司承担【错误。租期内租赁物毁损、灭失的风险由承租人甲公司承担】

D. 租期内医疗设备毁损、灭失的风险应由甲公司承担【正确】

第六章

保理合同【客+主】【保理合同C】

【重点】虚构应收账款、有追索权保理、无追索权保理

📎 法条群

《中华人民共和国民法典》第三编《合同》第二分编《典型合同》第十六章《保理合同》

第七百六十六条【有追索权保理】当事人约定有追索权保理的，保理人可以向应收账款债权人主张返还保理融资款本息或者回购应收账款债权，也可以向应收账款债务人主张应收账款债权。保理人向应收账款债务人主张应收账款债权，在扣除保理融资款本息和相关费用后有剩余的，剩余部分应当返还给应收账款债权人。

第七百六十七条【无追索权保理】当事人约定无追索权保理的，保理人应当向应收账款债务人主张应收账款债权，保理人取得超过保理融资款本息和相关费用的部分，无需向应收账款债权人返还。

第七百六十八条【多重保理】应收账款债权人就同一应收账款订立多个保理合同，致使多个保理人主张权利的，已经登记的先于未登记的取得应收账款；均已经登记的，按照登记时间的先后顺序取得应收账款；均未登记的，由最先到达应收账款债务人的转让通知中载明的保理人取得应收账款；既未登记也未通知的，按照保理融资款或者服务报酬的比例取得应收账款。

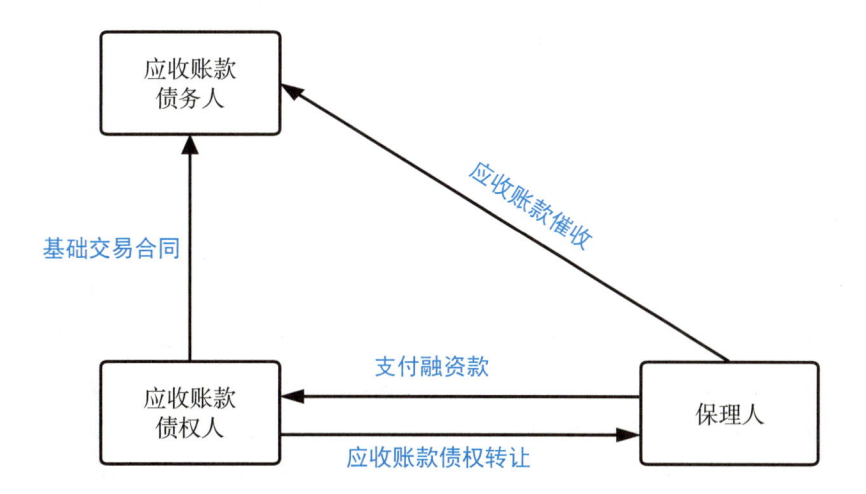

保理合同是应收账款债权人将现有的或者将有的应收账款转让给保理人，保理人提供资金融通、应收账款管理或者催收、应收账款债务人付款担保等服务的合同。

【说明】保理是一种融资方式，本质上是债权人将其未到期债权打折卖给保理公司，以提前获得资金流。其核心要素是**债权转让**，合同编分则对保理合同未做规定的，可以参照适用债权转让的相关规定。

一、保理人的通知与基础交易

1. 应收账款债权转让后，未通知应收账款债务人的，对其**不发生效力**。（与债权转让未通知债务人对其不发生效力同理）

应收账款债权人和保理人均有权通知。保理人通知的，应当**表明保理人身份并附有必要凭证**。

2. 虚构或者擅自变更基础交易合同对保理人的影响

（1）应收账款债权人与债务人**虚构**应收账款作为转让标的，与保理人订立保理合同：

①应收账款债权人与债务人虚构的基础交易合同属于通谋虚伪表示，**无效**。

②应收账款**债务人不得**以应收账款不存在为由**对抗**保理人，保理人依然可以请求其支付应收账款，除非保理人明知虚构。

（2）应收账款债务人接到应收账款转让通知后，应收账款债权人与债务人**无正当理由**协商变更或者终止基础交易合同，对保理人产生不利影响的，对保理人不发生效力。

二、保理的类型

（一）有追索权保理

应收账款债权到期后，保理人可以选择：

1. 向应收账款**债权人**主张**返还保理融资款本息**或者**回购应收账款债权**。

2. 向**债务人**主张**应收账款债权**，在扣除保理融资款本息和相关费用后有剩余的，剩余部分应当返还给债权人。

3. 保理人单独起诉应收账款债权人或者债务人，法院应予受理；保理人一并起诉二者，法院可以受理。

【说明】在有追索权保理中，债权人相当于将债权转让给保理人作为保理融资款本息的担保，所以保理人有选择权，但是负有清算义务（多退少补）。

（二）无追索权保理

1. 保理人**只能向债务人**主张**应收账款债权**。【**债权卖断**】

2. 保理人取得超过保理融资款本息和相关费用的部分，**无须**向债权人返还（风险与收益一致）。

【示例】甲公司与丙银行签订保理合同，将其对乙公司的 500 万元应收账款债权转让给丙银行，换取 450 万元融资款。假设融资款本息和各项必要费用合计 470 万元。

①若甲公司与丙银行签订的是有追索权的保理合同，丙银行可以选择请求甲公司偿还 470 万元，或者以 470 万元回购应收账款债权。丙银行也可以选择请求乙公司支付 500 万元，收到 500 万元后，甲公司应当将 500-470=30（万元）返还给甲公司。

②若甲公司与丙银行签订的是无追索权的保理合同，丙银行只能请求乙公司支付 500 万元，不能请求甲偿还保理融资款的本息或回购应收账款债权。收到 500 万元后，丙银行无须将 500-470=30（万元）返还给甲公司，而是作为自己的风险报酬。

三、多重保理的优先顺位

应收账款债权人将同一应收账款转让给多个保理人的，保理人的权利顺位：

1. 先登记＞后登记；已登记＞未登记。

2. 均未登记：应收账款转让通知到达应收账款债务人的先后。

先通知＞后通知；已通知＞未通知（按比例受偿）。

同一应收账款同时存在保理、应收账款质押和债权转让的，相同处理。

【示例】甲对乙有应收账款500万。5月1日，甲与丙银行签订保理合同且通知到达乙；2日，甲将债权质押给丁银行并登记；3日，甲将债权转让给戊且通知了乙；4日，甲将债权转让给戌但未通知乙；5日，甲与辛银行签订保理合同并办理登记。受偿顺序为：丁银行（5.2办理登记）＞辛银行（5.5办理登记）＞丙银行（5.1通知）＞戊（5.3通知）＞戌（无登记也无通知）。

第七章
建设工程施工合同【客+主】
【建设工程施工合同B】

【重点】建设工程价款优先受偿权、建设工程施工合同的无效事由、实际施工人

> **法条群**
>
> 《中华人民共和国民法典》第三编《合同》第二分编《典型合同》第十八章《建设工程合同》
>
> 第八百零七条【工程价款的支付】发包人未按照约定支付价款的，承包人可以催告发包人在合理期限内支付价款。发包人逾期不支付的，除根据建设工程的性质不宜折价、拍卖外，承包人可以与发包人协议将该工程折价，也可以请求人民法院将该工程依法拍卖。建设工程的价款就该工程折价或者拍卖的价款优先受偿。
>
> 《最高人民法院关于审理建设工程施工合同纠纷案件适用法律问题的解释（一）》
>
> 第三十六条【优先受偿权的顺位】承包人根据民法典第八百零七条规定享有的建设工程价款优先受偿权优于抵押权和其他债权。
>
> 第三十八条【承包人优先受偿权】建设工程质量合格，承包人请求其承建工程的价款就工程折价或者拍卖的价款优先受偿的，人民法院应予支持。
>
> 第四十条【优先受偿权的范围】承包人建设工程价款优先受偿的范围依照国务院有关行政主管部门关于建设工程价款范围的规定确定。
>
> 承包人就逾期支付建设工程价款的利息、违约金、损害赔偿金等主张优先受偿的，人民法院不予支持。
>
> 第四十一条【优先受偿权行使期限】承包人应当在合理期限内行使建设工程价款优先受偿权，但最长不得超过十八个月，自发包人应当给付建设工程价款之日起算。

建设工程施工合同是承包人进行工程建设，发包人支付价款的合同。

一、建设工程施工合同的无效

（一）合同无效的情形

1. 承包人未取得或超越相应资质等级。

超越资质的，在建设工程竣工前取得相应资质等级的除外。

2. 借用资质（挂靠）。

3. 建设工程必须进行招标而未招标或中标无效。

4. 发包人未取得建设工程规划许可证等规划审批手续（发包人起诉前取得相应手续的除外）。

发包人能够办理审批手续而未办理，不得以未办理审批手续为由请求确认合同无效。

5. 转包和违法分包。

（1）转包：指承包人将工程全部转给第三人。

（2）分包：指将工程的部分工作交由第三人完成。

违法分包包括：未经发包人同意分包 / 全部工程支解后以分包名义转包 / 分包人不具有相应资质 / 将工程主体结构分包 / 分包人将工程再分包。

（3）转包或者违法分包的，转包 / 分包合同无效，发包人与承包人之间的合同效力不受影响，不过发包人可以解除该合同。

【注意】招标人和中标人在中标合同之外就明显高于市场价格购买承建房产、无偿建设住房配套设施、让利、向建设单位捐赠财物等另行签订合同，变相降低工程价款的，该合同无效；当事人就同一建设工程另行订立的建设工程施工合同与经过备案的中标合同实质性内容不一致的，应当以备案的中标合同作为根据。

（二）合同无效的法律后果

1. 建设工程验收合格：可以参照合同关于工程价款的约定折价补偿承包人。

2. 建设工程验收不合格：

（1）修复后验收合格：可以参照合同关于工程价款的约定折价补偿承包人，修复费用由其承担；

（2）修复后验收不合格：承包人无权请求参照合同关于工程价款的约定折价补偿。

（三）实际施工人

实际施工人，主要是指转包和违法分包中实际完成建设工程的施工人。

1. 实际施工人可以仅以转包人或者违法分包人为被告起诉，法院应当受理。

2. 实际施工人也可以直接起诉发包人（突破合同相对性）。

实际施工人以发包人为被告主张权利的，人民法院应当追加转包人或者违法分包人为本案第三人，在查明发包人欠付转包人或者违法分包人建设工程价款的数额后，判决发包人在欠付建设工程价款范围内对实际施工人承担责任。

3. 符合债权人代位权条件的，实际施工人可以向发包人提起代位权诉讼。

4. 因建设工程质量发生争议的，发包人可以以总承包人、分包人和实际施工人为共同被告提起诉讼。（突破合同相对性）

（1）借用资质的，出借方和借用方就工程质量问题对发包人承担连带责任。

（2）转包和违法分包的，第三人就其完成的工作成果质量问题与承包人对发包人承担连带责任。

二、承包人的工程价款优先受偿权

发包人未按约定支付价款，经催告后在合理期限内仍不支付的，承包人可以与发包人协议将工程折价，也可以请求法院拍卖，建设工程价款就折价或者拍卖的价款优先受偿。

【注意】承包人享有优先受偿权的对象是建设工程，不包括建设工程占用范围内的建设用地使用权。

（一）行使前提

1. 发包人与承包人之间存在有效的建设工程施工合同或装饰装修施工合同。
2. 发包人未按约定支付价款，经催告后在合理期限内仍不支付。
3. 建设工程在性质上适宜折价或请求人民法院拍卖。
4. 建设工程经验收质量合格。是否竣工，在所不问。

（二）权利主体

1. 与发包人订立建设工程施工合同的承包人。（实际施工人无优先受偿权）
2. 装饰装修工程的承包人。（仅就装饰装修工程享有优先权）

（三）行使范围：工程价款

1. 包括：应当支付的工作人员报酬、材料款等实际支出的费用和利润（成本+利润）。
2. 不包括：工程价款的逾期利息、违约金、损害赔偿金等。

（四）行使期限

自发包人应当给付建设工程价款之日起算18个月内。

应当给付工程价款之日的确定：约定＞工程交付之日＞竣工结算文件提交之日＞当事人起诉之日。

（五）法定性

发包人与承包人约定放弃或限制建设工程价款优先受偿权，损害建筑工人利益的，无效。

（六）顺位

商品房消费者的房屋交付请求权/价款返还请求权＞承包人的工程价款优先受偿权＞一般不动产买受人的房屋交付请求权＞建设工程上的抵押权＞普通债权。

1. 商品房消费者权利优先于承包人工程价款优先权的条件：
（1）法院查封前已订立有效合同；
（2）用于居住且名下无其他居住房屋，既包括涉案房屋同一设区的市或者县级市范围内消费者名下没有用于居住的房屋，还包括名下虽已有一套房屋但购买的房屋在面积上仍属于满足基本居住需要的情形；
（3）要求交付房屋的，必须在一审法庭辩论终结前付清全部价款；要求返还价款的，必须房屋不能交付且无实际交付可能。

2. 一般不动产买受人权利优先于抵押权的条件：
（1）法院查封前已订立有效合同；
（2）法院查封前已合法占有；
（3）已付清价款/按约支付部分价款且将剩余价款按法院要求交付执行；
（4）非因买受人自身原因未办理过户登记。例如，买受人有作出办理登记的积极行为，如请求出卖人登记等；买受人有未办理登记的合理客观理由。

第七章 建设工程施工合同【客+主】

判断分析

1. 甲大学与乙公司签订建设工程施工合同，由乙为甲承建新教学楼。经甲同意，乙将主体结构的施工分包给丙公司。后整个教学楼工程验收合格，甲向乙支付了部分工程款，乙未向丙支付工程款。下列哪些表述是错误的？（2006年第3卷第62题）

A. 乙、丙之间分包合同有效【错误。乙公司把主体结构的施工分包给丙公司，是违法分包，分包合同无效，不因发包人甲大学同意而有效。】

B. 甲可以撤销与乙之间的建设工程施工合同【错误。违法分包的，发包人可以解除合同，而非撤销】

C. 丙可以乙为被告诉请支付工程款【正确。实际施工人丙可以仅以违法分包人乙为被告起诉】

D. 丙可以甲为被告诉请支付工程款，但法院应当追加乙为第三人【正确。实际施工人丙以发包人甲为被告主张权利的，法院应当追加违法分包人乙为本案第三人】

2. 甲公司将一工程发包给乙建筑公司，经甲公司同意，乙公司将部分非主体工程分包给丙建筑公司，丙公司又将其中一部分分包给丁建筑公司。后丁公司因工作失误致使工程不合格，甲公司欲索赔。对此，下列哪些说法是正确的？（2010年第3卷第59题）

A. 上述工程承包合同均无效【错误。甲、乙间工程承包合同有效。乙公司经甲公司同意将部分非主体工程分包，乙、丙间分包合同有效，但丙、丁间的再分包合同无效】

B. 丙公司在向乙公司赔偿损失后，有权向丁公司追偿【正确。丙公司因第三人丁公司工作失误原因导致违约，应向乙公司承担违约责任，之后有权向丁公司追偿】

C. 甲公司有权要求丁公司承担民事责任【正确。因建设工程质量发生争议的，发包人甲公司可以以总承包人乙、分包人丙和实际施工人丁公司为共同被告提起诉讼】

D. 丁公司因工作失误致使工程不合格，经过修复后验收不合格的，无权请求参照合同关于工程价款的约定折价补偿【正确。修复后工程仍验收不合格，实际施工人丁公司无权请求支付工程价款】

第八章
其他有名合同【客+主】

【重点】委托合同中的任意解除权、中介合同中的跳单

第一节　物业服务合同【物业服务合同A】

物业服务合同，是物业服务人（包括物业服务企业和其他管理人）在物业服务区域内，为业主提供建筑物及其附属设施的维修养护、环境卫生和相关秩序的管理维护等物业服务，业主支付物业费的合同。

一、物业服务合同的订立

1. 前期物业服务合同：建设单位依法与物业服务人订立的物业服务合同。

2. 前期物业服务合同到期前，业主委员会或者业主另聘了新物业服务人，新的物业服务合同一生效，前期物业服务合同立即终止。

3. 物业服务合同对全体业主具有法律约束力；物业服务人公开作出的有利于业主的服务承诺，为物业服务合同的组成部分。

二、物业服务人的义务

1. 亲自提供服务的义务

（1）可以将部分专项服务委托给专业性组织，但仍要就该部分服务向业主负责。例如，物业公司可以将花木养护外包给专业公司。

（2）不得将全部物业服务转委托给第三人，或将全部物业服务支解后分别转委托给第三人（禁止转包）。

2. 移交义务

（1）物业服务合同解除后，应在约定期限或合理期限内退出小区，将物业服务用房、相关设施、物业服务所必需的相关资料等交还给业主委员会，配合新物业服务人做好交接工作，并如实告知物业的使用和管理状况。

（2）违反不得请求业主支付合同终止后的物业费；造成业主损失的要赔偿。

3. 继续提供服务的义务

业主或业主大会选聘的新物业服务人接管之前，原物业服务人应当继续处理物业服务事项，并可以

请求业主支付该期间的物业费。

三、业主的义务

1. 支付物业费义务

（1）物业服务人已提供服务的，业主不得以未接受或者无须接受服务为由拒绝付费。

（2）物业服务人不得采取停止供电、供水、供热、供燃气等方式催交物业费。

（3）业主与物业使用人（承租人）约定由物业使用人交纳物业服务费用的，从其约定，业主负连带交纳责任。

2. 告知义务

（1）业主装饰装修房屋的，应当事先告知物业服务人，并配合其进行必要的现场检查。

（2）业主转让、出租物业专有部分、设立居住权或者依法改变共有部分用途的，应当及时将相关情况告知物业服务人。

四、物业服务合同的解除

1. 业主的任意解除权

（1）业主依法定程序共同决定解聘物业服务人的，可以解除物业服务合同；应当提前60日书面通知物业服务人。

（2）解除合同造成物业服务人损失的，除不可归责于业主的事由外，业主应当赔偿损失。

2. 不定期合同双方的任意解除权

（1）服务期限届满，业主没有续聘或另聘，物业服务人继续服务的，原物业服务合同继续有效，但是服务期限为不定期。

（2）当事人可以随时解除不定期物业服务合同，但是应当提前60日书面通知对方。

3. 物业服务人拒绝续聘

物业服务人不同意续聘的，应当在期限届满前90日书面通知业主或者业主委员会。

判断分析

1. 物业服务人可以用停止供水、供电的方式催业主支付物业费。【错误】

2. 业主可以通过法定程序对物业服务人行使任意解除权，但是应该90日之前通知物业服务人，因任意解除给物业服务人造成的损失，业主应当赔偿损失。【错误。业主通过法定程序行使任意解除权的，应当提前60日书面通知物业服务人】

3. 服务期限届满前，业主依法共同决定续聘；物业服务人不同意续聘的，应当在期限届满前90日通知业主或者业主委员会。【错误。物业服务人不同意续聘的，应当在期限届满前90日书面通知业主或者业主委员会】

4. 某小区开发商与甲物业公司订立前期物业服务合同，业主乙因车位长期无故被人占用，不满甲公司服务，遂拒付物业费以示抗议。乙无权以物业服务瑕疵为由主张物业服务合同对其无拘束力。（2021年仿真题）【正确。建设单位依法与物业服务人订立的前期物业服务合同对业主具有法律约束力】

第二节 合伙合同【合伙合同 E】

合伙合同，是两个以上合伙人为了共同的事业目的，订立的共享利益、共担风险的协议。

一、不定期合伙合同

1. 合伙人可以随时解除不定期合伙合同，但是应当在合理期限之前通知其他合伙人。
2. 视为不定期合伙的法定情形：
①合伙期限没有约定或者约定不明确，且无法确定。
②合伙期限届满，合伙人继续执行合伙事务，其他合伙人没有提出异议。

二、合伙财产与债务

1. 出资义务

某一合伙人不履行出资义务的，其他合伙人不能因此拒绝履行出资义务。除非合伙人仅有 2 人。

2. 合伙财产

（1）合伙人的出资、因合伙事务依法取得的收益和其他财产，属于合伙财产。
（2）合伙合同终止前，合伙人不得请求分割合伙财产。

3. 合伙债务

（1）合伙人对合伙财产不足以清偿的合伙债务，承担连带责任。
（2）清偿合伙债务超过自己应当承担份额的合伙人，有权向其他合伙人追偿。
（3）合伙人对退出前的合伙债务承担连带责任。
（4）合伙人的债权人不得代位行使合伙人的权利，利益分配请求权除外。

4. 利润分配、亏损承担

合伙合同终止后，合伙财产在支付因终止而产生的费用以及清偿合伙债务后有剩余的，可以分配：
约定→协商→按照实缴出资比例→平均。

三、合伙事务的决定与执行

1. 事务决定

合伙人就合伙事务作出决定的，应当经全体合伙人一致同意，除非另有约定。

2. 事务执行

（1）全体合伙人共同执行，也可委托一个或者数个合伙人执行，其他合伙人可监督。
（2）合伙人分别执行：一个合伙人可以对其他合伙人执行的事务提出异议，异议提出后，应当暂停该项事务的执行。
（3）合伙人不得因执行合伙事务而请求支付报酬。

四、份额转让与合伙合同终止

1. 对外转让份额
合伙人向合伙人以外的人转让其全部或者部分财产份额的,须经其他合伙人一致同意。

2. 合伙合同终止
合伙人死亡、丧失民事行为能力或者终止。合伙合同另有约定或者根据合伙事务的性质不宜终止的除外。

判断分析

甲、乙、丙三人签订合伙协议并开始经营,但未取字号,未登记,也未推举负责人。其间,合伙人与顺利融资租赁公司签订融资租赁合同,租赁淀粉加工设备一台,约定租赁期限届满后设备归承租人所有。合同签订后,出租人按照承租人的选择和要求向设备生产商丁公司支付了价款。乙在经营期间发现风险太大,提出退伙,甲、丙表示同意,并通知了出租人,但出租人表示反对,认为乙退出后会加大合同不履行的风险。下列说法正确的是?(2016年第3卷第87题)

A. 经出租人同意,乙可以退出【错误。乙退伙不需要出租人同意,也不需要提供担保,因为乙即使退伙,对于退伙之前的合伙债务仍然要承担连带责任,不会损害出租人的利益】

B. 乙可以退出,无须出租人同意【正确】

C. 乙必须向出租人提供有效担保后才能退出【错误】

D. 乙退出后对合伙债务不承担责任【错误】

第三节 技术合同【技术合同C】

技术合同,是指当事人就技术开发、转让、许可、咨询或者服务订立的确立相互之间权利和义务的合同。

一、职务技术成果

1. 范围
(1)执行工作任务所完成的技术成果。

执行工作任务包括:履行单位岗位职责或者承担其交付的其他技术开发任务/离职后1年内继续从事与其原单位的岗位职责或者交付的任务有关的技术开发工作。

(2)主要是利用本单位的物质技术条件所完成的技术成果。

2. 权利分配
(1)单位:专利申请权、使用权、转让权。

(2)个人(完成人):署名权、获得奖励或报酬权、同等条件下的优先受让权。

二、技术开发合同的技术成果归属

类型	委托开发合同	合作开发合同
专利申请权	归研究开发人。	合作方共有。 1. 一方弃权的，另一方可以单独申请。 2. 一方不同意申请专利的，另一方不得申请。
使用权	研究开发人取得专利权的，委托人可以免费实施。	取得专利权的，合作方均有权使用，弃权的一方可以免费实施。
转让权	研究开发人转让专利申请权的，委托人同等条件下享有优先受让权。	一方转让共有的专利申请权的，其他各方同等条件下享有优先受让权。
技术秘密使用权与转让权	1. 若无特别约定，双方均享有技术秘密使用权和转让权。 （1）可以自己使用或者以普通使用许可的方式许可他人使用。 （2）一方将转让权让与他人，或者以独占或者排他使用许可的方式许可他人使用技术秘密，未经对方当事人同意或者追认的，无效。 2. 委托开发的研究开发人在向委托人交付研究开发成果之前，不得将研究开发成果转让给第三人，否则转让无效。	

三、后续改进的技术成果归属

在技术转让合同、技术咨询合同、技术服务合同中，一方后续改进的技术成果归属，若无特别约定，归改进人方享有。

四、技术合同的无效

1. 非法垄断技术的技术合同无效。例如，禁止改进技术。
2. 侵害他人技术成果的技术合同无效。（无论第三人是否知情）
（1）善意第三人：可以在其取得时的范围内继续使用该技术秘密，但应当向权利人支付合理的使用费并承担保密义务。
（2）恶意第三人：不得继续使用该技术秘密，并承担共同侵权的连带赔偿责任和保密义务。

判断分析

1. 甲公司向乙公司转让了一项技术秘密。技术转让合同履行完毕后，经查该技术秘密是甲公司通过不正当手段从丙公司获得的，但乙公司对此并不知情，且支付了合理对价。乙公司可在其获得时的范围内继续使用该技术秘密，但应向丙公司支付合理的使用费。（2013年第3卷第16题）【正确。侵害他人技术秘密的技术合同被确认无效后，除法律、行政法规另有规定的以外，善意取得该技术秘密的一方当事人可以在其取得时的范围内继续使用该技术秘密，但应当向权利人支付合理的使用费并承担保密义务】

2. 甲公司与乙公司签订一份技术开发合同，未约定技术秘密成果的归属。甲公司按约支付了研究开发经费和报酬后，乙公司交付了全部技术成果资料。后甲公司在未告知乙公司的情况下，以普通使用许可的方式许可丙公司使用该技术，乙公司在未告知甲公司的情况下，以独占使用许可的方式许可丁公司

使用该技术。下列哪一说法是正确的？（2011年第3卷第15题）

　　A. 该技术成果的使用权仅属于甲公司【错误。若无特别约定，委托开发或者合作开发的当事人双方对于完成的技术秘密成果均有使用权、转让权】

　　B. 该技术成果的转让权仅属于乙公司【错误。理由同上】

　　C. 甲公司与丙公司签订的许可使用合同无效【错误。委托开发或者合作开发的当事人均有不经对方同意而自己使用或者以普通使用许可的方式许可他人使用技术秘密并独占由此所获利益的权利】

　　D. 乙公司与丁公司签订的许可使用合同无效【正确。当事人一方将技术秘密成果的转让权让与他人，或者以独占或者排他使用许可的方式许可他人使用技术秘密，未经对方当事人同意或者追认的，应当认定该让与或者许可行为无效】

第四节　委托合同、中介合同与行纪合同【客+主】

> 🔗 **法条群**
>
> 《中华人民共和国民法典》第三编《合同》第二分编《典型合同》第二十三章《委托合同》
>
> 　　第九百三十三条【任意解除权】委托人或者受托人可以随时解除委托合同。因解除合同造成对方损失的，除不可归责于该当事人的事由外，无偿委托合同的解除方应当赔偿因解除时间不当造成的直接损失，有偿委托合同的解除方应当赔偿对方的直接损失和合同履行后可以获得的利益。

一、委托合同【委托合同 E】

委托合同，是委托人和受托人约定，由受托人处理委托人事务的合同。

（一）委托人的义务

1. 费用偿还：受托人为处理委托事务垫付的必要费用，委托人应当偿还该费用并支付利息。
2. 报酬支付：受托人完成委托事务的，委托人应当按照约定向其支付报酬。

　　因不可归责于受托人的事由，委托合同解除或者委托事务不能完成的，委托人应当向受托人支付相应的报酬。

（二）受托人的义务

1. 财产移交：受托人处理委托事务取得的财产，应当转交给委托人。例如，甲去购买彩票，其友乙给甲10元钱让其顺便代购彩票，同时告知购买号码，并一再嘱咐甲不要改变。甲预测乙提供的号码不能中奖，便擅自更换号码为乙购买了彩票并替乙保管。开奖时，甲为乙购买的彩票中了奖，2人为奖项归属发生纠纷。乙应获得该奖项，因乙是委托人。
2. 共同委托：两个以上的受托人共同处理委托事务的，对委托人承担连带责任。
3. 无偿委托：受托人故意、重大过失造成委托人损失，要赔偿。

　　有偿委托：受托人过错造成委托人损失，要赔偿。

（三）任意解除权

1. 委托人或者受托人可以随时解除委托合同。

2.因解除合同造成对方损失：
（1）不可归责于解除方：无责。
（2）可归责于解除方：
①**无偿**委托：赔偿**直接损失**。
②**有偿**委托：赔偿**直接损失和合同履行后可以获得的利益**。
【注意】转委托、受托人以自己名义与第三人订立合同，详见总则编复代理与间接代理部分。

⚖ 判断分析

某律师事务所指派吴律师担任某案件的一、二审委托代理人。第一次开庭后，吴律师感觉案件复杂，本人和该事务所均难以胜任，建议不再继续代理。但该事务所坚持代理。一审判决委托人败诉。下列哪些表述是正确的？（2013年第3卷第60题）

A. 律师事务所有权单方解除委托合同，但须承担赔偿责任【**正确**。委托人或者受托人可以随时解除委托合同。因解除合同造成对方损失的，除不可归责于该当事人的事由外，无偿委托合同的解除方**应当赔偿**因解除时间不当造成的直接损失，有偿委托合同的解除方应当赔偿对方的直接损失和合同履行后可以获得的利益】

B. 律师事务所在委托人一审败诉后不能单方解除合同【**错误**】

C. 即使一审胜诉，委托人也可解除委托合同，但须承担赔偿责任【**正确**】

D. 只有存在故意或者重大过失时，该律师事务所才对败诉承担赔偿责任【**错误**。委托人与律师事务所之间的委托合同一般属于有偿委托合同，律师事务所作为受托人**存在过错时承担赔偿责任**】

二、中介合同【中介合同 C】

中介合同，是中介人向委托人报告订立合同的机会或者提供订立合同的媒介服务，委托人支付报酬的合同。

（一）中介人的义务

忠实义务：中介人故意隐瞒与订立合同有关的重要事实或者提供虚假情况，损害委托人利益的，不得请求支付报酬并应当承担赔偿责任。

（二）委托人的义务

1.支付报酬的义务。
（1）中介人促成合同成立，委托人应当按照约定支付**报酬**。（中介活动的**费用**，由中介人负担）
（2）因中介人**提供**订立合同的**媒介服务**而**促成合同成立**的，由该合同的当事人**平均负担**中介人的**报酬**。

2.支付必要中介费用的义务：中介人未促成合同成立，不得请求支付**报酬**；但是可以按照约定请求委托人支付从事中介活动支出的**必要费用**。

3.**禁止跳单**义务：委托人在接受中介人的服务后，利用中介人提供的交易机会或者媒介服务，**绕开中介人直接订立合同**的，应当向中介人支付**报酬**。

判断分析

周某在多家房屋中介公司挂牌销售一房屋。欲购买房屋的肖某先后与甲、乙2家中介公司订立"看房协议",其中均有特别承诺条款载明:"肖某承诺不直接联系房主,否则,仍须按'看房协议'的约定支付全部服务佣金。"甲、乙均分别带领肖某查看了周某的房屋。由于周某出售的房屋在乙中介公司的报价略低,肖某遂经由乙公司中介与周某签订了房屋买卖合同。肖某不构成跳单,无须向甲公司支付中介报酬。(2019年仿真题)【正确。委托人肖某通过乙公司提供的信息获得相同房源信息后,选择报价低的乙公司与出卖人周某订立房屋买卖合同,不属于"跳单";中介人未促成合同成立的,不得请求支付报酬】

三、行纪合同【行纪合同 E】

行纪合同,是行纪人以自己的名义为委托人从事贸易活动,委托人支付报酬的合同。

【比较】行纪与代理:行纪人是以自己名义签订合同,行纪人对该合同直接享有权利、承担义务;代理人是以被代理人名义签订合同,法律效果由被代理人承受。

(一)行纪人的权利

1. 介入权(自买自卖):行纪人卖出或买入具有市场定价的商品,除委托人有相反的意思表示外,行纪人自己可以作为买受人或出卖人,且不影响其要求委托人支付报酬。

2. 留置权:行纪人完成或部分完成委托事务的,委托人应当向其支付相应的报酬。委托人逾期不支付报酬的,行纪人对委托物享有留置权,但是当事人另有约定的除外。

(二)行纪人的义务

1. 负担行纪费用的义务:行纪人处理委托事务支出的费用,由行纪人负担,当事人另有约定除外。

2. 价格遵守义务:

(1)行纪人低于委托人指定的价格卖出或者高于委托人指定的价格买入的,应当经委托人同意。未经委托人同意,行纪人补偿其差额,该买卖对委托人发生效力。

(2)行纪人高于委托人指定的价格卖出或者低于委托人指定的价格买入的,可以按照约定增加报酬。没有约定或者约定不明确的,该利益属于委托人。

(3)委托人对价格有特别指示的,行纪人不得违背该指示卖出或者买入。

第五节 承揽合同与运输合同

一、承揽合同【承揽合同 D】

承揽合同,是承揽人按照定作人的要求完成工作,交付工作成果,定作人支付报酬的合同。承揽包括加工、定作、修理、复制、测试、检验等工作。

1. 定作人的任意解除权

在承揽人完成工作前,定作人可随时变更或解除合同,造成承揽人损失的,定作人要赔偿。

2. 承揽人的留置权

定作人未向承揽人支付报酬或者材料费等价款的,承揽人对完成的工作成果享有留置权或者有权拒绝交付，但是当事人另有约定的除外。

3. 承揽工作的亲自完成

（1）承揽人应当以自己的设备、技术和劳力，完成主要工作，但当事人另有约定的除外。

（2）承揽人将其承揽的主要工作交由第三人完成的，应当就该第三人完成的工作成果向定作人负责；未经定作人同意的，定作人也可以解除合同。

（3）承揽人可以将其承揽的辅助工作交由第三人完成，但是应当就该第三人完成的工作成果向定作人负责。

4. 承揽人造成他人损害

（1）承揽人承担全部责任，定作人在定作、指示、选任的过错范围内与承揽人共同承担责任。但支付的赔偿费用总和不应超过受害人的损失。【具体责任承担可以详见侵权部分劳务派遣的"共同"】【新增】

（2）如果定作人承担的责任超过了自己应负的责任，可以向承揽人追偿。【新增】

二、运输合同【运输合同 E】

运输合同，是承运人将旅客或者货物从起运地点运输到约定地点，旅客、托运人或者收货人支付票款或者运输费用的合同。

【注意】公共运输的承运人不得拒绝旅客/托运人通常、合理的运输要求。

（一）客运合同

1. 客运合同自承运人向旅客出具客票时成立。

2. 救助义务：承运人在运输过程中应当尽力救助患有急病、分娩、遇险的旅客。无论遭遇危险原因如何，都应当尽力救助，否则承担违约或者侵权责任。

3. 赔偿责任

（1）旅客伤亡：承运人承担无过错责任。例如，旅客因制止扒窃行为被歹徒刺伤，客车公司需要承担责任。同样适用于免票、持优待票或者经承运人许可搭乘的免票旅客（逃票的没有合同关系：不赔）。例如，免票乘车婴儿在行车途中因急刹车受伤，客车公司需要承担责任。

免责事由：旅客自身健康原因/故意或者重大过失造成（但要尽到尽力救助的义务）。例如，旅客在客车正常行驶过程中突发心脏病身亡、失恋旅客在行车途中吞服安眠药过量致死的，客车公司免责。

（2）财产损失：随身携带行李，过错责任；托运行李，无过错责任。

（二）货运合同

1. 托运人的任意变更权、任意解除权：在承运人将货物交付收货人之前，托运人可以要求承运人中止运输、返还货物、变更到达地或者将货物交给其他收货人，但是应当赔偿承运人因此受到的损失。

2. 承运人的留置权：托运人或收货人不付应付费用，承运人有留置权。

3. 货物毁损：承运人承担无过错责任；按交付或者应当交付时货物到达地的市场价格计算。

免责事由：承运人证明货物的毁损、灭失是因不可抗力、货物本身的自然性质或者合理损耗以及托运人、收货人的过错造成的。

4. 单式联运合同的责任承担：损失发生在哪一段，与托运人订立合同的承运人和该区段的承运人承担连带责任。

5. 多式联运合同的责任承担：由与托运人订立合同的承运人独立承担责任。

【说明】单式联运是指2个以上的承运人以同一种运输方式将托运人的货物送达目的地；多式联运是指2个以上的承运人以不同运输方式将托运人的货物送达目的地。

判断分析

1. 甲公司和乙公司签订运输合同，约定由乙将货物从北京运到重庆。为此，乙与丙、丁、戊签约，约定由后三者分别负责北京到郑州的公路运输、郑州到汉口的铁路运输、汉口到重庆的轮船运输。若货物在轮船运输过程中受损，应当由乙与戊对甲承担连带责任。【错误】。涉及公路、铁路、轮船3种运输方式，属于多式联运，应当由与托运人甲订立合同的承运人乙承担责任】

2. 林某带领大宝（4周岁）乘坐客运班车，给大宝办理了免票手续。乘车途中，客运班车与蒋某驾驶的轿车相撞发生交通事故。林某轻伤且手机摔坏，就医花去医药费2000元，修理手机花费5000元。大宝粉碎性骨折，花去医药费20万元。下列说法正确的有？（2019年仿真题）

A. 林某有权请求客运公司和蒋某承担连带责任【错误。客运公司和蒋某事先并不存在意思联络且任何一方的行为单独均不足以导致危害结果的发生，属于共同的因果关系，二者应当承担按份责任（结合侵权部分理解）】

B. 大宝有权请求客运公司承担赔偿责任【正确。承运人应当对运输过程中旅客的伤亡承担赔偿责任，即使旅客属于按照规定免票、持优待票或者经承运人许可搭乘的无票旅客】

C. 大宝系免票乘车，应自己承担损失【错误】

D. 若班车司机能证明对交通事故的发生没有过错，对于林某的手机损失，客运公司可以免责【正确。承运人对旅客随身携带物品毁损灭失的损失承担过错责任】

第六节 保管合同与仓储合同【保管合同E；仓储合同E】

	保管合同	仓储合同
含义	保管合同，是保管人保管寄存人交付的保管物，并返还该物的合同。 【注意】寄存人到保管人处从事购物、就餐、住宿等活动，将物品存放在指定场所的，视为保管，但另有约定或有交易习惯除外。	仓储合同，是保管人储存存货人交付的仓储物，存货人支付仓储费的合同。
性质	民事合同	商事合同
是否要物	实践合同（当事人另有约定除外）	诺成合同
是否有偿	可有偿、可无偿（对保管费用没有约定，推定为无偿）	有偿
任意解除权	定期保管合同的寄存人 / 不定期保管合同的双方	不定期仓储合同的双方
归责原则	有偿保管：过错责任。 无偿保管：仅在故意或重大过失致保管物毁损灭失时担责。	过错责任。 免责事由：因仓储物的自然性质、包装不符合约定或超过有效储存期造成仓储物变质、损坏。

判断分析

关于保管合同和仓储合同，下列哪些说法是错误的？（2010年第3卷第61题）

A. 二者都是有偿合同【错误。保管合同可以有偿也可以无偿；仓储合同都是有偿的】

B. 二者都是实践性合同【错误。保管合同为实践合同，除非当事人另行约定；仓储合同为诺成合同】

C. 寄存人和存货人均有权随时提取保管物或仓储物而无须承担责任【错误。保管合同中的寄存人享有任意解除权，但是行使任意解除权给保管人造成损失的，应当承担责任；存货人只在不定期仓储合同中才享有任意解除权】

D. 因保管人保管不善造成保管物或仓储物毁损、灭失的，保管人承担严格责任【错误。保管人承担的是过错责任。在无偿保管中，保管人有故意或者重大过失的才承担责任】

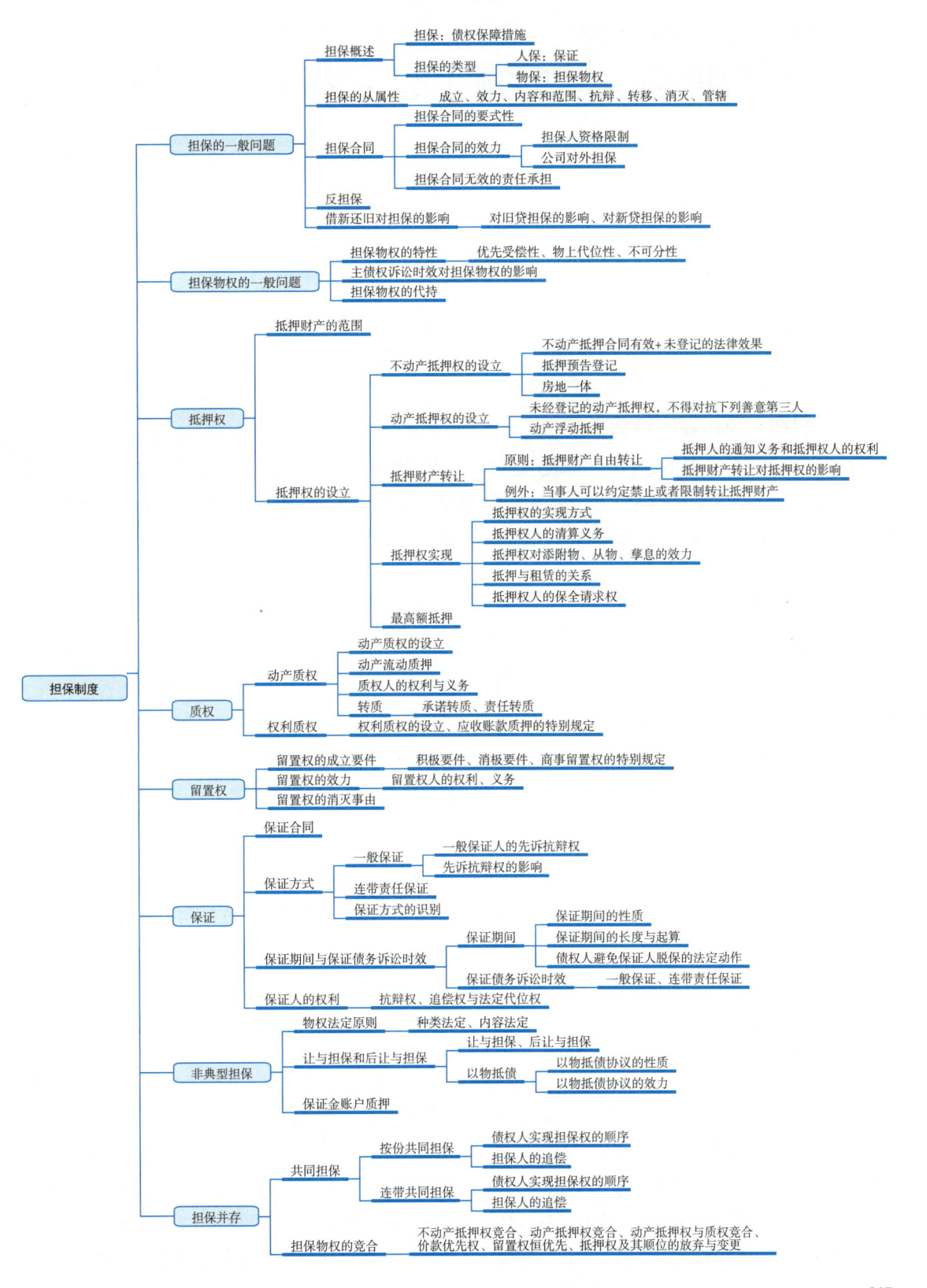

担 保

担保制度

- **担保的一般问题**
  - 担保概述
    - 担保：债权保障措施
    - 担保的类型
      - 人保：保证
      - 物保：担保物权
  - 担保的从属性——成立、效力、内容和范围、抗辩、转移、消灭、管辖
  - 担保合同
    - 担保合同的要式性
    - 担保合同的效力
      - 担保人资格限制
      - 公司对外担保
    - 担保合同无效的责任承担
  - 反担保
  - 借新还旧对担保的影响——对旧贷担保的影响、对新贷担保的影响

- **担保物权的一般问题**
  - 担保物权的特性——优先受偿性、物上代位性、不可分性
  - 主债权诉讼时效对担保物权的影响
  - 担保物权的代持

- **抵押权**
  - 抵押财产的范围
  - 抵押权的设立
    - 不动产抵押权的设立
      - 不动产抵押合同有效+未登记的法律效果
      - 抵押预告登记
      - 房地一体
    - 动产抵押权的设立
      - 未经登记的动产抵押权，不得对抗下列善意第三人
      - 动产浮动抵押
    - 抵押财产转让
      - 原则：抵押财产自由转让
        - 抵押人的通知义务和抵押权人的权利
        - 抵押财产转让对抵押权的影响
      - 例外：当事人可以约定禁止或者限制转让抵押财产
    - 抵押权实现
      - 抵押权的实现方式
      - 抵押权人的清算义务
      - 抵押权对添附物、从物、孳息的效力
      - 抵押与租赁的关系
      - 抵押权人的保全请求权
    - 最高额抵押

- **质权**
  - 动产质权
    - 动产质权的设立
    - 动产流动质押
    - 质权人的权利与义务
    - 转质——承诺转质、责任转质
  - 权利质权——权利质权的设立、应收账款质押的特别规定

- **留置权**
  - 留置权的成立要件——积极要件、消极要件、商事留置权的特别规定
  - 留置权的效力——留置权人的权利、义务
  - 留置权的消灭事由

- **保证**
  - 保证合同
  - 保证方式
    - 一般保证
      - 一般保证人的先诉抗辩权
      - 先诉抗辩权的影响
    - 连带责任保证
    - 保证方式的识别
  - 保证期间与保证债务诉讼时效
    - 保证期间
      - 保证期间的性质
      - 保证期间的长度与起算
      - 债权人避免保证人脱保的法定动作
    - 保证债务诉讼时效——一般保证、连带责任保证
  - 保证人的权利——抗辩权、追偿权与法定代位权

- **非典型担保**
  - 物权法定原则——种类法定、内容法定
  - 让与担保和后让与担保——让与担保、后让与担保
  - 以物抵债
    - 以物抵债协议的性质
    - 以物抵债协议的效力
  - 保证金账户质押

- **担保并存**
  - 共同担保
    - 按份共同担保
      - 债权人实现担保权的顺序
      - 担保人的追偿
    - 连带共同担保
      - 债权人实现担保权的顺序
      - 担保人的追偿
  - 担保物权的竞合——不动产抵押权竞合、动产抵押权竞合、动产抵押权与质权竞合、价款优先权、留置权恒优先、抵押权及其顺位的放弃与变更

第一章
担保的一般问题【客+主】

【重点】担保的从属性、公司对外担保、担保合同无效的责任承担

第一节 担保概述

一、担保：债权保障措施

在一手交钱一手交货的交易中，当事人任何一方均不必担心自己的债权无法实现。但是，大量的交易并非如此。例如，借款给他人之后，到期能否收回借款本息，存在很大的不确定性。为了确保债权能够实现，债权人可以采取一定的保障措施，其中之一就是设立担保。

二、担保的类型

1. 人保：保证

担保债权实现的第一个方法是，扩大可以用于清偿债务的责任财产范围，即在债务人的责任财产之外增加第三人的责任财产。除债务人财产外，债权人还可以请求第三人以其责任财产承担责任。此种担保方式就是所谓的人保，即保证。例如，甲向乙借款100万元，丙提供保证。若甲到期无法偿还借款本息，乙可以请求丙代为偿还。若丙不还，乙可以申请强制执行丙名下的任何财产。

2. 物保：担保物权

人保虽然可以在一定程度上保障债权，但是基于债权的平等性，其作用有时候极其有限。

【示例】甲向乙借款100万元，丙提供保证。假设丙仅有价值100万元的A设备，别无他物，而丙尚拖欠丁100万元货款。在甲到期无力偿还乙的借款时，若乙和丁均请求丙支付100万元，基于债权的平等性，丙可以自由决定将A设备拍卖所得价款全部支付给乙或者丁。若丙全部支付给丁，乙的借款债权就将无法实现。

为了打破债权的此种平等性，担保债权实现的第二个方法是，以债务人自己或第三人的特定财产设定担保，并让债权人就该财产取得优先于其他债权人的地位。此种担保方式就是所谓的物保，包括抵押和质押。

例如甲向乙借款100万元，丙以价值100万元的A设备提供抵押。假设丙除此之外别无他物，且尚拖欠丁100万元货款。在甲到期无力偿还乙的借款时，若乙和丁均请求拍卖A设备，则乙可以优先于丁就拍卖所得价款受偿。因为，乙的债权是有物权担保的债权，丁的债权是普通债权，而物权优先于债权。

【比较】第三人提供人保与第三人提供物保：人保是以全部责任财产担保债务的履行；物保是以特

定财产担保债务的履行，第三人以特定财产的价值为限承担责任，若用于提供担保的特定财产拍卖变卖所得的价款不足以清偿债务，则第三人的责任消灭，未实现的剩余债权成为无担保的普通债权，债权人只能请求债务人履行债务。例如，甲向乙借款100万元，丙以A设备提供抵押。甲到期无力偿还借款，而A设备拍卖所得价款仅80万元。此时，乙可以就80万元优先受偿。就剩余的20万元，乙只能请求甲偿还，不能请求丙承担责任。

第二节 担保的从属性【客+主】【担保从属性B】

法条群

《中华人民共和国民法典》第二编《物权》第四分编《担保物权》第十六章《一般规定》

第三百九十一条【未经担保人同意转移债务】第三人提供担保，未经其书面同意，债权人允许债务人转移全部或者部分债务的，担保人不再承担相应的担保责任。

《中华人民共和国民法典》第二编《物权》第四分编《担保物权》第十七章《抵押权》第一节《一般抵押权》

第四百零七条【抵押权的从属性】抵押权不得与债权分离而单独转让或者作为其他债权的担保。债权转让的，担保该债权的抵押权一并转让，但是法律另有规定或者当事人另有约定的除外。

《中华人民共和国民法典》第三编《合同》第一分编《通则》第六章《合同的变更和转让》

第五百四十七条【从权利的转移】债权人转让债权的，受让人取得与债权有关的从权利，但是该从权利专属于债权人自身的除外。

受让人取得从权利不因该从权利未办理转移登记手续或者未转移占有而受到影响。

《中华人民共和国民法典》第三编《合同》第二分编《典型合同》第十三章《保证合同》第二节《保证责任》

第六百九十六条【债权让与对保证责任的影响】债权人转让全部或者部分债权，未通知保证人的，该转让对保证人不发生效力。（也适用于物保）

保证人与债权人约定禁止债权转让，债权人未经保证人书面同意转让债权的，保证人对受让人不再承担保证责任。（和物保规则相同）

第六百九十七条【未经保证人同意转移债务】债权人未经保证人书面同意，允许债务人转移全部或者部分债务，保证人对未经其同意转移的债务不再承担保证责任，但是债权人和保证人另有约定的除外。（和物保规则相同）

第三人加入债务的，保证人的保证责任不受影响。（也适用于物保）

第七百零一条【保证人主张债务人的抗辩】保证人可以主张债务人对债权人的抗辩。债务人放弃抗辩的，保证人仍有权向债权人主张抗辩。（也适用于物保）

第七百零二条【保证人的可抵销与可撤销抗辩权】债务人对债权人享有抵销权或者撤销权的，保证人可以在相应范围内拒绝承担保证责任。（也适用于物保）

《最高人民法院关于适用〈中华人民共和国民法典〉有关担保制度的解释》（一、关于一般规定）

第二条【排除担保合同效力上从属性的条款无效】当事人在担保合同中约定担保合同的效力独立于主合同，或者约定担保人对主合同无效的法律后果承担担保责任，该有关担保独立性的约定无效。主合同有效的，有关担保独立性的约定无效不影响担保合同的效力；主合同无效的，人民法院应当认定担保合同无效，但是法律另有规定的除外。

第三条【内容和范围上的从属性】当事人对担保责任的承担约定专门的违约责任，或者约定的担保责任范围超出债务人应当承担的责任范围，担保人主张仅在债务人应当承担的责任范围内承担责任的，人民法院应予支持。

担保人承担的责任超出债务人应当承担的责任范围，担保人向债务人追偿，债务人主张仅在其应当承担的责任范围内承担责任的，人民法院应予支持；担保人请求债权人返还超出部分的，人民法院依法予以支持。

担保旨在保障债权实现。所以，担保从属于其所担保的债权，担保合同是主债权债务合同的从合同。例如，甲向乙借款100万元，丙提供保证。乙与丙之间的保证合同，从属于甲与乙之间的借款合同，借款合同是主合同，保证合同是从合同。

【注意】从属性是担保的基本属性。现行法唯一承认的独立担保是由银行或者非银行金融机构开立的独立保函。

一、成立上的从属性

担保以主债权的存在为前提。主债权不成立，则担保不成立。例如，甲答应借50万元给其好友乙，丙提供保证。后甲食言，未将款项转账给乙。因自然人之间的借款合同为实践合同，甲与乙之间的借款合同未成立，甲与丙之间的保证合同自然也不成立。不过，可以先成立担保，后发生债权。例如，最高额担保（详见最高额抵押部分）。

二、效力上的从属性

主合同无效，担保合同随之无效。

1. 独立性约定无效：约定担保合同的效力独立于主合同，或者约定担保人对主合同无效的法律后果承担担保责任，此种关于担保独立性的约定无效。

2. 关于担保独立性的约定无效，但是不影响担保合同的效力。【示例】甲向乙借款10万元，丙提供保证，保证合同某条款约定："即使借款合同无效，丙仍然要对无效的法律后果承担保证责任"。该条款无效，但保证合同的效力不受影响。

【注意】主合同解除后，担保人对债务人应当承担的民事责任仍应当承担担保责任。

三、内容和范围上的从属性

担保人仅在债务人应当承担的责任范围内承担责任。（担保责任≤主债务）

1. 若无特别约定，担保范围包括主债权及其利息、违约金、损害赔偿金、保管担保财产和实现债权的费用等。

2. 当事人约定的担保责任范围超出主债务的，超出部分的约定无效，限缩至主债务范围。

约定的担保责任范围超出主债务的典型情形：针对担保责任约定专门的违约责任、担保责任的数额高于主债务、担保责任约定的利息高于主债务利息、担保责任的履行期先于主债务履行期届满。

3. 担保人承担的责任超出债务人应当承担的责任范围，担保人仅能向债务人在其应当承担的责任范围内追偿；担保人可以请求债权人返还超出部分（不当得利）。

【示例】甲向乙借款10万元，丙提供保证，保证合同约定：丙未及时承担保证责任的，应向乙支付违约金1万元。①关于违约金的约定无效。②若丙向乙支付了11万元，则丙只能向甲追偿10万元，多支付的1万元违约金可以请求乙返还。

4. 债权人和债务人未经担保人书面同意，协商变更主债权债务合同内容：减轻债务的，担保人对变更后的债务承担担保责任；加重债务的，担保人对加重的部分不承担担保责任。

四、抗辩上的从属性

1. 担保人可以主张债务人对债权人的抗辩。

（1）债务人放弃抗辩的，担保人可以主张抗辩也可以放弃抗辩；担保人放弃抗辩的，有权向债务人追偿。

（2）债务人未放弃抗辩的，担保人可以主张抗辩也可以放弃抗辩；担保人放弃抗辩的，无权向债务人追偿。

【示例】甲向乙借款100万元，丙提供保证。后借款债务的诉讼时效期间届满。①若甲表示愿意还款：丙可以主张诉讼时效抗辩权，拒绝承担保证责任；丙若向乙承担了保证责任，可以向甲追偿。②若甲拒绝还款：丙可以主张诉讼时效抗辩权，拒绝承担保证责任；丙若向乙承担了保证责任，无权向甲追偿。

2. 债务人对债权人享有抵销权或者撤销权的，担保人可以在相应范围内拒绝承担担保责任。

【示例1】甲向乙借款100万元，丙提供保证。后甲到期无力偿还借款，而乙尚拖欠甲50万元的货款。因甲的货款债权与乙的借款债权满足法定抵销的条件，丙可以向乙行使可抵销抗辩权，主张其仅承担50万元的保证责任。

【示例2】甲误以为乙的家传古画为真品而以100万元的高价买下，丙为价款的支付提供保证。后甲未依约支付价款，而丙此时已经知道甲存在重大误解，则丙可以向乙拒绝承担保证责任。

五、移转上的从属性

（一）债权转让

1. 原则：受让人取得从属于债权的担保权，担保人继续承担担保责任。

（1）受让人取得担保权不以办理转移登记手续或者转移占有为前提。

（2）通知担保人是债权让与对担保人发生效力的条件。（与债权转让通知债务人的原理相同）

2. 例外

（1）担保合同约定不得转让债权，债权人未经担保人书面同意转让债权的，担保人对受让人不再承担担保责任。

（2）最高额担保的债权确定前，部分债权转让的，最高额担保权不得转让。（详见最高额抵押部分）

（二）债务承担

1. 免责的债务承担：未经担保人书面同意，担保人不再承担相应的担保责任。

【示例】甲对乙享有20万元债权，丙提供保证。后乙经甲同意将债务转移给丁，丙不知情。乙与丁达成免责的债务承担协议，经债权人甲同意，该协议对甲发生效力，甲只能请求丁偿还20万元。由于未经保证人丙的书面同意，丙不再承担保证责任。

【注意】债务人自己提供物保的，即使其将债务全部转移给第三人承担，债务人不得主张免除担保责任。

2. 并存的债务承担（债务加入）：担保人不得以第三人加入债务未经其同意为由主张免责。

【示例】甲对乙享有20万元债权，丙提供保证。其后，丁向甲表示愿意与乙共同偿还债务。丙即使不知情，也无权主张免除保证责任。

六、消灭上的从属性

主债权全部消灭的，担保人不再承担担保责任。

七、管辖上的从属性

1. 债权人一并起诉债务人和担保人的，应当根据主合同确定管辖法院。

2. 债权人依法可以单独起诉担保人且仅起诉担保人的，应当根据担保合同确定管辖法院。【注意】债权人依法可以单独起诉担保人的唯一情形：连带责任保证。

3. 主合同或者担保合同约定了仲裁条款的，人民法院对约定仲裁条款的合同当事人之间的纠纷无管辖权。

判断分析

甲公司将一台挖掘机出租给乙公司，为担保乙公司依约支付租金，丙公司担任保证人，丁公司以机器设备设置抵押。乙公司欠付10万元租金时，经甲公司、丙公司和丁公司口头同意，将租金债务转让给戊公司。丙公司和丁公司不再承担担保责任。【正确。债务人乙公司将租金债务转移给戊公司，自己不再承担债务，此属于免责的债务承担。未经担保人丙公司、丁公司书面同意，仅有口头同意，担保人丙公司、丁公司不再承担担保责任。】

第三节 担保合同

一、担保合同的要式性

设定担保，无论是人保还是物保，均需要债权人与担保人签订书面的担保合同。

【说明】对担保合同进行形式强制的主要原因在于，担保合同是单务、无偿合同，采取书面形式可以促使担保人慎重考虑，避免第三人未经深思熟虑即提供担保。

二、担保合同的效力

担保合同的效力，一方面要根据民事法律行为效力规则进行判断，另一方面要考虑主合同对担保合同效力的影响，基于担保的从属性，主合同无效则担保合同无效。

第一章 担保的一般问题【客+主】

（一）担保人资格限制【担保人资格E】

1. 原则：基于私法自治，原则上任何民事主体均可以提供担保。
2. 例外：禁止提供担保。

（1）机关法人、居委会、村委会提供担保的，担保合同无效。

（2）以公益为目的的非营利性学校、幼儿园、医疗机构、养老机构等以公益设施提供担保的，担保合同无效。例如，公立大学不得以教学楼、图书馆等教学设施提供抵押。

登记为营利法人的学校、幼儿园、医疗机构、养老机构等提供担保，担保合同有效。

3. 例外之例外——可以提供担保。

（1）机关法人：经国务院批准为使用外国政府或者国际经济组织贷款进行转贷。

（2）村委会：依法代行村集体经济组织职能的村委会，依照村委会组织法规定的讨论决定程序对外提供担保。

（3）以公益为目的的非营利性学校、幼儿园、医疗机构、养老机构等：

①以所有权保留买卖方式购入公益设施或者以融资租赁方式租入公益设施。例如，公立医院与医疗器械公司签订手术机器人买卖合同，约定：在甲医院付清价款前，乙公司保留手术机器人的所有权。

②以非公益设施提供物保。例如，公立大学以校园内的古树设立抵押，向银行借款。

（二）公司对外担保

> **法条群**
>
> 《中华人民共和国公司法》第一章《总则》
>
> 第十五条【公司对外担保】公司向其他企业投资或者为他人提供担保，按照公司章程的规定，由董事会或者股东会决议；公司章程对投资或者担保的总额及单项投资或者担保的数额有限额规定的，不得超过规定的限额。
>
> 公司为公司股东或者实际控制人提供担保的，应当经股东会决议。
>
> 前款规定的股东或者受前款规定的实际控制人支配的股东，不得参加前款规定事项的表决。该项表决由出席会议的其他股东所持表决权的过半数通过。
>
> 《最高人民法院关于适用〈中华人民共和国民法典〉有关担保制度的解释》（一、关于一般规定）
>
> 第八条【对外担保无需决议的例外情形】有下列情形之一，公司以其未依照公司法关于公司对外担保的规定作出决议为由主张不承担担保责任的，人民法院不予支持：
>
> （一）金融机构开立保函或者担保公司提供担保；
>
> （二）公司为其全资子公司开展经营活动提供担保；
>
> （三）担保合同系由单独或者共同持有公司三分之二以上对担保事项有表决权的股东签字同意。
>
> 上市公司对外提供担保，不适用前款第二项、第三项的规定。

1. 法定代表人逾越《中华人民共和国公司法》第十五条规定的权限，以公司名义对外提供担保，构成无权代表。

（1）相对人善意（不知道也不应当知道法定代表人超越权限）：成立表见代表，担保合同对公司发生效力，相对人可以请求公司承担担保责任。

（2）相对人恶意（知道或者应当知道法定代表人超越权限）：担保合同效力待定。公司追认，则担保合同对公司发生效力；公司拒绝追认，则担保合同对公司不发生效力（公司有过错的需要承担赔偿责任，事后可向法定代表人追偿）。

2.相对人善意的判断

（1）原则：相对人对公司法定决议机关的决议进行了合理审查，即为善意。

①法定决议机关

a.关联担保（为公司股东或者实际控制人提供担保）：股东会。

b.非关联担保（为其他人提供担保）：股东会或者董事会。

【注意】即使公司章程规定非关联担保也应由股东会决议，相对人也可以仅审查董事会决议。（因为公司章程仅对公司内部具有约束力）

②合理审查属于形式审查

a.需要审查：股东/董事的身份是否属实；应当回避表决的股东是否回避。

b.不需要审查：决议是否系伪造或者变造、决议程序是否违法、股东/董事的签章是否真实。

（2）例外1：上市公司提供担保，相对人只有审查了关于担保事项已经董事会或者股东大会决议通过的公告，方为善意。

（3）例外2：无须决议的情形。

①金融机构开立保函或者担保公司提供担保。

②公司为其全资子公司开展经营活动提供担保（上市公司除外）。

③担保合同系由单独或者共同持有公司2/3以上对担保事项有表决权的股东签字同意（上市公司除外）。

④一人公司为股东提供担保。

【注意】并存的债务承担（债务加入）在功能上与保证类似。故而，法定代表人以公司名义加入债务的，适用公司对外担保规则。

三、担保合同无效的责任承担【担保从属性B】

担保合同无效，则担保人不承担担保责任，但是有过错的担保人需要对债权人承担赔偿责任。

情形	过错		担保人责任承担
	债权人	担保人	
主合同有效，担保合同无效	有错	有错	≤债务人不能清偿部分的1/2
	没错	有错	=债务人不能清偿的部分
	有错	没错	不承担
主合同无效导致担保合同无效		没错	不承担
		有错	≤债务人不能清偿部分的1/3

【示例】甲向乙借款1000万元，A市人民政府提供保证。后甲无力偿还借款。因机关法人不得提供担保，保证合同无效。债权人乙、保证人A市人民政府对此均有过错，故乙可以请求A市人民政府承担500万元的赔偿责任。

第四节 担保人的追偿权与反担保【反担保 D】

```
甲          主债      乙
(债务人) ————————→ (债权人)
                      ↕ 担保
                      丙
                    (担保人)
                      ↕ 反担保
                      丁/甲
                    (反担保人)
```

1. 担保人承担担保责任/赔偿责任后，有权向债务人追偿。

担保人承担责任之后享有债权人对债务人的权利，但是<u>不得损害债权人的利益</u>。例如：甲向乙借款100万元，丙提供连带责任保证。借款到期后，甲未还款，丙向乙承担了60万元的保证责任。此时意味着，丙取代乙的地位对甲取得60万元的追偿债权，而乙对甲尚有40万元的债权未实现。如果甲可供执行的财产只有40万元，则乙优先于丙。

2. 反担保，是指<u>债务人或者第三人</u>为确保<u>担保人</u>承担责任后实现对债务人的<u>追偿权</u>而设定的担保。为与反担保相区分，将债务人与担保人之间存在的担保称为本担保。

（1）反担保的担保对象是担保人对债务人的<u>追偿权</u>。

<u>反担保合同并非本担保合同的从合同</u>，本担保合同无效，不影响反担保合同的效力。

（2）只要担保人对债务人享有追偿权，担保人就可以请求反担保人承担担保责任。

【说明】反担保和一般的担保并无本质不同，唯一的特性在于它担保的是本担保人对债务人的追偿权而已。

【示例】甲向乙借款100万元，丙提供保证。丙担心自己承担保证责任后，无法顺利向甲追偿。为此，丁向丙提供保证，若丙无法向甲追偿，则由丁承担责任。

①乙与丙之间的保证合同是甲与乙之间借款合同的从合同。

②一旦丙向乙承担了保证责任，则丙与甲之间成立追偿法律关系，丁与丙之间的保证合同是该<u>追偿法律关系的从合同</u>。

③乙与丙之间的保证合同被称之为<u>本担保</u>，丙与丁之间的保证合同被称之为反担保。前者担保的是乙对甲的借款债权，后者担保的是丙对甲的追偿权。

第五节 借新还旧对担保的影响【担保从属性 B】

借新还旧，是指在旧的贷款尚未清偿的情况下，贷款人与借款人再次签订贷款合同，以新贷出的款项清偿旧的贷款。

1. 对旧贷担保的影响

借新还旧，意味着旧贷消灭。基于担保的从属性，旧贷的担保也随之消灭。故而，担保人对旧贷<u>不再承担</u>担保责任。

2. 对新贷担保的影响

<u>知情</u>的新贷担保人<u>承担</u>担保责任；<u>不知情</u>的新贷担保人<u>不承担</u>担保责任。

【说明】借新还旧，意味着借款人无力偿还旧贷，且借款人也无法实际使用新贷款项，所以为新贷提供担保的风险远远大于普通的担保。故而，新贷担保人是否需要承担担保责任，取决于其<u>是否知道或者应当知道借新还旧的事实</u>。

【注意】旧贷的物保人在登记尚未注销的情形下同意继续为新贷提供担保，在订立新的贷款合同前又以该担保财产为其他债权人提供物保的，新贷债权人的担保物权顺位<u>优先</u>于其他债权人。（<u>按照旧贷的物保顺位确定新贷的物保顺位</u>）

【示例】2021 年 10 月 1 日，甲向乙银行借款 300 万元，借期 1 年，丙以自己的 A 房提供抵押，并办理了抵押登记。2021 年 12 月 1 日，丙向丁银行借款 100 万元，并以自己的 A 房提供抵押，办理了抵押登记。甲到期无力偿还借款，于是在 2022 年 11 月 1 日再次向乙银行借款 320 万元用于偿还到期本息，丙承诺继续以 A 房提供抵押担保，不知情的戊承诺提供保证。后甲、丙均无力偿还银行到期借款。① 2022 年 11 月 1 日借款的目的是借新还旧。②丙同时为旧贷和新贷提供抵押，应当为新贷承担担保责任。③乙银行对 A 房的抵押权优先于丁银行对 A 房的抵押权。④不知情的戊不承担保证责任。

【主观题专项训练】

案情：2022 年 1 月 1 日，甲公司与乙公司签订设备买卖合同，约定：甲公司向乙公司出售 X 设备，应于合同签订后 15 日内交付设备，乙公司应于收到设备后 1 周内付清价款 500 万元；任何一方均不得将合同权利转让给第三人。为担保价款的支付，A 与甲公司签订保证合同，双方约定甲公司不得将其债权转让给第三人；B 以自己的 Y 房提供抵押担保，办理了抵押登记；C 向甲公司承诺提供连带责任保证；D 向甲公司发出"承诺函"，表示愿意与乙公司共同支付 500 万元价款。1 月 3 日，甲公司将其 500 万元价款债权转让给知情的丙公司，并于次日通知了乙公司和 A、B、D，但是未通知 C。其后，甲公司依约交付了设备，而乙公司未依约支付价款。

问题 1：丙公司能否取得对乙公司的债权？
问题 2：丙公司能否请求 A 承担保证责任？
问题 3：丙公司能否请求 B 承担抵押担保责任？
问题 4：丙公司能否请求 C 承担保证责任？
问题 5：丙公司能否请求 D 支付 500 万元的价款？
问题 6：B 能否以 D 加入债务未经自己同意为由不再承担抵押担保责任？

第一章　担保的一般问题【客+主】

问题1：丙公司能否取得对乙公司的债权？

答案：能。甲公司将其对乙公司的价款债权转让给丙公司，虽然违反了甲公司与乙公司之间关于禁止债权转让的约定，而且丙公司知情，但是禁止金钱债权转让的约定，不得对抗第三人。法条依据为《中华人民共和国民法典》第五百四十五条第二款。

问题2：丙公司能否请求A承担保证责任？

答案：不能。保证人A与债权人甲公司约定禁止债权转让，甲公司未经保证人A书面同意转让债权的，保证人对受让人丙公司不再承担保证责任。法条依据为《中华人民共和国民法典》第六百九十六条第二款。

问题3：丙公司能否请求B承担抵押担保责任？

答案：能。债权人甲公司转让债权的，受让人丙公司取得与债权有关的从权利，且不以办理转移登记手续为前提。法条依据为《中华人民共和国民法典》第五百四十七条。

问题4：丙公司能否请求C承担保证责任？

答案：不能。债权人甲公司转让债权，未通知保证人C的，该转让对保证人C不发生效力。法条依据为《中华人民共和国民法典》第六百九十六条第一款。

问题5：丙公司能否请求D支付500万元的价款？

答案：能。D公司向甲公司发出的"承诺函"表明其自愿加入债务，构成并存的债务承担，应当与乙公司负担连带债务。法条依据为《中华人民共和国民法典》第五百五十二条。

问题6：B能否以D加入债务未经自己同意为由不再承担抵押担保责任？

答案：不能。第三人D加入债务的，担保人B的担保责任不受影响。法条依据为《中华人民共和国民法典》第五百五十二条、《最高人民法院关于适用〈中华人民共和国民法典〉有关担保制度的解释》第二十条。

第二章 担保物权的一般问题【客+主】

【重点】担保物权的物上代位性、主债权诉讼时效对担保物权的影响

担保物权，是以确保债务清偿为目的，于债务人或第三人所有之物或者权利上所设定的以**变价权和优先受偿权**为核心内容的物权。担保物权支配担保物的交换价值，包括：抵押权、质权和留置权。

第一节 担保物权的特性【客+主】【担保物权的特性E】

一、优先受偿性

债务人不履行到期债务，债权人可就担保物拍卖、变卖所得的价款**优先于其他债权人受偿**。

【示例】甲先向乙借款 200 万元。后甲向丙借款 300 万元，并以房屋提供抵押，办理了抵押登记。现 2 笔借款均到期且甲的资产仅有房屋。丙可主张就房屋拍卖、变卖所得的价款**优先于**乙受偿：若房屋价款为 350 万元，则丙可得 300 万元，乙只能拿到 50 万元；若房屋价款为 200 万元，丙只能实现 200 万元的债权，乙则拿不到 1 毛钱。

二、物上代位性

> **法条群**
>
> 《中华人民共和国民法典》第二编《物权》第四分编《担保物权》第十六章《一般规定》
>
> 第三百九十条【担保物权的物上代位性】担保期间，担保财产毁损、灭失或者被征收等，担保物权人可以**就获得的保险金、赔偿金或者补偿金等优先受偿**。被担保债权的履行期限未届满的，也可以**提存**该保险金、赔偿金或者补偿金等。
>
> 《最高人民法院关于适用〈中华人民共和国民法典〉有关担保制度的解释》[三、关于担保物权（一）担保合同与担保物权的效力]
>
> 第四十二条【担保物权的物上代位性】抵押权依法设立后，抵押财产毁损、灭失或者被征收等，抵押权人请求**按照原抵押权的顺位**就保险金、赔偿金或者补偿金等优先受偿的，人民法院**应予支持**。
>
> 给付义务人**已经向抵押人给付了保险金、赔偿金或者补偿金**，抵押权人请求给付义务人向其给付保险金、赔偿金或者补偿金的，人民法院**不予支持**，但是**给付义务人接到抵押权人要求向其给付的通知后**仍然向抵押人给付的除外。
>
> 抵押权人请求给付义务人向其给付保险金、赔偿金或者补偿金的，人民法院可以通知抵押人作为第三人参加诉讼。

担保物权支配担保物的<u>交换价值</u>。因此，担保物在担保期间即使发生形态变化，只要其交换价值尚存，担保物权的效力仍可及于其交换价值的载体。

1. 担保期间，担保财产毁损、灭失或者被征收等，担保物权人可以就获得的<u>保险金、赔偿金或者补偿金</u>等优先受偿，且<u>顺位不发生变化</u>，按照担保物权的原顺位。被担保的债权履行期限未届满的，可以<u>提存</u>该保险金、赔偿金或者补偿金等。

【示例】甲向乙、丙分别借款500万元，均以A房屋提供抵押，且先后办理了抵押登记。后该房屋因失火被焚毁，保险公司须向甲赔付480万元保险金。若甲到期无力偿还借款，则乙、丙均可请求保险公司向其支付保险金，并有权主张优先受偿。

2. 保险金、赔偿金或者补偿金等<u>给付义务人</u>：
（1）在收到通知之前已经向担保人给付的，担保物权人无权要求其再次给付；
（2）在收到通知之后仍然向担保人给付的，担保物权人有权要求其再次给付。

担保物权人请求给付义务人向其给付保险金、赔偿金或者补偿金的，法院<u>可以</u>通知担保人作为<u>第三人</u>参加诉讼。

三、不可分性

例：甲向乙借款1000万元，并以100亩土地的建设用地使用权提供抵押，办理了抵押登记。

1. 担保财产<u>担保债权的全部</u>

（1）债权<u>部分消灭</u>的，<u>剩余</u>债权仍受担保财产的担保。例：即使甲到期后偿还了500万元的借款，乙仍可就100亩土地行使抵押权。

（2）债权被<u>分割或者部分转让</u>的，各债权人均可就其享有的债权份额行使担保物权。例：后乙将其中200万元债权转让给了丙。乙的800万元债权和丙的200万元债权<u>均受100亩土地</u>的抵押担保。

2. <u>担保财产以其全部</u>担保债权

（1）担保财产的价值无论增加还是减少，均以担保财产的全部担保债权。例：即使土地价格飞涨，乙仍可就100亩土地行使抵押权。

（2）担保财产被<u>分割或部分转让</u>的，分割、转让后的<u>各部分</u>担保财产<u>均</u>担保债权。例：后甲将其中50亩土地的建设用地使用权转让给丙。甲和丙各自的50亩土地均担保乙的1000万元债权。

第二节 主债权诉讼时效对担保物权的影响【担保物权权利保护期间 C】

1. 不以移转占有为前提的担保物权（抵押权、以<u>登记</u>作为<u>公示</u>方式的权利质权）：

在<u>主债权的诉讼时效期间届满之前未行使</u>担保物权的，则担保物权<u>消灭</u>。例：甲向乙借款100万元，丙以房屋提供抵押，并办理了抵押登记。若借款债务的诉讼时效已过，则乙<u>不得</u>再主张行使抵押权，丙可以请求乙涂销抵押登记。

【注意1】当事人关于抵押权/登记设立的权利质权在主债权诉讼时效期间届满后依然可以行使的约定，违反<u>物权法定主义，无效</u>。

【注意2】在主债权的诉讼时效期间届满之前，债权人仅对债务人提起诉讼，经人民法院判决或者调解后未在<u>申请执行时效期间</u>内对债务人申请强制执行的，担保物权消灭。

2. 以转移占有为前提的担保物权（动产质权、留置权、以交付权利凭证作为公示方式的权利质权）

在主债权的诉讼时效期间届满之前未行使担保物权的，担保物权不消灭。例：甲向乙借款 100 万元，丙以名贵手表提供质押并交付给乙。即使借款债务的诉讼时效已过，乙依然可以主张行使质权。

第三节 担保物权的代持

担保物权代持，是指当事人将担保物权登记在他人名下，在符合规定要件时，债权人或者其受托人就担保物享有优先受偿权。

1. 为债券持有人提供的担保物权登记在债券受托管理人名下。

【示例】甲公司（债券发行人）代债券持有人聘请乙公司为债券受托管理人，丙公司以其办公大楼为债券提供抵押，并将乙公司登记为抵押权人。①债券持有人为债权人，甲公司为债务人，乙公司与债券持有人之间为委托关系。②债券持有人有权以自己的名义主张行使抵押权。③乙公司为债券持有人的利益，也可以行使抵押权。

2. 为委托贷款人提供的担保物权登记在受托人名下。

【示例】甲银行受乙公司的委托，向丙公司发放 1 笔贷款，丁公司以其办公大楼为该笔贷款提供抵押担保，并将甲银行登记为抵押权人。①乙公司为真正的债权人及担保物权人，甲银行为登记担保物权人。②乙公司和甲银行均可以自己的名义行使抵押权。

3. 担保人知道债权人与他人之间存在委托关系的其他情形。

【示例】甲公司向自然人乙借款 1000 万元，乙要求甲以建设用地使用权提供抵押，并约定由甲公司与丙公司签订抵押合同。后将丙公司登记为抵押权人。①乙为真正的债权人及担保物权人，丙为登记担保物权人。②乙和丙均可以自己的名义行使抵押权。

第三章
抵押权【客+主】

【重点】本章均十分重要

抵押权，是指债权人对于债务人或者第三人不转移占有而提供的担保财产，在债务人不履行到期债务时，可就其拍卖、变卖所得价款优先受偿的担保物权。其中，提供担保的债务人或者第三人为抵押人，债权人为抵押权人，担保财产为抵押物或抵押财产。

【注意】设立抵押权不转移抵押物的占有，抵押人依然对抵押物享有占有、使用、收益和处分的权利。

第一节　抵押财产的范围【抵押权的设立 A】

1. 原则自由：除法律、行政法规规定不得抵押的财产外，其他财产均可以抵押。至于债权人愿意接受何种财产抵押，则取决于该财产的价值以及能否变现、变现的难易度。

2. 例外禁止

禁止抵押财产	对抵押合同效力的影响
1. 土地所有权	抵押合同无效
2. 宅基地、自留地、自留山等集体土地使用权	抵押合同无效 例外可以抵押： 土地经营权； 以乡镇、村企业的厂房等建筑物抵押的，其占用范围内的建设用地使用权一并抵押（建设用地使用权不得单独抵押）。
3. 违法建筑物	抵押合同无效，一审法庭辩论终结前已经办理合法手续的除外。 以建设用地使用权抵押，抵押合同不因土地上存在违法建筑物而无效。
4. 划拨建设用地使用权	（划拨地或划拨地上的建筑物）抵押合同有效。 拍卖变卖所得的价款应当优先用于补缴建设用地使用权出让金。
5. 所有权、使用权不明或者有争议的财产	抵押合同有效。若抵押人属于有权处分，债权人可以取得抵押权；若抵押人无权处分，只有在满足善意取得条件的情况下，债权人才能取得抵押权。
6. 查封、扣押、监管财产	抵押合同有效。抵押权人能否行使抵押权，取决于行使抵押权时查封、扣押或者监管措施是否已经解除：已经解除的，可以行使；未解除的，不得行使。

第二节 抵押权的设立【客+主】【抵押权的设立A；房地一体E】

一、不动产抵押权的设立

📎 **法条群**

《中华人民共和国民法典》第二编《物权》第四分编《担保物权》第十七章《抵押权》第一节《一般抵押权》

第三百九十七条【房地一并抵押规则】以建筑物抵押的，该建筑物占用范围内的建设用地使用权一并抵押。以建设用地使用权抵押的，该土地上的建筑物一并抵押。

抵押人未依据前款规定一并抵押的，未抵押的财产视为一并抵押。

第四百零二条【不动产抵押权的设立】以本法第三百九十五条第一款第一项至第三项规定的财产或者第五项规定的正在建造的建筑物抵押的，应当办理抵押登记。抵押权自登记时设立。

第四百零三条【动产抵押权的设立】以动产抵押的，抵押权自抵押合同生效时设立；未经登记，不得对抗善意第三人。

《最高人民法院关于适用〈中华人民共和国民法典〉有关担保制度的解释》[三、关于担保物权（二）不动产抵押]

第四十六条【不动产抵押未办理登记】不动产抵押合同生效后未办理抵押登记手续，债权人请求抵押人办理抵押登记手续的，人民法院应予支持。

抵押财产因不可归责于抵押人自身的原因灭失或者被征收等导致不能办理抵押登记，债权人请求抵押人在约定的担保范围内承担责任的，人民法院不予支持；但是抵押人已经获得保险金、赔偿金或者补偿金等，债权人请求抵押人在其所获金额范围内承担赔偿责任的，人民法院依法予以支持。

因抵押人转让抵押财产或者其他可归责于抵押人自身的原因导致不能办理抵押登记，债权人请求抵押人在约定的担保范围内承担责任的，人民法院依法予以支持，但是不得超过抵押权能够设立时抵押人应当承担的责任范围。

第五十一条【房地一并抵押中确定抵押财产范围的限制性规则】当事人仅以建设用地使用权抵押，债权人主张抵押权的效力及于土地上已有的建筑物以及正在建造的建筑物已完成部分的，人民法院应予支持。债权人主张抵押权的效力及于正在建造的建筑物的续建部分以及新增建筑物的，人民法院不予支持。

当事人以正在建造的建筑物抵押，抵押权的效力范围限于已办理抵押登记的部分。当事人按照担保合同的约定，主张抵押权的效力及于续建部分、新增建筑物以及规划中尚未建造的建筑物的，人民法院不予支持。

抵押人将建设用地使用权、土地上的建筑物或者正在建造的建筑物分别抵押给不同债权人的，人民法院应当根据抵押登记的时间先后确定清偿顺序。

第五十二条【抵押预告登记】当事人办理抵押预告登记后，预告登记权利人请求就抵押财产优先受偿，经审查存在尚未办理建筑物所有权首次登记、预告登记的财产与办理建筑物所有权首次登记时的财产不一致、抵押预告登记已经失效等情形，导致不具备办理抵押登记条件的，人民法院不予支持；经审查已经办理建筑物所有权首次登记，且不存在预告登记失效等情形的，人民法院应予支持，并应当认定**抵押权自预告登记之日起设立**。

当事人办理了抵押预告登记，抵押人破产，经审查抵押财产属于破产财产，预告登记权利人主张就抵押财产优先受偿的，人民法院应当在受理破产申请时抵押财产的价值范围内予以支持，但是在人民法院受理破产申请前一年内，债务人对没有财产担保的债务设立抵押预告登记的除外。

不动产抵押权 = **有效的书面抵押合同** + 有权处分 + 抵押登记（自**登记时**设立）。

1. 不动产抵押未办理登记的法律效果

（1）未办理抵押登记，则**抵押权未设立**，但**不影响抵押合同的效力**（基于区分原则）。例如，甲向乙借款，丙以其房屋提供抵押。为此，丙将其房产证交给甲，但是未办理抵押登记。乙无法取得房屋的抵押权，但是乙与丙之间的抵押合同有效。

（2）债权人有权依据有效的抵押合同请求抵押人配合办理抵押登记手续。

（3）如果客观上已经不能办理抵押登记：

①**不可归责于抵押人**：例如，抵押财产因不可抗力毁损灭失、被他人毁损、被征收等。

债权人**不能请求**抵押人在约定的担保范围内承担责任；如果抵押人已经获得保险金、赔偿金或者补偿金等，债权人可以请求抵押人在其所获金额范围内承担赔偿责任。（并非基于担保物权的物上代位性，因为抵押权未设立；债权人也并无优先受偿权）。

【示例】甲向乙借款500万元，丙以其房屋提供抵押。在约定的办理抵押登记日期之前，房屋因地震彻底毁损。原则上，乙不得请求丙承担责任。但是，如果丙获得保险金400万元，则乙可以请求丙承担400万元的赔偿责任。

②**可归责于抵押人**：例如，抵押财产被转让或者赠与给第三人，第三人已经取得所有权。

债权人**可以请求**抵押人在约定的担保范围内承担责任，但是不得超过抵押权能够设立时抵押人应当承担的责任范围。

【示例】甲向乙借款500万元，丙以其房屋提供抵押。在约定的办理抵押登记日期之前，丙以市价450万元将房屋出售给丁，并办理了过户登记。丁已经取得房屋的所有权，无法办理抵押登记，且可归责于丙，故而乙可以请求丙承担责任，但是最多只能请求丙赔偿450万元。

【说明】不能办理抵押登记的责任承担规则仅适用于第三人提供抵押的情形。因为，如果抵押是债务人自己提供的，无论抵押财产发生了什么变化，债务人都需要以自己的全部责任财产清偿债务。

2. 抵押预告登记

购房者想用所购买的期房提供抵押的，因尚未取得产权证，无法办理正式的抵押登记，只能办理抵押预告登记。

（1）抵押预告登记的优先受偿效力

同时满足以下3个条件，视为抵押权已经设立，抵押预告登记权利人享有优先受偿权：

①建筑物所有权已经办理**首次登记**；

指开发商在建筑物竣工验收后就建筑物所有权办理的首次登记，而不是指购房者自开发商处取得房屋所有权而办理的首次登记（取得不动产权证书）。

②预告登记的财产与办理建筑物所有权首次登记时的**财产一致**；

③抵押预告登记**尚未失效**。

债权消灭或者自能够进行不动产抵押登记之日起 90 日内未申请登记的，预告登记失效。

90 日的起算点，应为抵押预告登记权利人知道或者应当知道购房者取得不动产权证书之日。

（2）抵押预告登记的顺位保全效力

一旦满足上述 3 个条件，抵押权设立的时间为抵押预告登记之日。

（3）抵押预告登记的破产保护效力。

①抵押人破产的，即使不具备上述办理抵押登记的条件，抵押预告登记权利人依然享有优先受偿权。

②三重限制：A. 抵押财产必须属于破产财产；B. 抵押预告登记权利人能够主张优先受偿的范围，以破产申请受理时抵押财产的价值为限；C. 在人民法院受理破产申请前 1 年内，债务人对没有财产担保的债务设立抵押预告登记的除外。

3. 房地一体

（1）地随房走

以建筑物抵押的，抵押权效力及于建筑物占用范围内的建设用地使用权。

（2）房随地走

①以建设用地使用权抵押的，抵押权效力及于土地上已有的建筑物以及正在建造的建筑物已完成部分，不及于续建部分、新增建筑物以及规划中尚未建造的建筑物。

②在实现抵押权时，应当一并处分。但是，对新增建筑物、续建部分所得的价款，抵押权人无权优先受偿。

【示例】甲公司将 A 地的建设用地使用权抵押给乙银行，办理了抵押登记。后甲公司在 A 地修建了高档写字楼。写字楼属于抵押权设立之后新增的建筑物，乙银行对其不享有抵押权。在对建设用地使用权行使抵押权时，乙银行应当将写字楼一并拍卖，但是对于写字楼拍卖所得价款无权优先受偿。

【注意】建筑物和建设用地使用权分别抵押给不同债权人的，每一个债权人均对建筑物和建设用地使用权享有抵押权，根据抵押登记的时间先后确定清偿顺序。

【示例】甲公司将 A 地的建设用地使用权抵押给乙银行，办理了抵押登记。后甲公司又将 A 地上的办公大楼抵押给丙银行，办理了抵押登记。①甲公司将建设用地使用权抵押给乙银行，办公大楼视为一并抵押；甲公司将办公大楼抵押给丙银行，办公大楼占用范围内的建设用地使用权视为一并抵押。②对于办公大楼及其占用范围内的建设用地使用权，乙银行和丙银行都享有抵押权，前者的抵押权优先，因为其登记在先。（乙银行还对办公大楼占用范围外的建设用地使用权享有抵押权）

⚖ 判断分析

1.某乡镇企业 A 以自有的仓库向银行 B 抵押贷款，办理抵押时，只办理了仓库抵押的登记，未涉及该仓库所在的集体土地的建设用地使用权，故银行 B 仅就仓库享有抵押权。【错误】。A 抵押自有仓库时虽未一并抵押该房屋占用范围内的集体土地的建设用地使用权，但视为一并抵押。】

2.甲公司获得 A 市某块土地的建设用地使用权后，以该建设用地使用权设立抵押，向银行借款 5000 万元，并办理了抵押登记。后甲公司在该土地上修建了一栋楼房。银行对该土地上新建的楼房享有优先受偿权。【错误】。甲公司将建设用地使用权抵押，土地上新增的房屋不属于抵押财产，银行无权对新增房屋价款优先受偿。】

二、动产抵押权的设立【抵押权的设立A；动产浮动抵押C】

法条群

《中华人民共和国民法典》第二编《物权》第四分编《担保物权》第十七章《抵押权》第一节《一般抵押权》

第三百九十六条【动产浮动抵押权】企业、个体工商户、农业生产经营者可以将现有的以及将有的生产设备、原材料、半成品、产品抵押，债务人不履行到期债务或者发生当事人约定的实现抵押权的情形，债权人有权就抵押财产确定时的动产优先受偿。

第四百零三条【动产抵押权的设立】以动产抵押的，抵押权自抵押合同生效时设立；未经登记，不得对抗善意第三人。

《最高人民法院关于适用〈中华人民共和国民法典〉有关担保制度的解释》[三、关于担保物权（三）动产与权利担保]

第五十四条【未登记动产抵押权不能对抗的善意第三人之范围】动产抵押合同订立后未办理抵押登记，动产抵押权的效力按照下列情形分别处理：

（一）抵押人转让抵押财产，受让人占有抵押财产后，抵押权人向受让人请求行使抵押权的，人民法院不予支持，但是抵押权人能够举证证明受让人知道或者应当知道已经订立抵押合同的除外；

（二）抵押人将抵押财产出租给他人并移转占有，抵押权人行使抵押权的，租赁关系不受影响，但是抵押权人能够举证证明承租人知道或者应当知道已经订立抵押合同的除外；

（三）抵押人的其他债权人向人民法院申请保全或者执行抵押财产，人民法院已经作出财产保全裁定或者采取执行措施，抵押权人主张对抵押财产优先受偿的，人民法院不予支持；

（四）抵押人破产，抵押权人主张对抵押财产优先受偿的，人民法院不予支持。

动产抵押权＝有效的书面抵押合同＋有权处分（自合同生效时设立）。但是，未经登记，不得对抗善意第三人（登记对抗主义）。

1. 未经登记的动产抵押权，不得对抗下列善意第三人：

（1）已经占有动产的善意受让人（善意指受让人不知且不应知动产已经被抵押）。例：甲以货车为乙设定抵押未办理登记。后甲将货车卖给不知情的丙并交付，丙取得所有权，乙无权主张对汽车行使抵押权，即抵押权消灭。

（2）已经占有动产的善意承租人（善意指承租人不知且不应知动产已经被抵押）。例：甲以货车为乙设定抵押，未办理登记。后甲将该车租给不知情的丁并交付使用。抵押虽然先于租赁，但是未登记，因而抵押不破租赁，即在实现抵押权时，丁可以主张买卖不破租赁。

（3）抵押人的保全、执行债权人：抵押人的其他债权人已经对动产采取保全、强制执行措施。例：甲以货车为乙设定抵押，未办理登记。法院应甲的债权人戊的请求扣押了该车，乙的抵押权不得对抗戊。

（4）破产抵押人的其他债权人。例：甲以货车为乙设定抵押，未办理登记。后甲破产，乙的抵押权不得对抗甲的其他破产债权人。

【注意】未经登记不得对抗的善意第三人范围，也适用于未登记的所有权保留买卖和融资租赁。

2. 动产浮动抵押

动产浮动抵押和普通的动产抵押并无本质区别，原则上适用普通动产抵押的规则，例如，抵押权自抵押合同生效时设立，未经登记不得对抗善意第三人。其特性主要体现于：

（1）抵押人限于商事主体：企业、个体工商户、农业生产经营者。

（2）抵押财产属于动产集合物：现有的以及将有的生产设备、原材料、半成品、产品。

（3）抵押财产在休眠期内处于浮动状态：

①休眠期：动产浮动抵押设立之后至抵押财产确定时。

②休眠期内，抵押人可以正常经营，抵押财产处于浮动状态：抵押人在正常经营活动中买入的动产自动成为抵押财产，卖出的动产不再是抵押财产（须满足后文的正常经营买受人规则）。

③休眠期结束，即抵押财产的确定时点到来之后，抵押财产特定。

（4）抵押财产的确定时点：

①债务履行期限届满，债权未实现；

②抵押人被宣告破产或者解散；

③当事人约定的实现抵押权的情形；

④严重影响债权实现的其他情形。

第三节　抵押财产转让【客+主】【抵押物转让与正常经营买受人B】

法条群

《中华人民共和国民法典》第二编《物权》第四分编《担保物权》第十七章《抵押权》第一节《一般抵押权》

第四百零四条【正常经营活动买受人规则】以动产抵押的，不得对抗正常经营活动中已经支付合理价款并取得抵押财产的买受人。

第四百零六条【抵押物的转让】抵押期间，抵押人可以转让抵押财产。当事人另有约定的，按照其约定。抵押财产转让的，抵押权不受影响。

抵押人转让抵押财产的，应当及时通知抵押权人。抵押权人能够证明抵押财产转让可能损害抵押权的，可以请求抵押人将转让所得的价款向抵押权人提前清偿债务或者提存。转让的价款超过债权数额的部分归抵押人所有，不足部分由债务人清偿。

《最高人民法院关于适用〈中华人民共和国民法典〉有关担保制度的解释》〔三、关于担保物权（一）担保合同与担保物权的效力〕

第四十三条【禁止或限制转让抵押财产约定的效力】当事人约定禁止或者限制转让抵押财产但是未将约定登记，抵押人违反约定转让抵押财产，抵押权人请求确认转让合同无效的，人民法院不予支持；抵押财产已经交付或者登记，抵押权人请求确认转让不发生物权效力的，人民法院不予支持，但是抵押权人有证据证明受让人知道的除外；抵押权人请求抵押人承担违约责任的，人民法院依法予以支持。

当事人约定禁止或者限制转让抵押财产且已经将约定登记，抵押人违反约定转让抵押财产，抵押权人请求确认转让合同无效的，人民法院不予支持；抵押财产已经交付或者登记，抵押权人主张转让不发生物权效力的，人民法院应予支持，但是因受让人代替债务人清偿债务导致抵押权消灭的除外。

《最高人民法院关于适用〈中华人民共和国民法典〉有关担保制度的解释》〔三、关于担保物权（三）动产与权利担保〕

第五十六条【正常经营活动买受人规则】买受人在出卖人正常经营活动中通过支付合理对价取得

已被设立担保物权的动产，担保物权人请求就该动产优先受偿的，人民法院不予支持，但是有下列情形之一的除外：

（一）购买商品的数量明显超过一般买受人；

（二）购买出卖人的生产设备；

（三）订立买卖合同的目的在于担保出卖人或者第三人履行债务；

（四）买受人与出卖人存在直接或者间接的控制关系；

（五）买受人应当查询抵押登记而未查询的其他情形。

前款所称出卖人正常经营活动，是指出卖人的经营活动属于其营业执照明确记载的经营范围，且出卖人持续销售同类商品。前款所称担保物权人，是指已经办理登记的抵押权人、所有权保留买卖的出卖人、融资租赁合同的出租人。

一、原则：抵押财产自由转让

抵押期间，抵押人可以自由转让抵押财产，不必经过抵押权人同意。

（一）抵押人的通知义务和抵押权人的权利

1.抵押人转让抵押财产的，应当及时通知抵押权人。

2.抵押权人能够证明抵押财产转让可能损害抵押权的，可以请求抵押人将转让所得的价款向抵押权人提前清偿债务或者提存。例如，动产抵押权没有登记，而买受人是善意的，将导致抵押权无法行使，属于抵押财产转让可能损害抵押权的情形。

（二）抵押财产转让对抵押权的影响

1.不动产抵押权和已经登记的动产抵押权：抵押财产转让的，抵押权不受影响（可以继续行使），即抵押权具有追及效力，抵押财产受让人取得的是一个有抵押负担的所有权。

2.未登记的动产抵押权：

（1）不得对抗已经占有动产的善意受让人：抵押权不具有追及效力，受让人取得的是一个无抵押负担的所有权。

（2）可以对抗恶意的受让人：抵押权具有追及效力，受让人取得的是一个有抵押负担的所有权。

3.动产抵押权不得对抗正常经营买受人。

以动产抵押的，不得对抗正常经营活动中已经支付合理价款并取得抵押财产的买受人。

【说明】正常经营买受人规则，旨在保护动产的买受人，使得在交易构成出卖人正常经营活动时，买受人不必耗费精力去调查标的物上是否存在权利负担，降低了交易成本，提高了经济效率。

（1）适用条件。

①出卖被抵押的动产属于抵押人的正常经营活动；

正常经营活动，是指出卖人的经营活动属于其营业执照明确记载的经营范围，且出卖人持续销售同类商品。例如：销售汽车属于4S店的正常经营活动；出售办公设备不属于4S店的正常经营活动。

②买受人已经支付合理价款（支付大部分价款即可，不要求已经付清）；

③买受人已经取得抵押财产的所有权（动产已经交付）。

（2）排除情形。

①购买商品的数量明显超过一般买受人；

②购买出卖人的生产设备；

③订立买卖合同的目的在于担保出卖人或者第三人履行债务；

④买受人与出卖人存在直接或者间接的控制关系；

⑤买受人应当查询抵押登记而未查询的其他情形。

【注意】无论是普通的动产抵押还是动产浮动抵押，均适用正常经营买受人规则；抵押即使已经登记，也不得对抗正常经营买受人；正常经营买受人规则也适用于所有权保留买卖和融资租赁。

【示例】甲公司主营医疗器械设备的生产销售。为扩大经营规模，甲公司向乙银行借款，并以自己生产的1台手术机器人提供抵押，办理了抵押登记。后甲公司未经乙银行同意将该台手术机器人以市价出售给丙医院，并在收到价款后交付使用。若甲公司到期无力偿还借款，乙银行无权对手术机器人行使抵押权，因为丙医院属于正常经营买受人。

二、例外：当事人可以约定禁止或者限制转让抵押财产

1. 抵押权人与抵押人约定禁止或者限制转让抵押财产的，该约定有效。

2. 抵押人违反约定转让抵押财产的：

（1）约定已经登记

①抵押财产转让合同有效；抵押人属于有权处分。

②即使已经完成登记或交付，受让人也无法取得抵押财产的所有权。

A. 受让人可以解除合同，请求抵押人承担违约责任。

B. 受让人可以替债务人清偿债务，消灭抵押权，进而取得抵押财产的所有权（涤除权）。

（2）约定尚未登记

①抵押财产转让合同有效；抵押人属于有权处分。

②抵押财产已经交付或者登记的，善意受让人取得抵押财产的所有权。善意是指受让人不知道且不应当知道存在禁止或者限制转让抵押财产的约定。

A. 受让人未取得抵押财产所有权：和约定已经登记的法律后果一致。

B. 受让人取得抵押财产所有权：抵押权人可以请求抵押人承担违约责任；抵押权是否影响，与前述自由转让抵押财产对抵押权的影响一致。

【总结】抵押人在抵押期间转让抵押财产：

1. 抵押财产转让合同有效，抵押人属于有权处分，无论是否存在禁止转让抵押财产的约定，也无论该约定是否已经登记。

2. 受让人原则上可以取得抵押财产的所有权。唯一例外：受让人恶意，即知道或者应当知道存在禁止转让抵押财产的约定。

3. 抵押权原则上不受影响，可以继续行使。2个例外：①正常经营买受人；②未登记的动产抵押权不得对抗已经占有动产的善意受让人。

⚖ 判断分析

甲向银行借款100万元，并将一批棉花抵押给银行，办理了抵押登记。后未经银行同意，甲将棉花出卖给乙，但未告知乙该批棉花已经抵押的事实，乙向甲支付了全部价款。银行因甲无法清偿债务欲行

使抵押权时才知道甲将棉花出卖给乙的事实，此时，棉花已被乙消耗殆尽。对此，下列表述正确的是？（2019年仿真题）

A．银行抵押权自登记之日起设立【错误。棉花为动产，抵押权自抵押合同生效时设立】

B．乙没有取得棉花的所有权【错误。抵押人转让抵押财产不需要经过抵押权人同意，属于有权处分。交付完成时，乙取得棉花的所有权】

C．银行对棉花的抵押权已经消灭【正确。棉花已经"消耗殆尽"，抵押权消灭】

D．乙应赔偿银行的损失【错误。乙并无过错，银行无权请求其承担责任】

第四节　抵押权实现【客＋主】【抵押权人的权利 E；买卖不破租赁（含抵押）A】

🔗 **法条群**

《中华人民共和国民法典》第二编《物权》第四分编《担保物权》第十七章《抵押权》第一节《一般抵押权》

第四百零五条【先租后抵】抵押权设立前，抵押财产已经出租并转移占有的，原租赁关系不受该抵押权的影响。

债务人不履行到期债务或者发生当事人约定的实现抵押权的情形，抵押权人可以主张行使抵押权。

一、抵押权的实现方式

（一）私力救济

1. 自力实现

（1）自力实现，是指抵押权人自行拍卖、变卖抵押财产并就所得的价款优先受偿。

（2）自力实现以当事人存在相应约定为前提，即当事人约定：当债务人不履行到期债务或者发生当事人约定的实现抵押权的情形，担保物权人有权将抵押财产自行拍卖、变卖并就所得的价款优先受偿。

2. 协商实现

抵押权人可以与抵押人协议以抵押财产折价或者以拍卖、变卖该抵押财产所得的价款优先受偿。

（1）折价，是指将抵押财产折算成一定金额，由抵押权人购买并取得抵押财产的所有权，以此充抵抵押人的责任。

（2）折价协议损害其他债权人利益的，在符合债权人撤销权的条件时，其他债权人可以请求人民法院撤销该协议。

【示例】甲向乙借款300万元，以房屋提供抵押，办理了抵押登记。后甲到期无力偿还借款。甲与乙达成协议，将房屋作价500万元，由乙取得房屋的所有权，乙将超过部分即扣除欠款后的200万支付给甲。若500万元的价格远低于市场行情，损害甲的债权人丙的利益，丙可以起诉请求撤销甲与乙之间的折价协议。

（二）公力救济

1. 诉讼方式

债权人以诉讼方式行使担保物权的，应当将债务人和担保人作为共同被告。

2. 非诉方式

实现担保物权案件的特别程序：申请实现担保物权，由担保物权人以及其他有权请求实现担保物权的人向担保财产所在地或者担保物权登记地 基层人民法院 提出。

二、抵押权人的清算义务

1. 抵押财产折价或者拍卖、变卖后，其价款超过债权数额的部分归抵押人所有，不足部分由债务人清偿（多退少补）。

2. 流押条款无效：抵押权人在债务履行期限届满前，与抵押人约定债务人不履行到期债务时 抵押财产归债权人所有的，只能依法就抵押财产 优先受偿。

【说明】法律之所以规定流押无效，是为了避免债权人利用债务人的弱势谋取不合理的利益，对债务人不公平。例如，甲向乙借款200万元，以自己的A房提供抵押并办理了登记，同时约定：甲到期不偿还借款，则A房归乙所有，以充抵借款。甲到期后果真无力偿还借款，而A房市值500万元。若认定流押条款有效，则意味着乙白白赚了300万元。

三、抵押权对添附物、从物、孳息的效力

1. 抵押权对添附物的效力

抵押权设立后抵押财产被添附的，抵押权的效力能否及于添附物，区分3种情形：

（1）添附物归 第三人所有：抵押权效力 及于第三人应当支付给抵押人的补偿金。

（2）添附物归 抵押人所有：抵押权的效力 及于添附物，添附导致抵押财产价值增加的，抵押权的效力 不及于增加 的价值部分。

（3）添附物归 抵押人与第三人共有：抵押权的效力及于抵押人对共有物享有的 份额。

2. 抵押权对从物的效力

（1）先有从物 后设立抵押权：抵押权效力 及于从物，抵押财产和其从物一并处分，均有优先受偿权。

（2）先有抵押权 后产生从物：抵押权效力 不及于从物，但是抵押财产和其从物一并处分，不过 对从物的价款不享有优先受偿权。

3. 抵押权对抵押财产孳息的效力

债务人不履行到期债务，致使抵押财产被人民法院依法扣押的，自扣押之日起，抵押权人有权收取抵押财产的孳息，抵押权人 未通知 应当清偿法定孳息义务人的除外。

（1）抵押财产被扣押之前：孳息收取权、所有权均归 抵押人。

（2）抵押财产被扣押之后：孳息收取权归抵押权人，所有权归抵押人。

孳息收取后，应当先充抵收取孳息的费用，剩余的由抵押权人优先受偿。

四、抵押与租赁的关系

1. 先租后抵

抵押权设立前，抵押财产已经出租并 转移占有 的，原租赁关系 不受该抵押权的影响，即 买卖不破租赁：抵押财产被拍卖后，租赁关系可以对抗抵押财产的买受人。例如，甲将房屋出租给乙。在乙入住后，

甲又将房屋抵押给丙。若丙行使抵押权，丁通过拍卖取得房屋的所有权，则丁不得请求乙腾退房屋，而是取代甲的地位成为出租人。

2. 先抵后租

抵押权设立在前，租赁关系成立在后。

（1）不动产抵押权或已登记的动产抵押权：买卖破租赁。例如，甲向乙借款，并将汽车抵押给乙，办理了抵押登记。后甲将汽车出租给丙。若乙行使抵押权，丁通过拍卖取得汽车的所有权，则丁可以请求丙返还汽车。

（2）未登记的动产抵押权：不得对抗已经占有动产的善意承租人。

五、抵押权人的保全请求权

1. 抵押人的行为足以使抵押财产价值减少的，抵押权人有权请求抵押人停止其行为。

2. 抵押人的行为已经导致抵押财产价值减少的，抵押权人有权请求恢复抵押财产的价值，或者提供与减少的价值相应的担保。抵押人既不恢复价值又不提供担保的，有权请求提前清偿债务。

⚖ 判断分析

1. 甲以某商铺作抵押向乙银行借款，抵押权已登记，借款到期后甲未偿还。甲提前得知乙银行将起诉自己，在乙银行起诉前将该商铺出租给不知情的丙，预收了1年租金。半年后经乙银行请求，该商铺被法院委托拍卖，由丁竞买取得。下列哪一选项是正确的？（2017年第3卷第8题）

A. 甲与丙之间的租赁合同无效【错误。甲虽然将商铺抵押给了乙银行，但是并不影响其将商铺出租给丙，双方之间的租赁合同有效】

B. 丁有权请求丙腾退商铺，丙有权要求丁退还剩余租金【错误。租赁发生于乙银行对商铺享有抵押权之后，且抵押权已经登记，买卖破租赁，故而丁有权请求丙腾退商铺。但是，承租人丙只能请求出租人甲承担违约责任，而无权要求丁退还剩余租金，因为丙与丁之间并无合同关系】

C. 丁有权请求丙腾退商铺，丙无权要求丁退还剩余租金【正确】

D. 丙有权要求丁继续履行租赁合同【错误】

2. 甲将其A房屋出租给乙，约定租期2年。甲向乙交付A房屋满1年的时候，为担保对丙6个月后到期的借款债务，未经乙同意，甲将A房屋抵押给丙，办理了抵押登记。甲到期未偿还对丙的借款债务，丙行使抵押权，申请法院拍卖A房屋。对此，下列表述正确的是？（2021年仿真题）

A. 甲将A房屋抵押给丙无须经过乙的同意，因为该抵押不会给乙造成不利影响【正确。甲是房屋所有权人，抵押房屋无须经过承租人乙的同意】

B. 若乙参与拍卖，乙有以同等条件优先受让的权利【正确】

C. 若乙不参与拍卖，乙有权主张A房屋租赁合同对拍得人继续有效【正确。在房屋抵押给丙之前，乙已经承租房屋，乙的租赁权可以对抗丙的抵押权。在抵押权实现时，买卖不破租赁】

D. A房屋租赁合同租期届满时，乙享有以同等条件优先承租的权利【正确】

第五节　最高额抵押【最高额抵押 C】

最高额抵押，是指为担保债权人对债务人在未来一定期限内连续发生的不特定债权，而由债务人或第三人提供担保财产，抵押权人有权在最高债权额限度内优先受偿。例，为担保甲银行在 2022 年度向乙公司发放的贷款，丙公司以其厂房提供最高额抵押，担保的最高债权额为 500 万元，并办理抵押登记。若乙公司到期后无力偿还，则甲银行可就厂房在 500 万元的最高限额内优先受偿。

1. 最高额抵押担保的是未来一定期限内连续发生的不特定债权。

（1）最高额抵押担保的债权限于抵押权设立之后债权确定之前发生的债权。

抵押权设立前已经存在的债权，经当事人同意，可以转入最高额抵押担保的债权范围。

（2）债权确定的时间：

①约定的债权确定期间（决算期）届满；

②没有约定债权确定期间或者约定不明，抵押权人或者抵押人自最高额抵押权设立之日起满 2 年后请求确认债权；

③新的债权不可能发生；

④抵押权人知道或者应当知道抵押财产被查封、扣押；

⑤债务人、抵押人被宣告破产或者解散。

2. 最高额抵押所担保的债权预定有最高限额，抵押人仅于最高债权额限度内承担抵押担保责任。

（1）最高债权额，是指包括主债权及其利息、违约金、损害赔偿金、保管担保财产的费用、实现债权或者实现担保物权的费用等在内的全部债权。

登记和约定的最高债权额不一致的，以登记为准。

（2）抵押人仅于最高债权额限度内承担抵押担保责任。

①实际发生的债权<最高债权额：抵押权人以实际发生的债权为限对抵押物优先受偿；

②实际发生的债权>最高债权额：抵押权人以最高债权额为限对抵押物优先受偿。

3. 最高额抵押担保的债权确定前，部分债权转让的，最高额抵押权不随之转让，除非当事人另有约定。例：接上例，债权确定前甲银行将其中的 100 万元债权转让给丁，最高额抵押权并不随之转让，丁不享有最高额抵押权。

【注意】最高额质押、最高额保证，在没有特别规定时参照适用最高额抵押的规则。

判断分析

甲超市与乙公司存在长期的供货关系，丙公司以其办公用房在 300 万元的额度范围内为乙公司在未来 5 个月内对甲超市连续发生的货款债权提供抵押担保，并办理了抵押登记。2 个月后，乙公司将其中 1 笔 30 万元的货款债权转让给丁公司，并通知了甲公司。（2018 年仿真题）

A. 若抵押权设定前，甲超市另欠乙公司 50 万元债权，当事人可以约定将之纳入抵押担保的范围【正确。最高额抵押权设立前已经存在的债权，经当事人同意，可以纳入担保范围】

B. 30 万元债权转让有效，丁公司有权主张抵押权【错误。在最高额抵押担保的债权确定前，部分债权转让的，最高额抵押权并不随之转移】

C. 若 30 万元债权转让未通知甲超市，丁公司将因此而无权主张抵押权【错误。丁公司本来就没有

取得抵押权，与债权转让是否通知甲超市并无关系】

D. 在本题所述的 5 个月内，丙公司不得转让其办公用房【错误。抵押期间，抵押人有权转让抵押财产】

【主观题专项训练】

案情： 为筹措资金用于经商，甲向乙借款 500 万元，并用其 A 房提供抵押担保，双方约定：抵押期间禁止出售 A 房。此后办理了抵押登记，且登记了禁止转让的约定。甲的好友丙用自己的 B 房为乙提供抵押。因丙在国外，无法办理抵押登记手续。为了让乙安心，丙让其父母先将房产证交给乙，并承诺待其回国后立即配合办理抵押登记手续。甲的好友丁用自己的 1 套机械设备为乙提供抵押担保，双方约定：禁止抵押期间转让设备；如果甲到期不偿还借款，则设备归乙所有，但是未办理抵押登记。其后，甲将 A 房屋出售给戊，并办理了过户登记；丙的 B 房被政府征收，获得补偿款 350 万元；丁将设备出售给不知情的庚并交付。甲到期无力偿还乙的借款。

问题 1：乙能否请求确认甲与戊之间的 A 房买卖合同无效？
问题 2：戊能否取得 A 房的所有权？
问题 3：乙能否取得对 B 房的抵押权？
问题 4：乙能否请求丙在 500 万元的范围内承担赔偿责任？
问题 5：丁与乙关于"甲到期不偿还借款，则设备归乙所有"的约定效力如何？
问题 6：庚能否取得设备的所有权？
问题 7：乙能否主张对设备行使抵押权？

问题 1：乙能否请求确认甲与戊之间的 A 房买卖合同无效？

答案： 不能。虽然甲乙约定抵押期间禁止出售 A 房，但是违反禁止转让抵押财产的约定，不影响买卖合同的效力。法条依据为《最高人民法院关于适用〈中华人民共和国民法典〉有关担保制度的解释》第四十三条第二款。

问题 2：戊能否取得 A 房的所有权？

答案： 不能。甲与乙约定禁止转让 A 房且已经将约定登记，甲违反约定转让 A 房，即使已经办理过户登记，戊也无法取得 A 房的所有权。法条依据为《最高人民法院关于适用〈中华人民共和国民法典〉有关担保制度的解释》第四十三条第二款。

问题 3：乙能否取得对 B 房的抵押权？

答案： 不能。不动产抵押权自登记时设立，未办理登记则抵押权未设立。法条依据为《中华人民共和国民法典》第四百零二条。

问题 4：乙能否请求丙在 500 万元的范围内承担赔偿责任？

答案： 不能。B 房因被征收导致不能办理抵押登记，不可归责于丙，乙无权请求丙在约定的担保范围内承担责任，只能请求丙在其所获征收补偿款即 350 万元的范围内承担赔偿责任。法条依据为《最高人民法院关于适用〈中华人民共和国民法典〉有关担保制度的解释》第四十六条第二款。

问题 5：丁与乙关于"甲到期不偿还借款，则设备归乙所有"的约定效力如何？

答案： 无效。丁与乙在债务履行期限届满前的该约定属于流押条款，乙只能依法就抵押财产优先受偿。法条依据为《中华人民共和国民法典》第四百零一条。

问题 6：庚能否取得设备的所有权？

答案： 能。虽然乙与丁约定抵押期间禁止转让设备，但是该约定并未登记，不得对抗善意的受让人庚。法条依据为《最高人民法院关于适用〈中华人民共和国民法典〉有关担保制度的解释》第四十三条第一款。

问题 7： 乙能否主张对设备行使抵押权？

答案： 不能。乙未经登记的动产抵押权不得对抗已经占有动产的善意受让人庚。法条依据为《中华人民共和国民法典》第四百零三条、《最高人民法院关于适用〈中华人民共和国民法典〉有关担保制度的解释》第五十四条。

第四章

质权【客+主】

【重点】动产质权的设立、应收账款质押

质权，是指债权人对于债务人或者第三人转移占有而提供的担保物，在债务人不履行到期债务时，可就其卖得的价款优先受偿的担保物权。其中，提供担保的债务人或者第三人为出质人，债权人为质权人，出质人提供的担保财产为质押财产或者质物。

质权包括动产质权和权利质权，不动产不得设立质权。

第一节 动产质权【客+主】

> **法条群**
>
> 《中华人民共和国民法典》第二编《物权》第四分编《担保物权》第十八章《质权》第一节《动产质权》
>
> 第四百二十七条第一款【质押合同】设立质权，当事人应当采用书面形式订立质押合同。
>
> 第四百二十九条【动产质权设立】质权自出质人交付质押财产时设立。

一、动产质权的设立【动产质权设立与消灭 C】

动产质权，是指以动产为质物的质权。

1. 动产质权 = 有效的质押合同 + 有权处分 + 交付（自交付质物时设立）。

（1）将质物交付给债权人指定的第三人，不影响质权的设立。例：甲向乙借款，并将手表交给乙委托的丙作为质物。乙对手表取得质权。

（2）不能采用占有改定的交付方式。例：甲向乙借款，并将自己的手表质押给乙，同时提出需要使用手表3天，乙表示同意。在甲将手表实际交给乙之前，质权无法设立。

（3）约定的质物与实际交付的质物不一致的，以实际交付的为准。

（4）质押合同生效后，如果出质人拒绝交付质物，债权人可以请求出质人承担违约责任。

2. 质权人丧失占有对质权的影响。

（1）质权人将质物返还给出质人，则不得以其质权对抗善意第三人。例：甲为借款将手表质押给乙。后乙将手表还给甲，而甲又将手表质押给不知情的丙。乙不得以其对手表享有质权对抗善意的丙。

（2）质权人非基于自己的意愿丧失对质物的占有，如质物被盗，不影响质权的存续，因为质权人可以请求返还质物。

3. 流质无效：债权人在债务履行期限届满前，与出质人约定债务人不履行到期债务时质押财产归债权人所有的，只能依法就质押财产优先受偿。（原理同流押无效）

二、动产流动质押

动产流动质押（存货动态质押），是指债务人或者第三人为担保债务的履行，以其有权处分的原材料、半成品、产品等库存货物为标的向债权人设定质押，双方委托第三方物流企业占有并监管质押财产，质押财产被控制在一定数量或者价值范围内进行动态更换、出旧补新的一种担保方式。

【示例】甲材料公司为研发1种新型环保材料，向乙银行贷款200万元，并以自己现有的材料和将来生产的材料向乙银行提供质押担保，约定由乙银行委托的丙公司负责监管材料，并将材料价值至少控制在250万元。甲公司销售材料，需要请求乙银行签发提货单，丙公司见单才可以放货。三方依约履行。①乙银行取得了质权。②材料在质押期间可以出售，已经售出的不属于质物。③质押期间生产的新材料成为质物。④甲公司到期不偿还贷款，则乙银行可以就丙公司负责监管的库存材料实现质权。

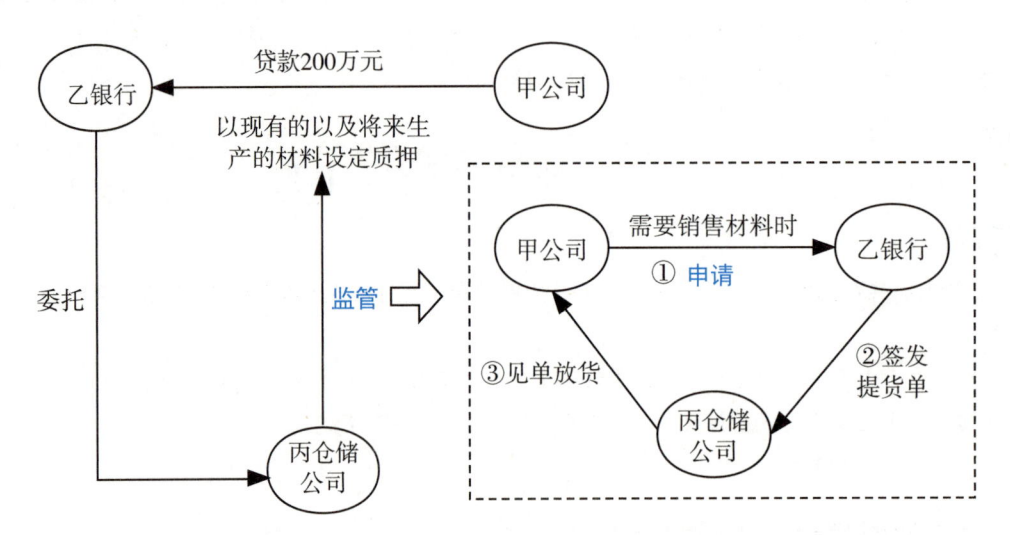

【说明】在普通的动产质押情形中，质权设立后质物由质权人占有和控制，出质人无法再对质物进行利用，这在一定程度上阻碍了质物价值的充分发挥。在此背景下，动产流动质押应运而生。

判断动产流动质押是否成立的关键在于，债权人是否亲自或者通过第三人（监管人）实际控制了质物，即交付是否完成。

1. 第三人受债权人委托监管并实际控制质物：质权设立。

第三人违规放货、保管不善的，债权人可以请求其承担违约责任。

2. 第三人受债权人委托监管质物，但质物仍由出质人控制，或者第三人受出质人委托监管质物：质权未设立。

（1）债权人可以基于质押合同的约定请求出质人承担违约责任，但是不得超过质权有效设立时出质人应当承担的责任范围。

（2）第三人未履行监管职责的，债权人可以请求监管人承担违约责任。

三、质权人的权利与义务【质权人权利与义务 E】

（一）质权人的权利

1. 质物占有权。从物转移占有的，质权的效力及于从物；否则不及于。
2. 孳息收取权。质权人自质权设立之日起即可收取孳息。但是不享有孳息所有权。
3. 质权保全请求权。因不能归责于质权人的事由可能使质物毁损、价值明显减少，足以危害质权人权利的，质权人有权先请求出质人提供相应担保；不提供的，可拍卖、变卖质物，并协议将所得价款提前清偿或提存。
4. 转质权。

（二）质权人的义务

1. 未经出质人同意，不得擅自使用、处分质物。
2. 妥善保管。
（1）因保管不善致使质押财产毁损、灭失的，应当承担赔偿责任。
（2）质权人的行为可能使质物毁损、灭失的，出质人可以请求质权人将质物提存，或者提前清偿债务并返还质物。
3. 及时行使质权。
（1）债务履行期届满后，出质人可请求质权人及时行使质权。
（2）质权人不行使的，出质人可请求法院拍卖、变卖质物。
4. 返还质物。质权消灭后，向出质人返还质物。

⚖ 判断分析

2016年3月3日，甲向乙借款10万元，约定还款日期为2017年3月3日。借款当日，甲将自己饲养的市值5万元的名贵宠物鹦鹉质押交付给乙，作为债务到期不履行的担保；另外，第三人丙提供了连带责任保证。关于乙的质权，下列哪些说法是正确的？（2017年第3卷第56题）

A. 2016年5月5日，鹦鹉产蛋1枚，市值2000元，应交由甲处置【错误。质权人有权收取质押财产的孳息。蛋属于鹦鹉的孳息，乙作为质权人可以收取】

B. 因乙照管不善，2016年10月1日鹦鹉死亡，乙需承担赔偿责任【正确。质权人负有妥善保管质押财产的义务；因保管不善致使质押财产毁损、灭失的，应当承担赔偿责任】

C. 2017年4月4日，甲未偿还借款，乙未实现质权，则甲可请求乙及时行使质权【正确。出质人可以请求质权人在债务履行期限届满后及时行使质权；质权人不行使的，出质人可以请求人民法院拍卖、变卖质押财产】

D. 乙可放弃该质权，丙可在乙丧失质权的范围内免除相应的保证责任【正确。债务人甲以自己的鹦鹉出质，乙放弃质权，故作为保证人的丙在质权人乙放弃质权的范围内免除相应的保证责任（详见共同担保部分）】

四、转质【转质 E】

转质，是指在质押期间，质权人以质权人的身份将质物出质给第三人。

【注意】质权人若以所有人的身份将质物出质给第三人，则不属于转质，而属于无权处分，第三人可能善意取得质权。例如：甲将其电动车出质给乙。后乙又将电动车出质于丙：①若乙据实相告，则属于转质，丙取得质权。②若乙谎称电动车归其所有，则属于无权处分。丙在符合善意取得要件的情况下，可以善意取得质权。

	承诺转质	责任转质
适用情形	经出质人同意	未经出质人同意
转质设立	转质押合同有效、属于有权处分、转质权设立	
优先性	转质权均优先于原质权	
效力	转质权独立于原质权：①转质权对质物优先受偿的数额不以原质权担保的债权额度为限；②原质权消灭的，不影响转质权的存续；③即使原质权的实现条件尚不具备，只要转质权的实现条件具备，即可行使转质权。	转质权从属于原质权：①转质权对质物优先受偿的数额以原质权担保的债权额度为限；②原质权消灭的，转质权随之消灭；③须原质权和转质权均具备实现的条件，才能行使转质权。
质物毁损灭失责任	质权人承担过错责任	质权人承担无过错责任

【示例】甲向乙借款10万元，并将自己的汽车质押给乙。后乙向丙借款15万元，并以质权人的身份将汽车质押给丙。甲和乙到期均无法偿还债务，汽车拍卖所得价款为20万元。①若经过甲同意，则构成承诺转质，丙可以就15万元优先受偿。②若未经过甲同意，则构成责任转质，丙只能就10万元优先受偿。

【说明】承诺转质，经过出质人同意，转质权人对质物交换价值的支配范围和强度不必受质权人对质物交换价值的支配范围和强度的影响。责任转质，相当于质权人将自己对质物交换价值的支配权让渡给转质权人，所以转质权人对质物交换价值的支配范围和强度不得超过质权人。

第二节 权利质权【客+主】【权利质权与保证金账户质押C】

法条群

《中华人民共和国民法典》第二编《物权》第四分编《担保物权》第十八章《质权》第二节《权利质权》

第四百四十一条【以汇票等出质的质权设立】以汇票、本票、支票、债券、存款单、仓单、提单出质的，质权自权利凭证交付质权人时设立；没有权利凭证的，质权自办理出质登记时设立。法律另有规定的，依照其规定。

第四百四十五条【应收账款质押】以应收账款出质的，质权自办理出质登记时设立。

应收账款出质后，不得转让，但是出质人与质权人协商同意的除外。出质人转让应收账款所得的价款，应当向质权人提前清偿债务或者提存。

一、权利质权的设立

1.权利质权的设立 = 有效的书面质押合同 + 有权处分 + 交付（排除占有改定）/ 登记

具体标的	交付权利凭证时设立	办理出质登记时设立
	有权利凭证的： ①汇票（必须背书记载"质押"字样并签章）、本票、支票； ②债券、存款单； ③仓单（必须背书记载"质押"字样，并经保管人签章）、提单。	①没有权利凭证的汇票、本票、支票、债券、存款单、电子提单、电子仓单； ②可以转让的基金份额、股权； ③可以转让的知识产权中的财产权； ④现有的以及将有的应收账款。

【注意】债权人与担保人订立担保合同，约定以法律、行政法规尚未规定可以担保的财产权利（出租车经营权、商铺经营权等）设立担保的，担保合同有效；未在法定的登记机构依法进行登记的，不具有物权效力。

2. 基金份额、股权、知识产权财产权、应收账款出质后，不得转让，除非当事人协商同意。转让所得价款，提前清偿或者提存。

3. 有价证券先于被担保的债权到期的，质权人可以兑换或提货，并与出质人协议提前清偿或提存。

二、应收账款质押的特别规定

（一）以现有应收账款出质

1. 质权人享有优先受偿权的情形：

（1）应收账款在办理出质登记时真实存在；

（2）应收账款系虚构：但是应收账款债务人向质权人确认了应收账款的真实性。

【示例】甲与乙串通，虚构了一笔20万元的应收账款债权，并将该笔应收账款债权出质给丙，办理了登记。若乙不承认应收账款的真实性，则丙无权向乙主张应收账款债权。

2. 通知应收账款债务人的效力：

（1）通知前：应收账款债务人可以向应收账款债权人履行债务，构成有效清偿。

（2）通知后：应收账款债务人不能向应收账款债权人履行债务，必须向质权人履行。

【注意】以现有的应收账款等债权设立质押和债权转让非常类似，因此在没有特别规定的情形，债权质押需要适用债权转让的规则。所以，未通知应收账款债务人，质押对其不发生效力。

（二）以将有的应收账款出质

以基础设施和公用事业项目收益权、提供服务或者劳务产生的债权以及其他将有的应收账款出质，例如高速公路公司用收费权质押：

1. 当事人为应收账款设立特定账户：质权人可以就该特定账户内的款项优先受偿。

2. 特定账户内的款项不足以清偿债务或者未设立特定账户：质权人可以请求折价或者拍卖、变卖项目收益权等将有的应收账款，并以所得的价款优先受偿。

⚖ 判断分析

1. 甲对乙享有10万元的债权，甲将该债权向丙出质，借款5万元。下列哪一表述是错误的？（2012年第3卷第7题）

A. 将债权出质的事实通知乙不是债权质权生效的要件【正确。通知只是债权质押对债务人乙发生效力的条件，未通知不影响债权质权的设立】

B. 如未将债权出质的事实通知乙，丙即不得向乙主张权利【正确。未通知债务人乙，则债权质押对其不发生效力，质权人丙不得向其主张权利】

C. 如将债权出质的事实通知了乙，即使乙向甲履行了债务，乙不得对丙主张债已消灭【正确。债务人乙接到通知后，不能再向债权人甲履行债务，否则不构成有效清偿】

D. 乙在得到债权出质的通知后，向甲还款3万元，因还有7万元的债权额作为担保，乙的部分履行行为对丙有效【错误。理由同上，债务人乙接到通知后，向债权人甲部分履行也不构成有效清偿】

2. 甲公司为乙公司向银行贷款100万元提供保证，乙公司将其基于与丙公司签订的供货合同而对丙公司享有的100万元债权出质给甲公司作反担保。下列哪一表述是正确的？（2013年第3卷第7题）

A. 如乙公司依约向银行清偿了贷款，甲公司的债权质权仍未消灭【错误。基于担保的从属性，乙公司清偿债务后，甲公司对银行的保证债务消灭，甲对乙的追偿债权确定不可能发生，为该债权设立的债权质权当然消灭】

B. 如甲公司、乙公司将出质债权转让给丁公司但未通知丙公司，则丁公司可向丙公司主张该债权【错误。债权转让未通知债务人，对债务人不发生效力】

C. 甲公司在设立债权质权时可与乙公司约定，如乙公司届期不清偿银行贷款，则出质债权归甲公司所有【错误。甲、乙间的约定为流质条款，无效，甲公司不能直接取得出质的债权，只能就该债权优先受偿】

D. 如乙公司将债权出质的事实通知了丙公司，则丙公司可向甲公司主张其基于供货合同而对乙公司享有的抗辩【正确。债务人接到债权转让通知后，债务人对让与人的抗辩，可以向受让人主张。债权质押适用同样规则】

3. 甲对乙享有应收账款债权，因甲对丙负有债务，甲于是与丙订立质押合同，将其对乙享有的应收账款债权出质给丙，并办理了质押登记。后甲又将该应收账款债权转让给不知情的丁。对此，下列说法正确的是？（2019年仿真题）

A. 该质权在登记前设立，登记后可以对抗第三人【错误。以应收账款出质的，质权自办理出质登记时设立】

B. 甲、丙间的质押合同自成立时生效，不以办理出质登记为生效要件【正确。根据区分原则，未办理出质登记，只是权利质权无法设立，不影响质押合同的生效】

C. 若丙不同意甲转让应收账款债权，则丙可以主张甲债权转让行为无效【正确。应收账款出质后，不得转让，但是出质人与质权人协商同意的除外】

D. 若丙同意甲转让应收账款债权，丙可以主张以该应收账款债权转让所得价款优先受偿【正确。基于担保物权的物上代位性，权利质权人丙有权就转让所得价款优先受偿】

4. 甲公司通知乙公司将其对乙公司的10万元债权出质给了丙银行，担保其9万元贷款。出质前，乙公司对甲公司享有2万元到期债权。如乙公司提出抗辩，丙银行可向乙公司行使质权的最大数额为8万元（2014年第3卷第7题）【正确。乙公司接到债权质押通知时对甲公司享有2万元到期债权，乙公司可对质权人丙银行主张抵销。抵销后，丙银行债权质权的标的仅剩8万元。故丙银行可以向乙公司行使质权的最大数额为8万元】

第五章
留置权【客+主】

【重点】留置权（包括商事留置）的成立要件

法条群

《中华人民共和国民法典》第二编《物权》第四分编《担保物权》第十九章《留置权》

第四百四十七条【留置权的一般规定】债务人不履行到期债务，债权人可以留置已经合法占有的债务人的动产，并有权就该动产优先受偿。

前款规定的债权人为留置权人，占有的动产为留置财产。

第四百四十八条【留置财产与债权的关系】债权人留置的动产，应当与债权属于同一法律关系，但是企业之间留置的除外。

《最高人民法院关于适用〈中华人民共和国民法典〉有关担保制度的解释》[三、关于担保物权（三）动产与权利担保]

第六十二条【留置权】债务人不履行到期债务，债权人因同一法律关系留置合法占有的第三人的动产，并主张就该留置财产优先受偿的，人民法院应予支持。第三人以该留置财产并非债务人的财产为由请求返还的，人民法院不予支持。

企业之间留置的动产与债权并非同一法律关系，债务人以该债权不属于企业持续经营中发生的债权为由请求债权人返还留置财产的，人民法院应予支持。

企业之间留置的动产与债权并非同一法律关系，债权人留置第三人的财产，第三人请求债权人返还留置财产的，人民法院应予支持。

留置权，是指债务人不履行到期债务时，债权人享有的留置其已经合法占有的债务人的动产，并就该动产优先受偿的权利。债权人为留置权人，占有的动产为留置财产或留置物。

抵押权与质权均属于意定担保物权，留置权属于法定担保物权。

一、留置权的成立要件【留置权的成立要件B】

（一）积极要件

1. 债务人不履行到期债务。

例外：债务人丧失支付能力或者被宣告破产的，即使债务尚未到期，债权人也可以行使留置权。

2. 债权人合法占有债务人或者第三人的动产。

251

（1）留置财产限于动产。

（2）留置的动产可以属于债务人所有，也可以属于第三人所有。

即使债权人知道或者应当知道动产为第三人所有，也不影响留置权的成立。

例如：甲借用乙的汽车。发生交通事故后，甲将车送丙修理。若甲不支付修理费，无论丙是否知道汽车属于乙所有，丙均可以留置汽车。

（3）留置的动产必须为债权人合法占有。

①合法占有不等于有权占有。

例如：拾得人对于遗失物的占有属于无权占有，但为合法占有。若失主不向拾得人支付其支出的必要费用，拾得人可以留置遗失物。

②仅要求动产为债权人合法占有，并不要求动产为债务人合法占有。

例如，甲偷开乙的车，于发生交通事故后送丙修理。若甲不支付修理费，丙可以留置该车。

3. 债权的发生与动产的占有属于同一法律关系，即具有牵连性。常见的有承揽、保管、维修、运输、委托等。例如，甲将布料提供给乙定制西服。若西服做好后，甲拒绝支付加工费，由于乙占有西服与其对甲的加工费债权均基于承揽合同，乙可以留置西服；小狗的失主拒不按照悬赏广告的承诺支付报酬，拾得人不得留置小狗，因为拾得人的报酬债权是基于悬赏广告，而其占有小狗是基于拾得遗失物，不属于同一法律关系；因公司未足额支付提成，张某遂扣下公司为其个人配备的公务车。张某只不过是公务车的占有辅助人，公司才是占有人，因此留置权不成立，张某无权扣下公务车。

（二）消极要件

1. 法律规定或者当事人约定不得留置的动产，不得留置。

2. 留置不得违背公序良俗。例如，不得因欠医疗费而留置死者的尸体。

3. 不得与留置权人的义务抵触。例如，未修理好手表，导致对方不支付维修费时，维修方不得留置手表。

【比较】区分自助行为与留置权的行使。例如，蒋同学去饭店吃饭，因忘记带钱被老板认为吃霸王餐，强行扣下其电脑。老板扣下电脑属于自助行为，并非行使留置权，因为在此之前，老板对电脑根本未取得占有。

（三）商事留置权的特别规定

商事留置权，是指债权人与债务人均为企业的情形时债权人所享有的留置权。

1. 商事留置权不要求债权的发生与动产的占有属于同一法律关系。例如，甲公司欠乙公司运费，则在甲公司再次将1批货物交给乙公司运输时，乙公司可以就货物行使留置权。

【注意】如果债权的发生与动产的占有属于同一法律关系，只需要考虑普通留置权。

2. 商事留置权存在2个限制：

（1）不得留置第三人的动产。

例如：甲公司拖欠乙公司A设备销售款100万元。其后，甲公司将其从丙公司租赁的B设备送交乙公司维修。若甲公司支付了维修费用，则乙公司不得留置B设备。因为乙公司的债权是基于A设备买卖合同，而其对B设备的占有是基于承揽合同，不属于同一法律关系，不得留置属于第三人丙公司的B设备。

（2）债权必须属于企业持续经营中发生的债权，即企业之间因经常性的商事交易而发生的债权。例如，价款债权。通过债权转让取得的债权或者非基于法律行为取得的债权，例如，侵权损害赔偿请求权，不属于企业持续经营中发生的债权。

【示例】甲公司欠乙公司 500 万元借款，乙公司屡次催要无果。后乙公司听说甲公司有 1 批货物交给丙公司运输，于是将该借款债权以 450 万元转让给丙公司，并通知了甲公司。若甲公司付清了运费，丙公司不得留置货物。因为丙公司的债权系受让而来，不成立留置权。

判断分析

1. 下列哪些情形下权利人可以行使留置权？（2015 年第 3 卷第 55 题）

A. 张某为王某送货，约定货物送到后一周内支付运费。张某在货物运到后立刻要求王某支付运费被拒绝，张某可留置部分货物【错误】。双方约定货到后 1 周内支付运费，货到时债务尚未到期，留置权不成立】

B. 刘某把房屋租给方某，方某退租搬离时尚有部分租金未付，刘某可留置方某部分家具【错误】。出租人刘某的租金债权基于租赁合同，但是其对承租人方某家具的占有并非基于租赁合同，不属于同一法律关系，留置权不成立】

C. 何某将丁某的行李存放在火车站小件寄存处，后丁某取行李时认为寄存费过高而拒绝支付，寄存处可留置该行李【正确】。寄存处的寄存费债权与其对行李的占有基于同一法律关系，可以留置合法占有的第三人丁某的行李】

D. 甲公司加工乙公司的机器零件，约定先付费后加工。付费和加工均已完成，但乙公司因维持企业经营曾向甲公司借款且到期尚未清偿，甲公司可留置机器零件【正确】。虽然甲公司的借款债权和其对机器零件的占有不属于同一法律关系，但是甲公司和乙公司均为企业，且该借款是乙公司持续经营中发生的债权，故甲公司可以行使留置权】

二、留置权的效力【留置权的效力与消灭 C】

（一）留置权人的权利

1. 占有留置物的权利：留置物为可分物的，留置财产的价值应当相当于债务金额。
2. 优先受偿权：

只有在宽限期届满后还未履行，留置权人才能就留置物的价值优先受偿。
（1）对宽限期有约定的，从约定；
（2）没有约定的，应确定 60 日以上的宽限期，但鲜活易腐等不易保管的动产除外。
3. 孳息收取权。不享有孳息的所有权。

（二）留置权人的义务

1. 妥善保管：保管不善致使留置物毁损、灭失的，承担赔偿责任。
2. 不得擅自使用、出租或处分留置物。
3. 及时行使留置权。债务人可以请求留置权人在债务履行期满后行使留置权，留置权人不行使的，债务人可请求法院拍卖、变卖留置物。
4. 留置权消灭后返还留置物。

三、留置权的消灭事由【留置权的效力与消灭 C】

1. 留置权人将留置物返还给债务人的，留置权消灭。

留置权人非基于自己的意愿丧失对留置物的占有的，留置权并不消灭，因为留置权人可以请求返还留置物。

2. 留置权人 接受债务人另行提供的担保，留置权消灭。

判断分析

顺风电器租赁公司将 1 台电脑出租给张某，租期为 2 年。在租赁期间内，张某谎称电脑是自己的，分别以市价与甲、乙、丙签订了 3 份电脑买卖合同并收取了 3 份价款，但张某把电脑实际交付给了乙。后乙的这台电脑被李某拾得，因暂时找不到失主，李某将电脑出租给王某获得很高收益。王某租用该电脑时出了故障，遂将电脑交给康成电脑维修公司维修。王某和李某就维修费的承担发生争执。康成公司因未收到修理费而将电脑留置，并告知王某如 7 天内不交费，将变卖电脑抵债。李某听闻后，于当日潜入康成公司偷回电脑。关于康成公司的民事权利，下列说法正确的是？（2015 年第 3 卷第 91 题）

A. 王某在 7 日内未交费，康成公司可变卖电脑并自己买下电脑【错误。留置权应当给债务人 60 日以上履行债务的期限，康成公司仅给王某 7 天的宽限期，不符合法律规定】

B. 康成公司曾享有留置权，但当电脑被偷走后，丧失留置权【错误。康成公司虽然丧失了对电脑的占有，但是其对李某享有 返还请求权，一旦重新取得占有，并 不丧失留置权】

C. 康成公司可请求李某返还电脑【正确。康成公司作为留置权人对无权占有人李某享有返还原物请求权，作为占有人对李某享有占有返还请求权】

D. 康成公司可请求李某支付电脑维修费【错误。维修合同在康成公司与王某之间成立，基于 合同的相对性，康成公司只能请求王某支付维修费】

第六章
保证【客+主】

【重点】保证方式、保证期间

第一节　保证合同【保证的设立 D】

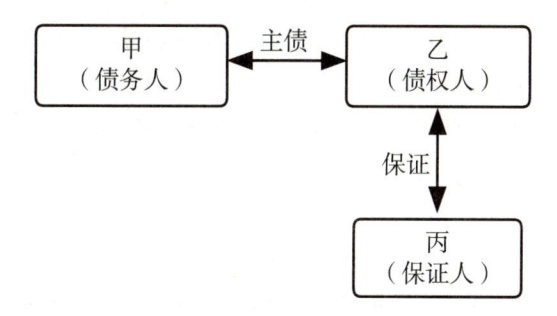

```
甲              主债         乙
(债务人) ←——————→ (债权人)
                              ↕ 保证
                             丙
                          (保证人)
```

保证合同，是为保障债权的实现，保证人和债权人约定，当债务人不履行到期债务或者发生当事人约定的情形时，保证人履行债务或者承担责任的合同。

1. 保证人以其信用（一般责任财产）提供担保，而非用自己的特定财产提供担保，债权人对保证人的一般责任财产不享有优先受偿权。

2. 保证合同的当事人是保证人与债权人，且保证人必须是第三人，不能是债务人本人。

3. 保证合同的 4 种订立方式：
（1）单独书面保证合同。
（2）主合同有保证条款，保证人在主合同签字/盖章/按指印。
（3）主合同没有保证条款，第三人以保证人身份在主合同签字/盖章/按指印。
（4）第三人单方以书面形式作出保证，债权人接收且未提出异议。

【注意】因为保证合同是单务、无偿合同，只有第三人具有提供保证的明确意思表示，才能认定保证合同成立。例如，甲公司向丙公司承诺"积极督促乙公司还款，努力将丙公司的损失降到最低"，不成立保证。他人在借据、收据、欠条等债权凭证或者借款合同上签名或者盖章，但是未表明其保证人身份或者承担保证责任，或者通过其他事实不能推定其为保证人的，不能将其认定为保证人。

第二节　保证方式【客+主】【保证方式 B；保证人的诉讼地位 E】

> **法条群**
>
> 《中华人民共和国民法典》第三编《合同》第二分编《典型合同》第十三章《保证合同》第一节《一般规定》
>
> 　　第六百八十六条【保证的方式】保证的方式包括一般保证和连带责任保证。
>
> 　　当事人在保证合同中对保证方式没有约定或者约定不明确的，按照一般保证承担保证责任。
>
> 　　第六百八十七条【一般保证及先诉抗辩权】当事人在保证合同中约定，债务人不能履行债务时，由保证人承担保证责任的，为一般保证。
>
> 　　一般保证的保证人在主合同纠纷未经审判或者仲裁，并就债务人财产依法强制执行仍不能履行债务前，有权拒绝向债权人承担保证责任，但是有下列情形之一的除外：
>
> 　　（一）债务人下落不明，且无财产可供执行；
>
> 　　（二）人民法院已经受理债务人破产案件；
>
> 　　（三）债权人有证据证明债务人的财产不足以履行全部债务或者丧失履行债务能力；
>
> 　　（四）保证人书面表示放弃本款规定的权利。
>
> 　　第六百八十八条【连带责任保证】当事人在保证合同中约定保证人和债务人对债务承担连带责任的，为连带责任保证。
>
> 　　连带责任保证的债务人不履行到期债务或者发生当事人约定的情形时，债权人可以请求债务人履行债务，也可以请求保证人在其保证范围内承担保证责任。
>
> 《最高人民法院关于适用＜中华人民共和国民法典＞有关担保制度的解释》（二、关于保证合同）
>
> 　　第二十五条【保证方式的识别】当事人在保证合同中约定了保证人在债务人不能履行债务或者无力偿还债务时才承担保证责任等类似内容，具有债务人应当先承担责任的意思表示的，人民法院应当将其认定为一般保证。
>
> 　　当事人在保证合同中约定了保证人在债务人不履行债务或者未偿还债务时即承担保证责任、无条件承担保证责任等类似内容，不具有债务人应当先承担责任的意思表示的，人民法院应当将其认定为连带责任保证。

保证的方式包括一般保证和连带责任保证。

一、一般保证

　　一般保证是指，只有在债务人不能履行债务时，保证人才承担保证责任，即一般保证人享有先诉抗辩权。

1. 一般保证人的先诉抗辩权

（1）含义：一般保证的保证人在主合同纠纷未经审判或者仲裁，并就债务人财产依法强制执行仍不能履行债务前，有权拒绝向债权人承担保证责任。

（2）排除先诉抗辩权的情形：

①债务人下落不明，且无财产可供执行；

②人民法院已经受理债务人破产案件；
③债权人有证据证明债务人的财产不足以履行全部债务或者丧失履行债务能力；
④保证人书面表示放弃先诉抗辩权。

2. **先诉抗辩权的影响**
（1）债权人未就主合同纠纷提起诉讼或者申请仲裁，仅起诉一般保证人的，人民法院应当驳回起诉。（可以单独起诉债务人）

【注意】更为妥当的做法也许是，法院首先向债权人释明，让其将债务人列为共同被告，只有债权人不同意的情况下，才可以驳回起诉。

（2）债权人一并起诉债务人和保证人的，人民法院可以受理，但是在作出判决时，应当在判决书主文中明确，保证人仅对债务人财产依法强制执行后仍不能履行的部分承担保证责任。

【注意】债权人未对债务人的财产申请保全，或者保全的债务人的财产足以清偿债务，债权人申请对一般保证人的财产进行保全的，人民法院不予准许。

（3）一般保证的保证人在主债务履行期限届满后，向债权人提供债务人可供执行财产的真实情况，债权人放弃或者怠于行使权利致使该财产不能被执行的，保证人在其提供可供执行财产的价值范围内不再承担保证责任。

二、连带责任保证

连带责任保证，是指保证人和债务人对债务承担连带责任，只要债务人不履行债务，债权人就可以请求保证人承担保证责任，即连带责任保证人不享有先诉抗辩权。

债权人仅起诉债务人的，人民法院可以不追加保证人为共同被告；债权人仅起诉保证人的，人民法院也可以不追加债务人为共同被告。当然，债权人可以将债务人与保证人列为共同被告。

三、保证方式的识别

一般保证和连带责任保证的根本区别在于，一般保证人享有先诉抗辩权，而连带责任保证人并无先诉抗辩权。因而，识别保证方式的关键是看债务人是否应当先承担责任。

1. **认定为一般保证**：
（1）保证合同中明确约定"一般保证"；
（2）具有债务人应当先承担责任的意思表示：约定保证人在债务人不能履行债务或者无力偿还债务时才承担保证责任。

2. **认定为连带责任保证**：
（1）保证合同中明确约定"连带责任保证"；
（2）不具有债务人应当先承担责任的意思表示：约定保证人在债务人不履行债务或者未偿还债务时即承担保证责任、无条件承担保证责任。

3. **一般保证推定**：
当事人对保证方式没有约定或者约定不明确的，按照一般保证承担保证责任。

【注意】必须先对保证合同的约定进行意思表示解释，以确定是一般保证还是连带责任保证，只有经过解释依然无法明确保证方式的，才能推定为一般保证。

【总结】债务人到期不履行债务，债权人需要先找债务人的，为一般保证；不需要先找债务人，可以直接找保证人的，为连带责任保证。

【比较】保证与债务加入：第三人向债权人提供的承诺文件，具有加入债务或者与债务人共同承担债务等意思表示的，应当认定为债务加入。难以确定是保证还是债务加入的，应当认定为保证。

判断分析

以下哪些选项中当事人提供的是一般保证？

A. 甲公司向乙公司借款 100 万元，丙公司为其提供保证，但未约定保证方式和保证期间【正确。当事人对保证方式没有约定或者约定不明确的，按照一般保证承担保证责任】

B. 谢某向甲公司出具欠条载明："乙公司欠甲公司货款共计 58 万元，如乙公司无偿还能力，由我谢某承担连带保证责任"【正确。欠条明确谢某提供连带责任保证，但是"如乙公司无偿还能力"表明的是提供一般保证，因此属于对保证方式约定不明，应当认定为一般保证】

C. 王某向李某采购 10 辆汽车，张某向李某提供担保函："若王某到期未支付价款，由张某代为还款"【错误。担保函的内容不具有由债务人王某先承担保证责任的意思，应认定为连带责任保证】

D. 章某为许某欠邵某的 50 万元货款出具承诺函，内容为："若申请法院强制执行完毕后许某的财产仍不足以偿还欠邵某的 50 万元货款，则剩余部分由章某补齐"【正确。承诺函具有章某在许某无力偿还债务时才承担保证责任的意思表示，应认定为一般保证】

第三节　保证期间与保证债务诉讼时效【客+主】【保证期间与保证债务诉讼时效 D】

法条群

《中华人民共和国民法典》第三编《合同》第二分编《典型合同》第十三章《保证合同》第二节《保证责任》

第六百九十二条【保证期间】保证期间是确定保证人承担保证责任的期间，不发生中止、中断和延长。

债权人与保证人可以约定保证期间，但是约定的保证期间早于主债务履行期限或者与主债务履行期限同时届满的，视为没有约定；没有约定或者约定不明确的，保证期间为主债务履行期限届满之日起六个月。

债权人与债务人对主债务履行期限没有约定或者约定不明确的，保证期间自债权人请求债务人履行债务的宽限期届满之日起计算。

第六百九十三条【保证期间经过的后果】一般保证的债权人未在保证期间对债务人提起诉讼或者申请仲裁的，保证人不再承担保证责任。

连带责任保证的债权人未在保证期间请求保证人承担保证责任的，保证人不再承担保证责任。

第六百九十四条【保证债务诉讼时效的起算点】一般保证的债权人在保证期间届满前对债务人提起诉讼或者申请仲裁的，从保证人拒绝承担保证责任的权利消灭之日起，开始计算保证债务的诉讼时效。

连带责任保证的债权人在保证期间届满前请求保证人承担保证责任的，从债权人请求保证人承担保证责任之日起，开始计算保证债务的诉讼时效。

一、保证期间

保证期间，是确定保证人承担保证责任的期间。

（一）保证期间的性质

1. 不发生中止、中断和延长，属于除斥期间。
2. 法院应主动审查保证期间是否届满、债权人是否在保证期间内依法行使权利等事实。

（二）保证期间的长度与起算

有约定从约定，没有约定或者约定不明的，适用法定保证期间：

1. 约定了主债务履行期限

法定保证期间为主债务履行期限届满之日起6个月；

（1）约定的保证期间早于主债务履行期限或者与主债务履行期限同时届满，视为没有约定，适用法定保证期间。例如，甲向乙借款，于2021年12月31日到期。丙提供保证，约定保证期间于2021年11月30日届满。由于保证期间早于主债务履行期限届满，视为没有约定，自2022年1月1日开始起算6个月的保证期间。

（2）保证合同约定保证人承担保证责任直至主债务本息还清时为止等类似内容的，视为约定不明，适用法定保证期间。

（3）债权人和债务人变更主债权债务合同的履行期限，未经保证人书面同意的，保证期间不受影响，即根据原来的履行期限确定保证期间。

2. 主债务履行期限没有约定或者约定不明确

保证期间自债权人请求债务人履行债务的宽限期届满之日起计算。

3. 最高额保证的保证期间

（1）保证期间统一起算，而非每一笔债权单独起算。

（2）保证期间何时起算，取决于被担保债权的履行期限于债权确定之日是否均已届满：

①均已届满：自债权确定之日起开始计算保证期间；

②只要有一笔债权的履行期限尚未届满：自最后到期债权的履行期限届满之日起开始计算保证期间。

【示例】丙为2021年度甲发放给乙的贷款在最高1000万元的额度内提供保证，未约定保证期间。截止到债权确定日2021年12月31日，发生了3笔贷款，分别为2021年9月30日到期的100万元、2021年10月31日到期的200万元、2022年3月31日到期的300万元。由于第3笔贷款的履行期限在债权确定日尚未届满，3笔贷款的保证期间均应当从第3笔贷款的履行期限届满之日即2022年4月1日起算6个月的保证期间。

（三）债权人避免保证人脱保的法定动作

1. 一般保证

债权人必须在保证期间对债务人提起诉讼或者申请仲裁，否则保证人免责。

（1）一般保证的债权人在保证期间内对债务人提起诉讼或者申请仲裁后，又撤回起诉或者仲裁申请，在保证期间届满前未再行提起诉讼或者申请仲裁，保证人可以主张免责。

（2）一般保证的债权人取得对债务人赋予强制执行效力的公证债权文书后，在保证期间内向人民法院申请强制执行，视为债权人已经完成法定动作，保证人不免责。

2. 连带责任保证

债权人必须在保证期间请求保证人承担保证责任，否则保证人免责。

连带责任保证的债权人在保证期间内对保证人提起诉讼或者申请仲裁后，又撤回起诉或者仲裁申请，起诉状副本或者仲裁申请书副本已经送达保证人的，应当认定债权人已经在保证期间内向保证人行使了权利，保证人不得主张免责。

3. 保证合同无效

保证合同无效，保证人本来需要承担赔偿责任的情形，如果债权人未在保证期间内完成上述法定动作，保证人不承担赔偿责任。

【注意】因保证期间经过导致保证责任消灭的，债权人书面通知保证人要求承担保证责任，保证人在通知书上签字、盖章或者按指印，债权人请求保证人继续承担保证责任的，人民法院不予支持，但是债权人有证据证明成立了新的保证合同的除外。

二、保证债务诉讼时效

（一）一般保证

一般保证的债权人在保证期间届满前对债务人提起诉讼或者申请仲裁的，从保证人拒绝承担保证责任的权利消灭之日起，开始计算保证债务的诉讼时效。

【说明】一般保证人拒绝承担保证责任的权利消灭之日＝先诉抗辩权消灭之日＝债务人客观上无力履行债务的时间确定之日。

1. 起算点通常为法院终结执行程序的裁定送达债权人之日。

法院自收到申请执行书之日起1年内未作出该裁定的，自法院收到申请执行书满1年之日起开始计算，但是保证人有证据证明债务人仍有财产可供执行的除外。

2. 债权人举证证明存在排除先诉抗辩权的法定情形的，自债权人知道或者应当知道该情形之日起开始计算。

【示例】甲向乙借款100万元，到期日为2021年12月31日，丙提供一般保证。乙于2022年2月1日起诉甲，3月1日胜诉判决，5月1日申请强制执行，8月1日强制执行完毕仍还有50万元没有清偿，并将终结执行程序裁定送达乙。①保证期间自2022年1月1日起算6个月。乙于2022年2月1日起诉甲，已经于保证期间依法行使权利。②2022年8月1日，终结执行程序裁定送达债权人乙，丙丧失先诉抗辩权，开始计算保证债务的诉讼时效。

（二）连带责任保证

连带责任保证的债权人在保证期间届满前请求保证人承担保证责任的，从债权人请求保证人承担保证责任之日起，开始计算保证债务的诉讼时效。

【注意】债权人在保证期间内没有依法行使权利，则保证人不再承担保证责任，没有保证债务诉讼时效的问题；只有债权人在保证期间内依法行使了权利，才有保证债务诉讼时效的起算问题。保证债务诉讼时效与主债务诉讼时效各自独立，一个中止或中断不会导致另外一个中止或中断。

例：甲对乙享有 10 万元货款债权，丙是连带责任保证人。债权人甲向保证人丙主张权利，不会导致甲乙主债务诉讼时效中断，反之亦然，债权人向债务人主张权利，也不会导致保证债务诉讼时效中断。

判断分析

2021 年 4 月 1 日，甲公司与乙公司、张某签订了《协议》，约定甲公司向乙公司借款 5000 万元，张某提供保证，但未约定保证方式和期间。同年 5 月 1 日，乙公司债权到期。乙公司于 2021 年 6 月 1 日起诉甲公司和张某，于 2021 年 8 月 1 日得知甲公司已经破产，不再具有偿债能力。关于《协议》中张某的保证期间和保证债务诉讼时效，下列表述正确的是？

A. 保证期间为 2021 年 5 月 2 日起 6 个月【正确。未约定保证期间的，保证期间为主债务履行期限届满之日起 6 个月】

B. 保证债务诉讼时效从 2021 年 8 月 1 日起算【正确。保证人张某和债权人乙公司未约定保证方式，因此为一般保证。一般保证债务的诉讼时效，从保证人张某丧失先诉抗辩权之日起算，一般是法院终结执行程序裁定送达债权人乙公司时。但是，债权人乙公司发现，甲公司已经破产，不再具有偿债能力，此时张某丧失先诉抗辩权，保证债务的诉讼时效自乙公司发现甲公司破产之日起开始计算】

第四节　保证人的权利【保证人的抗辩权与追偿权 B】

一、抗辩权

1. 专属于保证人自己的抗辩权。

（1）一般保证人享有先诉抗辩权；

（2）保证债务诉讼时效经过，保证人享有时效抗辩权。

2. 保证人可以援用债务人对债权人的抗辩。（详见担保从属性）

二、追偿权与法定代位权

1. 追偿权：保证人有权在其承担保证责任的范围内向债务人追偿。

（1）保证人放弃专属于自己的抗辩，例如一般保证人放弃先诉抗辩权，不影响其向债务人追偿。

（2）保证人放弃债务人的抗辩，原则上不影响其向债务人追偿。但是，如果债务人未放弃抗辩，不得向债务人追偿。

【注意】保证人知道或应当知道主债权诉讼时效期间届满仍然提供保证或者承担保证责任，不能再以诉讼时效期间届满为由拒绝承担。承担保证责任后也不能找债务人追偿，除非债务人放弃诉讼时效抗辩。

2. 法定代位权：保证人在其承担保证责任的范围内取代债权人的地位，享有债权人对债务人的权利，但是不得损害债权人的利益。（法定债权让与）

【示例】甲向乙借款 100 万元，丙提供连带责任保证。借款到期后，甲未还款，丙向乙承担了 60 万元的保证责任。此时意味着，乙对甲尚有 40 万元的债权未实现，丙对甲取得 60 万元的债权。如果甲可供执行的财产只有 40 万元，则乙优先于丙。

判断分析

1. 甲向乙借款 100 万元，丙提供保证。后乙要求甲还款，甲对乙行使诉讼时效抗辩权并且抗辩权成立。乙转而要求丙承担保证责任，丙只能承担担保责任。【错误。保证人丙可以援用债务人甲的抗辩权，拒绝承担保证责任】

2. 甲向乙借款 100 万元，丙提供保证。后乙要求甲还款，虽然诉讼时效已经经过，甲仍然表示愿意还款，丙也必须承担担保责任。【错误。债务人甲放弃对债权人乙的诉讼时效抗辩权，保证人丙仍可援用债务人甲放弃的抗辩权】

3. 甲向乙借款 100 万元，丙提供保证。后乙要求甲还款，虽然诉讼时效已经经过，甲仍然表示愿意还款，丙未援用甲的诉讼时效抗辩权，也承担了保证责任。由于诉讼时效经过，丙不能向甲追偿。【错误。债务人甲放弃对债权人乙的抗辩权，保证人丙未援用债务人甲放弃的抗辩权并承担保证责任的，保证人丙对债务人甲的追偿权不受影响】

【主观题专项训练】

案情：2020 年 1 月 1 日，甲向乙借款 500 万元，借期 1 年，年利率 8%。同日，丙向乙发出《承诺函》："如果甲到期未偿还借款本息，我自愿承担保证责任，直至借款本息还清时为止"；丁向乙表示，如果甲到期不能偿还借款本息，则其自愿承担一切责任。借款到期后，甲无力偿还借款本息。乙知道甲经商失败，并无多少财产可用于还钱，于是径直敦促丙和丁承担保证责任，不料均被拒绝。2021 年 7 月 1 日，乙诉至法院，请求甲还本付息，并请求丙、丁承担保证责任。

问题 1：丙提供的是何种方式的保证？丙的保证期间，应当如何计算？丙能否拒绝承担保证责任？

问题 2：丁提供的是何种方式的保证？丁能否以保证期间已过为由拒绝承担保证责任？如果乙在 2021 年 5 月 1 日起诉甲和丁，法院应当如何处理？

问题 1：丙提供的是何种方式的保证？丙的保证期间，应当如何计算？丙能否拒绝承担保证责任？

答案：（1）连带责任保证。丙承担保证责任的前提是甲到期未偿还借款本息，意味着不具有甲公司应当先承担责任的意思表示，丙不享有先诉抗辩权。法条依据为《中华人民共和国民法典》第六百八十八条、《最高人民法院关于适用〈中华人民共和国民法典〉有关担保制度的解释》第二十五条第二款。

（2）保证期间从 2021 年 1 月 2 日起计算 6 个月，至 2021 年 7 月 2 日结束。丙承诺承担保证责任直至借款本息还清时为止，属于保证期间约定不明，应当从主债务履行期届满之日起计算 6 个月。法条依据为《最高人民法院关于适用〈中华人民共和国民法典〉有关担保制度的解释》第三十二条。

（3）不能。债权人乙已经在保证期间请求连带责任保证人丙承担保证责任。法条依据为《中华人民共和国民法典》第六百九十三条。

问题 2：丁提供的是何种方式的保证？丁能否以保证期间已过为由拒绝承担保证责任？如果乙在 2021 年 5 月 1 日起诉甲和丁，法院应当如何处理？

答案：（1）一般保证。丁承担保证责任的前提是甲到期不能偿还借款本息，意味着具有甲公司应当先承担责任的意思表示，丁享有先诉抗辩权。法条依据为《中华人民共和国民法典》第六百八十七条、《最高人民法院关于适用〈中华人民共和国民法典〉有关担保制度的解释》第二十五条第一款。

（1）不能。债权人乙在保证期间内对债务人甲提起诉讼，一般保证人丁的保证责任不免除。法条依据为《中华人民共和国民法典》第六百九十三条。

（2）法院可以受理，但是在作出判决时，应当在判决书主文中明确，保证人丁仅对债务人甲的财产依法强制执行后仍不能履行的部分承担保证责任。因为丁是一般保证人。法条依据为《最高人民法院关于适用〈中华人民共和国民法典〉有关担保制度的解释》第二十六条。

第七章 非典型担保【客+主】

【重点】让与担保、后让与担保、以物抵债

第一节 物权法定原则【物权法定原则 C】

私法自治是民法的根本精神，合同自由是其集中体现，民事主体可以在有名合同之外任意签订新类型的合同。但是物权属于绝对权，具有排他效力和优先效力，如果允许当事人自由创设物权，将严重影响交易安全。如甲乙约定，乙对甲的房屋享有优先购买权，且该权利为物权。这就意味着，如果甲将房屋出售给丙，即使已经完成过户登记，只要乙主张优先购买权，丙就无法取得所有权。然而，丙通常并不知道甲乙之间存在此种约定。这种结果对丙而言非常不公平。

故而法律奉行物权法定原则，即：物权的种类和内容均由法律规定，不允许当事人自由创设。

一、物权种类法定

不得创设法律未规定的新型物权，否则物权无法设立。例：甲将其房屋交付给乙办理质押借款。甲与乙之间的质押合同有效，但是无法设立质权，因为现行法未规定不动产质权。

【总结】《中华人民共和国民法典》规定的物权包括所有权、用益物权（土地承包经营权、建设用地使用权、宅基地使用权、居住权、地役权）、担保物权（抵押权、质权和留置权）。

二、物权内容法定

在设立法律认可的物权时不得约定与法律规定不同的内容。

【示例1】甲将古董花瓶赠与给乙，并约定乙永远不得出售。甲乙之间的赠与合同有效，但是乙永远不得出售花瓶的约定不具有物权效力，因为该约定彻底排除了乙对花瓶的处分权，而处分权属于所有权的基本权能之一。若乙将花瓶出售给丙，丙可以取得所有权，甲只能请求乙承担违约责任。

【示例2】甲乙签订房屋买卖合同，并约定自交付之日起乙取得房屋的所有权。买卖合同有效，但是交付即取得房屋所有权的约定无效，因为不动产所有权的变动以登记为生效要件。

【说明】目前出现了物权法定的缓和现象。例如，承认让与担保。由此也产生了典型担保与非典型担保的分类。抵押、质押、留置、保证和定金属于法律明文规定的担保，被称为典型担保。在此之外被承认的担保形式为非典型担保，例如让与担保、所有权保留、融资租赁、保理等。

判断分析

在抵押借款合同中，双方约定抵押权的行使期限为5年，从借款到期之日起算。该约定有效。【错误。法律明文规定，抵押权人应当在主债权诉讼时效期间行使抵押权，抵押借款合同的约定与此不符，违反物权法定原则，应当认定无效。】

第二节　让与担保和后让与担保【客＋主】
【让与、后让与、届满前以物抵债B；清偿B】

法条群

《最高人民法院关于适用〈中华人民共和国民法典〉有关担保制度的解释》（四、关于非典型担保）

第六十八条【让与担保】债务人或者第三人与债权人约定将财产形式上转移至债权人名下，债务人不履行到期债务，债权人有权对财产折价或者以拍卖、变卖该财产所得价款偿还债务的，人民法院应当认定该约定有效。当事人已经完成财产权利变动的公示，债务人不履行到期债务，债权人请求参照民法典关于担保物权的有关规定就该财产优先受偿的，人民法院应予支持。

债务人或者第三人与债权人约定将财产形式上转移至债权人名下，债务人不履行到期债务，财产归债权人所有的，人民法院应当认定该约定无效，但是不影响当事人有关提供担保的意思表示的效力。当事人已经完成财产权利变动的公示，债务人不履行到期债务，债权人请求对该财产享有所有权的，人民法院不予支持；债权人请求参照民法典关于担保物权的规定对财产折价或者以拍卖、变卖该财产所得的价款优先受偿的，人民法院应予支持；债务人履行债务后请求返还财产，或者请求对财产折价或者以拍卖、变卖所得的价款清偿债务的，人民法院应予支持。

债务人与债权人约定将财产转移至债权人名下，在一定期间后再由债务人或者其指定的第三人以交易本金加上溢价款回购，债务人到期不履行回购义务，财产归债权人所有的，人民法院应当参照第二款规定处理。回购对象自始不存在的，人民法院应当依照民法典第一百四十六条第二款的规定，按照其实际构成的法律关系处理。

《最高人民法院关于审理民间借贷案件适用法律若干问题的规定（2020第二次修正）》

第二十三条【买卖型担保】当事人以订立买卖合同作为民间借贷合同的担保，借款到期后借款人不能还款，出借人请求履行买卖合同的，人民法院应当按照民间借贷法律关系审理。当事人根据法庭审理情况变更诉讼请求的，人民法院应当准许。

按照民间借贷法律关系审理作出的判决生效后，借款人不履行生效判决确定的金钱债务，出借人可以申请拍卖买卖合同标的物，以偿还债务。就拍卖所得的价款与应偿还借款本息之间的差额，借款人或者出借人有权主张返还或者补偿。

《最高人民法院关于适用〈中华人民共和国民法典〉合同编通则若干问题的解释》（四、合同的履行）

第二十七条【债务履行期限届满后达成的以物抵债协议】债务人或者第三人与债权人在债务履行期限届满后达成以物抵债协议，不存在影响合同效力情形的，人民法院应当认定该协议自当事人意思表示一致时生效。

债务人或者第三人履行以物抵债协议后，人民法院应当认定相应的原债务同时消灭；债务人或者第三人未按照约定履行以物抵债协议，经催告后在合理期限内仍不履行，债权人选择请求履行原债务或者以物抵债协议的，人民法院应予支持，但是法律另有规定或者当事人另有约定的除外。

前款规定的以物抵债协议经人民法院确认或者人民法院根据当事人达成的以物抵债协议制作成调解书，债权人主张财产权利自确认书、调解书生效时发生变动或者具有对抗善意第三人效力的，人民法院不予支持。

债务人或者第三人以自己不享有所有权或者处分权的财产权利订立以物抵债协议的，依据本解释第十九条的规定处理。

第二十八条【债务履行期限届满前达成的以物抵债协议】债务人或者第三人与债权人在债务履行期限届满前达成以物抵债协议的，人民法院应当在审理债权债务关系的基础上认定该协议的效力。

当事人约定债务人到期没有清偿债务，债权人可以对抵债财产拍卖、变卖、折价以实现债权的，人民法院应当认定该约定有效。当事人约定债务人到期没有清偿债务，抵债财产归债权人所有的，人民法院应当认定该约定无效，但是不影响其他部分的效力；债权人请求对抵债财产拍卖、变卖、折价以实现债权的，人民法院应予支持。

当事人订立前款规定的以物抵债协议后，债务人或者第三人未将财产权利转移至债权人名下，债权人主张优先受偿的，人民法院不予支持；债务人或者第三人已将财产权利转移至债权人名下的，依据《最高人民法院关于适用〈中华人民共和国民法典〉有关担保制度的解释》第六十八条的规定处理。

一、让与担保

让与担保，是指为担保债务的履行，债务人或者第三人与债权人订立合同，将特定财产的所有权转移至债权人名下，如果债务届期履行完毕，债权人将所有权回复至债务人或第三人名下；如果债务届期未履行，债权人可以就该财产拍卖、变卖所得价款优先受偿。

1.债务人或者第三人与债权人之间的让与担保合同有效。

如果让与担保合同中约定，债务人到期不履行债务，则担保财产归债权人所有，该约定属于流担保，与抵押合同中的流押条款类似，无效。如同流押条款无效不影响抵押权的设立一样，该约定的无效同样不影响让与担保的设立。

2.债权人能否就担保财产取得担保物权，取决于是否已经完成物权变动公示。

（1）已经完成交付/登记：担保物权设立，债权人可以主张优先受偿。

（2）未完成交付/登记：担保物权未设立，债权人无权主张优先受偿。

【示例1】甲向乙借款500万元，约定：甲将A房（价值600万元）过户给乙，如果甲到期还款，乙负责将A房再过户给甲，如果甲到期未还款，A房归乙所有。①约定甲将A房过户给乙旨在担保借款合同的履行。②因房屋的所有权在借款到期之前就需要转移给乙，属于让与担保。③若甲在合同签订后已经将A房过户到乙的名下，则在甲到期未还款时乙可以主张就A房的拍卖所得价款优先受偿，但是不能主张A房归自己所有；若甲在合同签订后未将A房过户到乙的名下，则在甲到期未还款时乙只能起诉甲偿还借款，如果甲不履行生效判决，则乙可以请求拍卖房屋，并以所得价款偿还借款，但是乙并无优先受偿权。（债务人甲自己提供让与担保，若未完成物权变动公示，实质上无法起到担保的作用，因为A房本来就是其责任财产，即使没有让与担保的约定，只要甲到期未还款，乙本来就可以申请强制执行A房。）

【示例2】甲向乙借款500万元，丙与乙约定：丙将A房（价值600万元）过户给乙，如果甲到期还款，乙负责将A房过户给丙，如果甲到期未还款，A房归乙所有。①约定丙将A房过户给乙旨在担保借款合同的履行。②因房屋的所有权在借款到期之前就需要转移给乙，属于让与担保。③若丙在合同签订后已经将 A 房过户到乙的名下，则在甲到期未还款时乙可以主张就 A 房的拍卖所得价款优先受偿，但是不能主张 A 房归自己所有；若丙在合同签订后未将 A 房过户到乙的名下，则在甲到期未还款时，乙可以请求丙在 A 房的价值范围内承担赔偿责任，可以请求拍卖、变卖 A 房主张受偿，但是并无优先受偿权。（第三人丙提供让与担保，即使未完成物权的变动公示，也可以起到担保的作用，和不动产抵押未办理登记可归责于抵押人的法律后果非常类似，即以担保财产的价值为限承担责任。）

3. 股权让与担保：股东以将其股权转移至债权人名下的方式为债务履行提供担保。

【示例】甲向乙借款 500 万元，同时签订股权转让合同，约定：甲将其持有的丙公司 5% 股权转让给乙；若甲到期付清本息，则乙应当将股权变更登记至甲名下；若甲到期未付清本息，则股权直接归乙所有。合同签订后，甲将股权变更登记到乙名下。①甲让与股权给乙是为了担保借款，乙只是名义股东，不能行使股东权利，也不承担股东责任。②若甲到期未付清本息，乙不能主张股权归其所有，只能请求拍卖、变卖股权并优先受偿。

【注意】即使股东未履行出资义务、抽逃出资，公司或者公司的债权人也不得请求作为名义股东的债权人与股东承担连带责任。

4. 回购型让与担保：债务人与债权人约定将财产转移至债权人名下，在一定期间后再由债务人或者其指定的第三人以交易本金加上溢价款回购，债务人到期不履行回购义务，财产归债权人所有。

（1）回购对象真实存在：按照让与担保处理，财产归债权人所有的约定无效；如果债务人已经按照约定将财产转移至债权人名下，则担保物权设立。

（2）回购对象系虚构：通谋虚伪表示无效，按照其实际构成的法律关系处理，通常为借款合同。

【示例】甲与乙签订 A 房买卖合同，约定：甲将 A 房卖给乙，价款 500 万元；一年后，甲应以 550 万元回购 A 房，否则 A 房归乙所有。合同签订后，乙转给甲 500 万元。一年后，甲未履行回购义务。① 若 A 房真实存在且合同签订后甲将 A 房过户到了乙的名下，则甲乙之间存在借款合同 + 让与担保合同，乙可以请求拍卖、变卖 A 房并优先受偿，但是不得主张 A 房归其所有。② 若 A 房系虚构，则甲乙之间仅存在借款合同关系，乙只能以借款合同起诉，请求乙偿还借款本息。

【注意】让与担保的形式多样，关键看在债务到期之前债务人或者第三人是否需要将担保财产转移到债权人名下。凡是需要的，成立让与担保合同。在此基础上，凡是已经完成物权变动公示的，担保物权设立，债权人可以主张优先受偿，但是不能主张取得担保财产的所有权。

二、后让与担保

后让与担保，是指为担保债务的履行，债务人或者第三人与债权人订立买卖合同，约定：如果债务届期履行完毕，买卖合同不履行；如果债务届期未履行，债权人作为买受人可以请求出卖人履行买卖合同，转移标的物的所有权。

1. 后让与担保合同有效。

2. 债务人到期不履行债务的，债权人不能请求履行买卖合同。

（1）债权人请求履行买卖合同的，人民法院应当按照民间借贷法律关系审理。

（2）按照民间借贷法律关系审理作出的判决生效后，债务人不履行的，债权人可以申请拍卖买卖合同的标的物，以偿还债务，但是并无优先受偿权。（因为，在借款到期时，标的物尚未交付/登记转移给债权人，债权人不享有担保物权）

【示例 1】甲向乙借款 500 万元，同时签订 A 房（价值 600 万）买卖合同，约定：甲将 A 房出售给乙，如果甲到期还款，则买卖合同不履行；如果甲到期未还款，则履行买卖合同，价款以借款本息抵偿。①甲与乙签订的买卖合同旨在担保借款合同的履行。②因房屋的所有权在甲到期未还款之时才需要转移给乙，属于后让与担保。③如果甲到期未还款，则乙不得请求履行买卖合同，只能起诉请求甲偿还借款。拿到胜诉判决后，如果甲不履行生效判决，则乙可以请求拍卖房屋，并以所得价款偿还借款，但是乙并无优先受偿权。（债务人甲自己提供后让与担保，实质上无法起到担保的作用，因为A房本来就是其责任财产，即使没有签订A房买卖合同，只要甲到期未还款，乙就可以申请强制执行A房。）

【示例2】甲向乙借款500万元，同时乙与丙签订A房（价值600万）买卖合同，约定：丙将A房出售给乙，如果甲到期还款，则买卖合同不履行；如果甲到期未还款，则履行买卖合同，价款以甲欠乙的借款本息抵偿。①乙与丙签订的买卖合同旨在担保借款合同的履行。②因房屋的所有权在甲到期未还款之时才需要转移给乙，属于后让与担保。③如果甲到期未还款，则乙不能请求丙履行买卖合同，只能请求丙在A房的价值范围内承担赔偿责任，可以请求拍卖、变卖A房主张受偿，但是并无优先受偿权。（第三人丙提供后让与担保，可以起到担保的作用，和不动产抵押未办理登记可归责于抵押人的法律后果非常类似，即以担保财产的价值为限承担责任。）

【比较】让与担保和后让与担保均具有担保目的，但是让与担保是当事人约定在债务人不履行债务之**前**先将担保财产所有权让与给债权人；后让与担保则是在债务人到期**不履行债务时**才需履行买卖合同，将担保财产的所有权让与给债权人。

三、以物抵债

以物抵债，是指债权人与债务人达成合意，债务人以特定财产抵偿债务。例如，开发商无力支付工程款，和包工头签订以房抵债协议，约定：开发商以10套房屋抵偿工程款。

（一）以物抵债协议的性质与效力

1. 以物抵债协议属于诺成合同，自签订之时成立。【新修】

2. 若无其他无效事由，应当认定有效。

债务履行期届满后签订的以物抵债协议有可能因恶意串通而无效，还可能涉嫌以不合理的低价转让财产，满足债权人撤销权的行使条件。（此时债权人可以选择主张协议无效或者行使债权人撤销权）

（二）以物抵债协议的法律效果

以物抵债协议产生何种法律效果，需要根据其签订时间区分处理。

1. 债务履行期届满后签订的以物抵债协议（清偿型以物抵债：目的在于抵偿债务）

（1）当事人明确约定以物抵债协议签订后旧债消灭

成立债务更新，旧债消灭，债权人只能请求债务人履行新债，即交付抵债物。

（2）当事人未明确约定以物抵债协议签订后旧债消灭

成立新债清偿，即：新债（交付抵债物）与旧债并存。

①抵债物尚未交付：经催告后在合理期限内仍不履行，债权人可选择请求履行原债务或者以物抵债协议。（债务人无选择权）【新修】

②抵债物已经交付：自抵债物交付之日起，债权人取得抵债物的所有权，新债和旧债均归于消灭。

【注意】当事人在债务履行期限届满后达成的以物抵债协议，即使经过法院确认或者法院根据协议

制作成调解书，也不能直接导致物权发生变动。协议履行后物权才能发生变动。【新增】

2. 债务**履行期届满前**签订的以物抵债协议（担保型以物抵债：目的在于担保债务履行）

（1）抵债物**尚未交付**：按**后让与担保**处理

此时和通过签订买卖合同担保债务履行并无本质区别，因此按后让与担保处理。

①债权人请求债务人交付抵债物的，人民法院应当向其释明，其应当根据**原债权债务关系**提起诉讼。

②经释明后当事人仍拒绝变更诉讼请求的，应当驳回其诉讼请求，但不影响其根据原债权债务关系另行提起诉讼。

③债权人胜诉后，如果债务人不履行生效判决，债权人可以请求拍卖、变卖抵债物，并以所得价款受偿，但是无优先受偿权。

（2）抵债物**已经交付**：按**让与担保**处理

债权人不能主张取得抵债物的所有权，只能行使担保物权，需履行清算义务。

【说明】债权人与债务人在债务履行期届满前约定以物抵债的，如果认定债权人可以请求交付抵债物或取得抵债物的所有权，可能对债务人明显不公平（与禁止流押同理）。例如，甲向乙借款500万元，同时约定：若到期无法偿还借款本息，甲以A房（价值1000万元）抵偿。如果乙可以根据该约定请求甲交付房屋并取得所有权，很显然对甲极其不公平，而甲在借钱的时候处于弱势地位，很可能被迫答应乙的此种要求。相反，在债务履行期届满后约定以物抵债的，因债务人处于主动地位，不会对其明显不公。

判断分析

王某向丁某借款100万元，后无力清偿，遂提出以自己所有的1幅古画抵债，双方约定第2天交付。对此，下列哪些说法是正确的？（2016年第3卷第56题）

A. 双方约定以古画抵债，等同于签订了另一份买卖合同，原借款合同失效，王某只能以交付古画履行债务【**错误**】。当事人未约定新债成立时旧债消灭，构成**新债清偿**，新债（交付并转移古画所有权）与旧债（还款）并存。新债履行完毕，新旧债才一并消灭】

B. 双方交付古画的行为属于履行借款合同义务【**正确**】

C. 王某有权在交付古画前反悔，提出继续以现金偿付借款本息方式履行债务【**错误**】。债务人没有选择权】

D. 古画交付后，如果被鉴定为赝品，则王某应承担瑕疵担保责任【**正确**】

第三节 保证金账户质押【权利质权与保证金账户质押C】

债务人或者第三人为担保债务的履行，设立**专门的保证金账户**并由**债权人实际控制**，或者将其资金存入**债权人设立的保证金账户**，债权人可以主张就账户内的款项**优先受偿**。

1. 债权人就账户内的款项主张优先受偿的条件：

①保证金账户是为担保债务的履行而设立的；

②保证金账户是专门设立的且由债权人实际控制或者保证金账户是债权人设立的。

【注意】保证金账户内的款项**浮动**，**不影响**债权人对账户内的款项享有优先受偿权。

2. 当事人约定的保证金**并非**为**担保**债务的履行设立，债权人**无权主张**就保证金**优先受偿**，但是不影响当事人依照法律的规定或者按照当事人的约定**主张合同权利**。

判断分析

甲、乙、丙三公司与丁银行订立书面《担保协议》，约定：甲公司从乙公司进货，丙公司按约向丁银行开设的专门账户转账，每次转入甲、乙公司交易金额的50%作为担保金，用以担保乙公司价款债权的实现。且该专门账户乙、丙公司共同管理，账户内的资金转账需乙、丙公司共同签字。在合同履行过程中，现甲公司尚有200万元货款到期不能履行，乙公司却发现丙公司私自转走专门账户内的50万元。乙公司对专门账户内的资金享有担保物权，对转走的50万元资金不享有担保物权。（2020年仿真题）【正确。该专门账户系丙公司为担保乙公司的价款债权而设立，且由乙公司实际控制，账户内的资金已经特定化，乙公司对账户内的资金享有担保物权即质权。转走的50万元资金已经不再由乙公司实际控制，且丧失了特定性，乙公司对其不再享有担保物权】

【主观题专项训练】

案情： 为了扩大经营规模，甲于2020年1月1日向乙借款1000万元，借期1年，年利率8%，同时约定：甲应于合同签订后3日内将其A房过户登记到乙的名下，如果甲到期未还款，A房直接归乙所有；如果甲到期付清本息，则乙应当于甲付清本息之日起3日内将A房过户登记到甲的名下。之后，甲未办理房屋过户登记手续，乙也未提出异议。2020年3月1日，甲与丙公司签订设备买卖合同，约定：甲向丙公司购买B设备，价款50万元，合同签订时支付首付款10万元，尾款于设备交付之日起1个月内付清；价款付清之前，B设备的所有权属于丙公司。合同签订后，未办理所有权保留登记。在收到首付款后，丙公司交付了设备。甲公司到期未支付尾款，丙公司催告无果。丙公司于是与丁保理公司签订有追索权保理合同，将其对甲的40万元债权转让给丁公司，获得保理融资款35万元。后甲将B设备以市价出售给不知情的戊并交付。因经营不顺，甲无力偿还到期债务。

问题1：甲与乙关于"如果甲到期未还款，A房直接归乙所有"的约定效力如何？

问题2：乙能否请求拍卖A房，并就其所得价款优先受偿？

问题3：戊能否取得B设备的所有权？

问题4：丁公司能否请求丙公司返还保理融资款的本息？

问题1：甲与乙关于"如果甲到期未还款，A房直接归乙所有"的约定效力如何？

答案：无效。甲乙的该约定属于流担保条款，违反物权法定原则。法条依据为《最高人民法院关于适用〈中华人民共和国民法典〉有关担保制度的解释》第六十八条。

问题2：乙能否请求拍卖A房，并就其所得价款优先受偿？

答案：不能。甲与乙之间存在有效的让与担保约定，但是由于A房未实际过户登记到乙的名下，无法产生物权效力。法条依据为《最高人民法院关于适用〈中华人民共和国民法典〉有关担保制度的解释》第六十八条。

问题3：戊能否取得B设备的所有权？

答案：能。甲将B设备出售给戊，属于无权处分，但是由于丙公司保留所有权未办理登记，不得对抗善意第三人。法条依据为《中华人民共和国民法典》第六百四十一条。

问题4：丁公司能否请求丙公司返还保理融资款的本息？

答案：能。丙公司和丁公司签订的是有追索权保理合同，保理人丁公司可以向丙公司主张返还保理融资款本息。法条依据为《中华人民共和国民法典》第七百六十六条。

第八章

担保并存【客+主】

【重点】本章均十分重要

第一节　共同担保【客+主】【共同担保（含混合担保）B】

📎 法条群

《中华人民共和国民法典》第二编《物权》第四分编《担保物权》第十六章《一般规定》

第三百九十二条【混合担保】被担保的债权既有物的担保又有人的担保的，债务人不履行到期债务或者发生当事人约定的实现担保物权的情形，债权人应当按照约定实现债权；没有约定或者约定不明确，债务人自己提供物的担保的，债权人应当先就该物的担保实现债权；第三人提供物的担保的，债权人可以就物的担保实现债权，也可以请求保证人承担保证责任。提供担保的第三人承担担保责任后，有权向债务人追偿。

《最高人民法院关于适用〈中华人民共和国民法典〉有关担保制度的解释》（一、关于一般规定）

第十三条【共同担保的担保人之间相互追偿问题】同一债务有两个以上第三人提供担保，担保人之间约定相互追偿及分担份额，承担了担保责任的担保人请求其他担保人按照约定分担份额的，人民法院应予支持；担保人之间约定承担连带共同担保，或者约定相互追偿但是未约定分担份额的，各担保人按照比例分担向债务人不能追偿的部分。

同一债务有两个以上第三人提供担保，担保人之间未对相互追偿作出约定且未约定承担连带共同担保，但是各担保人在同一份合同书上签字、盖章或者按指印，承担了担保责任的担保人请求其他担保人按照比例分担向债务人不能追偿部分的，人民法院应予支持。

除前两款规定的情形外，承担了担保责任的担保人请求其他担保人分担向债务人不能追偿部分的，人民法院不予支持。

第十八条【共同担保中，担保人向债务人追偿问题】承担了担保责任或者赔偿责任的担保人，在其承担责任的范围内向债务人追偿的，人民法院应予支持。

同一债权既有债务人自己提供的物的担保，又有第三人提供的担保，承担了担保责任或者赔偿责任的第三人，主张行使债权人对债务人享有的担保物权，人民法院应予支持。

共同担保，是指同一债务存在两个以上担保的情形。
包括：
1.人保与人保并存。例如，甲向乙借款，丙、丁均提供保证。

2. 物保与物保并存。例如，甲向乙借款，丙以设备提供抵押，丁以手表提供质押。

3. 人保与物保并存（混合担保）。例如，甲向乙借款，丙以设备提供抵押，丁提供保证。

一、按份共同担保

按份共同担保：担保人和债权人约定了各自担保的份额。

（一）债权人实现担保权的顺序

债权人按照约定的份额请求每一个担保人承担担保责任。

（二）担保人的追偿

1. 担保人可以在其承担责任的范围内向债务人追偿。

2. 担保人之间不存在追偿的问题。

【示例】甲向乙借款100万元，丙以其A设备提供抵押，丁以其B汽车提供质押。乙丙丁3人约定：丙、丁各自担保50万元的债务。此为按份共同担保。若甲到期无法偿还债务，则债权人乙只能按照份额请求丙、丁各承担50万元的担保责任。丙、丁承担责任后，可以向甲追偿，相互之间不能追偿。

二、连带共同担保

连带共同担保：担保人未与债权人约定各自担保的份额。例如，甲向乙借款100万元，丙、丁承诺提供保证。此为连带共同担保。若甲到期无法偿还债务，则债权人乙可以请求丙或者丁单独或共同承担100万元的担保责任。

【比较】连带责任保证与连带共同保证：连带责任保证是保证方式之一，是指保证人与债务人对债权人承担连带责任；连带共同保证是共同担保的方式之一，指同一笔债务存在两个以上的保证人，且每一个保证人均未与债权人约定各自担保的份额。

（一）债权人实现担保权的顺序

有约定，从约定；没有约定或者约定不明确：

1. 债务人自己提供物保：无论第三人提供的是物保还是人保，债权人均应先就债务人的物保实现债权，不足以清偿债权的，才能请求第三人承担担保责任；债权人放弃债务人物保的，其他担保人在债权人丧失优先受偿权的范围内免除担保责任。

【示例】甲向乙借款500万元，并以自己价值400万元的房屋设定抵押，办理了抵押登记，丙则提供保证。若甲到期无法偿还借款，乙应当先拍卖甲的房屋实现400万元债权，再请求丙承担100万元的保证责任。若乙放弃房屋抵押权，则丙可主张在乙丧失优先受偿400万元的范围内免责，即丙的保证责任范围缩减至100万元。

2. 债务人自己未提供物保：债权人可以任意行使担保权，没有顺序限制。

【示例】甲向乙借款500万元，丙提供保证，丁以其房屋提供抵押。丙丁都没和乙约定份额，属于连带共同担保。若甲到期无法偿还借款，乙可以任意找丙丁承担担保责任。

（二）担保人的追偿

1. 担保人可以在其承担责任的范围内向债务人追偿。

若债务人自己提供了物保，担保人可以行使债权人对债务人享有的担保物权。

【示例】甲向乙借款 100 万元，以自己的房屋提供抵押，办理了抵押登记，丙则提供连带责任保证。三方约定，如果甲到期无力还款，丙先承担保证责任。若甲到期未能还款，丙依约承担保证责任后，可以向债务人甲追偿，并且可以行使乙对甲房屋的抵押权。

2. 担保人之间原则上禁止互相追偿。

可以追偿的例外情形：①担保人之间约定相互追偿；②担保人之间约定承担连带共同担保；③担保人在同一份合同书上签字、盖章或者按指印。

3. 担保人原则上必须先向债务人追偿，不足部分再按比例向其他担保人追偿。可以直接向其他担保人追偿的唯一例外：担保人之间约定相互追偿，且约定了分担份额。

【示例】甲向乙借款 1000 万元，并以自己的房屋提供抵押，办理了抵押登记，丙提供连带责任保证，丁以其设备提供抵押，丙丁约定可以相互追偿。甲到期无力偿还借款，而房屋拍卖所得价款为 600 万元。①债务人甲自己提供了物保，乙应先实现甲房屋的抵押权，再就剩下的 400 万元债务任意请求丙或者丁承担担保责任。③如果丙此后承担了 400 万元的保证责任，则丙必须先向债务人甲追偿，不足部分再向丁追偿。

【注意】同一债务有 2 个以上第三人提供担保，担保人受让债权的，该行为应被认为系承担担保责任。受让债权的担保人不得作为债权人请求其他担保人承担担保责任。至于担保人之间能否追偿，适用前述追偿的规则。

【示例】甲向乙借款 100 万元，丙提供保证，丁以其房屋提供抵押。到期后甲无力还款。如果乙将其对甲的 100 万债权转让给丙，基于担保的从属性，乙对丁房屋的抵押权也将一并转移，那么丙就可以请求丁承担 100 万的担保责任。最后的结果是，本来应当承担担保责任的丙，最后彻底免责，不仅变相实现了向丁追偿，而且是全额追偿。这样的结果显然不合理，也明显规避了担保人之间原则上不得追偿的规定。因此，丙受让债权的行为只能定性为其向乙承担保证责任。因为不存在可以追偿的例外情形，丙不能向丁追偿。

4. 共同保证：债权人在保证期间内仅对部分保证人依法行使权利的，其他保证人可以主张免责。因此导致部分保证人在承担保证责任后丧失对其他保证人的追偿权的，该部分保证人可以主张在其不能追偿的范围内免除保证责任。

【示例】甲向乙借款 100 万元，丙、丁提供连带责任保证，且约定承担保证责任后可以相互追偿。后甲无力还款，乙在保证期间内仅请求丙承担保证责任。

①由于乙在保证期间内未请求丁承担保证责任，丁不再承担保证责任。

②丙承担 100 万元的保证责任之后，本来是可以向丁追偿 50 万元的，但是由于丁不再承担保证责任，丙自然也无权向丁追偿。

③不能向丁追偿 50 万元的损失是乙造成的，所以丙只需要向乙承担 50 万元的保证责任。

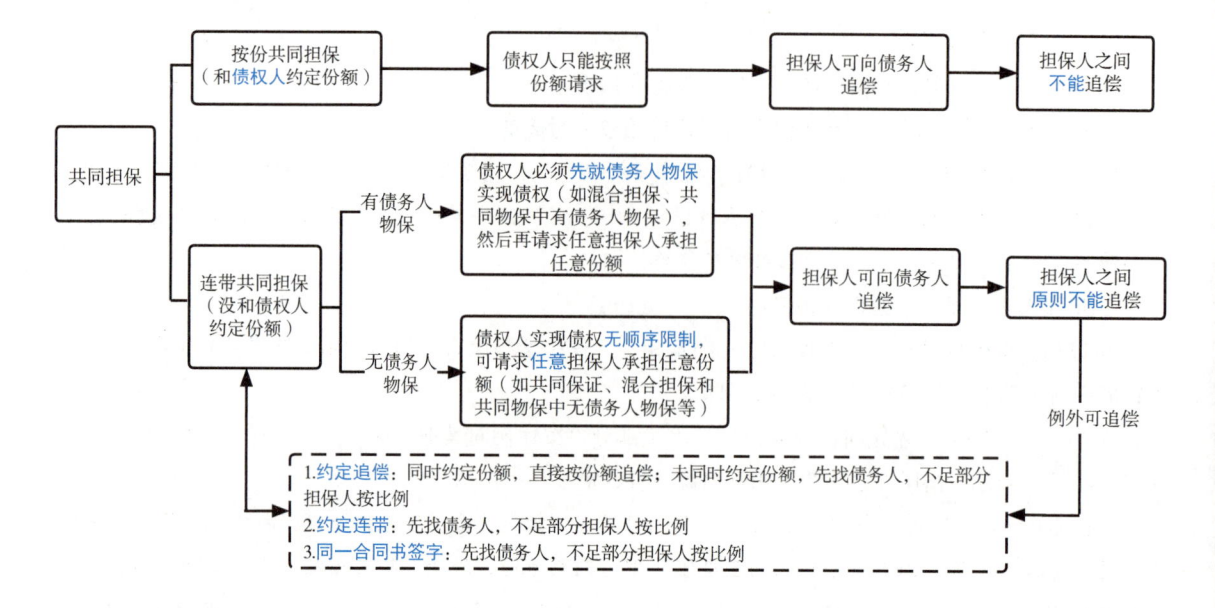

```
                                   ┌─按份共同担保──→ 债权人只能按照 ──→ 担保人可向债务人 ──→ 担保人之间
                                   │  (和债权人约定份额)   份额请求              追偿                不能追偿
                                   │
                                   │                    ┌─ 债权人必须先就债务人物保
                                   │         有债务人    │  实现债权(如混合担保、共
                                   │         物保       │  同物保中有债务人物保),
          共同担保 ──┤                   │  然后再请求任意担保人承担
                                   │                    │  任意份额                       ──→ 担保人可向债务人 ──→ 担保人之间
                                   └─连带共同担保 ─┤                                                追偿              原则不能追偿
                                      (没有和债权人    │
                                      约定份额)       │        债权人实现债权无顺序限制,
                                                     无债务人  可请求任意担保人承担任意份
                                                     物保     额(如共同保证、混合担保和
                                                             共同物保中无债务人物保等)                        例外可追偿
```

┌───┐
│ 1.约定追偿:同时约定份额,直接按份额追偿;未同时约定份额,先找债务人,不足部分 │
│   担保人按比例   │
│ 2.约定连带:先找债务人,不足部分担保人按比例   │
│ 3.同一合同书签字:先找债务人,不足部分担保人按比例   │
└───┘

📍 判断分析

甲公司向乙银行借款100万元,丙、丁以各自房产分别向乙银行设定抵押,戊、己分别向乙银行出具承担全部责任的担保函,承担保证责任。下列哪些表述是正确的?(2012年第3卷第55题)

A. 乙银行可以就丙或者丁的房产行使抵押权【正确。无债务人物保:债权人可以任意行使担保物权,没有顺序限制】

B. 丙承担担保责任后,可向甲公司追偿,也可要求丁清偿其应承担的份额【错误。丙可以向债务人甲公司追偿,但丙不能向丁追偿。因为原则上担保人之间禁止追偿,本案中也不存在可以追偿的3种情形】

C. 乙银行可以要求戊或者己承担全部保证责任【正确】

D. 戊承担保证责任后,可向甲公司追偿,也可要求己清偿其应承担的份额【错误】

第二节　担保物权的竞合【客+主】【担保物权顺位C;价款优先权B】

🔗 法条群

《中华人民共和国民法典》第二编《物权》第四分编《担保物权》第十七章《抵押权》第一节《一般抵押权》

第四百一十四条【抵押权清偿顺序】同一财产向两个以上债权人抵押的,拍卖、变卖抵押财产所得的价款依照下列规定清偿:

（一）抵押权已经登记的,按照登记的时间先后确定清偿顺序;

（二）抵押权已经登记的先于未登记的受偿;

（三）抵押权未登记的,按照债权比例清偿。

其他可以登记的担保物权,清偿顺序参照适用前款规定。

第四百一十五条【抵押与质权竞合】同一财产既设立抵押权又设立质权的,拍卖、变卖该财产所

得的价款按照登记、交付的时间先后确定清偿顺序。

第四百一十六条【价款超级优先权】动产抵押担保的主债权是抵押物的价款，标的物交付后十日内办理抵押登记的，该抵押权人优先于抵押物买受人的其他担保物权人受偿，但是留置权人除外。

第四百五十六条【留置权与抵押权或者质权的关系】同一动产上已经设立抵押权或者质权，该动产又被留置的，留置权人优先受偿。

《最高人民法院关于适用〈中华人民共和国民法典〉有关担保制度的解释》［三、关于担保物权（三）动产与权利担保］

第五十七条 担保人在设立动产浮动抵押并办理抵押登记后又购入或者以融资租赁方式承租新的动产，下列权利人为担保价款债权或者租金的实现而订立担保合同，并在该动产交付后十日内办理登记，主张其权利优先于在先设立的浮动抵押权的，人民法院应予支持：

（一）在该动产上设立抵押权或者保留所有权的出卖人；

（二）为价款支付提供融资而在该动产上设立抵押权的债权人；

（三）以融资租赁方式出租该动产的出租人。

买受人取得动产但未付清价款或者承租人以融资租赁方式占有租赁物但是未付清全部租金，又以标的物为他人设立担保物权，前款所列权利人为担保价款债权或者租金的实现而订立担保合同，并在该动产交付后十日内办理登记，主张其权利优先于买受人为他人设立的担保物权的，人民法院应予支持。

同一动产上存在多个价款优先权的，人民法院应当按照登记的时间先后确定清偿顺序。

担保物权的竞合，涉及同一财产向 2 个以上债权人设定担保物权，就担保财产拍卖、变卖所得的价金，各个债权人的优先受偿顺位如何确定。

【说明】法律允许同一财产之上设立数个担保物权，而不必考虑担保财产的价值是否足以担保数个债权。因而，必须采用一定的顺位规则解决数个担保物权担保的债权总额超过担保财产价值的问题。

一、不动产抵押权竞合

不动产抵押权实行登记生效主义，因此以登记时间先后确定不动产抵押权的顺位。

【示例】甲先后向乙、丙借款 500 万元，均以自己的房屋提供抵押，并先后办理了抵押登记。后甲到期无力偿还乙和丙的借款，而房屋拍卖所得价款仅为 800 万元。因乙的抵押权先于丙的抵押权登记，故而乙可以分得 500 万元，而丙只能分得剩下的 300 万元。

二、动产抵押权竞合

1. 抵押权均已经登记的：按照登记的时间先后确定清偿顺序。

2. 抵押权已经登记的先于未登记的受偿。

3. 抵押权均未登记：按照债权比例清偿。

【示例】1 月 1 日，甲向乙借款 50 万元，以其 A 设备提供抵押，未办理抵押登记。1 月 10 日，甲向丙借款 50 万元，以其 A 设备提供抵押，并于同日办理了抵押登记。1 月 20 日，甲向丁借款 50 万元，以其 A 设备提供抵押，并于同日办理了抵押登记。1 月 30 日，甲向戊借款 50 万元，以其 A 设备提供抵押，未办理抵押登记。其后，甲到期无力偿还乙、丙、丁和戊的借款，而 A 设备拍卖所得仅为 120 万元。乙和戊的抵押权未登记，丙和丁的抵押权均已经登记且丙的抵押权登记在先，故而受偿排序为：丙＞丁＞乙＝戊。因此，丙和丁可以各获得50万元；剩下的20万元由乙和戊均分。

【注意】

1. 担保物权人优先顺位的确定，不考虑当事人主观上的善意或者恶意。上例中，即使丙知道甲将A设备先抵押给了乙，丙依然可以优先于乙受偿。

2. 其他可以登记的担保物权，例如所有权保留、融资租赁和保理，均参照适用动产抵押权竞合的顺位规则。

三、动产抵押权与质权竞合

按照登记、交付的时间先后确定清偿顺序。

【示例】1月1日，甲向乙借款50万元，以其A设备提供抵押，并于同日办理了抵押登记。1月10日，甲向丙借款50万元，并将其A设备交付给丙作为质押担保。后甲到期无力偿还乙和丙的借款，而A设备拍卖所得仅为80万元。乙的动产抵押权设立于1月1日并于同日登记。丙的质权设立于1月10日。故而，乙的动产抵押权优先于丙的质权，乙可以获得50万元，而丙只能获得30万元。若乙的动产抵押权并未办理登记，则丙的质权优先于乙的抵押权，丙可以获得50万元，而乙只能分到30万元。

四、价款优先权

价款优先权＝买受人通过融资购入动产＋以购买的动产为融资提供担保＋动产交付后10日内办理担保登记＝提供融资方优先于动产买受人的其他担保物权人受偿。

1. 适用于以下4种情形：

（1）向出卖人赊购：以购买的动产为出卖人提供抵押并办理抵押登记。

（2）以所有权保留买卖方式购入：以出卖人保留所有权的方式提供担保并办理所有权保留登记。

（3）以融资租赁方式租入新的动产：以出租人对租赁物享有所有权的方式提供担保并办理融资租赁登记。（售后回租中的出租人不享有价款优先权）

（4）借款购买动产：以购买的动产为银行提供抵押并办理抵押登记。

【示例】1月1日，甲公司向乙银行借款，并设定动产浮动抵押，于同日办理了抵押登记。

① 3月1日，甲公司与丙公司签订A设备买卖合同，约定甲公司于A设备交付后3个月内一次性付清价款，并以A设备提供抵押担保。3月7日，丙公司交付A设备。3月15日，办理了抵押登记。虽然丙公司的抵押权后于乙银行的抵押权登记，但是丙公司的抵押权优先于乙银行的抵押权。因为，丙公司为甲公司购买A设备提供了融资，符合价款优先权的条件。

② 3月1日，甲公司与丙公司签订A设备买卖合同，约定甲公司分期付款，丙公司在付清全部价款之前保留A设备的所有权。3月7日，丙公司交付A设备。3月15日，办理了所有权保留买卖登记。虽然所有权保留买卖登记晚于乙银行的抵押权登记，但是丙公司对A设备保留的所有权优先于乙银行的抵押权。因为丙公司为甲公司购买A设备提供了融资，符合价款优先权的条件。

③ 3月1日，甲公司与戊公司签订融资租赁合同，约定戊公司向丙公司购买A设备，出租给甲公司。3月7日，丙公司交付A设备。3月15日，办理了融资租赁登记。虽然融资租赁登记晚于乙银行的

抵押权登记，但是戊公司对A设备的所有权优先于乙银行的抵押权。因为戊公司为甲公司购买A设备提供了融资，符合价款优先权的条件。

④3月1日，甲公司向丁银行借款，约定：甲公司以该笔借款向丙公司支付购买A设备的价款，并以A设备为借款提供抵押担保。3月7日，丙公司交付A设备。3月15日，办理了抵押登记。虽然丁银行的抵押权晚于乙银行的抵押权登记，但是丁银行的抵押权优先于乙银行的抵押权。因为丁银行为甲公司购买A设备提供了融资，符合价款优先权的条件。

⑤3月1日，甲公司与丙公司签订A设备买卖合同，约定甲公司先支付首付款，尾款于设备交付后3个月内支付，并以A设备提供抵押。为支付首付款，甲公司向丁银行借款，并以A设备提供抵押。3月7日，丙公司交付A设备。3月12日，丁银行办理了抵押登记。3月15日，丙公司办理了抵押登记。虽然丙公司、丁银行的抵押权后于乙银行的抵押权登记，但是丙公司和丁银行的抵押权优先于乙银行的抵押权。因为，丙公司、丁银行为甲公司购买A设备提供了融资，符合价款优先权的条件。虽然丙公司与丁银行的抵押权均为价款优先权，但是丁银行的抵押权登记在先，所以丁银行优先于丙公司。

【说明】无论甲以何种方式购入新设备，新设备均将自动成为乙银行动产浮动抵押权的客体。若坚持动产抵押权竞合的顺位规则，因为乙银行的动产浮动抵押权登记于前，即使丙或丁的抵押权、丙对A设备的所有权、戊对租赁物A设备的所有权办理了登记，丙、丁或戊的担保权也劣后于乙银行的动产浮动抵押权。如此一来，丙、丁或戊自然不愿意与甲公司进行交易，甲公司的再融资能力就因为动产浮动抵押权的设立受到了严重影响，而甲公司无法购买到需要的设备，其生产能力和盈利能力自然也会受到影响，这对乙银行来说也并非好事，丙、丁或戊则丧失了1次潜在的交易机会，由此出现了多方皆输的局面。为改变这种局面，《中华人民共和国民法典》规定价款优先权，让丙、丁或者戊优先于乙银行就A设备优先受偿，着力解决中小企业在将现有的和将有的动产设定浮动抵押后的再融资能力问题。此种解决方案看似对乙银行不利，其实不然。因为，若丙、丁或戊不提供融资，甲根本无从获得A设备，乙银行自然也就无法对A设备主张优先受偿。

【注意】价款优先权不仅优先于登记在先的动产浮动抵押权，还可以优先于登记在先的普通动产抵押权。例如，1月1日，甲公司与丙公司签订A设备买卖合同，约定甲公司于设备交付后3个月内一次性付清价款，并以A设备提供抵押担保。1月7日，丙公司交付A设备。1月10日，甲公司向乙银行借款用于资金周转，并以A设备提供抵押，于同日办理了抵押登记。1月15日，甲公司配合丙公司办理了抵押登记。虽然丙公司的抵押权晚于乙银行的抵押权登记，但是丙公司的抵押权优先于乙银行的抵押权。因为丙公司为甲公司购买A设备提供了融资，符合价款优先权的条件。

2.同一动产上存在多个价款优先权的，按照登记的时间先后确定清偿顺序。

【示例】1月1日，甲公司向乙银行借款，并设定动产浮动抵押，同日办理了抵押登记。3月1日，甲公司与丙公司签订A设备买卖合同，约定甲公司先支付首付款，尾款于设备交付后3个月内支付，并以A设备提供抵押。为支付首付款，甲公司向丁银行借款，并以A设备提供抵押。3月7日，丙公司交付A设备。3月12日，丁银行办理了抵押登记。3月15日，丙公司办理了抵押登记。虽然丙公司、丁银行的抵押权后于乙银行的抵押权登记，但是丙公司和丁银行的抵押权优先于乙银行的抵押权。因为，丙公司、丁银行为甲公司购买A设备提供了融资，符合价款优先权的条件。虽然丙公司与丁银行的抵押权均为价款优先权，但是丁银行的抵押权登记在先，所以丁银行优先于丙公司。

五、留置权恒优先

1. 同一动产上已经设立抵押权或者质权，该动产又被留置的，留置权人优先受偿。
2. 留置权优先于价款优先权。

【示例】1月1日，甲公司向乙银行借款，并设定动产浮动抵押，同日办理了抵押登记。3月1日，甲公司与丙公司签订A设备买卖合同，约定甲公司于设备交付后3个月内一次性付清价款，并以A设备提供抵押。3月7日，丙公司交付A设备。3月15日，办理了抵押登记。5月15日，A设备出现故障，甲公司送交丁公司维修。因甲公司无力支付维修费，丁公司扣下A设备不放。丁公司的留置权＞丙公司的抵押权（价款优先权）＞乙银行的动产浮动抵押权。

【总结】留置权＞价款优先权（内部看登记时间先后）＞公示的抵押权/质权（内部看登记/交付的时间先后）＞未登记的抵押权（内部顺位相同，按债权比例）＞普通债权。

六、抵押权及其顺位的放弃与变更

1. 抵押权人可以放弃抵押权或者抵押权的顺位。
2. 抵押权人与抵押人可以协议变更抵押权顺位以及被担保的债权数额等内容。但是，抵押权的变更未经其他抵押权人书面同意的，不得对其他抵押权人产生不利影响。
3. 债务人以自己的财产设定抵押，抵押权人放弃该抵押权、抵押权顺位或者变更抵押权的，其他担保人在抵押权人丧失优先受偿权益的范围内免除担保责任。

【示例】黄河公司以其房屋作抵押，先后向甲银行借款100万元，乙银行借款300万元，丙银行借款500万元，并依次办理了抵押登记。后抵押权人丙银行、甲银行与抵押人黄河公司商定交换二者抵押权的顺位，并办理了变更登记，但乙银行并不知情。因黄河公司无力偿还3家银行的到期债务，银行拍卖其房屋，仅得价款600万元。房屋上存在3个抵押权，根据登记的时间先后，甲是第一顺位受偿100万元，乙是第二顺位受偿300万元，丙是第三顺位受偿200万元。如丙与甲变更顺位，丙成为第一顺位优先受偿500万元，则乙只能受偿100万元，对乙产生了不利影响。因变更顺位未经过乙的书面同意，则不能对乙产生不利影响。因此，乙依然受偿300万元，丙受偿300万元，而甲无法受偿。

判断分析

1. 甲公司以其机器设备为乙公司设立了质权。10日后，丙公司向银行贷款100万元，甲公司将机器设备又抵押给银行，担保其中40万元贷款，但未办理抵押登记。同时，丙公司将自有房产抵押给银行，担保其余60万元贷款，办理了抵押登记。20日后，甲将机器设备再抵押给丁公司，办理了抵押登记。丙公司届期不能清偿银行贷款。下列哪一项表述是正确的？（2013年第3卷第8题）

A. 如银行主张全部债权，应先拍卖房产实现抵押权【错误。虽然债务人丙公司提供了房产抵押，但是丙公司仅担保100万元中的60万元贷款，而甲公司仅担保其中的40万元贷款，成立按份共同担保，因此债权人银行只能按照份额请求丙公司和甲公司承担担保责任，既无先后顺序，也无选择权】

B. 如银行主张全部债权，可选择拍卖房产或者机器设备实现抵押权【错误】

C. 乙公司的质权优先于银行对机器设备的抵押权【正确。公示的质权优先于未登记的抵押权】

D. 丁公司对机器设备的抵押权优先于乙公司的质权【错误。公示在先的质权优先于登记在后的抵押权】

2.甲造船公司向乙银行借款,约定甲以其现有以及将有的动产为乙设立动产浮动抵押担保,办理了抵押登记。后甲公司为丙公司定作A船,丙公司以80万元购买A船,同时以A船作为支付购船款的抵押物,丙公司先支付了20万元。3月1日,甲公司向丙公司交付A船,5日办理了抵押登记,后丙公司一直未支付剩余价款。以下说法正确的是?(2021年仿真题)

A.甲公司的抵押权优先于乙银行的抵押权【错误。甲公司给丙公司购买A船提供了融资,其对A船的抵押权符合价款优先权的条件。但是,价款优先权是相对于买受人的其他担保物权人而言的,而本题中乙银行并非丙公司的担保物权人,而是甲公司的担保物权人,因此不能适用价款优先权优先于其他担保物权的规则】

B.乙银行的抵押权优先于甲公司的抵押权【正确】

C.丙公司已经取得A船所有权【正确。抵押期间,抵押人甲公司可以自由转让抵押物,丙公司自交付时取得A船的所有权】

D.乙银行的抵押权可以对抗丙公司【正确。甲公司将A船出卖给丙公司虽然属于其正常经营活动,但丙公司仅支付100万元价款中的20万元,不符合正常经营买受人规则的适用条件"受让人已经支付合理价款",故而乙银行已经登记的抵押权可以对抗丙公司】

【主观题专项训练】

案情:2021年1月1日,甲公司与乙银行签订贷款合同,约定:乙银行向甲公司提供贷款1亿元,年利率8%,借期1年。甲公司以自己的办公大楼提供抵押担保,办理了抵押登记。在未召开股东会进行决议的情况下,甲公司的唯一出资人丙公司承诺提供连带责任保证;甲公司的法定代表人A以自己的轿车X7提供抵押担保,办理了抵押登记。之后,A为了融资,将轿车X7抵押给B,未办理抵押登记。在1次交通事故后,A将轿车X7送给丁公司维修。因欠付维修费,丁公司扣车不放。事后查明,轿车X7是A于2020年10月1日以所有权保留买卖的方式从戊公司处购得,且A提车后3日内办理了所有权保留登记。其后,甲公司和A无力偿还债务。

问题1:乙银行能否请求丙公司承担保证责任?

问题2:乙银行是否应当先就甲公司的抵押实现其债权?

问题3:丙公司向乙银行承担了保证责任之后,能否向A进行追偿?

问题4:如果乙银行与B均对轿车X7主张权利,何者的权利优先?

问题5:如果乙银行、丁公司、戊公司均对轿车X7主张权利,三者的权利如何确定顺位?

问题1:乙银行能否请求丙公司承担保证责任?

答案:能。丙公司是甲公司的唯一出资人,母公司为其全资子公司开展经营活动提供担保,不需要经过股东会决议。法条依据为《最高人民法院关于适用〈中华人民共和国民法典〉有关担保制度的解释》第八条。

问题2:乙银行是否应当先就甲公司的抵押实现其债权?

答案:是。在债务人甲公司自己提供了物保的情形下,如果没有特别约定,债权人乙银行应当先就甲公司的抵押实现债权。法条依据为《中华人民共和国民法典》第三百九十二条。

问题3:丙公司向乙银行承担了保证责任之后,能否向A进行追偿?

答案:不能。丙公司与A并未约定可以相互追偿,也未约定提供连带共同担保,也未在同一份合

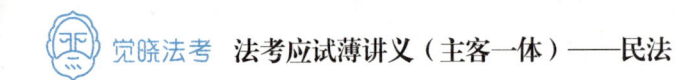

同书上签字、盖章，不符合担保人之间可以相互追偿的法定情形。法条依据为《最高人民法院关于适用〈中华人民共和国民法典〉有关担保制度的解释》第十三条。

问题 4：如果乙银行与 B 均对轿车 X7 主张权利，何者的权利优先？

答案：<u>乙银行的权利优先</u>。乙银行已经登记的抵押权优先于 B 未登记的抵押权。法条依据为《中华人民共和国民法典》第四百一十四条。

问题 5：如果乙银行、丁公司、戊公司均对轿车 X7 主张权利，三者的权利如何确定顺位？

答案：<u>丁公司＞戊公司＞乙银行</u>。戊公司为 A 购买轿车 X7 提供了融资，符合价款优先权的条件，优先于 A 的其他担保物权人受偿，而丁公司对轿车 X7 享有留置权，优先于戊公司。法条依据为《中华人民共和国民法典》第四百一十六条、《最高人民法院关于适用〈中华人民共和国民法典〉有关担保制度的解释》第五十七条。

侵权责任与人格权

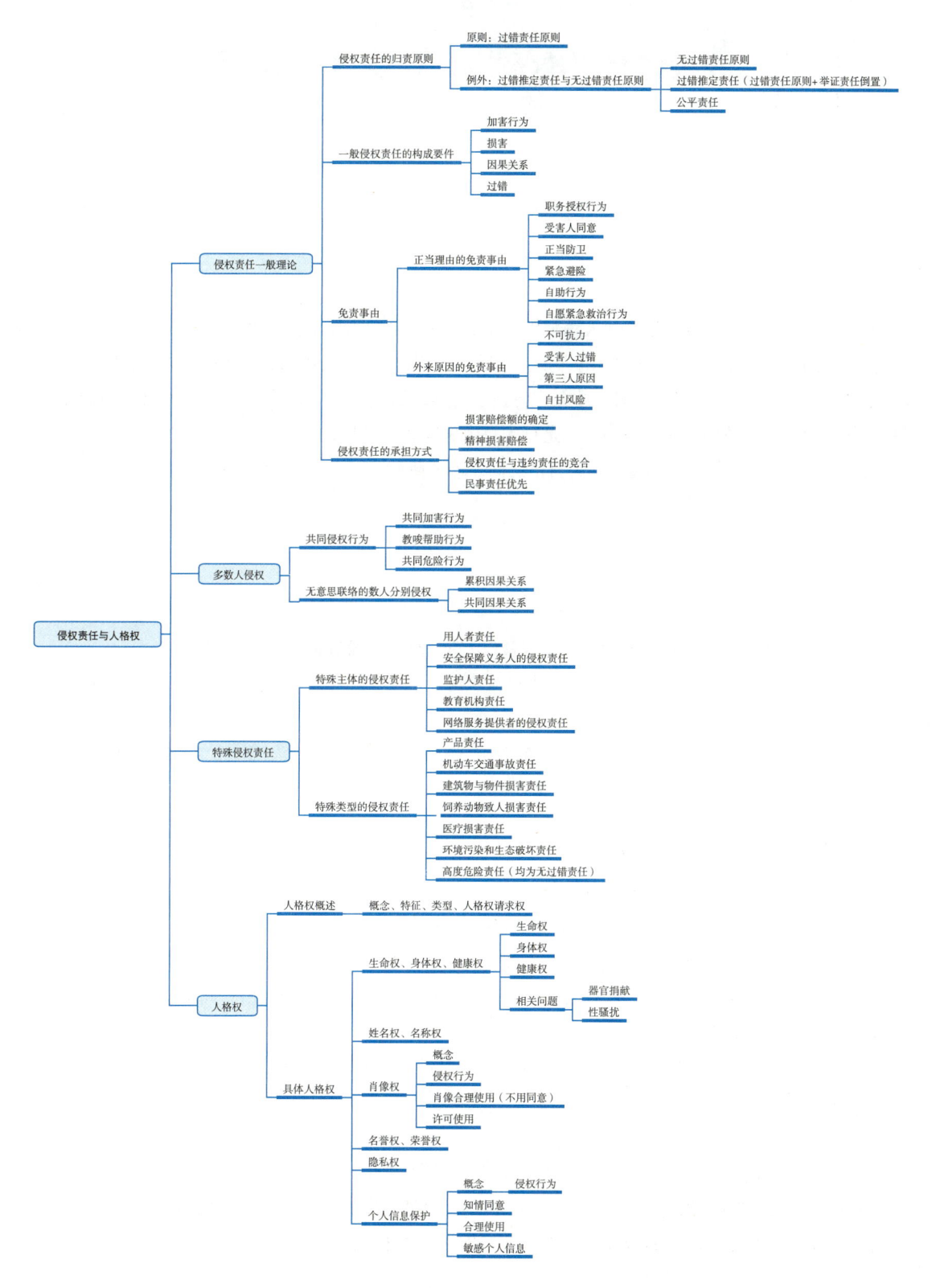

- 侵权责任与人格权
  - 侵权责任一般理论
    - 侵权责任的归责原则
      - 原则：过错责任原则
      - 例外：过错推定责任与无过错责任原则
        - 无过错责任原则
        - 过错推定责任（过错责任原则+举证责任倒置）
        - 公平责任
    - 一般侵权责任的构成要件
      - 加害行为
      - 损害
      - 因果关系
      - 过错
    - 免责事由
      - 正当理由的免责事由
        - 职务授权行为
        - 受害人同意
        - 正当防卫
        - 紧急避险
        - 自助行为
        - 自愿紧急救治行为
      - 外来原因的免责事由
        - 不可抗力
        - 受害人过错
        - 第三人原因
        - 自甘风险
    - 侵权责任的承担方式
      - 损害赔偿额的确定
      - 精神损害赔偿
      - 侵权责任与违约责任的竞合
      - 民事责任优先
  - 多数人侵权
    - 共同侵权行为
      - 共同加害行为
      - 教唆帮助行为
      - 共同危险行为
    - 无意思联络的数人分别侵权
      - 累积因果关系
      - 共同因果关系
  - 特殊侵权责任
    - 特殊主体的侵权责任
      - 用人者责任
      - 安全保障义务人的侵权责任
      - 监护人责任
      - 教育机构责任
      - 网络服务提供者的侵权责任
    - 特殊类型的侵权责任
      - 产品责任
      - 机动车交通事故责任
      - 建筑物与物件损害责任
      - 饲养动物致人损害责任
      - 医疗损害责任
      - 环境污染和生态破坏责任
      - 高度危险责任（均为无过错责任）
  - 人格权
    - 人格权概述
      - 概念、特征、类型、人格权请求权
    - 具体人格权
      - 生命权、身体权、健康权
        - 生命权
        - 身体权
        - 健康权
        - 相关问题
          - 器官捐献
          - 性骚扰
      - 姓名权、名称权
      - 肖像权
        - 概念
        - 侵权行为
        - 肖像合理使用（不用同意）
        - 许可使用
      - 名誉权、荣誉权
      - 隐私权
      - 个人信息保护
        - 概念
        - 侵权行为
        - 知情同意
        - 合理使用
        - 敏感个人信息

281

KEEP AWAKE

第一章
侵权责任一般理论【客+主】

【重点】归责原则、自甘风险、精神损害赔偿、侵权责任与违约责任竞合

侵权责任，是指行为人因侵害他人民事权益而依照法律规定需要承担的民事法律后果。

【说明】损害应该被视为一种"不幸"或"宿命"，原则上应由受害人自己承受，即"损害应停留在其发生之处"。只有存在正当事由时，才允许将损害转移给加害人，以免过度影响行为自由。就此而言，侵权责任法固然是权益保护法，但同时也是行为自由保障法。侵权责任的归责原则、构成要件和免责事由等均应在受害人权益保护与加害人行为自由之间谋求平衡。

第一节　侵权责任的归责原则【客+主】

法条群

《中华人民共和国民法典》第七编《侵权责任》第一章《一般规定》
　　第一千一百六十五条【过错责任原则】行为人因过错侵害他人民事权益造成损害的，应当承担侵权责任。
　　【过错推定】依照法律规定推定行为人有过错，其不能证明自己没有过错的，应当承担侵权责任。

一、原则：过错责任原则

1. 加害人有过错，才需要承担侵权责任。
2. 加害人是否有过错，由受害人承担举证责任。
若受害人无法举证证明，即使造成损害，加害人也不需要承担侵权责任。
【说明】有过错才承担责任，具有天然的正当性，且有利于维护行为自由，同时也可以促使行为人尽到应有的注意义务以避免损害的发生。
3. 在某些情形中，受害人很难举证证明加害人有过错。为更好地保护受害人的利益，法律设置了过错推定责任：
（1）损害发生后，首先推定加害人有过错。
（2）加害人如果无法证明自己没有过错，就要承担侵权责任。
即使加害人能够证明损害是第三人的过错造成的，只要不能证明自己没有过错，依然无法免责。
【示例】甲经过乙家楼下的时候，乙家阳台上的花盆突然掉落，将甲砸伤。花盆掉落的原因有多种

可能，甲很难证明是乙过错造成的。相反，正常情况下，如果乙没有过错，花盆怎么会掉下来呢？因此，法律规定此种情形下推定乙有过错，如果乙不能证明自己没有过错，就要承担侵权责任。即使乙能够证明花盆是邻居丙不小心碰掉的，乙也要承担责任（事后可以向丙追偿）。

（3）过错推定责任限于法律明文规定的下列情形（详见后文）：

①教育机构侵权责任（限于无民事行为能力人受害）；

②医疗损害责任（限于特定情形：违反法律、行政法规、规章以及其他有关诊疗规范的规定；隐匿或者拒绝提供与纠纷有关的病历资料；遗失、伪造、篡改或者违法销毁病历资料）；

③建筑物与物件损害责任（2个例外：建筑物倒塌、塌陷；在公共道路上堆放、倾倒、遗撒妨碍通行的物品，行为人承担无过错责任）；

④动物园动物致人损害。

二、例外：无过错责任原则

1. 在某些情形中，为了更好地保护受害人，不问加害人有无过错，只要造成损害，加害人就要承担侵权责任。

加害人即使证明自己没有过错，依然需要承担责任。

【说明】现代社会存在许多具有巨大危险性的活动，例如生产汽车并将之投入流通、运营高铁等。这些活动对社会有益，有存在的必要，但是危险一旦转化为损害，将会非常严重。从事危险活动的人开启了危险源，从中获益，且最有能力控制该危险，因此由其对损害负责较为合理。

2. 限于法律明文规定的情形（详见后文）：

（1）监护人责任；

（2）用人单位责任；

（3）个人用工者责任；

（4）被帮工人责任；

（5）建筑物倒塌、塌陷；

（6）动物侵权（动物园除外）；

（7）产品责任（包括医疗产品致人损害）；

（8）机动车交通事故责任（机动车之间发生交通事故适用过错责任原则）；

（9）环境侵权责任；

（10）高度危险责任；

（11）在公共道路上堆放、倾倒、遗撒妨碍通行的物品，行为人承担无过错责任。

三、公平责任【公平责任C】

1. 公平责任，是指受害人和行为人对损害的发生都没有过错，而法律又未规定适用无过错责任，依照法律的规定由双方分担损失，即由行为人对受害人进行适当补偿。

2. 主要包括下列情形（详见后文）：

（1）紧急避险；

（2）见义勇为；

（3）高空抛物致人损害无法确定具体侵权人；

（4）完全民事行为能力人无过错地陷入无意识状态或者失去控制致人损害。

完全民事行为能力人对自己陷入意识状态或者失去控制有过错的，应当承担侵权责任；没有过错的，根据行为人的经济状况对受害人适当补偿。例：因吸毒产生幻觉后殴打朋友，应当承担侵权责任；因癫痫病发作致人损害，只需要适当补偿。

第二节　一般侵权责任的构成要件【客＋主】【侵权责任构成要件A】

一般侵权责任是指奉行过错责任原则的一般侵权行为。其构成要件包括：

加害行为 + 损害 + 因果关系 + 主观过错。

一、加害行为

加害行为，是指侵害他人民事权益的行为，包括作为（不应为而为：故意杀人）与不作为（应为而不为：应当救人却视而不见）。

【注意】第三人侵害债权

侵权法保护物权、人格权、知识产权等绝对权益。债权发生在特定的当事人之间，属于相对权，缺乏公示性。如果债权和绝对权益在侵权法上享受同等的保护，就会在极大程度上妨害行为自由。因此，第三人侵害债权一般不构成侵权。但是，第三人故意以悖于善良风俗的方式侵害债权的，构成侵权。例：甲向法院起诉请求乙偿还500万元借款，法院应甲的申请冻结了乙的银行账户。为了配合乙规避执行，丙将其银行账户交给乙使用，导致本应进入乙的银行账户的500万元不知所踪。后因乙并无其他财产可供执行，法院裁定终结执行。丙的行为导致甲对乙的债权无法实现，且其主观上是故意的，违背公序良俗，甲可以请求其承担侵权责任。

二、损害

加害行为必须造成损害，包括财产损害与精神损害。

【注意】纯粹经济损失，是指非因侵害人身权或者财产权造成的财产损失。在侵权法上，纯粹经济损失一般不赔，否则赔偿责任将漫无边际，严重影响行为自由。但是，存在2种例外情况：第一，法律明确规定纯粹经济损失应予赔偿。例如，律师见证的遗嘱被确认无效，当事人因此遭受的纯粹经济损失由其所在的律师事务所承担赔偿责任。第二，故意以悖于善良风俗的方式使他人遭受纯粹经济损失。

【示例】甲公司在施工过程中挖断了供电公司的电力电缆，导致乙公司的芯片生产线停工3个小时，造成损失1000万元。乙公司的财产权并未遭受侵害，其停工损失属于纯粹经济损失，甲公司无须承担侵权损害赔偿责任。若甲公司是乙公司的竞争对手，挖断电缆系其故意为之，目的在于干扰乙公司的正常生产，则甲公司应负赔偿责任。

三、因果关系

1.因果关系包括2个层次：

（1）责任成立的因果关系：加害行为与民事权益被侵害之间存在因果关系。（决定侵权责任是否成立）

（2）责任范围的因果关系：民事权益被侵害与损害之间存在因果关系。（决定赔偿责任的范围大小）
2. 侵权法上的因果关系采用相当因果关系说，须同时满足：
（1）条件：无此行为，则不会发生此种损害。
（2）相当性：有此行为，通常会发生此种损害。

【示例】小偷利用1楼住户甲违规安装的防盗网，进入2楼住户乙的室内，行窃过程中将乙打伤。甲未违规安装防盗网，小偷就无法进入乙家，乙就不可能被打伤。因此，甲违规安装防盗网是乙被打伤的条件。但是，依照生活经验可知，即使甲违规安装防盗网，通常也不会导致他人被打伤。因此，不满足相当性，责任成立的因果关系不成立，甲无须对乙承担赔偿责任。

【示例】甲在前往电影院的路上不小心撞到乙，乙不由分说对甲进行殴打，导致甲左腿骨折，支出医药费2000元，花45元购买的电影票也白白浪费。乙没有殴打甲，甲的左腿就不会骨折，且殴打行为通常也可能导致骨折。故而，乙的殴打行为与甲的健康权受损之间存在相当因果关系（责任成立的因果关系）。甲的左腿没有骨折，就不会支出医药费，而且骨折通常会发生医药费，所以甲的健康权受损与支出医疗费之间存在相当因果关系（责任范围的因果关系），乙应当赔偿医药费。甲的左腿没有骨折，电影票就不会被浪费，但是骨折通常不会伴随着电影票被浪费，因此甲的健康权受损与电影票白白浪费之间不存在相当因果关系（责任范围的因果关系），甲无权请求乙赔偿45元的电影票损失。

四、过错

加害人必须存在过错。过错包括故意与过失。
1. 故意：指明知损害会发生而积极追求或放任损害发生。
2. 过失：指对损害的发生有主观上的疏忽大意或过于自信。依据过失的严重程度可分为：
（1）一般过失：普通人违反了一般理性人的注意义务；
（2）重大过失：欠缺一般人所应有的最起码的注意。专业人士的注意程度较高，若违反了一般理性人的注意义务，即为有重大过失。

【注意】仅在法律明文规定之时，故意、重大过失和一般过失的区分才具有意义。例如，依《民法典》第1245条的规定，动物伤人的，饲养人或者管理人承担侵权责任，但是，损害是被侵权人故意或者重大过失造成的，可以免责或者减责。

【注意】在一般侵权责任中，受害人起诉加害人承担侵权责任，必须举证证明以上四个构成要件同时满足。

第三节　免责事由【客+主】【免责、减责事由 A】

免责事由，是指致人损害却依法可以不承担侵权责任或者减轻民事责任的事由。

一、正当理由的免责事由

（一）依法执行职务的行为

为了维护社会公共利益和公民的合法权益，在执行职务时不可避免地对他人的财产和人身造成伤害，不承担侵权责任。例如，为制止精神病人乱砍人的行为而开枪射击或者电击。
1. 必须有合法的授权；

2. 执行职务的程序和方式均合法；

3. 致人损害是执行职务的必要条件。

（二）受害人同意

受害人同意承担损害的，加害人不承担侵权责任。例：病人同意进行子宫切除术的，医院不承担侵权责任。

1. 受害人必须具有同意的能力；

2. 受害人的同意必须真实、自愿。例如，甲男通过给乙女服用催情药物而使其同意发生性关系，此种同意无效，甲需承担侵权责任。

3. 加害人必须尽到充分的告知、说明义务。

4. 不得违反法律和公序良俗。例如，甲欲自杀但缺乏勇气，于是和乙签订合同，约定甲支付给乙10万元，乙负责将甲毒死。若乙依约毒死了甲，应承担赔偿责任，因为甲的同意违法无效。

【注意】如果受害人仅仅是意识到危险的存在，但并没有对结果同意，此时则不能视为受害人同意，此种情形下，侵权人仍然应当承担侵权责任。例如：聚餐后，甲明知乙已经喝醉，依然坐乙的车回家，后发生交通事故，乙受重伤。虽然甲应该意识到醉驾的危险，但是并不意味着其自愿承担损害结果，因此不构成受害人同意。甲乙应当根据各自的过错分担责任。

（三）正当防卫

正当防卫，是指为了保护自己或者他人的利益免受正在进行的不法侵害，而采取的不超过必要限度的制止不法侵害的行为。因正当防卫造成损害的，防卫人不承担民事责任。例如：甲男酒后乱性，强吻同行女伴乙，乙在反抗过程中将甲脸部抓伤并将其舌头咬断。乙的行为属于正当防卫，无须承担责任。

1. 必须存在不法侵害行为；

2. 不法侵害行为正在发生；

3. 针对不法侵害人本人进行防卫；

4. 防卫行为未超过必要限度。

正当防卫超过必要的限度，造成不应有的损害的，正当防卫人应当承担适当的民事责任。例如：几个小孩到果园偷摘苹果，果园主人使用猎枪对孩子进行射击，将其中1个小孩击伤，属于防卫过当，应当承担侵权责任。

（四）紧急避险

紧急避险，是指为避免自己或他人利益上现实急迫的危险，不得已实施的致人损害的行为。例如：甲驾车正常行驶过程中，为避让突然横穿马路的小孩而右转向，结果将路边停放的乙车撞坏。

1. 构成要件

（1）自己或他人的利益正在遭受现实而急迫的危险。

（2）为了避免危险造成损害，不得已而实施损害他人的行为：没有别的选择，只能通过损害他人来防止急迫的危险。

（3）避险行为没有超过必要的限度。通常认为，紧急避险行为所引起的损害应小于危险可能带来的损害。例如：甲为避免乙扔的石头将自己的车玻璃砸坏而猛打方向盘，结果将路人丙撞伤。甲要保护的是自己的财产权，侵害的是丙的健康权，而健康权的价值远远大于财产权，故而甲的避险行为过当，应当承担侵权责任。

2.法律后果

（1）避险人不承担责任，引起险情的人承担责任；例：甲在正常行车过程中为避让突然横穿马路的小孩乙而急打方向盘，将路边停放的丙车撞坏。小孩乙引起危险，应由乙的父母向丙承担责任。

（2）自然原因引起的危险，避险人不承担责任，受益人可以给予适当补偿（避险人可能就是受益人）；

（3）紧急避险采取措施不当或者超过必要的限度，造成不应有的损害的，紧急避险人应当承担适当的民事责任。

（五）自助行为

自助行为，是指通过扣留他人财物或拘束他人人身自由等保护自己合法权益的行为。例如：为防止小偷逃跑，超市可以在警察到来之前暂时将小偷锁在办公室里不让其出来。

1.构成要件

（1）合法权益受到侵害；

（2）情况紧迫且不能及时获得国家机关保护，不立即采取措施将使其权益遭受难以弥补的损害；

（3）在保护自己合法权益的必要范围内采取合理的措施；

（4）及时请求有关国家机关处理。

2.法律后果

自助行为对他人造成人身或者财产损害的，不承担侵权责任；若超出必要限度，应承担相应的赔偿责任。

（六）见义勇为

1.见义勇为造成受助人损害：因自愿实施紧急救助行为造成受助人损害的，救助人不承担民事责任。

2.见义勇为人自己受到损害：由侵权人承担民事责任，受益人可以给予适当补偿。

没有侵权人、侵权人逃逸或者无力承担民事责任的，受益人应当给予适当补偿。

二、外来原因的免责事由

（一）不可抗力

不可抗力是不能预见、不能避免且不能克服的客观情况。

1.因不可抗力致人损害，不承担责任。例：甲的大树被百年难一遇的狂风刮倒，砸坏了邻居乙的车，甲免责。

2.例外情况下不免责。例如：一些高度危险责任，如民用核设施、民用航空器致害，不可抗力并非免责事由。

【注意】一般认为意外事件也属于免责事由。意外事件，是由行为人意志以外的原因引发的偶然事故，行为人即使尽到合理的注意义务也难以预见到，发生概率非常低。例：老奶奶送 4 岁的小孩香蕉，小孩吃香蕉时误入气管导致意外死亡，老奶奶不需要承担责任。

（二）受害人过错

被侵权人（受害人）对同一损害的发生或者扩大有过错的，可以减轻侵权人的责任。

1. 受害人具有故意的，免除加害人的责任。

（1）受害人故意是损害发生的唯一原因时，方可完全免责。例如，卧轨自杀；因天气干旱，农民将某化肥厂排放的污水引入自己的农田灌溉，结果造成农作物死亡。

（2）受害人故意不免责：饲养禁止饲养的烈性犬等危险动物（如藏獒、老虎、毒蛇、鳄鱼）致人损害的，受害人故意也无法免责。

（3）受害人故意仅为减责事由：违反管理规定，未对动物采取安全措施造成他人损害的，饲养人或管理人应当承担侵权责任；但是能够证明是因被侵权人故意造成的，可以减轻责任。

2. 受害人具有过失的，可以减轻加害人的责任。

【示例】甲忘带家门钥匙，邻居乙建议甲从自家阳台攀爬到甲家并提供绳索以备不测。后甲在攀爬时绳索断裂，从3楼坠地致重伤。甲可以请求乙承担赔偿责任，但是甲自己显然也有过错，应当减轻乙的责任。

【注意】受害人的特殊体质不属于其过错，不能减责。例如，在交通事故中，因受害人患有严重的骨质疏松症导致损害加重的，加害人不能主张减责。

（三）第三人原因

1. 第三人原因导致损害的，原则上由第三人承担侵权责任，加害人免责。例如，因第三人原因导致不动产倒塌致人损害的，由第三人承担责任。

2. 例外情形下加害人依然要承担责任（详见特殊侵权责任部分）。例如，因运输者、仓储者等第三人的过错使产品存在缺陷，造成他人损害的，产品的生产者、销售者赔偿后，有权向第三人追偿。

（四）自甘风险

行为人自愿参加具有一定风险的文体活动，因其他参加者的行为受到损害的，其他参加者不承担责任。

【示例】大学生甲参加学院组织的篮球比赛，在抢球时被乙撞骨折，乙无须对甲承担责任。

【注意】其他参加者故意或者重大过失造成他人损害的，仍然需要承担民事责任；活动组织者的责任适用公共场所安保义务人责任的规定（详见后文）。

🔨 判断分析

1. 甲、乙、丙、丁均为资深骑马爱好者，相约去草原骑马。甲提供4匹马供4人骑行。骑行过程中，乙的马被突然出现的野兔惊吓，造成乙摔倒受伤。乙受伤的责任应当4人平均分担。（2019年仿真题）

【错误。4人的行为系自甘风险。在骑马过程中，只要参与者对损害的发生不存在故意或重大过失就无须承担责任。乙受伤是因为马被突然出现的野兔惊吓，其他3人不存在过错，乙应当自行承担损害】

2. 吕某遭到恶狗追咬，路人马某上前相救，情急之下拿了旁边路人何某的雨伞与恶狗搏斗。马某被狗咬伤（造成医疗费、误工损失数百元），何某的雨伞也在搏斗中打坏。经查，狗为赵某所养，赵某无赔偿能力。下面哪一选项是正确的？（2018年仿真题）

A. 马某有权请求吕某给予适当补偿【正确。马某见义勇为使自己受到损害，应当由动物饲养人赵某承担责任，赵某无力承担责任的，马某可以请求受益人吕某给予适当补偿】

B. 马某有权请求吕某赔偿损失【错误】

C. 何某有权请求马某给予适当补偿【错误】。马某因紧急避险给何某造成损害，马某避险适当，马某不承担责任，应当由引起险情的动物饲养人赵某承担侵权责任】

D. 何某有权请求吕某给予适当补偿【错误】

3. 某学校未设围栏的露天操场在举办篮球赛，路人王某为抄近道从篮球场穿过，篮球队员马某专心比赛快速奔跑不慎撞到王某，致王某头部重伤，下列哪个选项正确？（2022年仿真题）

A. 马某承担部分责任【错误。王某作为完全民事行为能力人，应当预见横穿球场的潜在风险，但仍然横穿球场，属于自甘风险。马某在专心比赛的情况下，对王某穿过篮球场并无预见性，没有过错。故而应由王某自己担责】

B. 马某承担全部责任【错误】

C. 学校承担全部责任【错误】。虽然操场未设围栏，但是不能认为篮球赛的组织者学校违反了其安全保障义务，因为并无正当理由要求学校给操场设置围栏】

D. 王某自己担责【正确】

第四节　侵权责任的承担方式【客＋主】【侵权责任的承担方式E】

> **法条群**
>
> 《中华人民共和国民法典》第一编《总则》第八章《民事责任》
>
> 第一百八十六条【违约责任与侵权责任竞合】因当事人一方的违约行为，损害对方人身权益、财产权益的，受损害方有权选择请求其承担违约责任或者侵权责任。
>
> 《中华人民共和国民法典》第四编《人格权》第一章《一般规定》
>
> 第九百九十六条【违约责任与精神损害赔偿】因当事人一方的违约行为，损害对方人格权并造成严重精神损害，受损害方选择请求其承担违约责任的，不影响受损害方请求精神损害赔偿。

侵权责任的承担方式主要有停止侵害、排除妨碍、消除危险、返还财产、恢复原状、赔偿损失、赔礼道歉，以及消除影响、恢复名誉。以上侵权责任承担方式可以单独适用，也可以合并适用。

一、损害赔偿额的确定

1. 财产侵权：按照损失发生时的市场价格或者其他合理方式计算损失。

【示例】姚某旅游途中，前往某玉石市场参观，在唐某经营的摊位上拿起1只翡翠手镯，经唐某同意后试戴，并问价。唐某报价18万元（实际进货价8万元，市价9万元），姚某感觉价格太高，急忙取下，不慎将手镯摔断。唐某可以请求姚某赔偿9万元。

2. 人身侵权：按照被侵权人因此受到的损失或者侵权人因此获得的利益赔偿；难以确定，被侵权人和侵权人就赔偿数额协商不一致，向人民法院提起诉讼的，由人民法院根据实际情况确定赔偿数额。

二、精神损害赔偿【精神损害赔偿A】

1. 适用范围

（1）侵害自然人人身权益造成严重精神损害。例如，整容失败导致毁容；非法使被监护人脱离监护，导致亲子关系或者近亲属间的亲属关系遭受严重损害；死者的姓名、肖像、名誉、荣誉、隐私、遗体、遗骨等受到侵害。

（2）因 故意或重大过失 侵害自然人具有 人身意义的特定物 造成严重精神损害。具有人身意义的特定物包括骨灰、婚纱照片、婚礼录像、父母生前唯一的照片、冷冻卵子等。

2. 请求权人

（1）受害人；（只有自然人才能请求赔偿精神损害，法人和非法人组织不可）

（2）受害人因侵权致死或死者人格利益（姓名、肖像、名誉、荣誉、隐私、遗体）受侵害的，近亲属有权 以自己的名义 请求赔偿精神损害。

①第一顺位：配偶、父母、子女。②第二顺位：其他近亲属。例如，甲得知某路桥公司在甲村公墓附近修路时，不慎触挖其舅舅乙的墓地，并将乙的骨灰盒轻微碰裂。由于甲不是乙的近亲属，甲无权请求赔偿精神损害。

3. 起诉途径

（1）提起 侵权之诉 。

（2）违约行为损害人格权并造成严重精神损害，提起 违约之诉 也可以请求精神损害赔偿。

三、侵权责任与违约责任的竞合【侵权责任与违约责任的竞合 E】

因当事人一方的违约行为，损害对方人身权益、财产权益的，受损害方有权选择请求其承担违约责任或者侵权责任。例如，化妆品使用后皮肤红肿出疹，导致支出医药费的，消费者可以请求出售化妆品的商场承担违约责任，也可以选择请求其承担侵权责任。

四、民事责任优先

民事主体因同一行为应当承担民事责任、行政责任和刑事责任的，承担行政责任或者刑事责任不影响承担民事责任；民事主体的财产不足以支付的，优先用于承担民事责任。

判断分析

1. 赵某从商店购买了一台甲公司生产的家用洗衣机，洗涤衣物时，该洗衣机因技术缺陷发生爆裂，叶轮飞出造成赵某严重人身损害并毁坏衣物。赵某的下列哪些诉求是正确的？（2015年第3卷第58题）

A. 商店应承担更换洗衣机或退货、赔偿衣物损失和赔偿人身损害的违约责任【正确。洗衣机因技术缺陷发生爆裂，叶轮飞出对赵某造成严重人身损害并毁坏衣物，属于商店履行合同义务不符合约定的情形，应承担更换洗衣机或退货、赔偿衣物损失和赔偿人身损害的违约责任】

B. 商店应按违约责任更换洗衣机或者退货，也可请求甲公司按侵权责任赔偿衣物损失和人身损害【正确。因洗衣机存在缺陷造成他人损害的，被侵权人赵某可以向产品的生产者甲公司请求赔偿，也可以向产品的销售者商店请求赔偿】

C. 商店或者甲公司应赔偿因洗衣机缺陷造成的损害【正确】

D. 商店或者甲公司应赔偿物质损害和精神损害【正确。因当事人一方商店的违约行为，损害对方人格权并造成严重精神损害，受损害方赵某选择请求其承担违约责任的，不影响其请求精神损害赔偿】

2. 甲父去世，将遗体送到殡仪馆火化，但由于殡仪馆工作人员的疏忽，甲父的骨灰盒不慎丢失。甲知道后，伤心至极，其有权向法院提起侵权之诉，主张精神损害赔偿，也有权提起违约之诉。【正确

第二章 多数人侵权【多数人侵权B】

【重点】共同危险行为、共同因果关系的分别侵权

第一节 共同侵权行为

一、共同加害行为

指2人以上基于共同的故意或过失侵权，造成他人损害。

1. 类型

（1）2人以上共同故意侵权，即2个以上的行为人彼此间存在意思联络，共同故意实施侵权行为造成他人损害。例如，甲乙丙相约殴打丁，致丁轻伤。

（2）2人以上共同过失侵权。例如，甲乙在抬东西下楼过程中只顾聊天没注意到楼道里的丙，将丙撞成轻伤。

2. 法律后果

（1）对外：行为人承担连带责任；

（2）对内：按照各自过错及原因力的大小确定各自应当承担的份额；无法确定责任大小时，各加害人平均承担。任一加害人承担责任后，对超过其责任份额部分可以向其他赔偿义务人追偿。

二、教唆帮助行为

1. 教唆、帮助完全民事行为能力人（或法人）侵权的：构成共同侵权，教唆、帮助人与被教唆、被帮助人承担连带责任。

2. 教唆、帮助无、限制民事行为能力人侵权的：见第三章第二节"监护人责任"部分。

三、共同危险行为

指2人以上实施侵害他人权益的危险行为，其中1人或数人的行为造成了实际损害，但无法查明实际加害人的情形。例如：甲乙2人在山上打猎，结果打中了寻找药草的丙。丙的身上只有1个枪眼，分不清到底是谁的枪打的，此时成立共同危险行为。

1. 构成要件

（1）2人或者2人以上均实施了足以造成他人人身、财产损害的危险行为；

（2）其中1人或数人的行为造成了损害后果；

（3）无法查明实际加害人。

如果能查明实际加害人，就由实际加害人承担责任，此时不是共同危险行为。

2. 法律后果

和共同加害行为一样，行为人承担连带责任。

3. 免责情形

行为人可以通过举证证明谁是真正的加害人而免责；但不能通过证明自己行为与结果没有因果关系而免责。

⚖ 判断分析

甲、乙、丙三人在公路边玩弹弓，恰巧一辆轿车经过，先后被两颗弹子打中玻璃，导致玻璃破碎，甲乙丙应对玻璃破碎承担连带责任。【正确。甲乙丙三人均实施了打弹子行为，其中两人的弹子造成了玻璃破碎，但无法查明，属于共同危险行为，甲乙丙应对受害人承担连带责任】

第二节　无意思联络的数人分别侵权

无意思联络的数人分别侵权，是指没有共同故意的数人，分别实施侵权行为，造成他人同一损害。

一、累积因果关系

1. 构成要件

（1）2人以上分别实施加害行为，无共同故意或者共同过失，故不构成共同侵权；

（2）其加害行为结合在一起，同时造成同一个不可分割的损害后果；

（3）因果关系上，每个人的行为单独均足以造成损害后果。

2. 责任承担

加害人承担连带责任（因为在因果关系上，每个人的行为单独均足以造成损害后果）。

【示例】甲在山上寻找药草，被来自不同方向的打猎者乙、丙各自发射的子弹击中头部而死亡。乙、丙的行为均足以造成全部损害，构成累积的因果关系，由乙和丙承担连带责任。

二、共同因果关系

1. 构成要件

（1）2人以上分别实施加害行为，无共同故意或共同过失，故不构成共同侵权；

（2）其加害行为结合在一起，共同造成同一个不可分割的损害；

（3）在因果关系上，每个人的行为单独不足以造成损害后果，只有结合在一起才能造成损害后果。

2. 责任承担

加害人按照其原因力大小及过错程度承担按份责任（因为单独不足以导致损害的发生），责任份额难以确定的，各个行为人平均承担责任份额。

【示例】甲、乙2个工厂分别按照排污标准向河里排放工业废水，甲或乙单独排放的废水均不足以对下游丙所养殖的鱼苗造成损害，但是2种工业废水结合后发生化学反应，产生了某种有毒物质，导致丙的鱼苗全部死亡。甲、乙的行为单独不足以造成损害，构成共同的因果关系，由甲和乙承担按份责任。

【总结】数人侵权的具体判断：

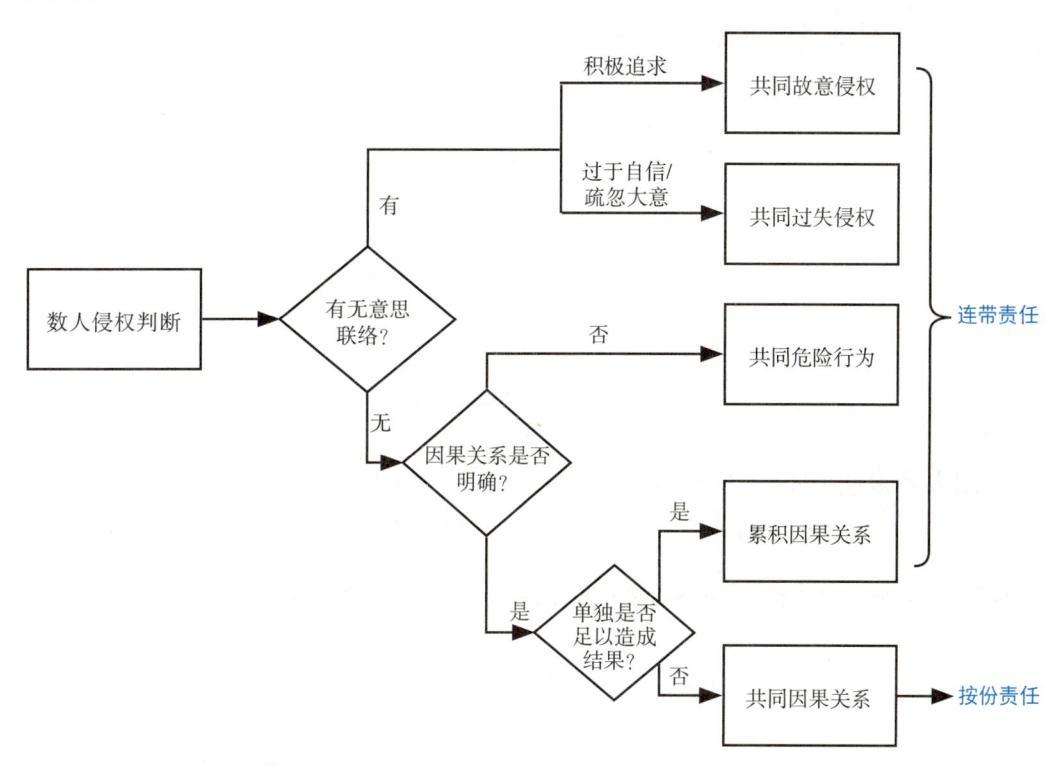

判断分析

1. 某天深夜12点，甲驾驶载有超高货物的重型卡车将公路上的1根缆线挂落，5分钟后，乙驾驶重型卡车驶过时车轮将挂落的缆线卷起致路边行人受伤。经查，事发路段无路灯。甲乙承担按份责任。（2018年仿真题）【正确。甲、乙既无共同故意亦无共同过失，但若无甲卡车挂落缆线的行为损害不会发生，若无乙卡车卷起缆线的行为损害也不会发生，即甲、乙的行为单独均不足以造成损害，构成共同因果关系的数人分别侵权，甲乙对路人承担按份责任】

2. 甲、乙、丙三家毗邻而居，甲、乙分别饲养山羊各一只。某日二羊走脱，将丙辛苦栽培的珍稀药材悉数啃光。关于甲、乙的责任，下列哪些选项是正确的？（2017年第3卷第67题）

A. 甲、乙可各自通过证明已尽到管理职责而免责【错误。饲养动物损害责任是无过错责任，饲养人甲、乙不能通过证明自己已尽到管理职责，即没有过错而免责】

B. 基于共同致害行为，甲、乙应承担连带责任【错误。甲乙既无共同故意，也无共同过失，不成立共同加害行为。甲、乙饲养的山羊将丙的药材啃光，每一只山羊单独均不足以造成全部损害，属于共同因果关系的数人分别侵权，应由甲乙对丙承担按份责任】

C. 如能确定二羊各自啃食的数量，则甲、乙各自承担相应赔偿责任【正确。二人以上分别实施侵权行为造成同一损害，能够确定责任大小的，各自承担相应的责任】

D. 如不能确定二羊各自啃食的数量，则甲、乙平均承担赔偿责任【正确

KEEP AWAKE

第三章 特殊侵权责任【客+主】

【重点】用人单位责任、监护人责任、产品责任、机动车交通事故责任、饲养动物致人损害责任、高空抛物责任

第一节 特殊主体的侵权责任【客+主】

一、用人者责任【用人单位责任A；工伤E；接受个人劳务一方的责任E；帮工责任E】

🔗 **法条群**

《中华人民共和国民法典》第七编《侵权责任》第三章《责任主体的特殊规定》

第一千一百九十一条【用人单位责任和劳务派遣责任】用人单位的工作人员因执行工作任务造成他人损害的，由用人单位承担侵权责任。用人单位承担侵权责任后，可以向有故意或者重大过失的工作人员追偿。

劳务派遣期间，被派遣的工作人员因执行工作任务造成他人损害的，由接受劳务派遣的用工单位承担侵权责任；劳务派遣单位有过错的，承担相应的责任。

用人单位责任	
情形	用人单位的工作人员因执行工作任务致人损害或者遭受损害。
	执行工作任务的判断：职责范围内的活动属于执行工作任务；超出职责范围，则要看行为外观和职责是否存在客观联系。例如，美容院的美容师未经客户同意，将客户瘦身前后的照片发到朋友圈，属于执行工作任务；出租车司机与他人斗殴，不属于执行工作任务。
【注意】用人单位的工作人员既包括正式工，也包括临时工。
工作人员致人损害	1.用人单位：无过错责任；可向有故意或者重大过失的工作人员追偿。
注意：工作人员对外不承担责任，更非与用人单位承担连带责任。
	2.工作人员系劳务派遣人员：
（1）用工单位承担全部的责任（无过错），用人单位（劳务派遣单位）在过错范围内与用工单位共同承担责任。责任主体实际支付的赔偿费用总和不应超出受害人的损失。【新增】
（2）用人单位承担的责任超过了自己应负的责任，可以向用工单位追偿。【新增】
乙公司（用人单位）派遣李某去甲公司工作，甲公司（用工单位）安排李某为客户安装

续表

工作人员致人损害	空调时，李某不慎掉落工具将路人砸伤，造成损失3万元。李某此前多次发生类似小事故，甲公司曾要求乙公司另派他人，但乙公司未换。如果最终认定乙公司承担一半的责任，则路人可以找甲公司承担3万，也可以找乙公司承担1.5万，也可以一起找甲乙公司，只是乙公司只承担1.5万，最终甲乙公司赔偿加起来3万。如果乙公司自愿支付3万，则可以找甲公司追偿1.5万。	
工作人员遭受损害（工伤）	非因第三人原因	用人单位不承担民事赔偿责任，享受工伤保险待遇。
	因第三人原因	可以请求第三人承担赔偿责任，同时享受工伤保险待遇。
个人用工者责任		
情形	个人之间提供劳务，提供劳务一方<u>因劳务</u>致人损害或者遭受损害。	
提供劳务一方致人损害	<u>接受劳务一方</u>：<u>无过错责任</u>；可向<u>有故意或者重大过失</u>的提供劳务一方<u>追偿</u>。例：甲在乙承包的水库游泳，乙的雇工丙误以为甲在偷鱼苗将甲打伤。乙应当承担赔偿责任。	
提供劳务一方遭受损害	非因第三人原因	根据双方过错承担责任。例：甲聘请乙为司机，乙一边开车一边在手机上玩斗地主，甲未予以制止。后发生交通事故，2人重伤。甲乙都有过错，各自分担责任。
	因第三人原因	可以请求<u>第三人</u>承担侵权责任，也可以请求<u>接受劳务一方</u>给予<u>补偿</u>；接受劳务一方补偿后，可以向第三人<u>追偿</u>。例：甲请钟点工乙擦洗玻璃时，丙将烟灰缸从楼上窗户扔下，导致乙被砸伤。乙可以请求丙承担责任，也可以请求甲进行补偿，甲补偿后可向丙追偿。
被帮工人责任		
情形	因帮工（<u>无偿</u>为他人提供劳务）致人损害或者遭受损害。	
帮工人致人损害	被帮工人：<u>无过错责任</u>；可向有<u>故意或者重大过失</u>的帮工人追偿。 被帮工人**明确拒绝**帮工：<u>免责</u>。 例：甲帮其好友乙搬家具时，不小心撞伤了下楼梯的丙，由乙对丙承担责任。	
帮工人遭受损害	非因第三人原因	根据双方过错承担责任。 被帮工人<u>明确拒绝</u>帮工的，<u>免责</u>，可以在受益范围内予以<u>适当补偿</u>。
	因第三人原因	可以请求<u>第三人</u>承担赔偿责任，也可以请求<u>被帮工人予以适当补偿</u>。被帮工人补偿后，可以向第三人追偿。

【总结】干活的人致人损害的，由获益者对外承担责任。

⚖ 判断分析

1.甲请A搬家公司搬家，A公司派出B、C、D三人前往。C与D在搬运甲最珍贵的一盆兰花时不慎将其折断，甲可以要求A公司赔偿名贵兰花被折断造成的损失。【<u>正确</u>。工作人员C、D因<u>执行工作任务</u>造成他人损害的，由<u>用人单位</u>A公司承担侵权责任】

2.甲公司的安装工人李某在为消费者黄某安装空调的过程中，不慎从高处掉落安装工具，将路人王某砸成重伤。李某是乙公司的劳务派遣人员，此前曾多次发生类似小事故，甲公司曾要求乙公司另派他人，但乙公司未予换人。对此，甲、乙两公司承担连带责任。【<u>错误</u>。用工单位甲公司承担全部的侵权责任，<u>用人单位</u>乙公司在过错范围内与用工单位共同承担责任】

3. 甲找乙为其提供有偿搬家服务，乙在搬家过程中被丙绊倒受伤。乙可以请求丙承担侵权责任，也可以请求甲承担侵权责任。【错误。乙可以请求第三人丙承担侵权责任，但不可以请求甲承担侵权责任，只能请求甲给予补偿】

5. 甲将数箱蜜蜂放在自家院中槐树下采蜜。在乙家帮忙筹办婚宴的丙在帮乙喂猪时忘关猪圈，猪冲入甲家院内，撞翻蜂箱，使来甲家串门的丁被蜇伤，经住院治疗后痊愈。乙和丙应对丁的医疗费用承担连带责任。【错误。丙与乙形成帮工关系，应由被帮工人乙承担责任】

二、监护人责任【监护人责任 A】

情形	无民事行为能力人、限制民事行为能力人造成他人损害。	
责任主体	监护人：无过错责任；尽到监护职责的，可以减轻责任。 监护人承担全部责任（而非补充责任），被监护人不承担责任。【新修】	
	被监护人有财产的，判决中明确赔偿费用可以先从本人财产中支付；不足部分由监护人赔偿。【新修】	
特殊情形	1. 父母离异	（1）依然由生父母共同承担责任，不管有没有与该子女共同生活。【新修】 （2）如果父母再婚，与该子女未形成抚养教育关系的继父母不承担责任。【新增】
	2. 侵权时不满 18 周岁	（1）被起诉时已满 18 周岁的，依然由原监护人承担全部责任。只是赔偿费用可以先从被监护人财产中支付。【新增】 （2）只起诉被监护人的，法院要释明追加原监护人为共同被告。【新增】
	3. 委托监护	（1）监护人承担全部的责任，受托人在过错范围内与监护人共同承担责任，但责任主体实际支付的赔偿费用总和不应超出受害人的损失。【新增】如父母把孩子委托给爷爷奶奶，爷爷奶奶疏于照看，导致孩子打伤了甲。如果最终认定甲的损失是 100 万，爷爷奶奶与过错相应的责任是 30 万。则此时甲可以找孩子父母赔 100 万；也能找孩子爷爷奶奶承担 30 万；也可以同时找，只是爷爷奶奶在 30 万范围内承担，最终父母和爷爷奶奶加起来不超过 100 万。 （2）追偿问题：监护人担责后，可以参照委托合同向受托人追偿（无偿委托中，受托人故意、重大过失才能追偿）；仅有一般过失的无偿受托人担责后，可以向监护人追偿。【新增】 （3）怎么告？监护人＋被监护人；或者受托人＋被监护人；或者监护人＋受托人＋被监护人。【新增】
	4. 擅自变更指定监护人	被监护人有财产的，从本人财产中支付；不足部分由指定监护人和擅自变更后的监护人承担无过错的连带责任。
	5. 教唆、帮助无、限制民事行为能力人侵权	（1）教唆、帮助人承担全部的责任，监护人在未尽到监护职责范围内与教唆帮助人共同承担责任。但支付的赔偿费用总和不应超过受害人的损失。【新增】（同上面委托监护） （2）教唆、帮助人不能以不知道被教唆人是无、限制民事行为能力人为由，拒绝承担责任。【新增】 （3）追偿：监护人承担的责任超过了自己应负的责任，可以向教唆帮助人追偿。【新增】 （4）教唆帮助无、限制民事行为能力人侵权，且是委托监护，教唆、帮助人承担全部的责任，监护人、受托人在过错范围内与教唆帮助人共同承担责任。【新增】

判断分析

1. 甲的儿子乙（8岁）因遗嘱继承了祖父遗产10万元。某日，乙玩耍时将另一小朋友丙的眼睛划伤。丙的监护人要求甲承担赔偿责任2万元。后法院查明，甲已尽到监护职责。下列哪一说法是正确的？（2015第3卷第24题）

A. 因乙的财产足以赔偿丙，故可以不用甲的财产赔偿【正确。被监护人乙有财产，且乙的财产足以赔偿丙，故可以不用监护人甲的财产赔偿】

B. 甲已尽到监护职责，无须承担侵权责任【错误。监护人尽到监护职责的，可以减轻责任，但是不能完全免责】

C. 用乙的财产向丙赔偿，乙赔偿后可在甲应承担的份额内向甲追偿【错误。用被监护人的财产承担赔偿责任后，被监护人无权向监护人追偿】

D. 应由甲直接赔偿，否则会损害被监护人乙的利益【错误。被监护人造成他人损害，自己有财产的，可以从本人财产中支付赔偿款】

2. 小学生小甲（12周岁）邀请好友小乙（10周岁）和小丙（11周岁）前往饭店吃饭。席间，小乙和小丙醉酒后因口角发生打斗。饭店老板张某未上前制止。结果小丙将小乙打伤，花去医药费5000元。关于本案，下列哪些说法是正确的？（2018年仿真题）

A. 小甲的父母应承担相应的赔偿责任【错误。小甲并未实施侵权行为，其监护人无须承担赔偿责任】

B. 小丙的父母应承担赔偿责任【正确。无民事行为能力人、限制民事行为能力人造成他人损害的，由监护人承担侵权责任】

C. 饭店应在其过错范围内承担相应的补充责任【正确。因第三人的行为造成他人损害的，由第三人承担侵权责任；经营者、管理者或者组织者未尽到安全保障义务的，承担相应的补充责任。饭店老板张某见到小丙与小乙打斗而未上前制止，未尽到安全保障义务，依法应承担相应的补充责任】

D. 小丙的父母和饭店应承担连带责任【错误。小丙的监护人和饭店并不存在共同侵权行为，无须承担连带责任】

3. 14岁的小甲将小乙打伤，小乙要求小甲父母赔偿，小甲父亲能以已经离婚并且未与小甲共同生活为由主张不承担责任。【错误。离婚后，依然是父母共同承担责任，和有没有共同生活无关】

4. 17岁的甲在健身房打伤了18岁的乙，乙在2年后起诉，法院可以判决甲承担侵权责任。【错误。打人的时候还不满18，依然是甲的父母承担全部责任】

5. 甲（5岁）的父母要外出务工，就把甲委托给甲的爷爷奶奶照看，但爷爷奶奶沉迷打麻将，不太重视孩子的教育，甲6岁时打伤了乙，给乙造成的损失共10万。法院认定，爷爷奶奶承担20%的责任。则乙只能请求甲的父母承担8万，甲的爷爷奶奶承担2万。【错误。可以请求甲的父母承担10万】

三、教育机构责任【教育机构责任C】

情形	无、限制民事行为能力人在教育机构学习、生活期间遭受人身损害。教育机构组织校外活动视为在校期间。	
责任主体	无民事行为能力人受害	教育机构：过错推定责任；能够证明尽到教育、管理职责的，免责。
	限制民事行为能力人受害	教育机构：过错责任。

续表

责任主体	外部第三人侵权	（1）第三人承担责任，教育机构承担与过错相应的补充责任，承担责任后可向第三人追偿。例：甲为报复社会冲进幼儿园随意砍人，幼儿园未采取任何措施保护幼儿，结果小朋友乙被砍伤。幼儿园应当承担与其过错相应的责任。 （2）将第三人、教育机构列为共同被告的，法院应当在判决中明确，教育机构在法院就第三人的财产依法强制执行后仍不能履行的范围内，承担与其过错相应的补充责任。 （3）仅起诉教育机构的，法院应当向原告释明申请追加第三人为共同被告。
		第三人不确定：教育机构先承担与过错相应的责任，等第三人确定了再向其追偿。【新增】
注意	在教育机构学习、生活期间，无、限制民事行为能力人相互之间造成人身损害的，受害人可以请求加害人的监护人承担责任，也可请求有过错的教育机构承担责任。	

⚖ 判断分析

1. 某幼儿班聘请某甲担任幼儿班教师。某日上午9时左右，幼儿班课间休息时，某甲离校打电话，几个幼儿在教室里的火炉旁烤火。其中某乙5岁和某丙4岁因争夺位置而打斗，某乙用石块将某丙头部打破，而某丙则把某乙按在火炉上，某乙被烫伤。为此，某丙花去医药费500元，某乙花去医药费5000元。某乙的医药费主要由丙的监护人承担，幼儿园承担适当赔偿责任。（2002年第3卷第81题）【正确。乙被烫伤是由丙造成的，丙是无民事行为能力人，应由其监护人承担无过错的替代责任。学校教师某甲未尽到教育、管理的职责，学校承担相应的责任】

2. 某小学组织春游，队伍行进中某班班主任张某和其他教师闲谈，未跟进照顾本班学生。该班学生李某私自离队购买食物，与小贩刘某发生争执被打伤。刘某应承担赔偿责任，某小学应承担相应的补充赔偿责任。（2009年第3卷第23题）【正确。校外人刘某打伤学生李某，应当承担侵权责任；班主任张某没有尽到管理职责，应由其所在单位某小学承担相应的补充责任】

3. 小甲6岁，父母离异，由其母抚养并与之共同生活。某日，小甲在幼儿园午餐时与小朋友小乙发生打斗，在场的带班老师丙未及时制止。小甲将小乙推倒在地，造成骨折，花去医药费3000元。小乙的父母欲以小甲的父母、幼儿园及丙为被告，要求赔偿。下列表述哪些是正确的？（2004年第3卷第60题）

A. 小甲之母应承担赔偿责任【正确。无民事行为能力人、限制民事行为能力人造成他人损害的，由监护人承担侵权责任】

B. 小甲之父应承担赔偿责任【正确。离婚后，依然由父母双方共同承担责任，和有没有共同生活无关】

C. 幼儿园应给予适当赔偿【正确。无民事行为能力人在幼儿园学习、生活期间受到人身损害的，幼儿园应当承担侵权责任；但是，能够证明尽到教育、管理职责的，不承担侵权责任。带班老师丙没有及时制止，没有尽到管理职责，应当由幼儿园承担责任】

D. 丙应承担连带责任【错误。用人单位的工作人员因执行工作任务造成他人损害的，由用人单位承担侵权责任】

四、安全保障义务人的侵权责任【违反安全保障义务的责任A】

情形	宾馆、商场、银行、车站、机场、体育场馆、娱乐场所等经营场所、公共场所的经营者、管理者或者群众性活动的组织者，未尽到安全保障义务，造成他人损害。
责任主体	安保义务人：过错责任。例：甲在洗浴中心更衣室因地滑摔成重伤。洗浴中心应负责赔偿。不要求被侵权人与安保义务人之间存在合同关系。例：因天气炎热，去商场蹭空调纳凉的甲大妈因不慎踩到地面的水渍而滑倒，摔成重伤。商场未及时处理水渍，存在过错，应负责赔偿。
	第三人侵权：第三人承担侵权责任；安保义务人有过错的，承担相应的补充责任；承担责任后可以向第三人追偿。例：甲与乙前往饭店吃饭，期间两人醉酒后因口角发生打斗，饭店老板张某未上前制止。后丙被甲扔过来的盘子砸伤。甲应对丙承担侵权责任，张某未尽到安保义务，承担相应的补充责任。

五、网络服务提供者的侵权责任【网络侵权责任C】

网络服务提供者明知或应知网络用户利用网络服务侵权	网络服务提供者未采取必要措施的，与网络用户承担连带责任。（红旗规则）
网络服务提供者不知道网络用户利用网络服务侵权	第一步：权利人通知网络服务提供者采取删除、屏蔽、断开链接等必要措施。 通知应当包括：构成侵权的初步证据及权利人的真实身份信息。 错误通知造成损失的，通知者承担侵权责任。 第二步：网络服务提供者应当及时转送通知给网络用户，并采取必要措施。 未及时采取必要措施的，就扩大的损失部分，与网络用户承担连带责任（避风港规则）。 第三步：网络用户收到通知后向网络服务提供者提交不存在侵权行为的声明。 声明应当包括：不存在侵权行为的初步证据及网络用户的真实身份信息。 第四步：网络服务提供者向权利人转送声明，告知权利人可向有关部门投诉或向人民法院提起诉讼。 第五步：网络服务提供者在合理期限内未收到权利人已采取投诉或提起诉讼的通知，应当及时终止所采取的措施。
总结	网络用户利用网络服务侵权的，网络服务提供者承担的是过错责任，无过错则无责任。

判断分析

甲到乙医院做隆鼻手术效果很好。乙为了宣传，分别在美容前后对甲的鼻子进行拍照（仅见鼻子和嘴部），未经甲同意将照片发布到丙网站的广告中，介绍该照片时使用甲的真实姓名。丙网站在收到甲的异议后立即作了删除。丙网站无须对甲承担赔偿责任。（2011年第3卷第24题）【正确。丙网站在接到权利人甲的通知后立即删除侵权内容，已经尽到自己的注意义务，无须承担侵权责任】

第二节　特殊类型的侵权责任【客+主】

一、产品责任【产品责任A】

> **法条群**
>
> 《中华人民共和国民法典》第七编《侵权责任》第四章《产品责任》
>
> 　　第一千二百零二条　【生产者责任】因产品存在缺陷造成他人损害的，生产者应当承担侵权责任。
>
> 　　第一千二百零三条　【生产者与销售者之间的不真正连带责任】因产品存在缺陷造成他人损害的，被侵权人可以向产品的生产者请求赔偿，也可以向产品的销售者请求赔偿。
>
> 　　产品缺陷由生产者造成的，销售者赔偿后，有权向生产者追偿。因销售者的过错使产品存在缺陷的，生产者赔偿后，有权向销售者追偿。
>
> 　　第一千二百零四条　【第三人过错的责任承担】因运输者、仓储者等第三人的过错使产品存在缺陷，造成他人损害的，产品的生产者、销售者赔偿后，有权向第三人追偿。
>
> 　　第一千二百零六条　【缺陷产品的警示与召回】产品投入流通后发现存在缺陷的，生产者、销售者应当及时采取停止销售、警示、召回等补救措施；未及时采取补救措施或者补救措施不力造成损害扩大的，对扩大的损害也应当承担侵权责任。
>
> 　　依据前款规定采取召回措施的，生产者、销售者应当负担被侵权人因此支出的必要费用。
>
> 　　第一千二百零七条　【惩罚性赔偿】明知产品存在缺陷仍然生产、销售，或者没有依照前条规定采取有效补救措施，造成他人死亡或者健康严重损害的，被侵权人有权请求相应的惩罚性赔偿。

情形	因产品存在缺陷造成他人损害。
	缺陷，是指产品具有危及他人人身、财产的不合理危险；产品有保障人体健康和人身、财产安全的国家标准、行业标准的，指不符合该标准。
归责原则	无过错责任
责任主体	生产者与销售者承担不真正连带责任（对外连带，内部由一人承担终局责任）： 1. 外部：被侵权人可以单独向生产者或销售者主张侵权责任，也可以同时向两者主张侵权责任。还可以选择向销售者主张违约责任。 2. 内部：生产者造成产品缺陷：销售者赔偿后，有权向生产者追偿；因销售者的过错使产品存在缺陷：生产者赔偿后，有权向销售者追偿。 3. 因运输者、仓储者等第三人的过错使产品存在缺陷的，依然由生产者、销售者承担责任（事后有权向第三人追偿）。
惩罚性赔偿	生产者和销售者明知缺陷存在，仍然生产、销售或者在发现缺陷时没有及时采取有效补救措施或补救措施不力，造成受害人死亡或者健康严重损害的后果。
注意	1. 只要因产品存在缺陷造成他人损害，即使产品是赠品，或者产品是捡来的或偷来的，被侵权人都可以请求承担产品侵权责任。 2. 产品缺陷造成的损害，包括产品自损，比如电动车因电池缺陷自燃。【新修】

判断分析

甲从二手车店"花生二手车"购买一辆电动汽车。该二手车店承诺：所出售车辆均无质量问题。现甲在驾驶该电动汽车时电瓶发生爆炸，甲身受重伤导致残疾。现查明，该款电动汽车在全国已多次发生相同问题，但生产厂家并未停止生产和销售。对此，下列哪些表述是正确的？（2021年仿真题）

A. 汽车厂和"花生二手车"店承担连带赔偿责任【正确。汽车生产者和销售者"花生二手车"应当对受害人承担连带赔偿责任（不真正连带责任）】

B. 汽车厂和"花生二手车"店承担按份赔偿责任【错误】

C. 甲可主张精神损害赔偿【正确。缺陷汽车导致甲身受重伤成为残疾人，造成了严重的精神损害，甲可以要求精神损害赔偿】

D. 甲可主张所受损失2倍以下的惩罚性赔偿【正确。生产厂家明知该电动汽车产品存在质量问题，并未停止生产和销售，受害人甲有权请求相应的惩罚性赔偿】

二、机动车交通事故责任【机动车道路交通事故责任A】

一般规则		
情形	机动车发生交通事故造成损害。	
责任承担	机动车与机动车之间发生交通事故	过错责任（双方均有过错的，各自承担与其过错相应的责任）
	机动车与行人、非机动车之间发生交通事故	机动车一方：无过错责任。 ①行人、非机动车故意碰撞机动车：免责（如碰瓷）； ②行人、非机动车对损害的发生具有过失：可以适当减轻责任； ③机动车能证明自己没有过错：仅承担不超过10%的责任（如行人突然横穿马路）。
注意	1. 属于机动车一方责任：先由承保机动车强制保险的保险人在强制保险责任限额范围内予以赔偿；不足部分，由承保机动车商业保险的保险人按照保险合同的约定予以赔偿；仍然不足或者没有投保机动车商业保险的，由侵权人赔偿。交强险和商业第三者责任险均不保车上人员。 2. 机动车驾驶人下车后，因未采取制动措施等自身过错被本车碰撞，交强险和商业第三者责任险不赔。（因为还是车上人，不是第三人，交强险和商业第三者责任险保的是第三人）【新增】	

特殊情形	
情形	责任主体
1. 当事人之间已经以买卖或者其他方式转让并交付机动车但是未办理登记。	受让人。
2. 因租赁、借用等情形，机动车所有人、管理人与使用人不是同一人。	机动车使用人。 有过错的机动车所有人、管理人：相应责任。
3. 未经允许驾驶他人机动车。	

续表

4. 非营运机动车无偿搭乘。	机动车使用人。应当减责，机动车使用人有故意或者重大过失的除外。	
5. 以挂靠形式从事道路运输经营的机动车	由挂靠人和被挂靠人承担连带责任	
6. 转让拼装或者已经达到报废标准的机动车	（1）由转让人和受让人承担连带责任 （2）不知道是拼装报废车，也要承担责任。【新增】	
7. 盗窃、抢劫或者抢夺的机动车	盗窃人、抢劫人或者抢夺人 与机动车使用人不是同一人：连带责任	
8. 套牌机动车（A车的号牌装到B车）	（1）套牌车所有人担责 （2）被套牌人同意套牌，连带责任	
9. 机动车未投保交强险，且投保义务人和事故责任人不是同一人【新增】	（1）事故责任人承担全部责任，投保义务人在保险限额范围内和事故责任人共同承担责任。（具体见劳务派遣的"共同"） （2）投保义务人承担的责任超过自己应负的责任，可以找事故责任人追偿。	
10. 交通事故后逃逸	有交强险，则保险人赔偿；机动车不明、未参加强制保险或者抢救费用超过强制保险责任限额，抢救、丧葬等费用由道路交通事故社会救助基金垫付，可向责任人追偿。	
总结：谁用车，谁担责；谁违法，谁连带；谁有错，谁承担相应责任。		

判断分析

1. 周某从迅达汽车贸易公司购买了1辆车，约定周某试用10天，试用期满后3天内办理登记过户手续。试用期间，周某违反交通规则将李某撞成重伤。现周某困难，无力赔偿。李某有权请求迅达公司赔偿。（2011年第3卷第6题）【错误。因租赁、借用等情形，机动车所有人、管理人与使用人不是同一人时，由机动车使用人承担责任】

2. 王某经常让邻居李某免费搭乘自己的私家车上班。一日，王某开车时因低头玩手机导致发生交通事故，致使坐在后排的李某遭受人身损害，并且面部受伤毁容。经查，王某为私家车投保了交强险和第三者责任商业险。对此，下列表述正确的是？（2021年仿真题）

A. 李某可请求承保交强险的保险公司支付保险金【错误。交强险不适用于车上人员】

B. 李某可请求承保商业第三者责任险的保险公司支付保险金【错误。商业第三者责任险不适用于车上人员】

C. 王某应承担全部损害赔偿责任【正确。王某因低头玩手机发生交通事故，存在重大过失，应当承担赔偿责任。虽然属于无偿搭乘，但是由于王某存在重大过失，不得减责】

D. 因系好意施惠，王某不承担赔偿责任【错误。无偿搭乘属于好意施惠，但是王某需承担赔偿责任】

3. 孙某有一日在上班的路上，无偿搭载好友周某去超市。由于孙某边驾车边玩手机，导致汽车与路边护栏相撞，致周某面部受伤，精神萎靡，住院三个月。在不考虑保险的前提下，对于周某的人身损害，下列哪一说法是正确的？（2021年仿真题）

A.孙某可以适当减轻责任【错误。无偿搭乘发生交通事故,机动车使用人孙某承担赔偿责任。孙某边驾车边玩手机导致发生事故,存在重大过失,不得减责】

B.孙某应承担无过错责任【错误。除了机动车与非机动车、行人之间的交通事故适用无过错责任以外,其他情形的机动车交通事故均适用过错责任原则】

C.孙某不应该承担责任【错误】

D.孙某应该赔偿周某实际损失和精神损失费【正确。孙某致周某人身损害,且造成严重精神痛苦,应当对周某承担精神损害赔偿责任】

三、建筑物与物件损害责任【物件致害责任A】

情形	归责原则	责任主体	免责事由
不动产倒塌、塌陷	无过错	建设和施工单位承担连带责任(可向有过错的设计、监理等单位追偿)	1.能证明不存在质量缺陷。 2.因所有人、管理人、使用人或者第三人的原因造成。
不动产及其搁置物、悬挂物脱落、坠落	过错推定	所有人、管理人或使用人	证明自己没有过错。 【注意】第三人造成的,成立不真正连带责任,担责后可以向第三人追偿。
堆放物倒塌、滚落或滑落	过错推定	堆放人	证明自己没有过错
公共道路上堆放、倾倒、遗撒妨碍通行物	无过错	行为人	无
	过错推定	公共道路管理人	证明已尽到清理、防护、警示义务
林木折断、倾倒或者果实坠落	过错推定	所有人或管理人	证明自己没有过错
在公共场所或者道路上挖掘、修缮安装地下设施	过错推定	施工人	证明已经设置明显标志和采取安全措施
窨井等地下设施	过错推定	管理人	证明尽到管理职责
高空抛物【新修】	1.能确定具体侵权人	(1)具体侵权人承担责任,物业承担过错范围内的补充责任。物业担责后可以追偿。 物业的过错体现在:未采取必要的安保措施防止抛物。 (2)具体侵权人、物业列为共同被告的,应在判决中明确,物业在法院就具体侵权人的财产依法强制执行后仍不能履行的范围内,承担与其过错相应的补充责任。 【物业承担补充责任同样适用于上述第二种情形"不动产及其搁置物、悬挂物脱落、坠落"】	
	2.一审辩论终结前,依然难以确定具体侵权人	物业先承担与其过错相应的责任,剩余部分由可能加害的建筑物使用人适当补偿(公平责任)。找到具体侵权人后,物业、可能加害的建筑物使用人可以找具体侵权人追偿。 【同样适用于上述第二种情形"不动产及其搁置物、悬挂物脱落、坠落"找不到具体侵权人】 能够证明自己不是侵权人的建筑物使用人:免责。	

判断分析

1. 王某骑车回家经过一工地时，掉入没有设置明显标志和采取安全措施的坑中，造成骨折。王某有权请求工地的发包人和承包人赔偿。【错误。王某只能请求施工人也就是承包人承担赔偿责任】

2. 甲商场委托乙广告公司制作了一块广告牌，并由乙公司负责安装在商场外墙。某日风大，广告牌被吹落砸伤过路人郑某。经查，广告牌的安装存在质量问题。关于郑某的损害，甲商场不承担责任。【错误。应当由甲商场承担赔偿责任，但其有权向乙公司追偿】

3. 甲与同事乙路过一居民楼时，一台电脑被扔出，砸在甲的头上，致其脑震荡，但难以查明具体的抛物人。如该楼顶层业主证明当日家中无人，可以免责。【正确。高空抛物致人损害的，证明自己不是侵权人，可免予补偿】

4. 甲在小区内行走，由于乙违规将一辆卡车停放在小区占住了道路，小区物业知情未处理，甲只能绕道而行。甲绕行至展某楼下时，展某放在自家19楼阳台上的衣架被大风吹落砸伤甲。甲因此遭受的人身损害，应如何承担责任？（2021年仿真题）

A. 展某应当对全部损害承担赔偿责任【正确。衣架坠落，展某有管理维护义务，不能证明自己没有过错，应当担责】

B. 卡车车主乙应当承担部分赔偿责任【错误。按照社会一般观念，乙违规停车通常不会造成甲因衣架坠落而遭受损害，不满足侵权责任成立的相当因果关系，所以乙不承担责任】

C. 小区物业应当承担相应的补充责任【错误。法律仅规定物业未尽安全保障义务防止高空抛物或坠物时需要承担相应的补充责任，本题中物业并未违反安全保障义务】

D. 可按高空抛物处理，由小区相关的业主承担公平责任适当补偿【错误。本题可以确定展某是具体侵权人】

四、饲养的动物致人损害责任【动物致害责任A】

情形	饲养的动物造成他人损害。（必须是动物独立加害，且必须是动物固有危险致害。主人驱狗咬人，属于一般侵权责任；小狗从阳台坠落砸伤小区业主，适用不动产及其搁置物、悬挂物脱落、坠落的过错推定责任）		
动物类型	归责原则	责任主体	免责事由
一般动物	无过错责任	饲养人或者管理人	被侵权人故意：免责 被侵权人重大过失：减责
遗弃、逃逸动物		原饲养人或者管理人	无
违反管理规定，未对动物采取安全措施		饲养人或者管理人	被侵权人故意：减责。
禁止饲养的危险动物		饲养人或者管理人	无
动物园的动物	过错推定责任	动物园	能够证明尽到管理职责。
因第三人过错致使动物致人损害：被侵权人可以向动物饲养人或者管理人请求赔偿，也可以向第三人请求赔偿。动物饲养人或者管理人赔偿后，有权向第三人追偿。（不真正连带责任）			

⚖️ 判断分析

1. 小学生乙和丙放学途经养狗的甲家，丙故意逗狗，狗被激怒咬伤乙，乙既可以向甲请求赔偿，也可以向丙的监护人请求赔偿。【正确】

2. 甲饲养的一只狗在路上追咬乙饲养的一只狗，行人丙避让中失足掉入坑里，受伤严重。若甲、乙能证明自己没有过错，则不承担责任。【错误。甲、乙承担无过错责任】

3. 戊带女儿到动物园游玩时，动物园饲养的老虎从破损的虎笼中蹿出将戊的女儿咬伤，动物园应承担侵权责任。【正确。动物园承担过错推定责任】

五、医疗损害责任【医疗损害责任E】

适用情形
1. 医疗机构的医务人员在诊断、治疗过程中因过错给患者造成人身损害。
2. 医疗机构在诊疗活动之外致人损害的，适用其他规则：
（1）因药品、消毒产品、医疗器械的缺陷，或者输入不合格的血液造成患者损害的，患者可以向药品上市许可持有人、生产者、血液提供机构请求赔偿，也可以向医疗机构请求赔偿。医疗机构赔偿后，有权追偿。（无过错责任，与产品责任的规则一致）
（2）医疗机构作为安保义务人承担过错责任。例如，患者在门诊部候诊时因地面湿滑而摔成重伤。
（3）医疗机构及其医务人员泄露患者的隐私和个人信息，或者未经患者同意公开其病历资料的，应当承担侵权责任。
责任主体
医疗机构（而非医务人员）。
归责原则
1. 过错责任。存在过错的情形：
（1）医务人员在诊疗活动中未尽到与当时的医疗水平相应的诊疗义务。
（2）医务人员在诊疗活动中违反告知说明、取得同意的义务。
①医务人员在诊疗活动中应当向患者说明病情和医疗措施。
②需要实施手术、特殊检查、特殊治疗的，医务人员应当及时向患者具体说明医疗风险、替代医疗方案等情况，并取得其明确同意；不能或者不宜向患者说明的，应当向患者的近亲属说明，并取得其明确同意。
③例外：因抢救生命垂危的患者等紧急情况，不能取得患者或者其近亲属意见的，经医疗机构负责人或者授权的负责人批准，可以立即实施相应的医疗措施。例如，患者昏迷且不知其近亲属；患者近亲属无正当理由拒不签字。
2. 推定存在过错的情形：
（1）违反法律、行政法规、规章以及其他有关诊疗规范的规定；
（2）隐匿或者拒绝提供与纠纷有关的病历资料；
（3）遗失、伪造、篡改或者违法销毁病历资料。

续表

免责事由
1.患者或者其近亲属不配合医疗机构进行符合诊疗规范的诊疗;
2.医务人员在抢救生命垂危的患者等紧急情况下已经尽到合理诊疗义务;
3.限于当时的医疗水平难以诊疗。

📝 判断分析

田某突发重病神志不清,田父将其送至医院,医院使用进口医疗器械实施手术,手术失败,田某死亡。田父认为医院在诊疗过程中存在一系列违规操作,应对田某的死亡承担赔偿责任。关于本案,下列哪一选项是正确的?(2016年第3卷第23题)

A.医疗损害适用过错责任原则,由患方承担举证责任【正确】

B.医院实施该手术,无法取得田某的同意,可自主决定【错误。需要实施手术、特殊检查、特殊治疗的,医务人员应当及时向患者具体说明医疗风险、替代医疗方案等情况,并取得其明确同意;不能或者不宜向患者说明的,应当向患者的近亲属说明,并取得其明确同意。田某虽然神志不清,但是医院应当向田父说明,并取得其同意】

C.如因医疗器械缺陷致损,患方只能向生产者主张赔偿【错误。医疗产品因缺陷致人损害的,患者可以向生产者主张赔偿,也可以向医疗机构主张赔偿】

D.医院有权拒绝提供相关病历,且不会因此承担不利后果【错误。医疗机构拒绝提供病历的,推定其存在过错】

六、环境污染和生态破坏责任【环境侵权责任E】

情形	因污染环境、破坏生态造成他人损害。
归责原则	无过错责任。(不能以没有过错或者排污符合国家、行业有关标准为由主张免责)
责任主体	①污染环境、破坏生态者。 ②因第三人的过错污染环境、破坏生态的,被侵权人可以向侵权人请求赔偿,也可以向第三人请求赔偿。侵权人赔偿后,可向第三人追偿。(不真正连带责任)
举证责任	由排污者就行为与损害之间不存在因果关系承担举证责任。(举证责任倒置)
数个污染者	①无意思联络且每个污染者的排污行为都不足以造成全部损害的,承担按份责任。 ②无意思联络且每个污染者的排污行为都足以造成全部损害的,承担连带责任。
惩罚性赔偿	侵权人违反法律规定故意污染环境、破坏生态造成严重后果。
生态环境修复	①违反国家规定造成生态环境损害+能够修复,国家规定的机关和法律规定的组织有权要求侵权人承担修复责任。 ②侵权人在期限内未修复的,国家规定的机关或者法律规定的组织可以自行或者委托他人进行修复,所需费用由侵权人负担。
生态环境损害赔偿	违反国家规定造成生态环境损害,国家规定的机关和法律规定的组织有权请求侵权人赔偿损害。

📝 判断分析

1. 由于天气干旱,农民甲的农作物缺水,甲便将某化肥厂排放的污水引入自己的农田灌溉,结果造成农作物死亡,甲可以要求化肥厂承担赔偿责任。【错误。损害系受害人甲故意造成】

2. 甲、乙、丙 3 家公司生产 3 种不同的化工产品,生产场地的排污口相邻。某年,当地大旱导致河水水位大幅下降,3 家公司排放的污水混合发生化学反应,产生有毒物质致使河流下游丁养殖场的鱼类大量死亡。3 家公司对丁养殖场的损害承担连带责任。【错误。应当承担按份责任】

七、高度危险责任(均为无过错责任)【高度危险责任E】

情形	责任主体	免责事由
民用航空器的经营	经营者	受害人故意:免责 不可抗力:不免责
民用核设施的经营	营运单位	受害人故意、战争、武装冲突、暴乱等:免责 不可抗力:不免责
占有或使用易燃、易爆、剧毒、高放射性、强腐蚀性、高致病性的物质	占有人或使用人	受害人故意、不可抗力:免责; 受害人重大过失:减轻。
从事高空、高压、地下挖掘活动或使用高速轨道运输工具	经营者	无
遗失、抛弃高度危险物	所有人;管理人(有过错所有人:连带)	无
非法占有高度危险物	非法占有人	无
	所有人、管理人不能证明对防止非法占有尽到高度注意义务的,承担连带责任	
擅自进入高度危险区域	管理人	证明已采取足够安全措施并尽到充分警示义务:可减免责任。

📝 判断分析

甲公司为民用核设施经营企业。某年夏天因海啸造成核泄漏,甲公司不用承担责任。【错误。民用核设施发生核事故造成他人损害的,营运单位应当承担侵权责任,不可抗力不是免责事由】

第四章

人格权【人格权及侵权责任 A】

【重点】肖像权、名誉权、隐私权、个人信息保护

第一节　人格权概述

概念	人格权，指民事主体依法支配其人格利益并排除他人侵害的、以维护和实现人格尊严和人格自由为目的的民事权利。
特征	人格权是支配权、绝对权，具有固有性和专属性，人格权不得放弃、转让或者继承。
类型	一般人格权	以**人身自由、人格尊严**等一般人格利益为客体的人格权。
	具体人格权	以具体人格利益为客体的人格权。例如，生命权、身体权、健康权、姓名权、名称权、肖像权、名誉权、荣誉权、隐私权。
	一般人格权起兜底作用：判断侵犯的是何种人格权，首先要看具体人格权，具体人格权未被侵害，再看是否侵害了一般人格权。例如，祭奠权属于一般人格权。		
人格权请求权	停止侵害、排除妨碍、消除危险、消除影响、恢复名誉、赔礼道歉请求权。 【注意】不适用诉讼时效。	
	人格权禁令：民事主体**有证据证明**行为人正在实施或者即将实施侵害其人格权的违法行为，不及时制止将使其合法权益受到**难以弥补**的损害的，有权依法向人民法院申请采取责令行为人停止有关行为的措施。	
	消除影响、恢复名誉、赔礼道歉：行为人拒不承担的，法院可以采取在报刊、网络等媒体上发布公告或者公布生效裁判文书等方式执行，费用由行为人负担。	

第二节　具体人格权

一、生命权、身体权、健康权

类型	侵权行为。
生命权	实施加害行为，致自然人**生理死亡**。例如，安乐死。

第四章 人格权

续表

身体权	1. 破坏**身体完整性**。例如，泼硫酸致人毁容、强行剪去他人头发、剔除他人眉毛、打断他人手脚、擅自摘人器官等。（打断**不能自由拆卸**的假肢，侵害身体权；打断可以自由拆卸的假肢，侵害所有权） 2. 破坏**身体完满性**。如强奸、打人耳光等。 3. 侵害身体活动自由。如非法强制搜身、非法拘禁等。
健康权	实施加害行为，致自然人生理机能、心理机能不能正常发挥，处于疾病状态，或者丧失、部分丧失劳动能力。
相关问题	1. 器官捐献： ①**完全民事行为能力人**有权依法自主决定**无偿捐献**；**书面形式或遗嘱**。 ②**生前未表示不同意捐献的**，**配偶、成年子女、父母**可以**共同**决定捐献；**书面形式**。 ③**买卖器官的行为无效**。 2. 性骚扰： ①违背他人意愿，以**言语、文字、图像、肢体行为**等方式对他人实施性骚扰。 ②机关、企业、学校等单位应当采取合理的预防、**受理投诉、调查处置等措施**，防止和制止利用职权、从属关系等实施性骚扰。 ③性骚扰可能侵犯不同权利。例：甲对乙长期实施性骚扰，持续不断给乙发微信、打电话等，乙除了以性骚扰为理由请求甲承担民事责任外，还可以甲侵犯其隐私权（私人生活安宁）为由请求其承担民事责任。

🔍 判断分析

1. 下列哪一情形构成对生命权的侵犯？（2016年第3卷第22题）

A. 甲女视其长发如生命，被情敌乙尽数剪去【错误。乙侵犯了甲女的身体权】

B. 丙应丁要求，协助丁完成自杀行为【正确。造成死亡的后果，受害人丁同意无效】

C. 戊为报复欲致己于死地，结果将已打成重伤【错误。未造成死亡的后果，仅侵犯了已的健康权】

D. 庚医师因误诊致辛出生即残疾，辛认为庚应对自己的错误出生负责【错误。未造成死亡的后果，仅侵害了辛的身体权】

2. 林某因车祸双腿截肢，安装了只能由专业人员拆卸的假肢，一日与刘某发生口角，刘某一怒之下将林某的假肢打碎。关于本案说法正确的是？（2019年仿真题）

A. 林某的生命健康权遭到侵害【错误。林某的假肢被打碎，未导致其死亡，也未使其处于疾病状态或者丧失劳动能力。故而，林某的生命权和健康权并未遭受侵害】

B. 林某可就假肢向刘某主张精神损害赔偿【正确。侵害自然人人身权益造成**严重精神损害**的，被侵权人有权请求精神损害赔偿】

C. 林某的身体权遭到侵害【正确。林某的假肢只能由专业人员拆卸，已经**成为其身体的一部分**。刘某将假肢打碎，侵犯了林某的身体权】

D. 林某可主张所有权遭到侵害【错误。只能由专业人员拆卸的假肢已经成为身体的一部分，**不再属于民法的物**，不存在所有权被侵害的问题】

二、姓名权、名称权

类型	姓名权	名称权
概念	自然人依法享有决定、使用、变更或者许可他人使用自己的姓名，并要求他人尊重自己姓名的一种人格权利。 姓名权的客体包括具有一定社会知名度，被他人使用足以造成公众混淆的笔名、艺名、网名、译名、字号、姓名和名称的简称等。	法人、非法人组织依法享有的决定、使用、变更、转让或者许可他人使用自己的名称，并排除他人侵害的权利。 名称权的客体包括企业长期、广泛对外使用，具有一定市场知名度、为相关公众所知悉，已实际具有商号作用的企业名称简称。
侵权行为	1. 干涉。指不正当干涉他人行使姓名权（姓名决定权、姓名使用权、姓名变更权等）。 2. 盗用。指擅自使用他人姓名。 3. 假冒。指冒充他人姓名与身份进行活动。 （假冒他人姓名上大学）	干涉、盗用、假冒。
注意	自然人的姓氏应当随父姓或者母姓，有下列情形之一的，可以在父姓和母姓之外选取姓氏：①选取其他直系长辈血亲的姓氏。②因由法定扶养人以外的人扶养而选取扶养人姓氏。③有不违背公序良俗的其他正当理由。	

📌 判断分析

1. 甲用其拾得的乙的身份证在丙银行办理了信用卡，并恶意透支，致使乙的姓名被列入银行不良信用记录名单。甲侵犯了乙的姓名权。【正确。甲的行为系假冒他人姓名与身份】

2. 甲为李某和张某之子，张某出轨第三者章某，便为甲起名为章某某，该行为合法。【错误。张某之子不随父姓、母姓的理由有违公序良俗】

三、肖像权

概念	肖像权，是自然人对自己的肖像享有利益并排斥他人侵害的权利。 【注意】肖像，是通过影像、雕塑、绘画等方式在一定载体上所反映的特定自然人可以被识别的外部形象。
侵权行为	1. 未经肖像权人同意，制作、使用、公开肖像权人的肖像。 【注意】未经肖像权人同意，肖像作品权利人不得以发表、复制、发行、出租、展览等方式使用或者公开肖像权人的肖像。例如，照片的拍摄者对照片享有著作权，但是未经肖像权人同意，不得使用照片。 2. 以丑化、污损，或者利用信息技术手段伪造等方式侵害他人的肖像权。
肖像合理使用（不用同意）	1. 为个人学习、艺术欣赏、课堂教学或者科学研究，在必要范围内使用肖像权人已经公开的肖像； 2. 为实施新闻报道，不可避免地制作、使用、公开肖像权人的肖像； 3. 为依法履行职责，国家机关在必要范围内制作、使用、公开肖像权人的肖像；（使用他人肖像发布通缉令）

第四章 人格权

续表

肖像合理使用（不用同意）	4. 为展示特定公共环境，不可避免地制作、使用、公开肖像权人的肖像； 5. 为维护公共利益或肖像权人合法权益，制作、使用、公开肖像权人的肖像的其他行为。 （使用他人肖像发布寻人启事）
许可使用	1. 当事人对肖像许可使用期限没有约定或者约定不明确的，双方可以随时解除肖像许可使用合同，但是应当在合理期限之前通知对方。 2. 使用期限有明确约定，肖像权人有正当理由的，可以解除肖像许可使用合同，但是应在合理期限之前通知对方。因解除合同造成对方损失的，除不可归责于肖像权人的事由外，应当赔偿损失。（明星因代言产品厂商辱华而解除合作） 3. 关于肖像使用条款的理解有争议的，应当作出有利于肖像权人的解释。
注意	1. 对自然人的声音，参照适用肖像权保护的有关规定。 2. 对姓名等的许可使用，参照适用肖像许可使用的有关规定。

🔨 判断分析

1. 甲自小貌美，其父母经常带其拍摄各种广告。某传媒大学李教授为了在课堂上向同学们解析、展示某广告的效应以供学习，遂在课堂幻灯片中使用了甲某次拍摄的广告照片（该广告已投放市场）。李教授的行为构成侵权。【错误。构成合理使用】

2. 甲在某影楼拍摄了一套私人艺术照，影楼觉得该套照片非常好看，遂在未经甲同意的情况下，将其中一张照片挂了影楼的装饰墙上。影楼使用该照片并不以营利为目的，因此影楼不构成肖像权侵权。【错误】

3. 甲整形成知名歌星乙的外形参加营利性模仿秀表演，甲侵犯乙的肖像权。【错误。甲参加模仿秀表演的行为使用的是自己的肖像而不是乙的肖像】

四、名誉权、荣誉权

名誉权	
概念	民事主体依法享有的维护其名誉，享受名誉给自己带来的利益并排除他人非法侵害的权利。名誉是对民事主体的品德、声望、才能、信用等的社会评价。
侵权行为	侵害名誉权必须同时满足以下4个要件： 1. 加害人实施了侮辱、诽谤等毁损名誉的行为。例如，原配当街扒光"小三"衣服示众、漂亮女孩取快递却被造谣出轨快递员。 2. 毁损名誉的行为指向特定人。 3. 毁损名誉的行为为第三人所知晓。 4. 受害人的社会评价因此而降低。
注意	1. 发表的文学、艺术作品以真人真事或者特定人为描述对象，含有侮辱、诽谤内容，构成名誉权侵权。（含沙射影） 2. 发表的文学、艺术作品不以特定人为描述对象，仅其中的情节与该特定人的情况相似的，不承担民事责任。（如有雷同，纯属巧合，不要对号入座） 3. 新闻报道：捏造事实、歪曲事实，对他人提供的严重失实内容未尽到合理核实义务，使用侮辱性言辞等贬损他人名誉，构成名誉权侵权。

311

续表

荣誉权	
概念	民事主体所享有的，因自己的突出贡献或者特殊劳动成果而获得的<u>光荣称号或其他荣誉</u>的权利。
侵权行为	1. <u>非法剥夺荣誉称号</u>。例如，荣誉授予组织在没有法定理由或非经法定程序的情况下，剥夺他人已获得的荣誉称号。 2. <u>严重诋毁、贬损他人</u>的荣誉。例如，当众摘人荣誉牌匾、撕人荣誉证书、宣称他人不当取得荣誉。 3. 侵害荣誉权的物质利益。例如，冒领他人所获特等奖的奖金。
相关	对侵害英雄烈士名誉、荣誉等行为，英雄烈士的<u>近亲属</u>可以向人民法院提起诉讼。

⚖ 判断分析

1. 某广告公司于金某出差时，在金某房屋的院墙上刷写了一条妇女卫生巾广告。金某1个月后回来，受到他人耻笑，遂向广告公司交涉。广告公司侵犯了金某的名誉权（2003年第3卷第47题）【**错误**。广告公司没有实施侮辱、诽谤等毁损金某名誉的行为，未侵犯名誉权】

2. 欣欣美容医院在为青年女演员欢欢实施隆鼻手术过程中，因未严格消毒导致欢欢面部感染，经治愈后面部仍留下较大疤痕。欢欢因此诉诸法院，要求欣欣医院赔偿医疗费并主张精神损害赔偿。该案受理后不久，欢欢因心脏病急性发作猝死。网络名人洋洋在其博客上杜撰欢欢是吸毒过量致死。下列哪一表述是错误的？（2014年第3卷第22题）

A. 欣欣医院构成违约行为和侵权行为【**正确**。欢欢与欣欣美容医院存在合同关系，欣欣医院未严格消毒导致欢欢面部感染并留下疤痕，同时成立违约行为与侵权行为】

B. 欢欢的继承人可继承欣欣医院对欢欢支付的精神损害赔偿金【**正确**。精神损害抚慰金请求权不可继承，但是欢欢在去世前已经起诉至法院，例外可以继承】

C. 洋洋的行为侵犯了欢欢的名誉权【**错误**。欢欢死亡后没有权利能力，洋洋侵犯了欢欢的名誉而非名誉权】

D. 欢欢的母亲可以欢欢的名义对洋洋提起侵权之诉【**错误**。死者的姓名、肖像、名誉、荣誉、隐私、遗体、遗骨等受到侵害，其<u>近亲属应当以自己的名义</u>起诉赔偿精神损害】

3. 甲女委托乙公司为其拍摄一套艺术照。不久，甲女发现丙网站有其多张半裸照片，受到众人嘲讽和指责。经查，乙公司未经甲女同意将其照片上传到公司网站做宣传，丁男下载后将甲女头部移植至他人半裸照片，上传到丙网站。下列哪些说法是正确的？（2011年第3卷第66题）

A. 乙公司侵犯了甲女的肖像权【**正确**。乙公司未经甲女同意上传照片至其公司网站做宣传，侵犯了甲女的肖像权】

B. 丁男侵犯了乙公司的著作权【**正确**。甲与乙公司未对著作权的归属作明确约定，故该照片的著作权属于乙公司。丁男将照片中的甲女头部移植至他人半裸照片，侵犯了乙公司著作权中的保护作品完整权】

C. 丁男侵犯了甲女的名誉权【**正确**。丁男将甲女头部移植至他人半裸照片，使甲女受到众人的批评和指责，导致甲的社会评价降低，侵犯了甲女的名誉权】

D. 甲女有权主张精神损害赔偿【**正确**。甲女名誉权被侵害，且公布的是半裸照片，按照通常情况来看会造成严重后果，故可主张精神损害赔偿】

4. 甲创作完成一部小说,在小说中对烈士李某的英雄形象进行了歪曲与诋毁。乙将该部小说内容改编为漫画,上传至丙网站。丁未经许可根据漫画制作成了电子游戏。周某是烈士李某的遗孀要求丙网站删除相关漫画,下列有关说法正确的是?(2019年仿真题)

A.周某可诉甲侵犯了李某的名誉【正确。死者的姓名、肖像、名誉、荣誉、隐私、遗体等受到侵害的,其配偶、子女、父母有权依法请求行为人承担民事责任。甲对烈士李某的英雄形象进行了歪曲与诋毁,侵害了其名誉,李某的遗孀周某有权起诉】

B.周某可起诉乙侵犯了李某的名誉【正确。理由同上】

C.丁侵犯了甲和乙的著作权【正确。丁未经许可将漫画改编为电子游戏,擅自使用演绎作品,对原作者甲和演绎作者乙均构成侵权】

D.如果丙网站拒不删除该漫画,对于扩大的损害周某可追究网站的连带责任【正确。丙网站接到周某的通知时,应立即删除侵权作品,拒不删除的,对于扩大的损害承担连带责任】

五、隐私权

概念	隐私权是自然人对其个人信息、个人私事和个人领域所享有的不受他人侵犯的权利。 【注意】隐私是自然人的私人生活安宁和不愿为他人知晓的私密空间、私密活动、私密信息。
侵权行为	1. 以短信、电话、即时通信工具、电子邮件、传单等方式侵扰他人的私人生活安宁。 2. 进入、拍摄、窥视他人的住宅、宾馆房间等私密空间。 3. 拍摄、窥视、窃听、公开他人的私密活动。 4. 拍摄、窥视他人身体的私密部位。 5. 处理他人的私密信息。 6. 以其他方式非法干涉他人私人生活自主权。
注意	对于自然人自行或许可他人披露的隐私,他人进一步传播的,不构成隐私权侵权,但有可能侵犯名誉权、肖像权等。

判断分析

1. 某媒体未征得艾滋病孤儿小兰的同意,发表了一篇关于小兰的报道,将其真实姓名、照片和患病经历公之于众。报道发表后,隐去真实身份开始正常生活的小兰再次受到歧视和排斥。该媒体侵犯了小兰的隐私权。(2007年第3卷第22题)【正确。曾经患有艾滋病属于个人隐私,媒体未经同意将其公开,构成了对其隐私权的侵犯】

2. 甲(男)与乙(女)同居一段时间后,乙提出分手,甲不想分手,谎称有乙的隐私照片,暗示如果乙不与自己结婚就会公布乙的隐私照片。乙心生恐惧,遂与甲结婚。甲侵犯了乙的隐私权。(2021年仿真题)【错误。甲只是谎称有乙的隐私照片,即实际上甲并没有拍摄并保存乙的隐私照片,因此甲并未侵犯乙的隐私权】

3. 张某毕业要去外地工作,将自己贴身生活用品、私密照片及平板电脑等装箱交给甲快递公司运送。张某在箱外贴了"私人物品,严禁打开"的字条。张某到外地收到快递后察觉有异,经查实,甲公司工作人员李某曾翻看箱内物品,并损坏了平板电脑。下列哪些选项是正确的?(2015年第3卷第66题)

A.甲公司侵犯了张某的隐私权【正确。李某拆看私人物品,构成侵害隐私权】

B.张某可请求甲公司承担精神损害赔偿责任【错误。张某的隐私权虽遭受侵害,但很难说遭受了严

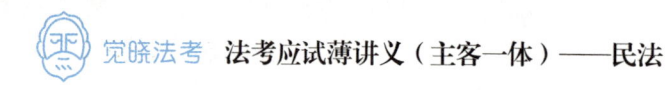

重精神损害,故无权请求精神损害赔偿】

C.张某可请求甲公司赔偿平板电脑的损失【正确。用人单位的工作人员因执行工作任务造成他人损害的,由用人单位承担侵权责任】

D.张某可请求甲公司和李某承担连带赔偿责任【错误。工作人员因执行工作任务造成他人损害的,由用人单位承担侵权责任,工作人员对外不承担责任】

六、个人信息保护

个人信息	个人信息,是以电子或者其他方式记录的能够单独或者与其他信息结合识别特定自然人的各种信息。 ①包括自然人的姓名、出生日期、身份证件号码、生物识别信息、住址、电话号码、电子邮箱、健康信息、行踪信息等。 ②不包括匿名化处理后的信息。
侵权行为	未经同意处理个人信息,包括收集、存储、使用、加工、传输、提供、公开等。
知情同意	1.基于个人同意处理个人信息的,该同意应当由个人在充分知情的前提下自愿、明确作出。 (1)个人信息的处理目的、处理方式和处理的个人信息种类发生变更的,应当重新取得个人同意。 (2)未经个人信息处理者同意,受托人不得转委托他人处理个人信息。 2.同意的撤回。 (1)个人有权撤回其同意。个人信息处理者应当提供便捷的撤回同意的方式。 (2)个人撤回同意,个人信息处理者不得以个人不同意处理其个人信息或者撤回同意为由,拒绝提供产品或者服务。(处理个人信息属于提供产品或者服务所必需的除外)
合理使用	1.在同意的范围内合理实施的行为。 2.合理处理个人自行公开的或者其他已经合法公开的信息。(个人明确拒绝或者处理该信息侵害其重大利益的除外) 3.为维护公共利益或者该自然人合法权益合理实施的行为。例如,收集健康码、行程码。
敏感个人信息	1.敏感个人信息:一旦泄露或者非法使用,容易导致自然人的人格尊严受到侵害或者人身、财产安全受到危害的个人信息,包括生物识别、宗教信仰、特定身份、医疗健康、金融账户、行踪轨迹等信息,以及不满14周岁未成年人的个人信息。 2.处理敏感个人信息: (1)必须具有特定的目的和充分的必要性,并采取严格保护措施。 (2)应当告知处理的必要性以及对个人权益的影响。 (3)应当取得个人的单独同意或不满十四周岁未成年人的监护人的同意。
注意	未经同意处理个人信息中的私密信息,按侵害隐私权处理。

婚姻家庭

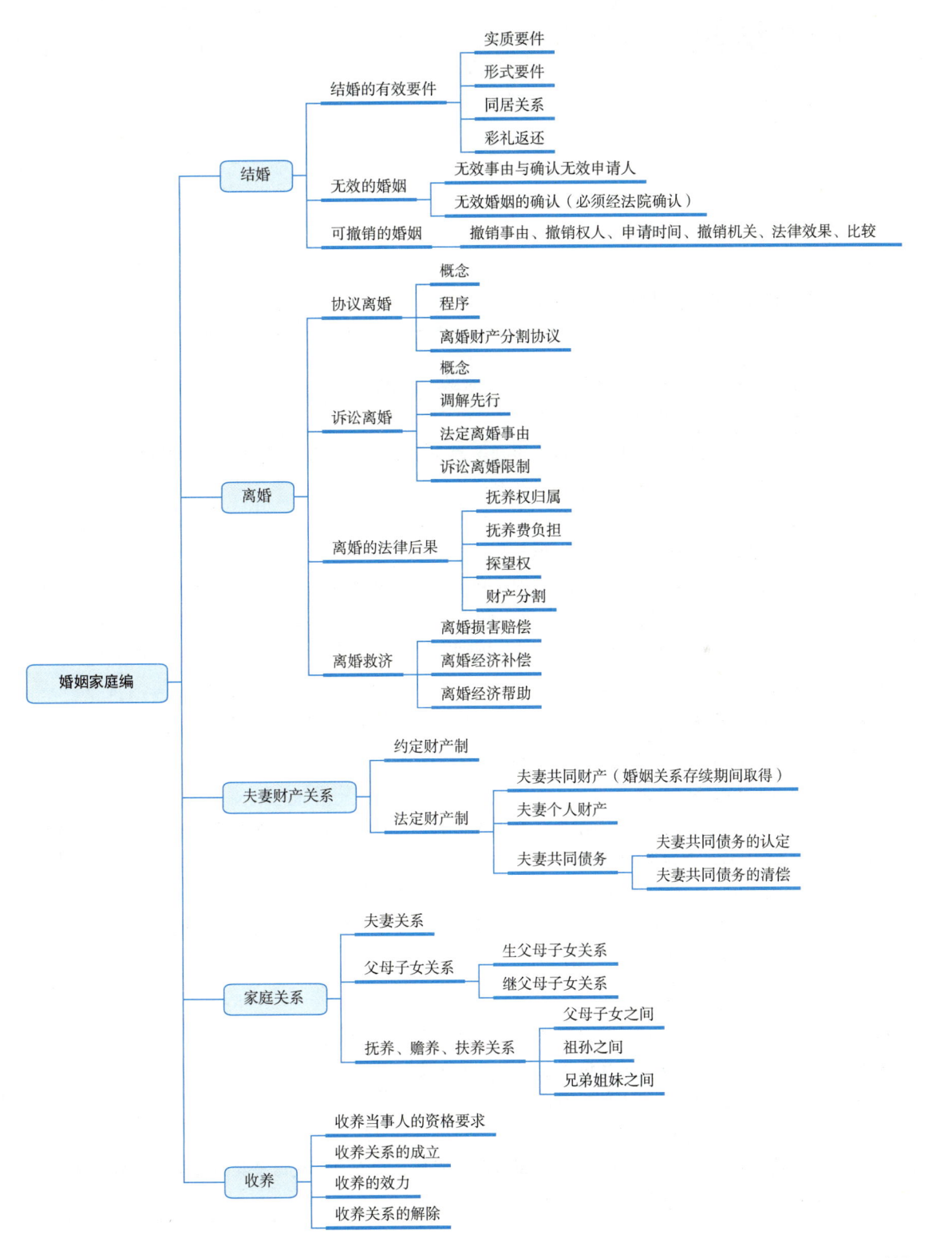

- 婚姻家庭编
  - 结婚
    - 结婚的有效要件
      - 实质要件
      - 形式要件
      - 同居关系
      - 彩礼返还
    - 无效的婚姻
      - 无效事由与确认无效申请人
      - 无效婚姻的确认（必须经法院确认）
    - 可撤销的婚姻
      - 撤销事由、撤销权人、申请时间、撤销机关、法律效果、比较
  - 离婚
    - 协议离婚
      - 概念
      - 程序
      - 离婚财产分割协议
    - 诉讼离婚
      - 概念
      - 调解先行
      - 法定离婚事由
      - 诉讼离婚限制
    - 离婚的法律后果
      - 抚养权归属
      - 抚养费负担
      - 探望权
      - 财产分割
    - 离婚救济
      - 离婚损害赔偿
      - 离婚经济补偿
      - 离婚经济帮助
  - 夫妻财产关系
    - 约定财产制
    - 法定财产制
      - 夫妻共同财产（婚姻关系存续期间取得）
      - 夫妻个人财产
      - 夫妻共同债务
        - 夫妻共同债务的认定
        - 夫妻共同债务的清偿
  - 家庭关系
    - 夫妻关系
    - 父母子女关系
      - 生父母子女关系
      - 继父母子女关系
    - 抚养、赡养、扶养关系
      - 父母子女之间
      - 祖孙之间
      - 兄弟姐妹之间
  - 收养
    - 收养当事人的资格要求
    - 收养关系的成立
    - 收养的效力
    - 收养关系的解除

第一章 结婚

【重点】婚姻的无效与可撤销

一、结婚的有效要件【结婚条件 E】

实质要件	积极条件	1. 男女双方完全自愿； 2. 男女双方均达法定年龄（男 22 周岁，女 20 周岁）； 3. 双方均无配偶：一夫一妻。
	禁止条件	直系血亲或者三代以内的旁系血亲禁止结婚，既包括自然血亲又包括拟制血亲（养父母子女、有扶养关系的继父母子女）。 1. 直系血亲：指具有直接血缘关系的亲属，即生育自己和自己所生育的上下各代亲属。如父母与子女、祖父母与孙子女、外祖父母与外孙子女等。 2. 旁系血亲：指具有间接血缘关系的亲属，即非直系血亲而在血缘上和自己同出一源的亲属。"三代以内旁系血亲"的算法：以自己为一代，向上推算出与对方的共同祖辈，三辈之内数到共同祖辈的，即"三代以内的旁系血亲"。如堂／表兄弟姐妹。
形式要件		1. 结婚登记：双方亲自申请结婚登记，婚姻关系自结婚登记完成之时确立。 2. 未办理结婚登记的，应当补办，婚姻关系自双方均符合结婚的实质要件时起算。
同居关系		1. 认定：未办理结婚登记而持续、稳定地共同居住的男女。 2. 同居关系起诉的处理： （1）无论同居的一方是否有配偶，当事人提起诉讼仅请求解除同居关系的，人民法院不予受理；已经受理的裁定驳回起诉。 （2）因同居期间财产分割或者子女抚养纠纷起诉的，法院应当受理。 3. 同居期间所生子女属于亲生子女，适用父母子女的规定；双方共同取得的财产属于按份共有，一方个人取得财产归个人所有。
彩礼返还 【新修】		1. 可以请求返还彩礼的情形： （1）未登记结婚（不过，若共同生活，确定是否还以及还多少）； （2）登记结婚了但未共同生活（已共同生活一般不还）； （3）婚前给付导致给付人生活困难。 （2）和（3）以离婚为条件。 2. 彩礼返还诉讼地位：男方及其父母是共同原告，女方及其父母是共同被告；离婚纠纷中请求返还彩礼的，夫妻双方是原被告。

二、无效的婚姻【无效婚姻 A】

无效婚姻，是指因违反了法律规定的结婚的实质要件而自始不具有法律效力的瑕疵情形。

（一）无效事由与确认无效的申请人

无效事由	重婚	有禁止结婚的亲属关系	未达到法定婚龄
申请人	当事人、近亲属、基层组织	当事人、近亲属	当事人、未达法定婚龄者的近亲属
可否补正（转为有效）	否	否	可（未达法定婚龄情形在提起诉讼时已经消失的，法院不予确认无效）
注意	夫妻一方或者双方死亡后，生存一方或者利害关系人可以请求确认婚姻无效。		

（二）无效婚姻的确认（必须经法院确认）

确认机关	申请人只能向法院申请确认婚姻无效（不得向婚姻登记机关申请）。
审理规则	1. 起诉理由：当事人以重婚、有禁止结婚的亲属关系、未达法定婚龄这 3 种以外的情形申请确认婚姻无效的，法院应当判决驳回当事人的诉讼请求。 2. 起诉时间：无时间限制。法院受理后，原告申请撤诉的，不予准许。 3. 当事人的诉讼地位： （1）利害关系人起诉的，利害关系人为原告，婚姻当事人双方为被告；夫妻一方死亡的，生存一方为被告。 （2）重婚导致婚姻无效的案件，涉及财产处理的，应当准许合法婚姻当事人作为有独立请求权的第三人参加诉讼。 4. 审理方式： （1）法院对婚姻效力的审理不适用调解，应当作出判决；确属无效婚姻的，应当告知当事人无效的情形，并依法作出确认婚姻无效的判决。 （2）对涉及财产分割和子女抚养的，可以调解并另行制作调解书，调解不成的应一并判决。 5. 审理原则： 就同一婚姻分别受理请求确认婚姻无效与离婚诉讼的，请求确认婚姻无效案件先作出判决后再审理离婚案件。 （1）若经审理婚姻有效，再审理离婚诉讼； （2）若经审理婚姻无效，不再审理离婚诉讼；婚姻无效后涉及财产分割和子女抚养的部分，继续审理。
法律效果	1. 婚姻自始没有法律约束力，当事人不具有夫妻的权利和义务； 【注意】婚姻在被确认无效时，才确定该婚姻自始不受法律保护。即使婚姻不满足结婚的实质要件，但是未经法院依法确认婚姻无效，不得径行认定婚姻无效。 2. 当事人成为同居关系，所生子女成为非婚生子女，与婚生子女享有同等的权利； 3. 同居期间所得的财产，为共同共有，但有证据证明为一方所有的除外； 4. 婚姻被确认无效的，无过错方有权请求损害赔偿。

判断分析

1. 甲与乙登记结婚 3 年后，乙向法院请求确认该婚姻无效。乙提出的下列哪一理由可以成立？（2011 年第 3 卷第 22 题）

A. 乙登记结婚的实际年龄离法定婚龄相差 2 年【错误。甲乙结婚 3 年后，起诉时未达婚龄的情形已消失，婚姻有效】

B. 甲婚前谎称是海归博士且有车有房，乙婚后发现上当受骗【错误。欺诈不是婚姻无效的法定事由】

C. 甲与乙是表兄妹关系【正确。表兄妹为三代以内旁系血亲，属于禁止结婚的亲属关系，婚姻无效】

D. 甲以揭发乙父受贿为由胁迫乙结婚【错误。受胁迫的婚姻为可撤销婚姻】

2. 20 岁甲男与 21 岁乙女经相亲认识便闪婚，婚后一年经常吵架，乙女才知道甲男真实年龄。乙可以受欺诈为由申请法院撤销婚姻。（2022 年仿真题）【错误。甲男 20 岁结婚，未到法定婚龄，且乙女向法院起诉离婚时，甲男 21 周岁，仍然不符合结婚的法定年龄，因此婚姻无效】

三、可撤销的婚姻【可撤销婚姻 A】

撤销事由	胁迫	一方患有重大疾病，在结婚登记前未如实告知另一方
撤销权人	受胁迫一方	未被告知情况的一方
申请时间	胁迫行为终止之日起一年内；被非法限制人身自由的，自恢复人身自由之日起一年内	自知或应知撤销事由之日起一年内
撤销机关	法院	
法律效果	同无效婚姻法律效果。	
比较	结婚登记程序存在瑕疵的，不得提起民事诉讼主张撤销婚姻，只能依法申请行政复议或提起行政诉讼。例如，未达婚龄的弟弟冒充哥哥名义结婚，致哥哥无法结婚。	

判断分析

1. 甲（男）与乙（女）同居一段时间后，乙提出分手，甲不想分手，谎称有乙的隐私照片，暗示如果乙不与自己结婚就会公布乙的隐私照片。乙心生恐惧，遂与甲结婚。婚姻因欺诈可撤销。（2020 年仿真题）【错误。乙因害怕隐私照片泄露而跟甲结婚，属于因胁迫而结婚，可以申请撤销】

2. 网名"我心飞飞"的 21 岁女子甲与网名"我行我素"的 25 岁男子乙在网上聊天后产生好感，乙秘密将甲裸聊的镜头复制保存。后乙要求与甲结婚，甲不同意。乙威胁要公布其裸聊镜头，甲只好同意结婚并办理了登记。下列哪些说法是错误的？（2006 年第 3 卷第 66 题）

A. 甲可以自婚姻登记之日起 1 年内请求撤销该婚姻【错误。乙以公布甲的裸聊镜头胁迫甲与其结婚，属于婚姻可撤销事由中的胁迫，甲可自胁迫行为终止之日起 1 年内请求撤销该婚姻】

B. 甲可以在婚姻登记后以没有感情基础为由起诉要求离婚【错误。起诉离婚的原因应当是感情破裂而非没有感情基础】

C. 甲有权主张该婚姻无效【错误。不存在婚姻无效的法定事由】

D. 乙侵犯了甲的隐私权【正确。甲虽然同意与乙裸聊，但并未同意乙将其裸聊镜头复制保存，甲秘

密复制保存的行为属于"拍摄他人身体的私密部位",即使并未公布,也构成对甲的隐私权的侵犯】

3. 2016年甲与乙结婚,婚后育有一女,两年后,乙外出务工。甲等乙务工回来后向其同伴打听到,乙外出务工期间经常吸毒,并欠下大笔债务,后经询问乙婚前就经常吸毒,但是在结婚的时候隐瞒其吸毒史。甲心灰意冷,向法院起诉离婚。由于乙隐瞒婚前吸毒的事实,甲有权主张撤销婚姻。(2021年仿真题)【错误。吸毒不属于重大疾病,隐瞒婚前吸毒恶习不属于婚姻可撤销事由】

4. 孙新和孙立系双胞胎兄弟。2017年3月10日,哥哥孙新因故无法与其女友韩孟前往民政局办理结婚登记手续,遂由弟弟孙立拿着自己的身份证办理了结婚登记手续。4月2日,孙新因病前往医院治疗,住院期间爱上了照顾自己的小护士马冬梅,二人欲办理结婚登记手续。关于本案,下列哪些说法是错误的?(2018年仿真题)

A. 韩孟可以向法院提起民事诉讼主张撤销婚姻【错误。婚姻可撤销事由仅包括胁迫和隐瞒婚前重大疾病,本题中并未出现】

B. 孙新可以向法院提起民事诉讼主张撤销婚姻【错误。理由同上】

C. 法院应当确认孙立和韩孟的婚姻无效【错误。不存在婚姻无效的法定事由】

D. 韩孟可以向法院提起行政诉讼【正确。孙立冒充孙新办理结婚登记手续,婚姻登记程序存在瑕疵,韩孟和孙新均可以提起行政复议或行政诉讼撤销结婚登记】

第二章 离婚

【重点】离婚冷静期、探望权、离婚损害赔偿

一、协议离婚【协议离婚 C】

概念	协议离婚,是在夫妻双方能够对离婚、子女抚养、财产分割等事项达成一致,在婚姻登记机关办理离婚手续,从而解除婚姻关系的一种方式。
程序	1. 双方订立书面离婚协议,并亲自到婚姻登记机关申请离婚登记。 2. 离婚冷静期:①自婚姻登记机关收到离婚登记申请之日起 30 日内,任何一方不愿意离婚的,可以撤回离婚登记申请。②期限届满后 30 日内,双方应当亲自到婚姻登记机关申请发给离婚证;未申请的,视为撤回离婚登记申请。 3. 婚姻登记机关经审查双方确实是自愿离婚,并已经对子女抚养、财产分割等事项达成一致的,予以登记并发给离婚证。
离婚财产 分割协议	1. 当事人离婚后,因履行财产分割协议发生纠纷提起诉讼的,法院应当受理。 2. 男女双方协议离婚后反悔,请求变更或者撤销财产分割协议的,法院应当受理。法院审理后,未发现协议订立时存在欺诈、胁迫等情形的,应当依法驳回当事人的诉讼请求。 3. 当事人达成的以协议离婚或者到人民法院调解离婚为条件的财产以及债务处理协议,如果双方离婚未成,一方在离婚诉讼中反悔的,法院应当认定该财产以及债务处理协议没有生效,并根据实际情况依法判决。 例:甲男、乙女因感情破裂协议离婚,签订了 1 份离婚协议,内容为:房产归女方,100 万元现金和汽车归男方,50 万元夫妻共同债务由男方清偿。后甲母不准许甲离婚,甲遂反悔。乙提起离婚诉讼,诉讼中甲拒绝按照离婚协议分割财产,故此协议未生效。

二、诉讼离婚【诉讼离婚 C】

概念	诉讼离婚,是指夫妻一方向法院提起离婚诉讼,法院依法通过调解或判决而解除婚姻关系的离婚方式。
调解先行	法院审理离婚案件,应当进行调解。如果感情确已破裂,调解无效的,应当准予离婚。
法定离婚 事由	1. 不忠:重婚或与他人同居。 2. 暴力:实施家庭暴力或虐待、遗弃家庭成员。

续表

法定离婚事由	3. **恶习**：有赌博、吸毒等恶习屡教不改的。 4. **分居**：因感情不和分居**满两年**的。 5. **失踪**：一方被宣告失踪。 6. **生育**：夫妻双方因是否生育发生纠纷，致使感情确已破裂。（夫以妻**擅自终止妊娠**侵犯其生育权为由请求损害赔偿的，法院**不予支持**） 7. 经法院**判决不准离婚**后，双方**又分居满一年**，一方再次提起离婚诉讼。
诉讼离婚限制	1. 女方在**怀孕期间**、**分娩后一年内**或**终止妊娠后6个月**内，**男方不得**提出离婚。例外：（1）**女方可以提出**离婚；（2）法院认为**确有必要**受理男方离婚请求。（如孩子非亲生） 2. 现役军人的配偶**未经军人同意，不得离婚**。例外：军人一方有重大过错。 3. 判决不准离婚和调解和好的离婚案件，没有新情况、新理由，**原告**在6个月内又起诉离婚的，法院不予受理。（**被告**可以起诉） 4. 原告撤诉或者按撤诉处理的离婚案件，没有新情况、新理由，原告在6个月内又起诉离婚的，人民法院不予受理。（**被告**可以起诉） 5. 诉讼离婚**原则上不能代理**。但是，无民事行为能力人的**配偶被撤销监护资格后，变更后的监护人可以代理**无民事行为能力一方提起离婚诉讼。

三、离婚的法律后果【离婚后的子女抚养A；离婚时的财产处理C】

抚养权归属	1. **不满**2周岁：原则上**归母亲**抚养。 2. **已满**2周岁：以**有利子女**为原则。 3. **已满**8周岁：应当**尊重子女真实意愿**。 离婚不影响父母与子女之间的关系，不管子女由谁抚养，仍是**父母双方的子女**。
抚养费负担	1. **不与子女共同生活**的一方应当负担**部分或全部**抚养费（协商），协商不成的，法院判决。 2. 子女在**必要时**有权向父母任何一方提出**支付超出**协议或判决数额的**抚养费**。 有下列情形之一，子女要求有负担能力的父或者母**增加抚养费**的，法院应予支持： （1）原定抚养费数额**不足以维持**当地实际生活水平； （2）因子女患病、上学，**实际需要已超过**原定数额； （3）有**其他正当理由**应当增加。 3. 父母**不得**因子女变更姓氏而**拒付抚养费**。父或母擅自把子女姓氏改为继母或继父姓氏引起纠纷的，应当**责令恢复原姓氏**。
探望权	1. 离婚后，不直接抚养子女的父或母，有**探望子女的权利**，另一方有协助的义务。**拒不协助的**，法院可依法采取拘留、罚款等强制措施，但是**不能对子女的人身、探望行为进行强制执行**。 2. 若法院生效判决中未涉及探望权，可**单独就探望权提起诉讼**。 3. 探望权的行使**不利于子女身心健康**的，**未成年子女、直接抚养子女的父或者母**以及其他对未成年子女负担抚养、教育、保护义务的**法定监护人**，有权向人民法院**提出中止探望**的请求。中止探望的情形消失后，法院根据当事人的请求书面通知其恢复探望权。

续表

财产分割	1. 原则：协议处理；协议不成的，由法院按照照顾子女、女方和无过错方权益的原则判决。 2. 离婚时，夫妻一方隐藏、转移、变卖、毁损、挥霍夫妻共同财产，或者伪造夫妻共同债务企图侵占另一方财产的，对该方可以少分或者不分。离婚后，另一方发现有上述行为的，可以向法院提起诉讼，请求再次分割夫妻共同财产。请求再次分割夫妻共同财产的诉讼时效为3年，从当事人发现之日起计算。 3. 特殊财产的分割。 （1）分割有限责任公司股权： ①一方将股权转让给另外一方，且其他股东过半数同意、放弃优先购买权的，另外一方成为股东； ②一方将股权转让给另外一方，其他股东半数以上不同意转让，但愿意以同等条件购买的，双方分割股权转让款；其他股东半数以上不同意转让，也不愿意以同等条件购买的，视为同意转让，另一方成为股东。 （2）分割合伙企业份额： 一方将财产份额转让给另外一方： ①其他合伙人一致同意的，另外一方成为合伙人。 ②其他合伙人不同意转让，在同等条件下行使优先购买权的，分割转让款。 ③其他合伙人不同意转让，也不行使优先购买权，但同意该合伙人退伙的，分割退伙分到的财产； ④其他合伙人既不同意转让，也不行使优先购买权，又不同意该合伙人退伙的，视为同意转让，另外一方成为合伙人。 （3）分割个人独资企业财产： ①一方得企业，给另一方补偿。 ②解散企业，分割清算后的财产。

判断分析

1. 乙起诉离婚时，才得知丈夫甲此前已着手隐匿并转移财产。关于甲、乙离婚的财产分割，下列哪一选项是错误的？（2016年第3卷第18题）

A. 甲隐匿转移财产，分割财产时可少分或不分【正确】

B. 就履行离婚财产分割协议事宜发生纠纷，乙可再起诉【正确】

C. 离婚后发现甲还隐匿其他共同财产，乙可另诉再次分割财产【正确】

D. 离婚后因发现甲还隐匿其他共同财产，乙再行起诉不受诉讼时效限制【错误。请求再次分割夫妻共同财产的诉讼时效期间为3年，从当事人发现之日起计算】

2. 下列关于探望权的说法不正确的是？（2020年仿真题）

A. 探望权的对象是未成年子女和成年子女【错误。探望权的对象是未成年子女】

B. 探望权的主体除了父母之外还包括了孩子的祖父母和外祖父母【错误。离婚后，不直接抚养子女的父或者母享有探望权，祖父母和外祖父母没有探望权】

C. 与子女共同生活的一方应当协助探望权的行使，如果拒绝履行协助义务的，可以对其强制执行

第二章 离婚

【错误。对于拒绝履行协助义务的，可以由人民法院依法采取拘留、罚款等强制措施，但是不能对子女的人身、探望行为进行强制执行】

D. 生效的离婚判决中未涉及探望权的，当事人无权单独就探望权起诉【错误。可以单独就探望权起诉】

3. 屈赞与曲玲协议离婚并约定婚生子屈曲由屈赞抚养，另口头约定曲玲按其能力给付抚养费并可随时探望屈曲。对此，下列哪些选项是正确的？（2016年第3卷第65题）

A. 曲玲有探望权，屈赞应履行必要的协助义务【正确。离婚后，不直接抚养子女的父或者母，有探望子女的权利，另一方有协助的义务】

B. 曲玲连续几年对屈曲不闻不问，违背了法定的探望义务【错误。探望是权利，而非义务】

C. 屈赞拒不履行协助曲玲探望的义务，经由裁判可依法对屈赞采取拘留、罚款等强制措施【正确。对于拒绝履行协助义务的，可以由人民法院依法采取拘留、罚款等强制措施，但是不能对子女的人身、探望行为进行强制执行】

D. 屈赞拒不履行协助曲玲探望的义务，经由裁判可依法强制从屈赞处接领屈曲与曲玲会面【错误】

4. 张某与李某离婚后，10岁的婚生女儿张小某判归李某抚养，张某依判决每月支付3000元抚养费。因李某不予配合，张某多次未能如愿探望张小某。暑假期间，张某不顾李某的阻拦，强行将张小某带回跟自己生活一段时间。在辅导写作业时，张某才发现李某已经再婚并将孩子改为随继父姓周，取名周小某。第二天，李某通知张某，张小某下学期只能上私立高中，学费远高于公立学校，要求张某因此增加每月的抚养费。对此，下列表述正确的是？（2021年仿真题）

A. 若张某提出探望张小某，李某负有配合的法律义务【正确。离婚后，不直接抚养子女的父或母，有探视子女的权利，另一方有协助的义务】

B. 张小某有权以需上私立高中为由请求张某增加抚养费【正确。子女在必要时可以向父母任何一方提出超过离婚协议或者判决原定抚养费数额的合理要求】

C. 张某有权以李某擅自变更孩子姓氏为由拒绝支付抚养费【错误。父母不得因子女变更姓氏而拒付子女抚养费】

D. 张某有权请求李某将孩子的姓氏改回【正确。父或者母擅自将子女姓氏改为继母或继父姓氏而引起纠纷的，应当责令恢复原姓氏】

四、离婚救济【离婚救济C】

	离婚损害赔偿
成立条件	1. 存在法定事由（法定重大过错）： 重婚；与他人同居；实施家庭暴力；虐待、遗弃家庭成员；有其他重大过错。（如，有赌博、吸毒等恶习屡教不改）。 2. 双方离婚： （1）婚姻关系存续期间，当事人不起诉离婚而单独请求赔偿损害，法院不予受理； （2）诉讼离婚的，判决不准离婚，法院对损害赔偿请求不予支持。 3. 请求损害赔偿一方为无过错方，被请求人为过错一方。 【注意】过错仅指法定重大过错；双方都有过错，不可主张；第三人（如第三者）不承担责任。

续表

请求时间	1. 无过错方起诉离婚的，应一并请求赔偿损害。（离婚后不能请求） 2. 过错方起诉离婚的，无过错方原则上应在离婚诉讼中提出。但存在以下例外： （1）无过错方不同意离婚，也没有主张赔偿损害：离婚后可以单独提起诉讼； （2）一审时无过错方未提出损害赔偿请求，二审期间提出的： ①法院应当进行调解，调解不成的，告知当事人在离婚后另行起诉。 ②双方当事人同意由二审法院一并审理的，二审法院可以一并裁判。 3. 协议离婚后可以起诉赔偿损害，除非无过错方在协议离婚时已经明确表示放弃。
注意	1. 赔偿范围包括物质损害和精神损害。 2. 婚姻关系存续期间，夫妻一方擅自处分共同所有的房屋造成另一方损失，离婚时另一方可以请求赔偿物质损害。另一方不得主张诉讼时效抗辩，因为婚内无法主张赔偿。

离婚经济补偿	
条件	夫妻一方因抚育子女、照料老年人、协助另一方工作等负担较多义务的，离婚时有权向另一方请求补偿。
方式	由双方协议；协议不成时，由法院判决。

离婚经济帮助	
条件	离婚时一方生活困难，另一方有负担能力。 生活困难指： （1）依靠个人财产和离婚时分得的财产无法维持当地基本生活水平。 （2）一方离婚后没有住处的。
方式	1. 由双方协议；协议不成时，由法院判决。 2. 具体方式： （1）将其房屋所有权转移给对方或者在其房屋上为对方设立居住权。 （2）一次性或者定期支付一定的金钱、财物。 （3）承担照顾对方生活的义务。

判断分析

1. 钟某性情暴躁，常殴打妻子柳某，柳某经常找同村未婚男青年杜某诉苦排遣，日久生情。现柳某起诉离婚，如柳某婚内与杜某同居，则柳某不能向钟某主张损害赔偿。（2016年第3卷第19题）【正确。只有无过错方在离婚时才可以请求赔偿损害。柳某与杜某婚内同居，存在过错，不可请求赔偿损害】

2. 王某和周某结婚时签订书面协议，约定婚后所得财产归各自所有。周某婚后即辞去工作在家照顾公婆，照顾小孩。王某长期在外地工作，后与李某同居，周某得知后向法院起诉要求离婚。周某的下列哪些请求可以得到法院的支持？（2004年第3卷第61题）
A. 由于自己为家庭生活付出较多义务，请求王某予以补偿【正确。夫妻一方因抚育子女、照料老年人、协助另一方工作等负担较多义务的，离婚时有权向另一方请求补偿】

第二章 离婚

B. 由于自己专门为家庭生活操持，未参加工作，请求法院判决确认双方约定婚后所得归各自所有的协议显失公平，归于无效【错误。夫妻对婚姻关系存续期间所得的财产以及婚前财产的约定，对双方具有法律约束力】

C. 由于离婚后生活困难，请求王某给予适当帮助【正确。离婚时，如果一方生活困难，有负担能力的另一方应当给予适当帮助】

D. 由于王某与他人同居导致双方离婚，请求王某给予损害赔偿【正确。王某与他人同居，导致离婚，周某作为无过错方有权要求赔偿】

第三章 夫妻财产关系【客+主】

【重点】夫妻共同财产与个人财产、夫妻共同债务与个人债务

一、约定财产制【约定夫妻财产制E】

1. 夫妻双方可以通过书面形式约定婚前财产或婚后财产归各自所有、共同所有或者部分各自所有、部分共同所有。

2. 夫妻之间关于财产制的约定对夫妻双方具有法律约束力，但是不得对抗善意第三人。

约定归各自所有且第三人知情的，夫或者妻一方对外所负的债务以其个人财产清偿。

【注意】婚前或者婚姻关系存续期间，当事人约定将一方所有的房产赠与另一方或者共有的，赠与方在赠与房产变更登记之前可以行使任意撤销权。

二、法定财产制【法定夫妻财产制A】

法定财产制，是指夫妻双方对婚前、婚后财产关系都没有约定或约定不明确时，直接适用法律规定的夫妻财产制度。

1. 属于个人财产的情形

（1）一方的婚前财产；
（2）一方因受到人身损害获得的赔偿或者补偿；
（3）一方专用的生活用品；
（4）军人的伤亡保险金、伤残补助金、医药生活补助费。（复员费、自主择业费等一次性费用部分归军人个人，部分属于夫妻共有）

2. 属于夫妻共同共有财产的情形

婚姻关系存续期间取得的财产属于夫妻共同共有财产，包括：

（1）工资、奖金、其他劳务报酬；
（2）生产、经营、投资的收益；
（3）夫妻一方个人财产在婚后产生的收益（孳息和自然增值除外）；
（4）继承、受赠的财产（明确只给一方的除外）；
（5）实际取得或者已经明确可以取得的知识产权中的财产性收益（稿费等）；
（6）实际取得或者应当取得的住房补贴、住房公积金、养老保险金、破产安置补偿费。

3. 特殊情形的处理

（1）由一方婚前承租、婚后用共有财产购买，登记在一方名下的房屋，属于夫妻共有。

（2）一方婚前购房付首付，婚后共同还月供，登记在该方个人名下：房产归该方，共同还的月供和对应增值部分由该方给予另一方补偿，未还月供为该方个人债务。

（3）父母为双方购置房屋出资：

①婚前：视为对自己子女个人的赠与，除非明确表示赠与双方；

②婚后：视为对双方的赠与，除非明确表示只赠与给自己的子女。

判断分析

1. 甲、乙夫妻的下列哪一项婚后增值或所得，属于夫妻共同财产？（2013年第3卷第23题）

A. 甲婚前承包果园，婚后果树上结的果实【正确。果树是甲的个人财产，但婚后夫妻共同经营果园，果树上的果实属于经营性孳息，属于共同财产。】

B. 乙婚前购买的一套房屋升值了50万元【错误。婚前个人所有的房屋，自然增值的部分仍是个人财产】

C. 甲用婚前的10万元婚后投资股市，得利5万元【正确。投资股市得利是个人财产产生的其他收益，属于夫妻共同财产】

D. 乙婚前收藏的玉石升值了10万元【错误。婚前个人所有的玉石，自然增值的部分仍是个人财产】

2. 下列选项中属于夫妻共同财产的有？（2022年仿真题）

A. 登记结婚后，办理婚礼时一方收的礼金【正确。礼金属于参与婚宴的嘉宾对于夫妻二人的祝福，所以应当视为对夫妻二人共同的赠与，尽管办理婚礼时礼金由一方收取，但是不影响该礼金的性质】

B. 婚前出版的小说婚后获得稿酬【正确。婚姻关系存续期间，实际取得或者已经明确可以取得的知识产权中的财产性收益属于夫妻共同财产。婚后获得稿酬属于婚姻关系存续期间实际取得的收益，属于夫妻共同财产】

C. 婚后企业破产安置费【正确。婚姻关系存续期间实际取得或者应当取得的住房补贴、住房公积金、养老保险金、破产安置补偿费属于夫妻共同财产】

D. 男方给女方的父母支付的彩礼，婚后女方父母将彩礼给予女方【错误。婚前给付的彩礼一般视为男方对女方以缔结婚姻为目的的赠与，赠与后双方缔结婚姻，婚后女方父母将彩礼明确只给女方一方，则该财产属于女方个人财产】

三、夫妻共同债务【客＋主】【夫妻债务的认定与清偿 A】

法条群

《中华人民共和国民法典》第五编《婚姻家庭》第三章《家庭关系》第一节《夫妻关系》

第一千零六十四条【夫妻共同债务的认定】夫妻双方共同签名或者夫妻一方事后追认等共同意思表示所负的债务，以及夫妻一方在婚姻关系存续期间以个人名义为家庭日常生活需要所负的债务，属于夫妻共同债务。

夫妻一方在婚姻关系存续期间以个人名义超出家庭日常生活需要所负的债务，不属于夫妻共同债务；但是，债权人能够证明该债务用于夫妻共同生活、共同生产经营或者基于夫妻双方共同意思表示的除外。

1. 仅以下债务属于夫妻共同债务：（基于共同意思/用于共同生活）
（1）双方共同签字或一方事后追认等共同意思表示所负的债务；
（2）婚内以个人名义为家庭日常生活需要所负的债务；
（3）婚内以个人名义超出家庭日常生活需要所负的债务，但债权人能证明该债务用于夫妻共同生活、共同生产经营或者基于夫妻双方共同意思表示的债务；
（4）夫妻一方婚前以个人名义所负的债务，但债权人能够证明所负债务用于婚后家庭共同生活的债务。

2. 夫妻共同债务的清偿
（1）首先用夫妻共同财产清偿，不足部分由夫妻以个人财产承担连带责任。
（2）夫妻之间关于共同债务分担的约定对内有效，对外没有法律约束力。
一方就夫妻共同债务对债权人承担清偿责任后，有权按照内部约定向另一方追偿。

判断分析

1. 黄某与唐某自愿达成离婚协议并约定财产平均分配，婚姻关系存续期间的债务全部由唐某偿还。经查，黄某以个人名义在婚姻存续期间向刘某借款10万元用于购买婚房。下列哪一表述是正确的？（2011年第3卷第21题）

A. 刘某只能要求唐某偿还10万元【错误。黄某以个人名义在婚姻存续期间向刘某借款，但该借款用于购买婚房，属于用于夫妻共同生活，故该债务应按夫妻共同债务处理。夫妻双方关于债务分担的约定对内有效，对外没有法律约束力。因此，刘某既可以要求唐某偿还，也可以要求黄某偿还】

B. 刘某只能要求黄某偿还10万元【错误】

C. 如黄某偿还了10万元，则有权向唐某追偿10万元【正确。夫妻双方关于债务分担的约定对内有效，因此黄某有权全额向唐某追偿】

D. 如唐某偿还了10万元，则有权向黄某追偿5万元【错误】

2. 2016年甲与乙结婚，婚后育有一女，两年后，乙外出务工。甲等乙务工回来后向其伙伴打听到，乙外出务工期间经常吸毒，并欠下大笔债务，后经询问乙婚前就经常吸毒，但是在结婚的时候隐瞒其吸毒史。甲心灰意冷，向法院起诉离婚。对于乙因吸毒欠下的债务，甲无须承担。（2021年仿真题）【正确。夫妻一方在从事赌博、吸毒等违法犯罪活动中所负债务，不属于夫妻共同债务的法定情形，属于夫妻一方的个人债务】

第四章
家庭关系

【重点】夫妻日常家事代理权、亲子关系的确认与否认之诉

一、夫妻关系

夫妻双方互相有日常家事代理权。

1. 夫妻一方因家庭日常生活需要而实施的民事法律行为（如购买家用物品等），对夫妻双方发生效力，但是夫妻一方与相对人另有约定的除外。

2. 夫妻之间对一方可以实施的民事法律行为范围的限制，不得对抗善意相对人。

二、父母子女关系【父母子女关系C】

（一）生父母子女关系

1. 夫妻双方一致同意进行人工授精，所生子女视为婚生子女。

2. 亲子关系的确认与否认。

（1）对亲子关系有异议且有正当理由的，父或母可以向法院起诉请求确认或否认亲子关系的，成年子女可以向法院起诉，请求确认亲子关系。

【注意】父或母可以请求确认或者否认亲子关系，但是成年子女只能请求确认亲子关系（即使非亲生，但不可否认养育之恩）。

（2）父或母向法院起诉请求否认亲子关系，并已提供必要证据证明的，另一方没有相反证据又拒绝做亲子鉴定的，法院可以认定否认亲子关系一方主张成立。

（3）父或母以及成年子女起诉请求确认亲子关系的，并已提供必要证据证明的，另一方没有相反证据又拒绝做亲子鉴定的，法院可以认定确认亲子关系一方主张成立。

（二）继父母子女关系

继父或者继母和受其抚养教育的继子女间的权利义务关系，适用父母子女关系的规定。

三、抚养、赡养、扶养关系

（一）父母子女之间

1. 父母对"未成年子女"或者"不能独立生活的成年子女"有抚养义务。

不能独立生活的成年子女包括：尚在校接受高中及其以下学历教育，或者丧失、部分丧失劳动能力

等非因主观原因而无法维持正常生活的成年子女。

2. 成年子女对"缺乏劳动能力"或者"生活困难的父母"有赡养义务。

（二）祖孙之间

1. 有负担能力的祖父母、外祖父母，对于父母已经死亡或者父母无力抚养的未成年孙子女、外孙子女，有抚养的义务。

2. 有负担能力的孙子女、外孙子女，对于子女已经死亡或者子女无力赡养的祖父母、外祖父母，有赡养的义务。

（三）兄弟姐妹之间

1. 有负担能力的兄、姐，对于父母已经死亡或者父母无力抚养的未成年弟、妹，有扶养的义务。

2. 由兄、姐扶养长大且有负担能力的弟、妹，对于缺乏劳动能力又缺乏生活来源的兄、姐，有扶养的义务。

第五章 收养【收养E】

【重点】本章内容了解即可

一、收养当事人的资格要求

被收养人	应为未成年人，包括： 1. 丧失父母的孤儿； 2. 查找不到生父母的未成年人； 3. 生父母有特殊困难无力抚养的子女。
送养人	3种：①孤儿的监护人；②儿童福利机构；③有特殊困难无力抚养子女的生父母。
	注意： 1. 未成年人的父母均不具备完全民事行为能力且可能严重危害该未成年人的，该未成年人的监护人可以将其送养。 2. 生父母送养子女，应当双方共同送养。生父母一方不明或者查找不到的，可以单方送养。 3. 监护人送养孤儿的，应当征得有抚养义务的人同意。
收养人	应当同时具备下列条件： 1. 无子女或者只有1名子女； 2. 有抚养、教育和保护被收养人的能力； 3. 未患有在医学上认为不应当收养子女的疾病； 4. 无不利于被收养人健康成长的违法犯罪记录； 5. 年满30周岁。
	注意： 1. 无配偶者收养异性子女的，收养人与被收养人的年龄应当相差40周岁以上。 2. 有配偶者收养子女，应当夫妻共同收养。 3. 配偶一方死亡，另一方送养未成年子女的，死亡一方的父母有优先抚养的权利。 4. 无子女的收养人可以收养2名子女；有子女的收养人只能收养1名子女（收养孤儿、残疾未成年人或者儿童福利机构抚养的查找不到生父母的未成年人除外）。
	放松限制的特殊情形： 1. 收养三代以内旁系同辈血亲的子女：不要求送养的父母有特殊困难无力抚养，不要求年龄差40周岁。华侨收养三代以内旁系同辈血亲的子女，进一步放松限制，不要求收养人无子女或者只有1名子女。 2. 收养继子女：经继子女的生父母同意即可，不受任何其他限制。

二、收养关系的成立

1. 收养、送养双方自愿，且要征得 8 周岁以上被收养人的同意。仅涉外收养必须签订书面收养协议。
2. 收养应当向县级以上人民政府民政部门登记，收养关系自登记之日起成立。
3. 收养查找不到生父母的未成年人的，办理登记的民政部门应当在登记前予以公告。

三、收养的效力

1. 自收养关系成立之日起，养父母与养子女、养子女与养父母的近亲属间的权利义务关系，和亲生子女一样。
2. 养子女与生父母以及其他近亲属间的权利义务关系，因收养关系的成立而消除。
3. 养子女可以随养父或者养母的姓氏，经当事人协商一致，也可以保留原姓氏。
4. 无效的收养行为自始没有法律约束力。

四、收养关系的解除

1. 被收养人成年前

收养人、送养人双方可以协议解除（养子女 8 周岁以上的，应当征得本人同意）。

（1）收养人不得单方解除；

（2）送养人可以单方解除的情形：收养人不履行抚养义务，有虐待、遗弃等侵害未成年养子女合法权益行为。

2. 被收养人成年后

养父母与成年养子女关系恶化、无法共同生活的，可以协议解除收养关系。

3. 解除收养登记

当事人协议解除收养关系的，应当到民政部门办理解除收养关系登记。

4. 收养关系解除的法律后果

（1）身份关系：未成年养子女与养父母以及其他近亲属间的权利义务关系即行消除，与生父母以及其他近亲属间的权利义务关系自行恢复。成年养子女与生父母以及其他近亲属间的权利义务关系是否恢复，可以协商确定。

（2）财产关系：

①生父母要求解除收养关系的，养父母可以要求生父母适当补偿收养期间支出的抚养费；但是，因养父母虐待、遗弃养子女而解除收养关系的除外。

②经养父母抚养的成年养子女，对缺乏劳动能力又缺乏生活来源的养父母，应当给付生活费。因养子女成年后虐待、遗弃养父母而解除收养关系的，养父母可以要求养子女补偿收养期间支出的抚养费。

判断分析

1. 小强现年 9 周岁，生父谭某已故，生母徐某虽有抚养能力，但因准备再婚决定将其送养。徐某的姐姐要求收养，其系华侨富商，除已育有一子外符合收养人的其他条件；谭某父母为退休教师，也要求抚养。下列哪一选项是正确的？（2017 年第 3 卷第 19 题）

第五章 收养

A. 徐某因有抚养能力不能将小强送其姐姐收养【错误。收养三代以内旁系同辈血亲的子女，不受"生父母有特殊困难无力抚养"的限制】

B. 徐某的姐姐因有子女不能收养小强【错误。有1名子女符合收养人的条件】

C. 谭某父母有优先抚养的权利【正确。配偶一方死亡，另一方送养未成年子女的，死亡一方的父母有优先抚养的权利】

D. 收养无须征得小强同意【错误。收养8周岁以上未成年人的，应当征得被收养人的同意】

2. 29岁的沈男和31岁的邱女再婚，二人均在婚前育有一子一女，沈俊（5岁）、沈俏（4岁）、邱靓（7岁）、邱丽（3岁），两人欲收养对方子女重新组成6人家庭，沈男前妻和邱女前夫均同意。下列说法正确的是？（2022年仿真题）

A. 邱女已满30岁，均可收养沈俊、沈俏【正确。收养继子女，不受有子女的收养人只能收养一名子女的限制】

B. 沈男不满30岁，不可以收养邱靓、邱丽【错误。收养继子女，不受收养人需年满30周岁的限制】

C. 沈男前妻和邱女前夫无特殊困难不影响两人收养【正确。收养继子女，不受生父母有特殊困难无力抚养的限制】

D. 因不满足40周岁的年龄差，沈男与邱女不得收养对方的异性子女【错误。无配偶者收养异性子女的，收养人与被收养人的年龄才应当相差四十周岁以上。沈男与邱女再婚后是夫妻，不受此限制】

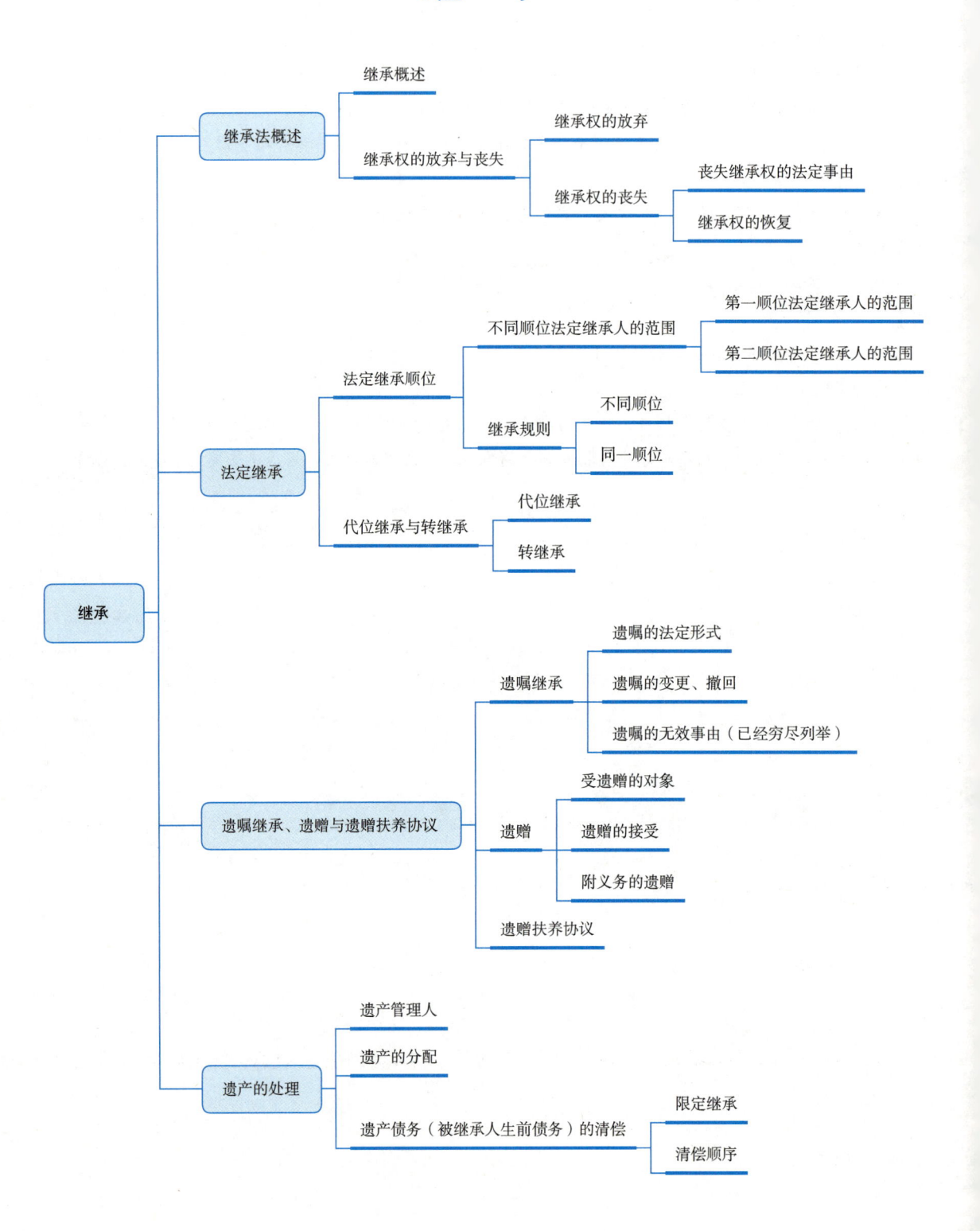

继 承

- 继承
  - 继承法概述
    - 继承概述
    - 继承权的放弃与丧失
      - 继承权的放弃
      - 继承权的丧失
        - 丧失继承权的法定事由
        - 继承权的恢复
  - 法定继承
    - 法定继承顺位
      - 不同顺位法定继承人的范围
        - 第一顺位法定继承人的范围
        - 第二顺位法定继承人的范围
      - 继承规则
        - 不同顺位
        - 同一顺位
    - 代位继承与转继承
      - 代位继承
      - 转继承
  - 遗嘱继承、遗赠与遗赠扶养协议
    - 遗嘱继承
      - 遗嘱的法定形式
      - 遗嘱的变更、撤回
      - 遗嘱的无效事由（已经穷尽列举）
    - 遗赠
      - 受遗赠的对象
      - 遗赠的接受
      - 附义务的遗赠
    - 遗赠扶养协议
  - 遗产的处理
    - 遗产管理人
    - 遗产的分配
    - 遗产债务（被继承人生前债务）的清偿
      - 限定继承
      - 清偿顺序

第一章 继承法概述

【重点】死亡推定、继承权的放弃与丧失

继承,是指自然人死亡时遗留的个人合法财产,由法律规定的或者由死者指定的人取得其所有权的制度。其中,死者死亡时遗留的个人合法财产是遗产;死者是被继承人;依法取得遗产的人是继承人、受遗赠人或者酌情分得遗产的人。

一、继承概述【遗产的范围 A;死亡推定 C】

主体	继承人只能是自然人(法人、非法人组织、集体、国家只能成为受遗赠人)。
客体 (遗产范围)	自然人死亡时遗留的个人合法财产。 不属于遗产: 1.被继承人死亡后其亲属应得的死亡赔偿金、抚恤金; 2.土地承包经营权、宅基地使用权。 例外可以作为遗产:承包收益;林地的土地承包经营权;通过招标、拍卖、公开协商等方式取得的对四荒地的(荒山、荒沟、荒丘、荒滩)土地经营权。 【注意】夫妻共有财产的一半属于配偶,另外一半属于遗产。
继承的开始	继承从被继承人死亡时开始。 【死亡推定】相互有继承关系的几个人在同一事件中死亡,如不能确定死亡先后时间: 1.推定没有继承人的人先死亡("没有继承人"是指,除了与其在同一事件中死亡的相互有继承关系的人以外,该人没有其他继承人)。 2.死亡人各自都有继承人的(指除了与其在同一事件中死亡的相互有继承关系的人以外,该人还有其他继承人): (1)几个死亡人辈分不同,推定长辈先死亡; (2)几个死亡人辈分相同,推定同时死亡,相互不发生继承,由他们各自的继承人分别继承。 【总结】无继先死亡,长辈先死亡,同辈同死亡。例:甲与乙系夫妻,有2个女儿。某日甲、乙带小女儿外出旅游,发生车祸全部遇难,但无法确定死亡的先后时间。①甲、乙和小女儿都有其他继承人,即大女儿,不适用"无继先死亡"。②推定甲和乙作为长辈先死亡,且互不继承;小女儿作为晚辈后死亡。

二、继承权的放弃与丧失【继承权的放弃、丧失和保护 A】

（一）继承权的放弃

时间	继承开始后，遗产分割前。 （遗产分割后，放弃的不是继承权，而是财产所有权）
方式	1.以书面形式向遗产管理人或者其他继承人明示放弃。 继承开始后，遗产分割前，未明示放弃的，视为接受继承。 2.在诉讼中，向法院口头表示放弃继承的，应当制作笔录，由放弃继承的人签名。
效力	继承人因放弃继承权，致其不能履行法定义务的，放弃继承权的行为无效。例如，因放弃继承导致无力抚养孩子的，放弃继承无效。
反悔	1.遗产处理前，或者在诉讼进行中，继承人对放弃继承反悔的，由法院根据其提出的具体理由，决定是否承认。 2.遗产处理后，继承人对放弃继承反悔的，不予承认。

（二）继承权的丧失

继承权的丧失，是指继承人因有法律规定的违法行为而依法丧失继承资格。

丧失继承权的法定事由	继承权的恢复
1.故意杀害被继承人（不论既遂与否）； 2.为争夺遗产而杀害其他继承人；	绝对丧失：被继承人在遗嘱中将其列为继承人的，遗嘱无效。
3.遗弃被继承人，或者虐待被继承人，情节严重； 4.伪造、篡改、隐匿或者销毁遗嘱，情节严重； 5.以欺诈、胁迫手段迫使或者妨碍被继承人设立、变更或者撤回遗嘱，情节严重。	相对丧失：继承人确有悔改表现，被继承人表示宽恕或者事后在遗嘱中将其列为继承人的，该继承人不丧失继承权。
注意：受遗赠人有第1项至第5项行为的，绝对丧失受遗赠权。	

📌 判断分析

下列哪一行为可引起放弃继承权的后果？（2011年第3卷第23题）

A.甲口头放弃继承权，本人承认【错误。放弃继承权应当以书面形式作出】

B.乙在遗产分割前书面表示放弃继承权【正确】

C.李某以不再赡养父母为前提，书面表示放弃其对父母的继承权【错误。继承人因放弃继承权，致其不能履行法定义务的，放弃继承权的行为无效】

D.赵某与父亲共同发表书面声明断绝父子关系【错误。断绝父母子女关系的行为违反公序良俗，不引起放弃继承权的后果】

第二章

法定继承【法定继承A】

【重点】法定继承顺位、代位继承与转继承

法定继承，是由法律直接规定继承人的范围、继承顺位以及继承份额的继承方式。

一、法定继承顺位

（一）不同顺位法定继承人的范围

第一顺位法定继承人的范围
1. 配偶。同居关系、婚姻被确认无效或撤销的双方当事人互不享有继承权。 2. 父母。包括：①生父母；②养父母；③形成扶养关系的继父母。 3. 子女。包括：①婚生/非婚生子女；②养子女；③形成扶养关系的继子女。 应当保留胎儿的继承份额，胎儿娩出时是死体的，保留的份额按照法定继承办理。 4. 对公婆、岳父母尽了主要赡养义务的丧偶儿媳、丧偶女婿：无论是否再婚。 【注意】子女被他人收养的，亲生父母与子女相互之间不发生继承；继父母子女之间发生继承的，不影响亲生父母子女之间的继承。
第二顺位法定继承人的范围
1. 兄弟姐妹。包括：同父同母、同母异父或同父异母的兄弟姐妹、养兄弟姐妹、形成扶养关系的继兄弟姐妹。 2. 祖父母、外祖父母。【注意】孙子女、外孙子女并非法定继承人。

（二）继承规则

1. 不同顺位：法定继承开始后，有第一顺位继承人继承的，第二顺位继承人不继承；没有第一顺位继承人继承的，由第二顺位继承人继承。

2. 同一顺位：

原则	同一顺位继承人继承的份额，一般应当均等（继承人协商一致，也可不均等）。
例外	1. 对生活有特殊困难又缺乏劳动能力的继承人，分配遗产时，应当予以照顾； 2. 对被继承人尽了主要扶养义务或与被继承人共同生活的继承人，分配遗产时，可以多分； 3. 有扶养能力和条件而不尽扶养义务的继承人，应当不分或少分； 4. 法院对故意隐匿、侵吞或者争抢遗产的继承人，可以酌情减少其应继承的遗产。

遗产酌分：继承人以外，依靠被继承人扶养的人或对被继承人扶养较多的人，可以分给适当的遗产。①分得的遗产可以多于或者少于继承人。②权利受到侵犯时，有权酌分遗产的人可以独立的诉讼主体资格向法院提起诉讼。

【示例】甲的妻子乙因车祸失去行动能力瘫痪在床，大儿子丙和2位老人共同生活，小女儿丁收入丰厚，但她认为父母重男轻女，拒绝赡养二老。甲还有1位远房叔叔戊，依靠甲扶养。甲死亡后，在分配遗产时：①应适当照顾乙，与甲共同生活的丙可以多分，丁应当不分或少分；②戊不是继承人，但他依靠甲扶养，可以适当分给遗产。

判断分析

1.钱某与胡某婚后生有子女甲和乙，后钱某与胡某离婚，甲、乙归胡某抚养。胡某与吴某结婚，当时甲已参加工作而乙尚未成年，乙跟随胡某与吴某居住，后胡某与吴某生下一女丙，吴某与前妻生有一子丁。钱某和吴某先后去世，下列哪些说法是正确的？（2009年第3卷第68题）

A.胡某、甲、乙可以继承钱某的遗产【错误。胡某与钱某已离婚，不再有配偶的身份，故胡某不能继承钱某的遗产；甲、乙作为钱某的子女可以继承】

B.甲和乙可以继承吴某的遗产【错误。继父母与继子女之间继承关系的存在必须以扶养关系的存在为前提。胡某与吴某结婚时，甲已参加工作，并未与吴某形成扶养关系，故甲不能继承吴某的遗产，而乙尚未成年，与吴某形成了扶养关系，可以继承吴某的遗产】

C.胡某和丙可以继承吴某的遗产【正确。胡某是吴某的配偶，丙是吴某的子女，均有权继承】

D.乙和丁可以继承吴某的遗产【正确。胡某与吴某结婚时，乙尚未成年并共同居住，作为继子女已形成扶养关系，故乙有权继承吴某遗产；丁是吴某的亲生子女，可以继承】

2.郭大爷女儿5年前病故，留下一子甲。女婿乙一直与郭大爷共同生活，尽了主要赡养义务。郭大爷继子丙虽然与其无扶养关系，但也不时从外地回来探望。郭大爷还有一丧失劳动能力的养子丁。郭大爷病故，关于其遗产的继承，下列哪些选项是正确的？（2010年第3卷第67题）

A.甲为第一顺序继承人【正确。郭大爷的女儿先于郭大爷死亡，郭大爷女儿的儿子甲作为其直系晚辈血亲，可以代位继承其母亲即郭大爷女儿的份额，属于第一顺序继承人】

B.乙在分配财产时，可多分【正确。女婿乙作为丧偶女婿，对郭大爷尽了主要赡养义务，因此可以作为第一顺序继承人且在分配遗产时可以多分】

C.丙无权继承遗产【正确。继子丙与郭大爷没有形成扶养关系，不属于继承人】

D.分配遗产时应该对丁予以照顾【正确。郭大爷的养子丁具有继承资格。对生活有特殊困难又缺乏劳动能力的继承人，分配遗产时，应当予以照顾】

3.唐某有甲、乙、丙成年子女3人，于2002年收养了孤儿丁，但未办理收养登记。甲生活条件较好但未对唐某尽赡养义务，乙丧失劳动能力又无其他生活来源，丙长期和唐某共同生活。2004年5月唐某死亡，因分配遗产发生纠纷。下列哪些说法是正确的？（2006年第3卷第67题）

A.甲应当不分或者少分遗产【正确。有扶养能力和有扶养条件的继承人，不尽扶养义务的，分配遗产时，应当不分或者少分】

B.乙应当多分遗产【正确。对生活有特殊困难又缺乏劳动能力的继承人，分配遗产时，应当予以照顾】

C.丙可以多分遗产【正确。对被继承人尽了主要扶养义务或者与被继承人共同生活的继承人，分配遗产时，可以多分】

D.丁可以分得适当的遗产【正确。丁在唐某生前依靠唐某扶养，可以分得适当的遗产】

4.周男与吴女婚姻关系存续期间，与郑女形成非法同居关系。周男病故前立有遗嘱："遗产的一半归郑女所有。"周男生前与吴女育有一子小周，与郑女育有一女小郑。下列哪些人可以继承周男的遗产？

（2018年仿真题）

A. 郑女【错误。周男将遗产的一半遗赠给非法同居的郑女，遗嘱因违背公序良俗而无效，郑女无权依遗嘱取得周男一半的遗产】

B. 小郑【正确。小郑作为非婚生子女，享有与婚生子女同等的继承权，是周男的第一顺序继承人】

C. 吴女【正确。配偶吴女是周男的第一顺序继承人】

D. 小周【正确。婚生子女小周是周男的第一顺序继承人】

二、代位继承与转继承【代位继承B；转继承D】

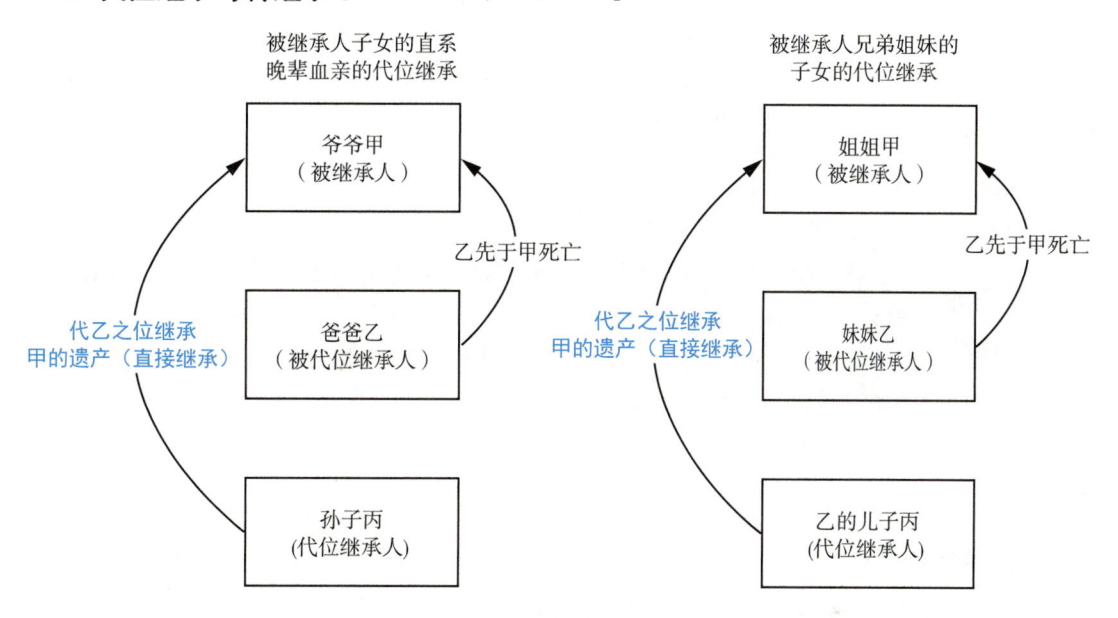

被继承人子女的直系晚辈血亲的代位继承

爷爷甲（被继承人）
爸爸乙（被代位继承人）
孙子丙（代位继承人）

代乙之位继承甲的遗产（直接继承）
乙先于甲死亡

被继承人兄弟姐妹的子女的代位继承

姐姐甲（被继承人）
妹妹乙（被代位继承人）
乙的儿子丙（代位继承人）

代乙之位继承甲的遗产（直接继承）
乙先于甲死亡

注意：直系晚辈血亲代位继承中，代位继承人不受辈分限制；
被继承人甲的孙子女、外孙子女、曾孙子女、外曾孙子女都可以代位继承

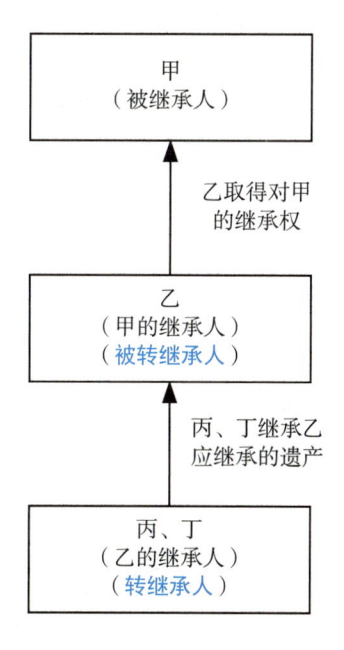

甲（被继承人）

乙取得对甲的继承权

乙（甲的继承人）（被转继承人）

丙、丁继承乙应继承的遗产

丙、丁（乙的继承人）（转继承人）

（一）代位继承

1. 法定情形

（1）被继承人的子女先于被继承人死亡的，由被继承人子女的直系晚辈血亲代位继承其应继承份额。例如，爸爸先于爷爷去世，孙子可以代位继承爷爷的遗产。

①被继承人的子女包括生子女、养子女、已形成扶养关系的继子女。

②被继承人子女的直系晚辈血亲无辈数限制。例如，子女的子女已经死亡，则孙子女可以代位继承。

【注意】代位继承人和被继承人之间必须有自然血亲或者拟制血亲关系：A. 子女的养子女可以代位继承，但是子女的继子女，无论是否形成扶养关系，都不可以代位继承。

B. 作为第一顺序继承人的丧偶儿媳或者女婿再婚所生的子女或者继子女，都无权代位继承。

（2）被继承人的兄弟姐妹先于被继承人死亡，由被继承人的兄弟姐妹的子女代位继承其应继承份额。例如，爸爸先于姑姑去世，侄子可以代位继承姑姑的遗产。

2. 注意

代位继承人继承的是被代位继承人应继承的份额。

①被代位继承人丧失继承权的，不发生代位继承。若代位继承人缺乏劳动能力又没有生活来源，或者对被继承人尽赡养义务较多的，可以适当分给遗产。

②被代位继承人的继承顺序决定代位继承人的继承顺序。第1种情形的代位继承人属于第一顺序继承人，第2种情形的代位继承人属于第二顺序继承人。

③代位继承人缺乏劳动能力又没有生活来源，或者对被继承人尽过主要赡养义务的，分配遗产时，可以多分。

（二）转继承

含义	转继承，是指继承人在继承开始后，遗产分割前死亡，其应继承的遗产转由他的继承人继承的制度。 例如，爸爸在处理爷爷后事时去世，爸爸应继承的遗产转由爸爸自己的继承人继承。
条件	1. 继承人在继承开始后，遗产分割前死亡； 2. 继承人未丧失继承权，也未放弃继承权。
效果	继承人应取得的被继承人的遗产份额成为其遗产，由其法定继承人继承。【注意】发生了两次继承，即先由继承人继承，再由继承人的法定继承人继承。

【比较】代位继承 VS 转继承

	代位继承	转继承
适用范围	法定继承（因为，遗嘱继承人、受遗赠人先于遗嘱人死亡的，按照法定继承处理）	法定继承、遗嘱继承、遗赠
本质	一次继承（继承权的转移）	两次继承
继承人定位不同	代位继承人是被继承人的继承人	转继承人是继承人的继承人
发生时间	继承人先于被继承人死亡	继承人在继承开始后、遗产分割前死亡
权利主体	1. 被继承人子女的直系晚辈血亲（无辈数限制） 2. 被继承人兄弟姐妹的子女	所有合法继承人

第二章 法定继承

【示例】甲死后留有1套房屋。甲育有两女,老大早年已故,留下一子乙,老二在给甲治丧期间,因车祸意外身亡,留下一子丙。①老大的儿子乙代位继承其母亲应继承的遗产份额,是甲的继承人;②老二的儿子丙转继承其母亲应继承的份额,是老二的继承人。

⚖ 判断分析

1. 甲15年前唯一独子死亡,后由甲的儿媳妇乙一直照顾甲的生活,3年前乙与丙结婚并生下一子丁,1年前乙患病死亡,半年后甲也死亡。丁可以代位继承甲的遗产。(2019年仿真题)【错误。乙作为丧偶儿媳对甲尽了主要赡养义务,属于第一顺序继承人。乙虽然先于甲死亡,但是丁是乙再婚后与丙生的儿子,并非被继承人甲的子女的直系晚辈血亲,所以丁不能代位继承(注意,儿媳不属于子女)】

2. 黄某有一子黄唯与一女黄美,黄某随儿子黄唯共同生活。黄美与前夫有一子赵小星,黄美与卢某再婚后共同抚养卢某与前妻的儿子卢小东直至其成年。2021年2月1日黄美因车祸去世。紧接着黄某去世,留有3套房屋的遗产,但未立遗嘱。下列4人,对黄某3套房屋享有继承权的是?(2021年仿真题)

A. 黄唯【正确。黄唯作为黄某的儿子享有继承权】

B. 赵小星【正确。黄美先于其父亲黄某去世,黄美的直系晚辈血亲即其儿子赵小星可以代位继承】

C. 卢小东【错误。卢小东是黄美的继子,不属于其直系晚辈血亲,不可代位继承,无继承权】

D. 卢某【错误。卢某作为丧偶女婿,只有对黄某尽了主要赡养义务,才可以作为第一顺序继承人。题干未交代卢某是否尽了主要赡养义务,没有继承权】

3. 甲乙丙出去漂流,乙是甲的妹妹,丙是乙的儿子,漂流出事故,乙先死,然后甲死,丙最后死。甲未婚无子女,父母双亡,乙还有1个儿子丁,丙还有1个儿子戊,甲的遗产怎么继承?(2022年仿真题)

A. 甲没有继承人,遗产归国家【错误。甲没有第一顺位继承人,由第二顺位继承人继承。乙先于甲死亡,由乙的孩子丙丁代位继承甲的遗产】

B. 丁可以代位继承甲的遗产【正确】

C. 戊可以转继承丙代位继承的甲的遗产【正确。丙代位继承后死亡,丙的继承人戊可以转继承】

D. 甲的死亡赔偿金不是遗产【正确。死亡赔偿金并非自然人死亡时遗留的个人合法财产,而是对死者近亲属的一种补偿,故甲的死亡赔偿金不属于遗产的范围】

4. 熊某与杨某结婚后,杨某与前夫所生之子小强由二人一直抚养,熊某死亡,未立遗嘱。熊某去世前杨某孕有一对龙凤胎,于熊某死后生产,产出时男婴为死体,女婴为活体但旋即死亡。关于对熊某遗产的继承,下列哪些选项是正确的?(2016年第3卷第66题)

A. 杨某、小强均是第一顺位的法定继承人【正确。杨某为熊某配偶,因熊某与杨某一直抚养小强,熊某与继子小强形成扶养关系,所以杨某和小强都是熊某的第一顺位继承人】

B. 女婴死亡后,应当发生法定的代位继承【错误。代位继承发生在被继承人的子女先于被继承人死亡的情形。女婴在熊某去世后死亡,不发生代位继承,而是发生转继承,女婴可以继承的遗产转由其继承人杨某继承】

C. 为男婴保留的遗产份额由杨某、小强继承【正确。男婴死体出生,为其保留的遗产份额应由熊某的继承人杨某、小强和女婴继承。不过,女婴娩出后旋即死亡,其继承自熊某的遗产由其第一顺位继承人杨某继承。故而,为男婴保留的遗产份额最后由杨某、小强继承】

D. 为女婴保留的遗产份额由杨某继承【正确】

5.李某死后留下 1 套房屋和数十万存款,生前未立遗嘱。李某有 3 个女儿,并收养了一子。大女儿中年病故,留下一子。养子收入丰厚,却拒绝赡养李某。在 2 个女儿办理丧事期间,小女儿因交通事故意外身亡,留下一女。下列哪些选项是正确的?(2007 年第 3 卷第 68 题)

A. 二女儿和小女儿之女均是第一顺序继承人【错误。二女儿和小女儿作为李某的子女,均属于第一顺序继承人。小女儿在办理丧事期间死亡,其应继承的遗产转由她的继承人即小女儿之女继承。因此,小女儿之女属于转继承人,并非李某的继承人】

B. 大女儿之子对李某遗产的继承属于代位继承【正确。被继承人的子女先于被继承人死亡的,由被继承人的子女的直系晚辈血亲代位继承】

C. 小女儿之女属于转继承人【正确】

D. 分配遗产时,养子应当不分或少分【正确。有扶养能力和有扶养条件的继承人,不尽扶养义务的,分配遗产时,应当不分或者少分】

第三章
遗嘱继承、遗赠与遗赠扶养协议

【重点】遗嘱形式、遗嘱的撤回、遗嘱的无效

第一节 遗嘱继承【遗嘱与遗赠 A】

遗嘱继承,是指继承人的范围、继承顺序和继承份额均由被继承人通过遗嘱确定的继承方式。(遗嘱继承人由被继承人从法定继承人中挑选)

遗嘱继承的前提是被继承人立有遗嘱,且遗嘱有效。

一、遗嘱的法定形式

遗嘱必须满足下述法定形式,否则遗嘱无效。

自书遗嘱	遗嘱人亲笔书写,签名,注明年、月、日。 【注意】遗书中涉及死后个人财产处分的内容,能确认是死者真实意思表示,本人签名并注明了年、月、日,又无相反证据的,按自书遗嘱处理。
代书遗嘱	1. 2 个以上见证人在场见证。 2. 遗嘱人口述,其中 1 个见证人代书。 3. 遗嘱人确认无误后,代书人、其他见证人、遗嘱人共同签名,注明年、月、日。
打印遗嘱	1. 遗嘱人书写并打印遗嘱,2 个以上见证人在场见证。 2. 遗嘱人和见证人应当在遗嘱每 1 页签名,注明年、月、日。
录音录像遗嘱	1. 2 个以上见证人在场见证。 2. 遗嘱人和见证人应当在录音录像中记录其姓名或者肖像,以及年、月、日。
口头遗嘱	1. 在危急情况下,有 2 个以上见证人在场见证,见证人应当记录遗嘱内容(无法当场记录的,可事后补记),记录人、其他见证人应当签名,注明年、月、日。 2. 危急情况解除后,遗嘱人能以书面或者录音录像形式立遗嘱的,所立的口头遗嘱无效。
公证遗嘱	1. 应由 2 名公证人员共同办理,由其中 1 名公证员在公证书上署名。 2. 特殊情况下由 1 名公证员办理时,应有 1 名见证人在场,见证人应在遗嘱和笔录上签名。
不得担任见证人	1. 无民事行为能力人或限制民事行为能力人以及其他不具有见证能力的人; 2. 继承人、受遗赠人; 3. 与继承人、受遗赠人存在利害关系的人(包括债权人、债务人、共同经营的合伙人)。

二、遗嘱的变更、撤回

基于遗嘱自由（私法自治），遗嘱人可以撤回、变更自己所立的遗嘱。

1. 明示方式：遗嘱人在后订立的遗嘱中，明确表示撤回或变更先前遗嘱。

2. 推定方式：

（1）立有数份遗嘱，内容相抵触的，以最后的遗嘱为准。例如，甲立下遗嘱将 A 房留给大儿子，后甲又改变主意，立下遗嘱将 A 房留给小儿子。甲去世后，A 房由小儿子继承。

（2）立遗嘱后，遗嘱人实施与遗嘱内容相反的民事法律行为的，视为对遗嘱相关内容撤回。例如，甲立下遗嘱将 A 房留给大儿子。在去世前，甲又将 A 房卖给他人。甲去世后，A 房价款应按照法定继承处理，而不是由大儿子 1 个人继承。

（3）遗嘱人故意毁损遗嘱。如果是公证遗嘱，还必须将保存于公证处的原本收回并毁损。

三、遗嘱的无效事由（已经穷尽列举）

1. 遗嘱人立遗嘱时为无或限制民事行为能力人；
2. 受欺诈、胁迫所立遗嘱；
3. 不满足法定形式的遗嘱；
4. 违背公序良俗的遗嘱；
5. 伪造的遗嘱；
6. 被篡改部分的遗嘱内容；
7. 处分国家、集体、他人所有的财产的遗嘱部分；
8. 未对缺乏劳动能力又没有生活来源的继承人保留必要的遗产的份额（以遗嘱生效时为判断时点）。
9. 与遗赠扶养协议抵触的遗嘱部分或者全部无效。

【注意】第 1-5 项导致遗嘱全部无效；第 6-7 项仅导致遗嘱相应部分无效。

⚖ 判断分析

1. 甲有乙、丙和丁 3 个女儿。甲于 2013 年 1 月 1 日亲笔书写一份遗嘱，写明其全部遗产由乙继承，并签名和注明年月日。同年 3 月 2 日，甲又请张律师代书一份遗嘱，写明其全部遗产由丙继承。同年 5 月 3 日，甲因病被丁送至医院急救，甲又立口头遗嘱一份，内容是其全部遗产由丁继承，在场的赵医生和李护士见证。甲病好转后出院休养，未立新遗嘱。如甲死亡，丙继承甲的全部遗产。（2014 年第 3 卷第 24 题）【错误。1 月 1 日自书遗嘱有效；3 月 2 日代书遗嘱缺少 1 个见证人，无效；5 月 3 日口头遗嘱因病好后未立新遗嘱而无效。故而由乙继承遗产】

2. 李某有一子（李某某）一女（李某力），生前立下自书遗嘱，将名下两套房子 A 房与 B 房都给李某某，该遗嘱已公证。由于李某力经常照顾李某，李某又将 A 房赠与李某力并办理了登记手续。李某某得知此事后下毒打算毒死李某，李某临死前得知儿子下毒，遂立下自书遗嘱，将 B 房赠与其好友赵某。李某死亡后，李某的子女以及赵某为争夺房产产生争议。对此，下列哪些说法是正确的？（2021 年仿真题）

A. 赵某取得 B 房的所有权【正确。李某就 B 房先后立下两份遗嘱，应以第 2 份遗嘱为准，由赵某受遗赠取得 B 房的所有权】

B. 李某某取得 B 房的所有权【错误】

C. 李某力取得 A 房的所有权【正确。李某立下遗嘱将 A 房留给李某某后，又将 A 房赠与李某力，其行为视为对遗嘱相关内容的撤回，故而 A 房的所有权由李某力取得】

D. 李某某没有因此丧失法定继承权【错误。李某某故意杀害被继承人李某，丧失继承权】

3. 韩某于 2017 年 3 月病故，留有住房 1 套、存款 50 万元、名人字画 10 余幅及某有限责任公司股权等遗产。韩某在 2014 年所立第一份自书遗嘱中表示全部遗产由其长子韩大继承。在 2015 年所立第二份自书遗嘱中，韩某表示其死后公司股权和名人字画留给 7 岁的外孙女婷婷。2017 年 6 月，韩大在未办理韩某遗留房屋所有权变更登记的情况下以自己的名义与陈卫订立了商品房买卖合同。下列哪些选项是错误的？（2017 年第 3 卷第 66 题）

A. 韩某的第一份遗嘱失效【错误。第一份遗嘱关于"公司股权和名人字画"的部分由于被第二份遗嘱更改不发生效力，但其他部分依然有效】

B. 韩某的第二份遗嘱无效【错误。不存在导致第二份遗嘱无效的事由】

C. 韩大与陈卫订立的商品房买卖合同无效【错误。韩大处分依照继承取得的房屋，应当先变更登记到自己名下，但是未变更登记只是影响所有权变动，不影响买卖合同效力】

D. 婷婷不能取得某有限责任公司股东资格【错误。自然人股东死亡后，其合法继承人可以继承股东资格】

4. 2015 年甲立公证遗嘱：死后其全部遗产归长子乙。2016 年甲又前往同一公证部门立公证遗嘱：死后全部遗产归次子丙。由于儿子不孝，2017 年甲又在家中亲笔书写一份遗嘱，写明其全部遗产死后归大女儿丁，并注明年月日。后甲因病住院，小女儿戊悉心照料，2018 年甲病危，口头遗嘱死后全部遗产归小女儿戊，在场的两名护士可以见证。后甲死亡。关于本案，下列哪些说法是正确的？（2018 年仿真题）

A. 2015 年甲立的第一份公证遗嘱有效【正确。第 1 份公证遗嘱不存在法定无效事由】

B. 2016 年甲立的第二份公证遗嘱无效【错误。第 2 份公证遗嘱不存在法定无效事由】

C. 丁无权继承甲的遗产【正确。甲的自书遗嘱虽然有效，但是已经被后面有效的口头遗嘱撤回】

D. 戊无权继承甲的全部遗产【错误。甲的口头遗嘱符合法律要求，有效。甲立有数份遗嘱且内容相抵触，以最后的口头遗嘱为准。故而，戊有权继承甲的全部遗产】

第二节　遗赠【遗嘱与遗赠 A】

遗赠，是指通过遗嘱将遗产赠与给国家、集体、组织或法定继承人以外的个人。

1. 受遗赠的对象

受遗赠人只能是国家、集体、组织或者法定继承人以外的个人。

2. 遗赠的接受

受遗赠人应当在知道受遗赠后 60 日内，作出接受或者放弃受遗赠的表示；到期没有表示的，视为放弃受遗赠。

【比较】继承开始后，遗产分割前，继承人未明示放弃的，视为接受继承。

3. 附义务的遗赠

（1）遗赠附有义务的，受遗赠人应当履行义务。

（2）受遗赠人没有正当理由不履行义务的，经利害关系人或者有关组织请求，人民法院可以取消其接受附义务部分遗产的权利。

第三节　遗赠扶养协议【遗赠扶养协议 E】

自然人可以与继承人以外的组织或者个人签订遗赠扶养协议。按照协议，该组织或者个人承担该自然人生养死葬的义务，享有受遗赠的权利。

1. 遗赠扶养协议的当事人 = 遗赠人 + 扶养人。

【注意】遗赠扶养协议是双方法律行为，须经遗赠人与扶养人协商一致；遗赠属于单方法律行为，依遗赠人单方的意思表示即可成立。

2. 扶养人可以是受扶养人的继承人以外的组织或者个人。

（1）扶养人和遗赠人不得存在法定扶养权利义务关系。

（2）孙子女、外孙子女原则上可以作为祖父母、外祖父母的扶养人；例外，不得作为扶养人：有负担能力的孙子女、外孙子女，对于子女已经死亡或者子女无力赡养的祖父母、外祖父母，有赡养的义务。例：甲 80 岁，由其 50 岁的女儿赡养。其 25 岁的外孙女丙对甲并无赡养义务，可以作为扶养人。

3. 扶养人的扶养义务在遗赠人生前生效；财产的赠与在遗赠人死后生效。

如果遗赠人在死亡前即将财产转移给扶养人，则该行为应定性为赠与行为。

4. 扶养人无正当理由不履行生养死葬的义务，导致协议解除的，不能享有受遗赠的权利，其支付的供养费用一般不予补偿；遗赠人无正当理由不履行，导致协议解除的，则应当偿还扶养人已支付的供养费用。

第四章 遗产的处理

【重点】遗产分配顺序、遗产债务清偿

一、遗产管理人

确定	1. 继承开始后，遗嘱执行人为遗产管理人； 2. 没有遗嘱执行人的，继承人应当及时推选遗产管理人； 3. 未推选的，由继承人共同担任遗产管理人； 4. 没有继承人或者继承人均放弃继承的，由被继承人生前住所地的民政部门或者村民委员会担任遗产管理人。
指定	对遗产管理人的确定有争议的，利害关系人可以向人民法院申请指定。
职责	1. 清理遗产并制作遗产清单； 2. 向继承人报告遗产情况； 3. 采取必要措施防止遗产毁损； 4. 处理被继承人的债权债务； 5. 按照遗嘱或者依照法律规定分割遗产； 6. 实施与管理遗产有关的其他必要行为。
责任	因故意或者重大过失造成继承人、受遗赠人、债权人损害的，应当承担民事责任。
报酬	遗产管理人可以依照法律规定或者按照约定获得报酬。

二、遗产的分配【遗产的分割与债务清偿 C】

1. 被继承人死亡后，按照下列顺序处理遗产：遗赠扶养协议 > 遗嘱继承、遗赠 > 法定继承。与遗赠扶养协议抵触的遗嘱部分或者全部无效。

即使存在遗嘱或遗赠，也要按照法定继承处理的情形：
（1）遗嘱继承人放弃继承或受遗赠人放弃遗赠；
（2）遗嘱继承人丧失继承权或者受遗赠人丧失受遗赠权；
（3）遗嘱继承人、受遗赠人先于遗嘱人死亡或者终止；
（4）遗嘱无效部分所涉及的遗产；
（5）遗嘱未处分的遗产。

2. 无人继承又无人受遗赠的遗产，归国家所有，用于公益事业。

死者生前是集体所有制组织成员的，遗产归所在集体所有制组织所有。

三、遗产债务（被继承人生前债务）的清偿【遗产的分割与债务清偿 C】

第一步：先为缺乏劳动能力又没有生活来源的继承人保留必要的遗产份额，剩余的再用于清偿债务。

第二步：由法定继承人用所得遗产清偿债务。

第三步：不足部分，由遗嘱继承人和受遗赠人按比例以所得遗产清偿。

【注意】

1. 继承人和受遗赠人均以所得遗产实际价值为限承担清偿义务。（限定继承：拿多少钱还多少债）
2. 遗赠扶养协议中的扶养人不承担债务清偿责任。（扶养人没有白拿钱）

⚖ 判断分析

1. 甲妻病故，膝下无子女，养子乙成年后常年在外地工作。甲与村委会签订遗赠扶养协议，约定甲的生养死葬由村委会负责，死后遗产归村委会所有。后甲又自书一份遗嘱，将其全部财产赠与侄子丙。甲死后，乙就甲的遗产与村委会以及丙发生争议。甲的遗产应归丙所有。（2010年第3卷第19题）【错误。继承开始后，按照法定继承办理；有遗嘱的，按照遗嘱继承或者遗赠办理；有遗赠扶养协议的，按照协议办理。甲与村委会订立了遗赠扶养协议，应当根据该协议处理，由村委会取得遗产】

2. 徐某死后留有遗产100万元。徐某立有遗嘱，将价值50万元的房产留给女儿，将价值10万元的汽车留给侄子。遗嘱未处分的剩余40万元存款由妻子刘某与女儿按照法定继承各分得一半。遗产处理完毕后，张某通知刘某等人，徐某死亡前1年向其借款，本息累计70万元至今未还。经查，张某所言属实，此借款系徐某个人债务。女儿应向张某偿还40万元。（2008年四川延考第3卷第15题）【错误。先由法定继承人用其所得的遗产40万元存款偿还债务，即刘某和徐某的女儿各自承担20万元；剩余的30万元债务由遗嘱继承人徐某的女儿和受遗赠人徐某的侄子按照所得遗产的比例清偿。徐某女儿的遗嘱继承和徐某侄子受遗赠合计60万，遗嘱继承50万的比例为5/6，女儿仍需要清偿30×5/6=25万，加上其作为法定继承人需承担的20万元，共需向张某偿还45万】